铁路建设方案全寿命周期综合评价方法与应用

朱　颖　谢　毅　罗　圆　张小强　余浩伟　著

科 学 出 版 社
北　京

内容简介

铁路建设方案研究是铁路勘察设计等前期工作过程中一个非常关键和重要的环节，建设方案选择的客观、合理，都会对工程投资、建设周期、规模及运营效益，以及沿线地区经济、社会发展、国防建设等方面产生深远的影响。为了提高铁路建设方案比选的科学性和定量化水平，本书通过对铁路实际勘察设计和建设经验的总结，并利用全寿命周期和混合多属性决策等现代决策相关理论，建立了基于四目标（技术可行性、经济合理性、环境影响、社会效益和影响）、三层次（宏观、中观、微观）、全寿命周期（决策设计、建设、运营维护）的铁路建设方案综合评价体系。本书共十章，包括绪论、铁路建设方案全寿命周期综合评价基础理论、基于全寿命周期的铁路建设方案综合评价总指标体系、基于分类原理的铁路建设方案全寿命周期综合评价指标体系、基于情景分析的铁路线路走向方案全寿命周期综合评价指标体系、铁路建设方案全寿命周期综合评价指标权重和综合评价模型、工程案例分析、川藏铁路公益性综合评价和铁路建设方案综合评价软件。

本书可供从事铁路勘察设计的工程技术人员及高等院校、科研院所的教学、研究人员参考阅读。

图书在版编目（CIP）数据

铁路建设方案全寿命周期综合评价方法与应用/朱颖等著. —北京：科学出版社，2021.9

ISBN 978-7-03-069103-3

Ⅰ. ①铁…　Ⅱ. ①朱…　Ⅲ. ①铁路工程–工程设计–方案–评价–中国　Ⅳ. ①U212.3

中国版本图书馆 CIP 数据核字（2021）第 111568 号

责任编辑：朱小刚 / 责任校对：杨聪敏
责任印制：罗　科 / 封面设计：陈　敬

科学出版社 出版
北京东黄城根北街 16 号
邮政编码：100717
http://www.sciencep.com

四川煤田地质制图印刷厂 印刷

科学出版社发行　各地新华书店经销

*

2021 年 9 月第　一　版　开本：787 × 1092　1/16
2021 年 9 月第一次印刷　印张：17
字数：400 000

定价：149.00 元

（如有印装质量问题，我社负责调换）

前　言

铁路是国民经济大动脉和大众化交通工具，是国家关键基础设施和重要基础产业，在我国经济社会发展和民生改善中具有不可替代的重要作用。随着铁路技术标准的提高和修建技术的发展，铁路勘察设计理念发生了较大变化，现在的铁路规划、决策和设计更加注重社会效益、工程安全，更加注重环境保护、城镇规划、资源开发以及交通、农田、水利设施间的协调，要求总体上相互配合，全局上经济合理，更多地采用高新技术，这也是建设世界一流铁路的总体设计要求。铁路建设方案研究是铁路勘测设计等前期工作过程中一个非常关键和重要的环节，建设方案选择的客观、合理与否，除了直接影响工程本身的投资、建设周期、规模及运营效益，还关系到该项目能否满足地方运输需求，都会对区域经济、社会发展及国防建设等方面产生深远的影响，建设方案确定后，铁路全生命周期的可靠性、安全性、技术可行性、经济合理性及社会接纳性等就已基本被定格。上述特征决定了在规划、决策和设计过程中需要对建设方案进行全面、系统、综合的评价和比选，这也是现代铁路建设应重视的关键问题之一。

目前，关于项目评价和决策理论与方法方面的著作和研究成果较多，但由于铁路建设项目涉及面广，建设方案类型多且影响因素复杂，专门介绍铁路建设方案评价和比选的著作很少，难以满足铁路的快速发展及铁路设计人员和相关科学技术人员的研究需要。总体上看，铁路建设方案评价仍然是一门实践超前于理论的技术，目前仍需要依靠专家的工程经验和知识进行决策。因此，本书在吸收国内外全寿命周期理论、项目评估、多目标决策和铁路选线设计等学科领域的相关研究成果，以及编写组人员多年从事铁路设计和科研实践积累的基础上，从铁路全寿命周期对建设方案评价的影响出发，通过分析现有铁路选线设计和方案比选的典型案例，总结成功的经验，并在现代设计方法的概念框架下，凝练出普适性的铁路建设方案评价指标体系，提出定量化的方案综合决策模型，力求做到理论上先进性和实践上可操作性的结合。我们希望，本书的研究成果能对目前的专家定性决策提供定量化的佐证，形成“专家定性分析+多级定量评价”的铁路建设方案综合评价模式，以提高方案决策的科学化水平，促使推荐方案在技术、经济、环境和社会效益等方面的有机统一，为铁路规划和决策设计工作提供理论与技术支撑，这也是本书撰写的主要目的。

本书基于全寿命周期理论和系统工程理论，首先按照工程技术领域特性，对铁路的全寿命周期阶段进行划分；然后采用定量与定性相结合的方法，分阶段、分目标、分层次构建涵盖技术、经济、环境和社会效益四个系统的铁路建设方案评价总指标体系；接着根据不同类型建设方案评价和比选的特征，通过对总指标体系进行梳理和组合，分别建立适用于不同建设方案类型的评价指标体系，以及偏重于不同情景的线路走向方案评价指标体系，确定了相应指标权重的参考值，并基于核心指标提出方案综合评价方法；最后在新指标体系和新评价模型的支持下，开展评价方法的应用研究，包括工程实例分析、川藏铁路公益性评价和铁路建设方案全寿命周期评价综合辅助决策系统研发等。本书的主要内容如下。

1）基础研究

（1）资料收集、整理。详细收集、整理国内外针对铁路或相关领域评价体系的评价方式及评价成果（经济评价、环境影响评价、社会效益评价等）和铁路选线设计相关资料，并进行综合比较、辩证分析，以借鉴成熟经验，研究铁路建设方案综合评价体系。

（2）铁路全寿命周期阶段划分。将铁路项目视为一个生命体，项目的决策、设计、施工、运营维护、废弃拆除对应着铁路项目的各个生命阶段。由于各项工作必须集中在特定的建设地点、范围进行，在活动范围上受到严格限制，而各阶段之间又存在相互影响与联系。因此，为了保证项目在整个寿命周期的健康发展，各阶段参与的有关主体间必须密切配合，在时间延续和空间伸展上合理安排，将工程按客观规律进行科学的阶段划分，以反映工程建设内在的规律性。虽然各类型的铁路项目特点不尽相同，但是考虑到铁路项目使用的长久性、铁路拆迁的不可预知性及实际评价指标选取的可操作性，本书将铁路建设项目的全寿命周期阶段划分为决策设计阶段、建设阶段和运营维护阶段。

2）评价体系研究

（1）基于全寿命周期的铁路建设方案综合评价总指标体系。

一个铁路建设方案可能涉及多个方面的评价目标，如方案建设规模评价、技术条件评价、国民经济评价、财务评价、社会效益评价、环境影响评价、节能环保效益评价、项目后评价（项目目标评价、项目实施过程评价、项目效益评价、项目影响评价、项目持续性评价）等。现有的做法是在各阶段、各评价目标下分别构建子体系，但通过比较不难发现，各阶段、各类评价目标间存在着或多或少的联系，单独构建子体系不但会造成一些无效的重复工作，而且不能体现各目标间的关联性。本书基于对全寿命周期各阶段与各类评价目标相互作用关系的分析，构建涵盖技术可行性、经济合理性、环境影响、社会效益和影响四个方面的评价总指标体系。评价总指标体系既有铁路传统评价指标，也包含风险指标、社会效益指标等新型评价指标，以实现对铁路项目评价目标全覆盖和评价结果的全面性。

（2）基于分类原理和情景分析的铁路建设方案评价指标体系。

本书按照线路走向方案、接轨方案和速度目标值方案 3 种主要类型的建设方案，通过对总指标体系进行梳理和组合，首先建立速度目标值方案综合评价指标体系；然后利用“固定指标+灵活指标”的模式分别建立适用于线路走向方案和接轨方案的评价指标体系；最后通过归纳总结目前影响铁路线路走向方案的主要控制性因素，设计偏重于政治经济据点、防灾减灾、工程地质条件等 8 类不同情景，分析不同情景对线路方案走向产生的影响，并提出基于情景分析的线路走向方案综合评价固定指标。

采用了组合赋权法计算指标的权重。其中，根据不同指标的重要性程度，引入改进的层次分析法（G1 法），通过利用专家的知识和经验确定指标基础权重，并将其固定下来，可为决策者在进行建设方案评价和比选时提供参考，也可根据具体情况在权重参考值的基础上适当调整；实际方案评价和比选时，指标之间的取值差异也会影响指标的权重，利用离差法在描述这种差异方面的优势来计算指标的客观权重，也可对基础权重进行修正；最后对基础权重和客观权重进行组合，形成既反映专家主观知识经验又兼顾指标取值客观信息的组合权重，使计算的指标权重更加科学、合理，更贴近于实际。

（3）基于混合多属性决策的铁路建设方案综合评价模型。

铁路建设方案（尤其是重大线路走向方案）选择的客观、合理与否均会对工程建设、运营维护、路网规划布局、地方经济社会发展及国防建设等方面产生深远的影响，因此在当前铁路建设方案的决策过程中，最终影响方案比选结果的评价指标是多方面的，是一个复杂的多目标决策过程。首先在专家对定性指标采用语言类评语进行赋值的基础上，利用三角模糊数对评语进行量化；然后运用多目标决策理论中的混合多属性决策方法及逼近于理想解的原理，建立铁路建设方案综合评价模型，并根据评价值的大小进行方案的排序。

3）评价体系应用研究

（1）工程实例分析。

采用上述基于全寿命周期的铁路建设方案综合评价体系，对成贵、云桂等已建或在建典型的铁路建设方案进行评价和比选分析，并与相关预可行性研究、可行性研究报告中专家定性分析结果进行对比研究，以检验评价体系中指标和方法的科学性、实用性和可操作性，便于进一步完善评价指标体系和评价模型，并在以后的实际应用过程中不断对评价体系进行反馈和优化。

（2）川藏铁路公益性综合评价。

本书建立评价指标体系、模型的过程及原理，同样可用于铁路项目的优劣性评价，以弥补传统经济评价方法在铁路项目综合性评价领域的不足。以公益性铁路综合评价为例，说明评价体系的操作过程。首先提出公益性铁路的定义，分析公益性铁路的基本特征和重要性，提出铁路公益性的定量识别方法；然后运用铁路建设方案综合评价指标体系的构建模式及混合多属性决策理论原理，建立公益性铁路综合评价指标体系和综合评价模型；最后利用评价指标体系和模型，分析川藏铁路的公益性。不但进一步验证了铁路建设方案综合评价指标体系和模型的有效性和实用性，而且解决了公益性铁路的综合评价问题，填补了相关研究的空白。

（3）铁路建设方案综合评价软件。

为提高基于全寿命周期的铁路建设方案评价体系的实用性，更好、更便捷地服务于铁路方案决策，在新理论及模型的支持下，研发了铁路建设方案综合评价软件。软件采取开放式的处理方式，使用者既可以选择软件中设定的相应类型铁路建设方案的评价指标体系进行评价，也可根据实际工程需要，在总指标体系中选取另外的指标参与计算。这样兼顾了专家意见、工程实际经验及模型的定量化计算，可为决策者提供更快速、全面的辅助决策支持。

本书的出版得到了中铁二院工程集团有限责任公司科技图书出版基金的支持，在此表示感谢。

铁路建设项目涉及面广，具有规模大、周期长、投资大、风险高、参与的人员和工作单位多等特点，导致建设方案综合评价理论与方法的研究内容非常丰富且极为复杂，本书所做的研究工作仅是对这一问题的初步和基础性的探讨，还需要更多专家和学者不断进行研究。由于作者水平和能力有限，书中难免存在不足之处，敬请各位读者批评指正。

作　者

2021 年 2 月

目　录

第1章　绪　　论

1.1　我国铁路发展规划

改革开放以来，特别是“十二五”和“十三五”期间，国家对铁路产业发展高度重视，大力投入，铁路建设取得了长足进步，改变了铁路运能长期滞后于运输需求的困难局面，为国民经济持续稳定发展做出了重大贡献。根据《2020 年铁道统计公报》，2020年，全国铁路固定资产投资完成 7819 亿元，投产新线 4933 公里，其中高速铁路 2521 公里。截至 2020 年，全国铁路营业里程 14.63 万公里，其中高铁 3.8 万公里；全国铁路路网密度 152.3 公里/万平方公里，复线率 59.5%，电化率 72.8%；西部地区铁路营业里程 5.9 万公里。尽管我国铁路建设取得了骄人的成绩，但在满足、适应社会经济发展方面仍存在问题与不足，主要表现在中西部铁路网尚不完善，城际铁路发展相对滞后，集疏运体系及综合配套设施尚需强化，新常态下铁路智能化程度、服务水平、竞争力仍需进一步提升等。

“十四五”期间，为了适应全面建成小康社会的需要，支撑、配合国家京津冀协同发展、长江经济带发展等重大战略，铁路产业仍面临重大发展机遇，要求铁路必须树立全球视野，统筹国际、国内两个市场，主动适应新常态，顺应人民群众的新期待。《中华人民共和国国民经济和社会发展第十四个五年规划和 2035 年远景目标纲要》提出：“要加快建设交通强国，建设现代化综合交通运输体系，推进各种运输方式一体化融合发展，提高网络效应和运营效率。完善综合运输大通道，加强出疆入藏、中西部地区、沿江沿海沿边战略骨干通道建设，有序推进能力紧张通道升级扩容，加强与周边国家互联互通。构建快速网，基本贯通“八纵八横”高速铁路，提升国家高速公路网络质量，加快建设世界级港口群和机场群。完善干线网，加快普速铁路建设和既有铁路电气化改造，优化铁路客货布局。推进城市群都市圈交通一体化，加快城际铁路、市域（郊）铁路建设，有序推进城市轨道交通发展。提高交通通达深度，推动区域性铁路建设。构建多层级、一体化综合交通枢纽体系。”根据《中长期铁路网规划（2030 年）》，到 2025年，铁路网规模达到 17.5 万公里左右，其中高速铁路 3.8 万公里左右（2020 年已经提前完成目标，预计 2025 年将达到 5 万公里左右），网络覆盖进一步扩大，路网结构更加优化，骨干作用更加显著，更好地发挥铁路对经济社会发展的保障作用。展望到 2030年，基本实现内外互联互通、区际多路畅通、省会高铁连通、地市快速通达、县域基本覆盖。

（1）完善广覆盖的全国铁路网。连接 20 万人口以上城市、资源富集区、货物主要集散地、主要港口及口岸，基本覆盖县级以上行政区，形成便捷高效的现代铁路物流网络，构建全方位的开发开放通道，提供覆盖广泛的铁路运输公共服务。

（2）建成现代的高速铁路网。连接主要城市群，基本连接省会城市和其他 50 万人口以上的大中城市，形成以特大城市为中心覆盖全国、以省会城市为支点覆盖周边的高速铁路网；实现相邻大中城市间 1～4 小时交通圈，城市群内 0.5～2 小时交通圈；提供安全可靠、优质高效、舒适便捷的旅客运输服务。

（3）打造一体化的综合交通枢纽。与其他交通方式高效衔接，形成系统配套、一体便捷、站城融合的铁路枢纽，实现客运换乘“零距离”、物流衔接“无缝化”、运输服务“一体化”。

（4）构建面向“一带一路”的国际通道。包括以新疆为核心区，以乌鲁木齐、喀什为支点，构建经中亚、西亚、南亚分别至欧洲、印度洋的国际大通道；以云南为辐射中心，以昆明、南宁、拉萨为支点，构建经东南亚、南亚至印度洋的国际大通道等，形成了我国铁路“走出去”的战略发展方向。

2020 年 8 月，中国国家铁路集团有限公司发布了《新时代交通强国铁路先行规划纲要》，该纲要提出了中国铁路 2035 年、2050 年发展目标和主要任务，描绘了新时代中国铁路发展美好蓝图。纲要提出，到 2035 年，将率先建成服务安全优质、保障坚强有力、实力国际领先的现代化铁路强国。基础设施规模质量、技术装备和科技创新能力、服务品质和产品供给水平世界领先；运输安全水平、经营管理水平、现代治理能力位居世界前列；绿色环保优势和综合交通骨干地位、服务保障和支撑引领作用、国际竞争力和影响力全面增强。到 2050 年，全面建成更高水平的现代化铁路强国，全面服务和保障社会主义现代化强国建设。铁路服务供给和经营发展、支撑保障和先行引领、安全水平和现代治理能力迈上更高水平；智慧化和绿色化水平、科技创新能力和产业链水平、国际竞争力和影响力保持领先，制度优势更加突出。形成辐射功能强大的现代铁路产业体系，建成具有全球竞争力的世界一流铁路企业。中国铁路成为社会主义现代化强国和中华民族伟大复兴的重要标志和组成部分，成为世界铁路发展的重要推动者和全球铁路规则制定的重要参与者。

党的十九大以来的国家经济深度转型，对铁路建设方案论证的科学性及合理性提出了更高要求，以促使铁路建设不仅能满足自身的发展和铁路“走出去”战略，还要符合国家和地方经济、社会、环保等各方面的协调、可持续发展。随着我国铁路持续规划与建设、路网布局进一步完善、建造技术不断发展，极大地提高了铁路建设水平、客货运输服务能力和运输质量，必将为人们出行提供更加快捷、准时、安全、舒适的优质服务，实现“人便其行、货畅其流”，形成运力强大、便捷高效、节能环保的铁路运输格局，对于缓解铁路运输“瓶颈”制约，实现铁路又好又快发展，构建以人为本、资源节约型的现代化运输体系，促进沿线地区及全国各大区域的交流合作，加快旅游资源的开发，带动地方经济和社会经济的发展，落实习近平新时代中国特色社会主义思想等都具有重要的现实意义。

1.2 我国铁路基本建设程序

我国规定，建设项目从最开始的立项决策、勘察设计，到招投标、施工准备、具体施工，再到最后的竣工验收和交付使用的全部建设阶段中，每个过程、每个环节都必须遵循客观规律及相关的制度和规定，按照工作的先后次序逐步开展，以提高项目建设管理水平，科学有序地推进项目建设。根据《中国铁路总公司铁路建设管理办法》（铁总建设〔2015〕78 号）和《铁路建设项目预可行性研究、可行性研究和设计文件编制办法》（TB 10504—2018），新建或改建的铁路建设项目必须按照立项决策、勘察设计、工程实施和竣工验收的基本程序组织建设，各阶段工作要达到规定要求和深度。铁路立项决策、勘察设计、工程实施和竣工验收的基本建设程序与项目后评价、运营维护，直到完成运输使命后的报废拆除的全部过程，就构成了铁路建设的全寿命周期，如图 1-1 所示。

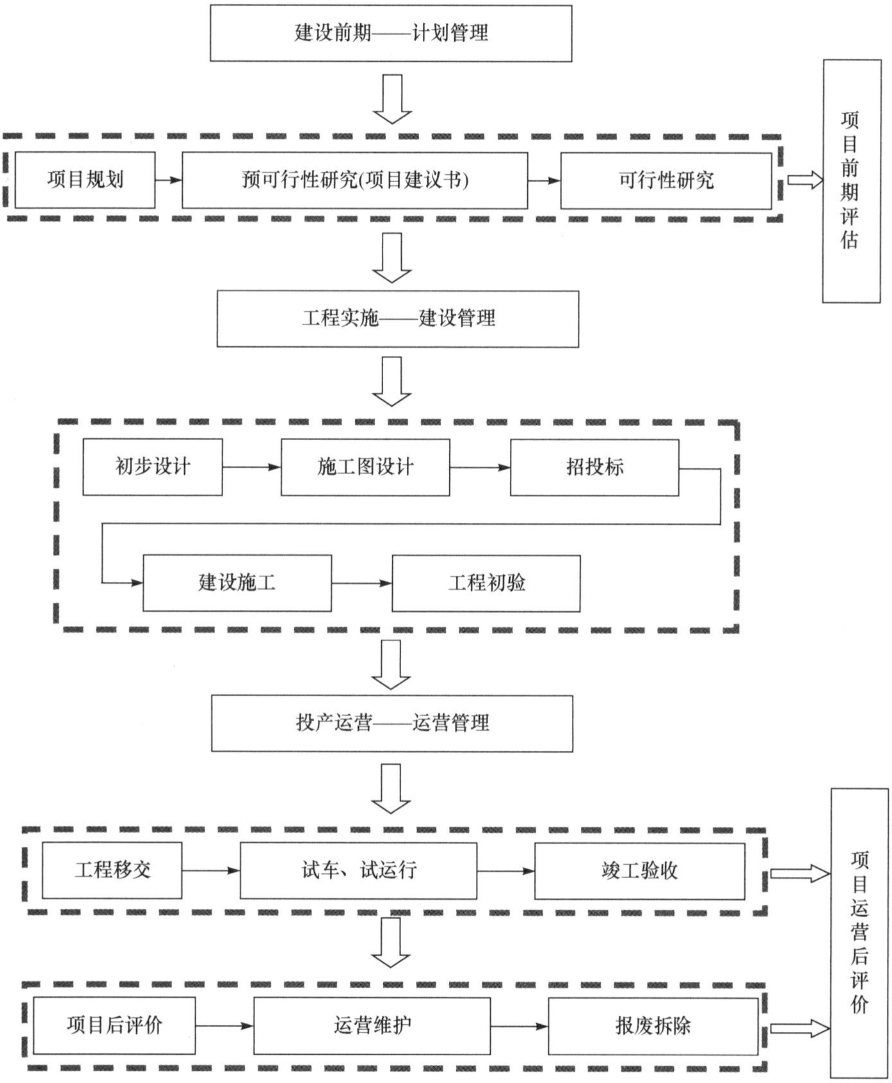

图 1-1 铁路项目基本建设程序

1. 立项决策阶段

该阶段主要依据中长期铁路网和铁路建设规划，对拟建项目进行预可行性研究，编制项目建议书；根据批准的项目建议书，在初测基础上进行可行性研究，编制可行性研究报告。

1）预可行性研究阶段

预可行性研究阶段重点分析项目的规模、建设年限、主要技术标准、重大线路方案、重大桥隧工程方案、主要站段建设规模、资金筹措方式等内容，编制预可行性研究文件或项目建议书。预可行性研究文件是项目立项的依据，应根据国家批准的铁路中长期规划，充分利用国家和行业资料，经社会、经济、运量调查及现场踏勘后编制。其内容和深度主要包括：客货运量预测；系统研究项目在路网、综合交通运输体系及社会经济发展中的作用；提出线路起讫点及线路建设与走向方案（改建铁路应对其运能与运量不相适应的薄弱环节拟定改建的初步方案，铁路枢纽应结合总图规划拟定研究年度的建设方案，铁路特大桥应结合工程地质、水文条件、线路方案初拟桥址方案和桥式方案）；提出铁路主要技术标准、各项主要技术设备设计原则的初步意见及主要工程内容；对相关工程、外部环境（包括邻近或穿越特殊环境功能区）、土地利用、协作条件进行初步分析；提出主要工程数量、建设工期、投资预估算及资金筹措设想；初步进行经济评价；从宏观上分析对各种保护区、集中噪声敏感区和社会环境的影响；论证项目建设的必要性、可能性和风险性。

2）可行性研究阶段

可行性研究文件是项目决策的依据，根据国家批准的铁路中长期规划或项目建议书，进行社会、经济和运量调查，综合考虑运输能力和运输质量，从技术、经济、环保、节能、土地利用等方面进行全面深入的论证，采用初测资料编制。可行性研究阶段的内容和深度主要包括：落实各研究年度的客货运量；解决铁路主要技术标准、线路方案（包括邻近或穿越特殊环境功能区的线路方案）、接轨点方案和主要技术设备的设计原则（改建铁路应解决改建方案、分期扩能方案、增建二线的线位方案及重大施工过渡方案，铁路枢纽应解决主要站段方案和规模、枢纽内线路方案及其铁路主要技术标准、重大施工过渡方案，铁路特大桥应解决桥址方案、初步拟定桥式方案）；提出建设及运营管理体制的建议；提出满足项目用地预审要求的土地利用资料；提出主要工程数量、主要设备概数、主要材料概数、拆迁概数、用地概数、施工组织方案、建设工期、投资估算、资金筹措方案；深入进行财务评价和国民经济评价；阐明对环境与水土保持的影响和防治的初步方案，以及节约能源的措施；论证建设项目的可行性。可行性研究的工程数量和投资估算要有较高的准确度，环境保护、水土保持和土地利用的设计工作应达到规定的深度。

2. 勘察设计阶段

该阶段主要是根据批准的可行性研究报告，在定测基础上开展初步设计；初步设计经审查批准后，开展施工图设计和审核工作。

1）初步设计阶段

初步设计文件是确定项目建设规模和投资的主要依据，应根据可行性研究报告、环境影响报告书（表）与水土保持方案报告的审批意见，以及地质灾害危险性评估报告、压覆矿产资源评估报告、地震安全性评估报告和防洪影响评估报告，采用定测资料编制。其内容和深度主要包括：解决各项工程设计原则、设计方案和技术问题；提出工程数量、主要设备数量、主要材料数量、用地及拆迁数量、施工组织设计及总概算；确定环境保护和水土保持措施。初步设计文件经审查、修改、批准后，作为控制建设规模和总概算的依据，应满足工程招标承包、征用土地、建筑物拆迁、进行施工准备及主要设备采购的需要。

2）施工图设计阶段

施工图文件是工程实施和验收的依据，是运营管理的基础资料，应根据初步设计的审批意见，采用定测及补充定测资料编制。为施工提供需要的图表和必要的设计说明，详细说明施工时应注意的具体事项和要求，说明运营管理中应注意的事项，并编制预算或投资检算。预算或投资检算不得大于批复的初步设计总概算，因特殊情况超出者，须报初步设计批准单位批准。

3. 工程实施阶段

该阶段是按规定组织工程招投标、编制开工报告。开工报告批准后，依据批准的建设规模、技术标准、建设工期和投资，按照施工图和施工组织设计文件组织建设。在实施阶段还要进行运营生产准备，建设单位应适时组成专门班子或机构做好运营生产准备工作。

4. 竣工验收阶段

铁路建设项目按批准的设计文件全部竣工或分期、分段完成后，按规定组织竣工验收，办理资产移交或维管交接。通过竣工验收，可以检查铁路建设项目实际形成的生产能力或效益，也可避免铁路项目建设后继续消耗建设费用。

5. 运营维护及后评价阶段

在铁路运营几年后，由建设单位会同有关部门对铁路建设项目的立项决策、设计质量、施工质量、技术经济指标、投资和经济效益等进行后评价，以总结经验，提高决策水平。

1.3 研究现状

1.3.1 项目经济评价

经济评价是交通项目可行性研究和评估的核心，是交通建设项目决策的重要依据，其目的在于最大限度地避免风险，提高经济效益。投资项目经济评价理论是伴随着西方资本主义经济的发展而萌芽、建立和完善起来的，由于美国、英国等西方发达国家和国际货币基金组织、世界银行等国际主要金融组织在帮助发展中国家发展经济和工程建设的过程中，将项目经济评价这种先进的项目经济分析工具也带入这些发展中国家，此时的项目经济评价理论和各种分析方法逐渐在世界各国流行起来，并在这些国家的应用中得到进一步发展、补充和完善。我国在 20 世纪 50 年代开始使用项目经济评价理论进行投资项目的经济评估工作，总结其在我国的发展历程，大致可分为三个时期[1-3]。

1）学习苏联的经济评价时期

在发展中国家里，我国是较早对投资项目进行经济评价的国家。当时处于中华人民共和国成立初期，国家百废待兴，努力发展经济、提高人民生活水平成为首要任务。为了科学规划和指导我国的经济发展与工程建设，国家引进了在苏联广泛使用的项目技术经济分析方法，并要求工程建设、企业投资等在规划研究阶段开展技术经济论证工作，在当时 156 个重点项目的建设中使用了这种经济评价原理。在建设项目中实施技术经济评价，对我国早期的社会主义经济发展和工程建设起到了一定的积极作用。但此时的中国处于计划经济时期，工程建设、经济评价还是按计划进行，主要目的也是满足计划的需要，并不是以市场为导向、以资源最优化配置为基础的项目评估，因此这一时期的技术经济分析取得的效果比较有限。

但此后的十年里，由于“大跃进”和“文化大革命”的影响，中国经济的发展脚步停滞不前，甚至出现了倒退的情况，经济建设秩序和项目投资规划也比较混乱，刚刚发展起来的技术经济论证工作也很快停止，未得到进一步发展和深入研究的机会，项目经济评价理论在我国的应用和发展也处于停滞阶段。

2）引进和发展期

十一届三中全会开启了改革开放历史新时期。随着国家正式将可行性研究归入投资项目的决策过程，标志着政府又重新开始了对建设项目规划研究阶段经济评价工作的重视。随后，我国开始尝试引进西方发达国家在项目管理方面的成功经验，其中就包括建设项目经济评价理论和方法。进入 20 世纪 80 年代后，虽然我国分别于 1980 年 4 月 17 日和 1980 年 5 月 15 日恢复了在国际货币基金组织和世界银行的合法席位，但要取得上述两个金融组织的贷款及基金支持，必须满足的条件之一是要在项目建设的前期阶段开展可行性研究工作，这进一步推动了我国对发达国家建立的先进项目经济评价理论和方法的研究及引用，并在应用上综合考虑了我国经济、社会发展和工程建设的基本国情，逐步建立起我国自己的建设项目经济评价理论体系。1987 年，为提高投资项目决策科学化水平，由国家计划委员会组织编制、中国计划出版社出版发行了《建设项目经济评价方法与参数》，填补了我国建设项目经济评价的空白，成为各工程咨询公司、规划设计单位进行投资项目评估和编写可行性研究报告的指导性文件，并且成功运用于三峡工程项目经济评价中。1993 年，国家计划委员会与建设部结合我国经济体制改革形势的发展和《建设项目经济评价方法与参数》在试行中反映出来的问题，在大量调查研究和专题研究工作的基础上，联合公布了第二版的《建设项目经济评价方法与参数》，这进一步促进了我国投资决策向科学化、规范化方向发展。1997 年，铁道部发展计划司、中国国际工程咨询有限公司、国家开发银行与西南交通大学结合铁路建设项目的特点，广泛吸取了铁路建设项目经济评价的实际经验，编制了《铁路建设项目经济评价办法（第二版）》。

3）逐步完善期

进入 21 世纪以来，我国经济得到持续发展，综合国力日益增强，社会主义市场经济体制也在不断健全。2000 年和 2002 年，中国国际工程咨询有限公司和《投资项目可行性研究指南》编写组分别编写了《投资项目经济咨询评估指南》、《投资项目可行性研究指南（试用版）》；2006 年，国家发展和改革委员会与建设部组织建设部标准定额研究所等单位和专家联合编制了《建设项目经济评价方法与参数（第三版）》；2012 年 2 月 1 日，住房和城乡建设部、国家发展和改革委员会和铁道部批准发布了《铁路建设项目经济评价方法与参数》。这些关于可行性研究及经济评价的指导性文献的出版，标志着我国建设项目经济评价理论体系逐渐走向系统化、科学化及规范化，开始进入完善和成熟阶段。

1.3.2　全寿命周期成本分析

全寿命周期理论是一种指导项目决策的基础理论，最初能够用于实际工作中的决策方法是全寿命周期成本（life cycle cost，LCC）分析法。最早使用全寿命周期成本分析法的时间可以追溯到 20 世纪 60 年代，美国国防部军事装备在采购工作中引入该方法，以全面评估装备的采购成本、维护成本及废弃成本，提高资源和经费预算的使用效率[4]。至此 10 年以后，英国在设备综合管理中也提出了采用全寿命周期成本分析法，综合考虑设备技术管理与经济管理的全寿命周期成本费用，把追求设备全寿命周期成本的经济性作为设备综合管理的目标。到 20 世纪 90 年代，经过近 30 年的初步应用和研究，全寿命周期成本分析法和相关规定已基本成熟，应用领域日趋广泛，从之前的军事领域逐步扩展到其他民用领域，包括建筑、航空航天、机械设备、基础设施建设等。此后，更多的研究集中在使全寿命周期理论能够指导具体项目实践的领域范围，应用全寿命周期成本分析法，并开始考虑全寿命周期成本的优化问题，以寻找全寿命周期成本最优的方案。

1）国外研究现状

随着欧洲高速铁路建设和运营的发展，研究人员开始在铁路领域应用全寿命周期成本分析法，如 Zoeteman 等[5]研究了铁路领域设计及运营维护阶段全寿命周期管理的原则，将全寿命周期成本作为应用工具，建立了决策支持系统的模型，并以荷兰高速铁路南线及轨道维护更新策略为实例进行了分析。近年来，国外的相关研究在应用全寿命周期成本分析法的基础上，进一步拓展了研究范围，深化了研究内容，将全寿命周期成本与 RAMS（可靠性、可用性、可维护性和安全性）、风险分析、社会经济因素等结合起来，为决策者提供决策依据。但即使到现在，相对于航空航天、机械设备等领域，全寿命周期理论在铁路行业的研究和应用还比较少。

2）国内研究现状

国内首先在设备采购中引入了全寿命周期理论。1998 年，中国设备管理协会成立了专业委员会，致力于推动全寿命周期成本理论方法的研究和应用。此后，中国设备管理协会专业委员会多次召开学术会议，为推进我国全寿命周期成本理论工作进程做出了积极贡献。目前为止，国内关于全寿命周期理论的研究主要集中在建立项目全寿命周期管理、全寿命周期成本分析等方面。例如，1999年，同济大学丁士昭从研究项目而不是工程造价的角度出发，提出了建设项目全寿命周期管理思想，探讨了建立项目全寿命周期管理系统的理论和方法，以及全寿命周期决策管理阶段投资控制问题；孙帮成研究了RAMS在轨道交通车辆方面的应用，并介绍了全寿命周期成本的概念、模型、一般步骤，以及在北欧铁路中应用的REMAIN、LCC模型等[6]。关于全寿命周期在道路工程上的应用，我国一些专家及学者也做了大量有益的工作，如20世纪90年代初，由同济大学姚祖康主编的《路面管理系统》[7]开始提到利用全寿命周期成本分析法进行路面养护和改建方案的比选，并介绍了全寿命周期成本分析法在路面管理系统中的应用。沈达峰[8]初步探讨了运用全寿命周期成本优化的分析方法对桥梁结构各种成本计算方法进行优化，指出全寿命周期成本包括建设成本、常规检查和养护成本、交通中断或阻塞导致的经济损失的成本、交通设施成本、环境保护成本，同时进行了经济效益分析。郭忠印等[9]提出利用生命周期费用分析方法确定路面养护决策，把生命周期费用分析分为八个步骤：制定分析周期内的路面养护可选方案、确定性能周期和养护时间表、预测养护机构费用、预测用户费用、支出费用时间表、计算净现值、分析和养护对策再评价。陈超俊等[10]提出在工程项目寿命周期的各个阶段都要以全寿命周期费用最小化为目标，尤其是在项目的决策设计阶段。石振武等[11]利用全寿命周期理论对绿色公里评价体系进行了研究，按照决策设计阶段、施工阶段与运营阶段构建了全寿命周期评价指标体系，并利用层次分析法建立了评价模型。李伏元和查婷中以重庆涪陵至丰都高速公路为案例，分析了BOT+EPC模式下高速公路建设期全寿命周期成本管理问题。

1.3.3 铁路选线

1825年，在英国达林顿到斯托克顿间修建了世界上的第一条铁路，此时铁路选线设计的一些基本概念和基本内容也逐渐开始形成。不过直到20世纪初，随着铁路建设引起了西方发达国家的广泛关注，负责铁路线路定位的工程师在成功的经验和失败的教训中逐渐形成了一些选线设计的思想和方法，如Beahan[12]总结了这些工程师大量的经验教训，初步建立了决定线路空间位置的方法和理论，理论体系中除了地质地貌定线、平纵断面设计外，还涵盖了现场踏勘、施工组织设计、测量、机车牵引计算、列车运行阻尼、工程经济、客货运量调查等多方面内容，初步建立了铁路选线设计的框架体系。同一时期，McHenry[13]在线路方面给出了曲线半径、限制坡度、道岔、连接线等线路要素的几何参数和主要技术指标，涉及铁路建设中线路、测量、轨道、道砟、桥涵等。随后，铁路选线设计的思想和方法不断完善，Williams[14]在考虑自然条件和经济状况的前提下，以保障安全、提高铁路收益为目的，调整线路方案，进而建立了当时铁路选线设计的完整理论，并首次提出了线路方案优化的理念，其中大部分理论成果一直沿用至今。

随着信息技术的不断发展，航空摄影测量、地理信息系统（geographic information system，GIS）、全球定位系统（global positioning system，GPS）、遥感（remote sensing，

RS）等测绘新技术，以及地质遥感、物探、原位测试等勘探新技术迅速发展，这些新技术的采用，使铁路和公路勘测水平有了质的飞跃，结束了外业测绘靠人工跑尺、内业制图靠人工计算手绘的传统模式。20世纪80年代以来，随着航测遥感技术和GIS技术的成熟，以及电子计算机技术在数据采集、处理和制图方面的逐渐普及和推广，选线设计的方式发生了根本性改变。选线设计工作者开始探索智能化、自动优化的选线设计技术，形成了利用测绘新技术手段采集数据，建立数字地理模型，虚拟真实环境，计算机局部线路方案生成并比选、择优的智能选线设计[15]。

1950年以来，我国成立了专业的勘测设计队伍，统一了全国勘测设计标准，铁路勘测设计事业走向了规范化、标准化、专业化的蓬勃发展道路。我国东部地区经济发达、人口密度大、厂矿企业分布密集，道路交通发达，因此东部平原地区的铁路选线主要需考虑沿线地区经济发展情况，以及与高等级公路、大型企业等大型基础设施的关系。由于山区地形艰险、地质条件复杂，西部山区的铁路选线需要考虑的因素更多。随着我国在西部相继成功修建了宝成铁路、成昆铁路、南昆铁路、内昆铁路、渝怀铁路、襄渝铁路等世人瞩目的山区长大干线，选线设计人员建设经验得到不断积累，山区铁路选线设计的指导思想与日俱进、不断发展。山区铁路选线技术的发展大体上可以划分为三个阶段[16]：

（1）地形选线。20世纪五六十年代，由于当时工程技术水平和社会经济能力有限，铁路技术标准较低，铁路选线注重线路更好地适应地形，减少高桥长隧的布置，顺河布线、穿越垭口、展线和填挖平衡等是这一时期铁路选线的技术特色。成昆铁路、成渝铁路、襄渝铁路、宝成铁路等选线设计的成功，是这一阶段的代表。

（2）地质选线。20世纪90年代到21世纪初，随着工程技术水平的发展，以及崩塌、滑坡、泥石流、岩溶等地质灾害对铁路建设和运营的影响，线路工程师更加重视选线过程中对工程地质条件的勘察，如开展加深地质专项工作、强调地质判识、绕避重大不良地质体等。同时，高墩大跨桥梁、长大隧道、地质灾害评估及预警等技术在铁路上得到发展应用，如南昆铁路著名的八渡南盘江大桥、清水河大桥、喜旧溪大桥和米花岭隧道，水柏铁路北盘江大桥，内昆铁路花土坡特大桥等。

（3）减灾选线。复杂艰险山区地势起伏剧烈，地质变化多端，导致斜坡重力类灾害发育；此外，复杂艰险山区还具有立体气候、局地暴雨山洪、地震、火山等多种诱灾环境因素和自然保护区多、部分山区生态环境脆弱等环境敏感特征。为了应对复杂艰险山区铁路选线作业复杂、技术难度大、决策风险高的难点，21世纪以来，中铁二院在总结川藏铁路、渝利铁路、成兰铁路等复杂艰险山区铁路规划选线经验的基础上，开展了基于防灾减灾的铁路选线理论与技术研究，提出并践行了铁路减灾选线的新理论和新方法。为全面总结复杂艰险山区铁路选线与总体设计的经验与教训，中铁二院相继出版了《复杂艰险山区铁路选线与总体设计论文集》、《复杂艰险山区铁路（公路）工程勘察设计案例集锦》、《复杂艰险山区铁路（公路）工程勘察设计论文选集》、《复杂艰险山区铁路减灾选线理论与技术》和《川藏铁路建设的挑战与对策》等著作学术论文集。

1.3.4 铁路建设方案评价与比选方法

1）铁路建设方案经济评价

我国铁路传统的方案评价方法大多限于定性分析法或定量静态分析法，在经济上追求换算工程运营费最省。通过利用项目经济评价的理论与方法，并根据铁路建设项目的特点，考察方案的投资成本、投资收益等情况，以经济评价为主，并结合对各方案的技术条件、社会作用和环境影响等定性因素的分析，得出最佳方案。

2）铁路建设方案环境影响评价

铁路建设方案经济评价对方案投资成本、利润收益等与货币直接联系的指标比较关注，但难以对线路周边自然生态环境破坏所造成的长远损失进行合理的评价。21 世纪以来，世界范围内环境质量问题不断涌现，尤其是中国等发展中国家的生态环境日益恶化，耕地、湿地、森林等严重破坏，面积不断减少，各国政府和人民都对环境保护问题有了更多的关注。铁路建设与运营过程中对生态环境的保护也开始成为设计人员需要重点考虑的问题之一。因此，关于铁路选线方案评价，更多的注意力逐渐开始向铁路基础设施建设与自然生态环境相协调的目标转移，追求经济效益的同时也注重自然环境的和谐发展。

目前，将生态环境评价加入方案评价中，许多学者做了大量的研究工作，并取得了一些重要的研究成果[17-19]。国外对于生态环境评价已分为不同的等级尺度进行研究。1990 年，经济合作与发展组织（Organization for Economic Co-operation and Development，OECD）首创了压力-状态-响应（pressure-state-response，PSR）模型的概念框架，该模型成为人们构建铁路工程生态环境评价指标体系所依据的基本理论之一。国内关于铁路生态环境的评价工作在 20 世纪 80 年代末到 90 年代初才开始，这一时期环境评价的内容比较简单，以定性分析为主。进入 21 世纪以后，广泛应用基于遥感、地理信息系统之上的叠图法，强化方案比选过程，对占地类型、植被类型、水土流失量进行定量分析，对植被恢复措施及动物通道的设置等生态保护措施进行合理化建议，对生态环境敏感区尤其关注。生态环境评价方法已由最初的专家定性分析逐渐发展到定量计算的阶段，并通过建立环境质量指数模型来分析方案可能对自然环境的影响及环境治理成本与效益间的相互关系。除了对生态环境进行评价外，还有学者针对铁路给沿线居民带来噪声影响的噪声环境评价开展了研究。

3）铁路建设方案综合评价与比选

随着铁路建设项目规模的不断增大、项目投资的迅猛增加，铁路方案决策过程也越来越复杂，许多专家学者将多目标决策理论与方法引入进来，以利于解决多指标的方案综合评价与比选问题，并在此过程中做了大量有益的研究工作。例如，1990 年，方祁等[20]引入模糊数学理论中的相似优先比法，通过将备择方案的指标取值与理想方案的指标取值进行比较，选择较优方案。2000 年，李远富等[21]将铁路选线设计方案优选当成一个多目标决策问题，分析进行方案比选的各类评价指标，并利用层次分析法原理分层建立指标体系，最后引入模糊层次分析法进行方案优选。本书还结合实例编制了该模型的应用软件。同年，吴小萍等[22]提出线路方案比选应该从技术经济和社会效益的角度进行综合决策，由于影响线路方案的因素具有多层次、多种类的性质，他们利用改进的消去与选择转换法解决方案比选的多目标决策问题。2001 年，吴小萍等[23]又分析了铁路经济评价方法的不足，提出在经济评价的同时还应进行技术、经济等多目标综合评价，并结合灰色系统理论、模糊数学理论及集值统计，建立了综合比选模型，还编制了该模型的应用软件。随后，很多学者将可拓学、模糊性综合评价法、物元分析、集对分析法等方法和理论引入铁路方案综合评价与比选决策中。

1.3.5　铁路建设方案评价指标体系

从世界范围来看，法国、德国、俄罗斯、美国、日本等铁路较为发达的国家，在铁路规划、建设和运营过程中，各大建设、运营公司及民众的参与度较高，各阶段过程中制定了系列定量的评分体系，对评价内容尽可能采用模拟预测的方法得到定量指标，再根据定量指标进行分级评分；对于难以定量预测的内容，采用定性分析、分级打分的方法进行处理。由于各国国情不尽相同，相关研究成果并不能直接应用于我国铁路评价指标体系的构建，但是它们的研究对我国相关指标的选取与制定有着重要的借鉴意义。

另外，各国和一些铁路专业性质的国际协会与组织也积极投入到铁路相关技术法规与标准体系的研究与制定中。例如，国际铁路联盟从旅客和行李运输，货运，财务、结算、成本、统计，运营管理，车辆，牵引动力，线路固定设备，技术条件，信息及其他等九个方面分别编制了铁路技术标准体系。欧盟为了确保跨欧洲高速铁路安全可靠地实现可互通性运行，建立了层次清晰、相互协调支持，充分考虑安全性、经济性和高可操作性，并且内容详尽的技术法规和标准体系。日本自从 1964 年第一条高速铁路——东海道新干线投入运营以来，经过 50 多年的发展，形成了包括技术法规、解释性标准和执行标准三个层次的标准体系。北美铁道协会标准分为铁路运营商、设备制造商及货物装载规则三个大类。这些相关研究成果对我国铁路评价指标的选取与指标体系的框架搭建有着重要的参考价值。

目前，国内对于铁路指标体系的研究多从铁路不同专业（车站、线路、信号）的角度出发，立足于不同的参与主体（政府、企业、用户），着眼于项目的不同阶段（决策、设计、建设、运营、养护、改造）构建评价指标体系，如铁路车站选址评价模型及算法、中长期铁路网规划技术评价指标体系、基于旅客心理需求的铁路客运服务综合评价模型、高速铁路列车运行图评价指标体系等。但现行指标体系仍存在框架不够清晰、体系结构较为分散、分类下的指标间相互交叉等问题，需要进一步整合及梳理。

1.3.6　铁路建设方案评价和比选中存在的不足

铁路建设方案评价和比选，传统的做法主要是根据调查收集的资料，提出各种可能的方案进行筛选和比较，通过计算列出各比选方案的技术经济指标（线路长度、桥隧比、土石方工程量、工程投资、通过能力等），并分析各方案的优缺点，在方案比较表上进行方案的论证与择优。其中，各定量指标值大都转换为货币化的形式（工程费、运营费等），即以货币作为方案比较的衡量标准；对于定性指标，则主要依赖专家根据自身知识和实际工程经验分析；最后结合换算工程运营费的定量结果和定性因素的分析决定方案的取舍。传统的铁路建设方案评价和比选工作主要还是依靠专家的定性决策，这种方法为我国多年来的铁路勘察设计中各种方案的比选做出了巨大贡献。但随着国家社会、经济和铁路建设的快速发展，以及“一带一路”倡议背景下海外铁路项目的不断增加，主要依赖专家知识和经验的铁路建设方案决策方法可能会面临许多问题。

（1）对于一些技术难度大、影响因素复杂的重大建设方案，在所含定性指标较多且难以完全用货币来衡量，而各个方案的指标值出现交叉，经济上又差别不大的情况下，传统方法往往难以直接确定最优方案。

（2）通过专家决策开展建设方案综合评价时，具体需要选择哪些评价指标参与比较，往往难以确定，不但增加了专家的工作量和指标选择难度，而且容易忽略很多重要的影响因素。不同建设方案比选时，选择的评价指标有时差别很大，目前缺乏一套规范化、标准化的评价指标体系。

（3）定量指标能利用定量的方法直接计算，而定性指标只能依赖专家主观判断，这种分开比较的方式难以实现对指标的同步刻画和对比，容易造成方案比选结论的空间差异性，并非真正意义上的综合评价。因为铁路建设方案评价涉及的指标因素常常相互影响，是一种错综复杂的动态变化关系。例如，若要控制工程造价，减少土石方工程、避免“大填大挖”，可能出现许多长大坡段，在降低工程费的同时会增加后期运营维护的难度和成本；又或者，为了更好地保护生态环境、减轻工程对环境的影响，线路要么绕避环境敏感区，要么采用工程处治措施，这又会增加工程投资费；等等。这些相互作用、相互影响的指标导致在追求某一方面效益时，另一方面的不利因素就会相应增长。因此，方案比选需要同时兼顾技术、经济、环境、社会效益等定量与定性因素，进行多目标综合评价，避免出现决策结果过于片面的情况。

（4）建设方案综合评价过程中需要考虑的指标因素较多且影响面广，既有铁路等级、最小曲线半径、到发线有效长度、牵引质量等主要技术标准的要求，也有由行经地区复杂的地质、地形等自然条件引起的对工程施工、后期运营维护等技术、经济条件的影响，还要兼顾自然生态环境保护、旅游矿产资源开发、沿线地区经济发展、社会发展、国家安全等环境和社会效益。上述各种影响因素之间的重要性，即指标的权重具有不确定性，往往难以直接给定，使方案取舍具有很大的不确定性。

（5）在铁路建设的前期阶段，利用现有技术手段往往难以获得许多定性指标的具体取值情况，无法精确量化或预测，而只能依靠专家的语言描述。但由于自身知识及工程经验的差异性，不同专家对定性指标影响程度的评价往往差距很大，从而导致方案评价结果带有一定的主观随意性，导致推荐方案常常不能一锤定音，比较、优化、推荐过程会不断反复，设计人员、专业工程师、总工程师等专家的方案研究及设计工作量非常大。

（6）铁路建设项目从前期的勘察设计到后来的施工及运营维护，是一个相互关联、相互作用的有机整体，但传统方案评价方法只是考虑了建设阶段的主要技术经济指标（工程量、工程投资等）和运营过程中的少量指标因素（客货运量、运营费等），未从铁路建设的决策设计、施工和运营维护等全过程出发，进行全寿命周期综合评价，导致方案比选结果不能全面反映建设和运营情况。

（7）从铁路项目层面进行建设方案评价时，国外（尤其是西方发达国家）往往更为看重对生态环境的影响、产生的社会效益等方面的评估和定量化的综合评价结论。随着“一带一路”倡议的深入推进，传统做法难以完全实现我国铁路“走出去”的目标，仍需要更多先进理论和定量化决策方法及技术的支撑。

铁路建设方案综合评价和比选作业过程复杂、技术难度大、决策风险高，相应的技术积累相对薄弱。目前对铁路建设方案评价具体操作的说明仍基本停留在技术经验的层面，方案比选的决策过程仍缺乏适应社会经济发展和铁路快速发展特点的科学评价方法和体系。需要在传统方案评价理论及方法的基础上，建立全面、系统、实用性高的评价指标体系和可操作性强的评价方法，进一步减少方案决策风险，以满足铁路建设不断向现代化、智慧化、定量化、科学化及国际化方向发展的现状。

1.4 本书的架构和组织

本书研究的铁路建设方案综合评价是基于铁路建设前期工作中的建设方案研究阶段，涉及技术经济条件、环境影响和社会效益等方面的综合因素，进行全面、系统、综合的评价和比选而开展的，并非针对铁路经济评价、环境影响评价、社会评价和后评价的简单分析和总结。

针对铁路建设方案综合评价和比选工作系统性强、影响因素多、操作难度大、决策风险高等特点，本书以成渝、成贵、成兰等铁路选线设计和方案决策的案例资料为基础，充分利用现有的经验和技术，并吸收全寿命周期理论、多目标决策等当代世界科技发展的最新成果，建立具有普适性的方案评价指标体系和模型。主要思路是：第一，梳理全寿命周期理论，详细阐述全寿命周期的技术流程和分析清单，为全寿命周期理论运用到铁路项目阶段性分析奠定基础；接着，按照工程技术领域特性及工作内容和影响程度，对铁路的全寿命周期阶段进行划分；第二，将铁路建设方案评价总目标分解为技术可行性、经济合理性、环境影响、社会效益和影响四大目标层，基于铁路全寿命周期的不同阶段，分析各阶段、各目标层下的子指标构成，并利用定量与定性相结合的方法构建铁路建设方案全寿命周期评价总指标体系；第三，根据不同类型建设方案的特点，分别建立相应的评价指标体系和基于不同情景的线路走向方案评价指标体系，并根据不同专家对各目标层及其子目标相对重要性程度的判断，利用组合赋权法计算各指标权重；第四，在利用三角模糊数对定性指标进行量化的基础上，通过引入多目标决策理论建立铁路建设方案的综合评价模型，并利用工程实例进行模型验证和实际操作过程分析；第五，在新指标体系和新理论模型的支持下，研发铁路建设方案评价决策软件。从而，采用定性知识表述与数学定量方法、理论模型与工程决策实例，并结合计算机程序化运算的基本原则，构建基于全寿命周期的铁路建设方案综合评价体系。本书研究的技术路线如图 1-2 所示，主要成果如图 1-3 所示，成果应用流程如图 1-4 所示。

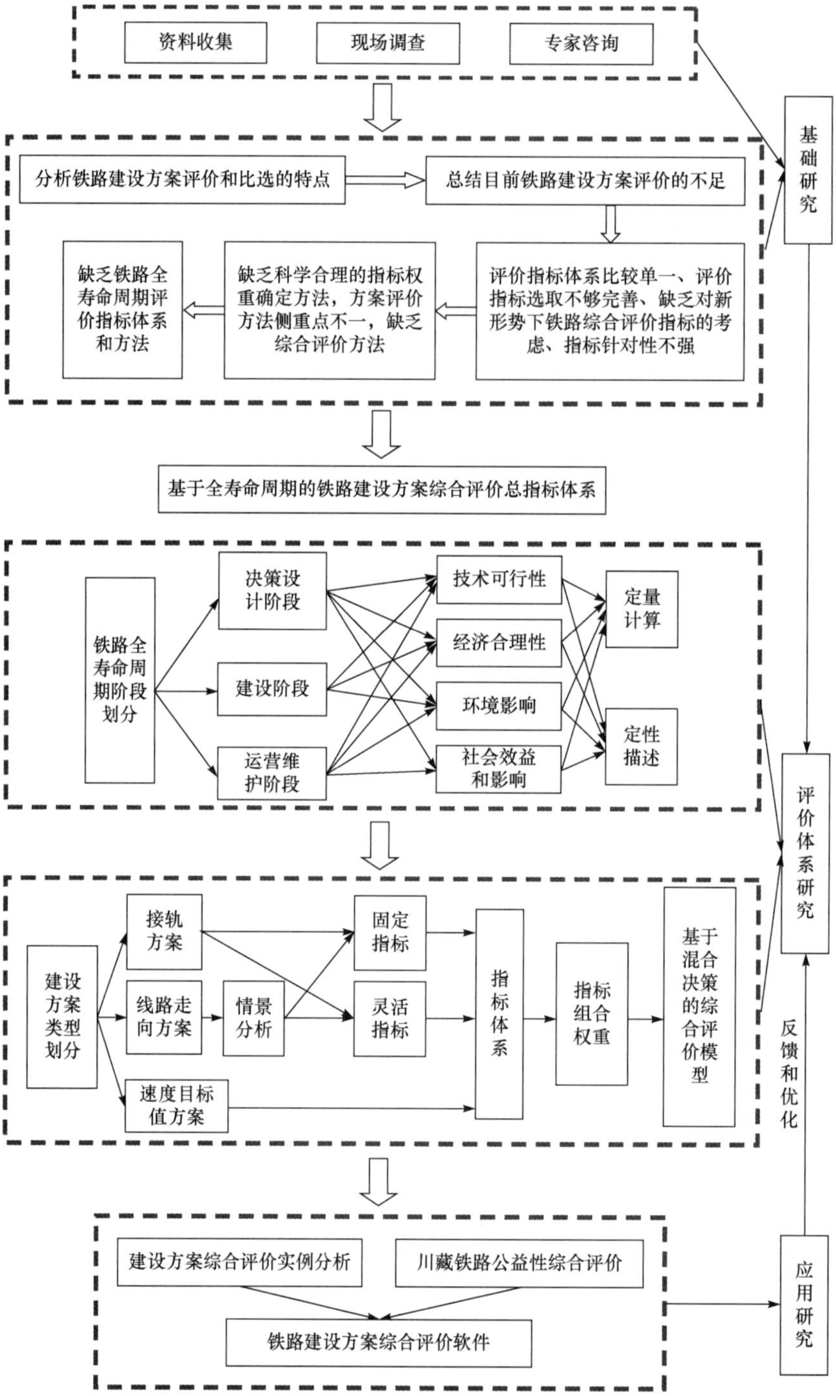
资料收集
现场调查
专家咨询
基础研究
分析铁路建设方案评价和比选的特点
总结目前铁路建设方案评价的不足
评价指标体系比较单一、评价指标选取不够完善、缺乏对新形势下铁路综合评价指标的考虑、指标针对性不强
缺乏科学合理的指标权重确定方法，方案评价方法侧重点不一，缺乏综合评价方法
缺乏铁路全寿命周期评价指标体系和方法
基于全寿命周期的铁路建设方案综合评价总指标体系
铁路全寿命周期阶段划分
决策设计阶段
建设阶段
运营维护阶段
技术可行性
经济合理性
环境影响
社会效益和影响
定量计算
定性描述
评价体系研究
建设方案类型划分
接轨方案
线路走向方案
速度目标值方案
情景分析
固定指标
灵活指标
指标体系
指标组合权重
基于混合决策的综合评价模型
反馈和优化
建设方案综合评价实例分析
川藏铁路公益性综合评价
铁路建设方案综合评价软件
应用研究

图 1-2　本书技术路线图

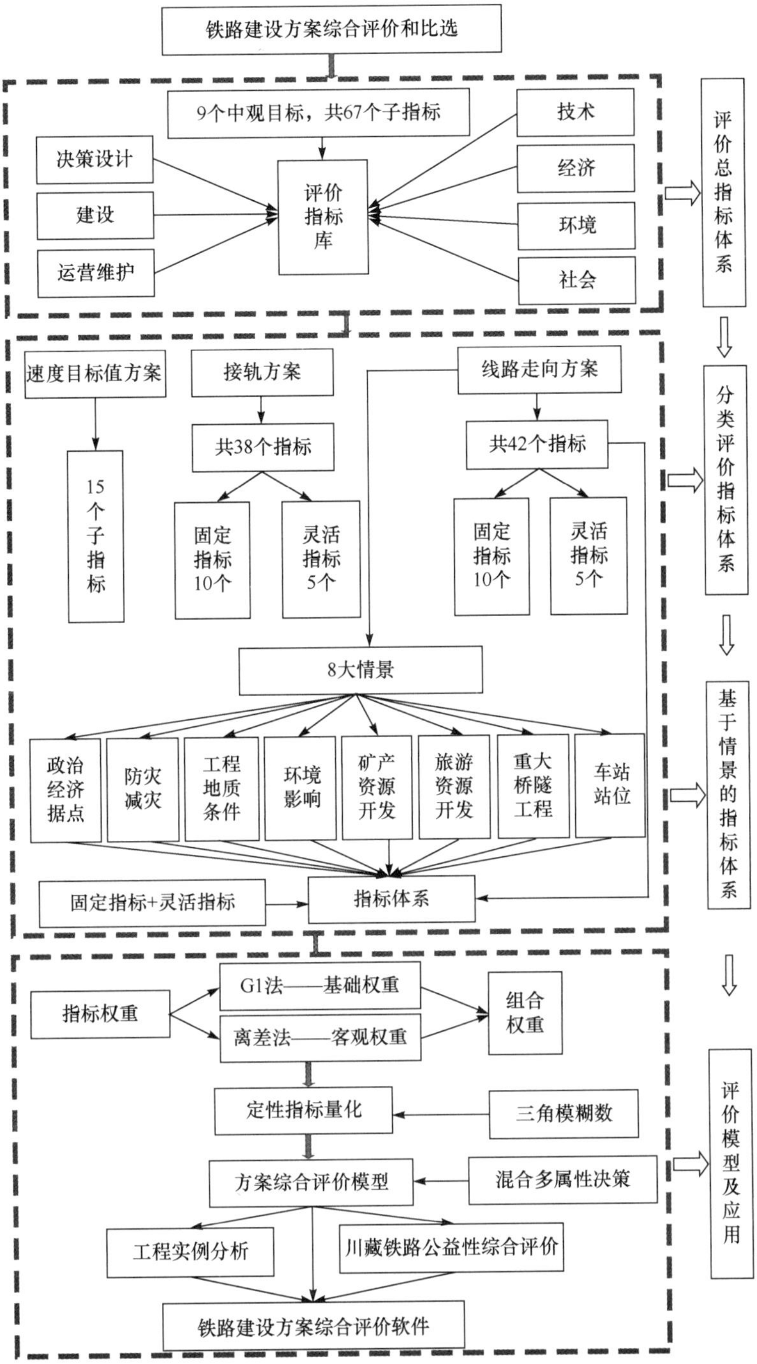
铁路建设方案综合评价和比选
9个中观目标，共67个子指标
决策设计
建设
运营维护
评价指标库
技术
经济
环境
社会
评价总指标体系
速度目标值方案
15个子指标
接轨方案
共38个指标
固定指标10个
灵活指标5个
线路走向方案
共42个指标
固定指标10个
灵活指标5个
分类评价指标体系
8大情景
政治经济据点
防灾减灾
工程地质条件
环境影响
矿产资源开发
旅游资源开发
重大桥隧工程
车站站位
固定指标+灵活指标
指标体系
基于情景的指标体系
指标权重
G1法——基础权重
离差法——客观权重
组合权重
定性指标量化
三角模糊数
方案综合评价模型
混合多属性决策
工程实例分析
川藏铁路公益性综合评价
铁路建设方案综合评价软件
评价模型及应用

图 1-3　本书成果框图

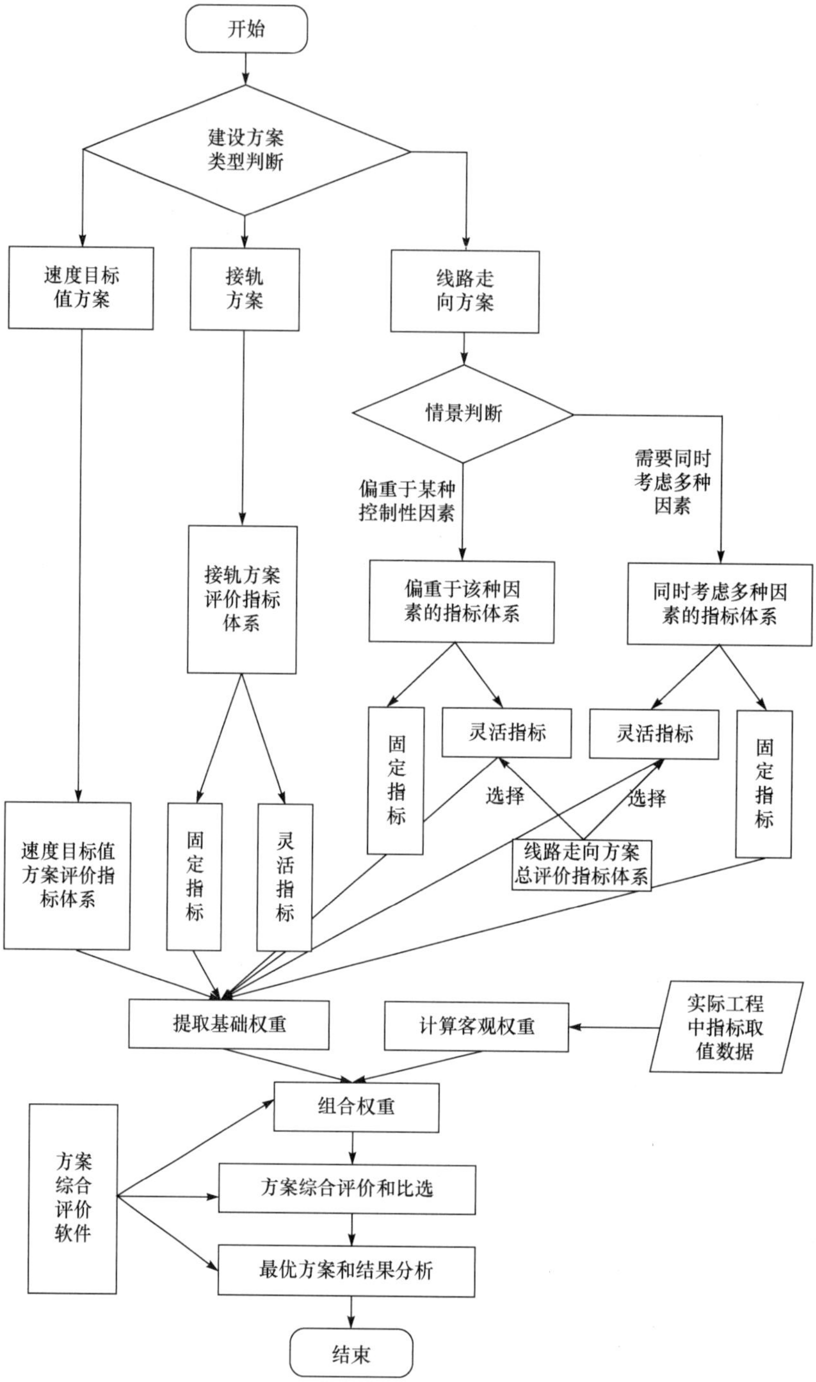

图 1-4　本书成果应用流程图

本书的主要内容如下：

第 1 章为绪论。在分析铁路网规划、铁路发展背景和铁路方案评价研究现状的基础上，总结目前铁路建设方案综合评价和比选方法的不足，并提出本书的主要研究内容及架构和组织。

第 2 章为铁路建设方案全寿命周期综合评价基础理论。首先，通过分析铁路全寿命周期阶段、各个阶段的工作内容、阶段间的相互关联性及重要性程度，将铁路项目的全寿命周期划分为三个阶段：决策设计阶段、建设阶段、运营维护阶段；然后，介绍铁路建设方案研究、评价和比选的基本原理、步骤及方法等内容，并归纳铁路建设方案的基本类型；最后，讨论铁路建设方案全寿命周期综合评价的必要性、复杂性，并从技术可行性、经济合理性、环境影响、社会效益和影响四个方面分析综合评价的目标。

第 3 章为基于全寿命周期的铁路建设方案综合评价总指标体系。在总结目前常用的指标选取及分类的理论与方法基础上，提出定性和定量相结合、可操作性、实用性等的铁路建设方案全寿命周期综合评价指标选取的基本原则。利用层次分析法的建模思路，按照 3 个阶段、4 个宏观目标、9 个中观目标构建基于全寿命周期的铁路建设方案综合评价总指标体系，并对各类评价指标的内涵、计算方法、重要性等进行分析和说明。

第 4 章为基于分类原理的铁路建设方案全寿命周期综合评价指标体系。通过分析线路走向方案、接轨方案和速度目标值方案的重要性、影响因素及其差异性特征属性，结合实际综合评价和比选时的需要，对总指标体系中的指标进行分类梳理，并利用“固定指标+灵活指标”的模式，分别构建与线路走向方案、接轨方案和速度目标值方案相匹配的分类综合评价指标体系。

第 5 章为基于情景分析的铁路线路走向方案全寿命周期综合评价指标体系。通过归纳总结影响铁路线路走向方案选择的主要控制性因素，设计偏重于政治经济据点、防灾减灾、工程地质条件、环境影响、旅游资源开发、矿产资源开发、重大桥隧工程和车站站位八类不同情景，并分析不同情景对线路走向产生的影响。通过从线路走向方案综合评价指标体系中选择相应的指标，有针对性、有侧重点地建立基于不同情景模式的线路走向方案综合评价固定指标。

第 6 章为铁路建设方案全寿命周期综合评价指标权重。采用组合赋权法计算指标的权重。其中，引入改进的层次分析法——G1 法，通过利用专家的实际工程经验和专家知识，计算指标的基础权重；根据各方案指标之间取值的差异性，采用离差法计算指标的客观权重；通过将基础权重和客观权重进行融合，形成组合权重。

第 7 章为铁路建设方案全寿命周期综合评价模型。利用多目标决策理论，在实际铁路建设方案综合评价时，需要对不同方案各指标之间进行相互比较，以确定推荐方案的特点，建立基于混合多属性决策的铁路建设方案综合评价和比选模型。首先，将比较方案中取值情况最好的指标取出，构建理想方案；然后，通过计算待评价方案与理想方案的接近程度，确定方案的综合评价值；最后，根据评价值的大小对方案进行排序，确定最优方案。

第 8 章为工程案例分析。利用成渝客专、云桂线、成贵线、成兰线、大瑞线等多条铁路线的方案比选实例开展模型应用研究。通过与预可行性研究、可行性研究报告中专家定性分析结果进行对比，验证铁路建设方案综合评价指标体系及基于混合多属性决策的建设方案综合评价模型的有效性和实用性，并说明灵活指标选取、指标权重计算和评价模型的操作程式。

第 9 章为川藏铁路公益性综合评价。根据公益性铁路社会效益高的特点，首先提出公益性铁路的定义，分析公益性铁路的基本特征和重要性，提出铁路公益性的定量识别方法；然后运用铁路建设方案综合评价指标体系的构建模式，以及混合多属性决策理论原理，建立公益性铁路综合评价指标体系和综合评价模型；最后利用评价指标体系和模型，分析评价川藏铁路的公益性程度。

第 10 章为铁路建设方案综合评价软件。利用 C#语言和 Microsoft Visual Studio 2008 软件开发平台，开发铁路建设方案综合评价软件程序，并研发人机交互式的铁路建设方案综合评价和比选软件，以进一步减少专家在建设方案决策方面的工作量，提高方案决策的效率。

第 2 章　铁路建设方案全寿命周期综合评价基础理论

2.1　铁路全寿命周期

2.1.1　全寿命周期的含义

全寿命周期的本意是指某一产品从设计、生产、使用直到报废的全部时间。工程项目的全寿命周期强调的是工程项目在时间意义上的全部过程，不仅包括前期的投资决策、项目规划、设计、施工和运营的全过程，还包括后期的维护直到拆除或者废弃。1991 年，Ferry 提出了工程全寿命周期的概念。通常，可将建设工程项目的全寿命周期划分为多个阶段，包括投资意向研究、可行性研究、初步设计、施工图设计、设计审查、政府审批、招投标、施工、竣工验收、运营维护、报废或更新。

全寿命周期理论是一种先进的指导思想，也是一种项目方案决策的分析工具，它从项目的长期效益出发，全面考虑项目的规划、设计、建造、购置、运行、维护、改扩建直至报废的全过程成本，实现总目标的最优。

2.1.2　铁路全寿命周期阶段性分析

对于不同类型的铁路项目，基本上都要经历预可行性研究、可行性研究、初步设计、施工图设计、建设施工、竣工验收、运营维护等阶段。从铁路的全寿命周期阶段来看，考虑到铁路项目使用的长久性，铁路拆迁不可预知性强，研究中暂不考虑铁路的拆迁过程，只是将拆迁工程量作为指标考虑到方案评价中。因此，虽然各类型的铁路项目特点不尽相同，但是铁路项目的全寿命周期基本可归纳为三个重要阶段：决策设计阶段、建设阶段、运营维护阶段。其中，各项工作又必须集中在特定的建设地点、范围进行，在活动范围上受到严格限制。为了保证项目在整个寿命周期的健康发展，各阶段参与的有关主体间必须密切配合，在时间延续和空间伸展上合理安排，将工程按客观规律进行科学的阶段划分，反映工程建设内在的规律性。

1. 决策设计阶段

铁路施工项目的决策阶段主要完成对铁路建设项目的可行性研究和招标决策活动，这个阶段中国国家铁路集团有限公司作为项目的发起人和融资人，主要任务是通过投资建设满足铁路运输服务的职能，进行多元化经营，同时承担公益性运输，保证关系国计民生的相关运输任务的执行。勘察设计单位在项目建议书和可行性研究阶段，负责项目审批方面的勘察设计任务，主要确定铁路建设项目的建设方案、总概算、运输功能、技术标准、质量标准等，勘察设计的数据资料是后续施工的参照标准和依据。咨询单位作为服务机构，为中国铁路总体规划和立项获批起到一定的建议作用。政府职能部门包括国家发展和改革委员会、生态环境部、自然资源部、水利部等，决定铁路建设项目能否获批，人民的利益和社会整体利益是这些部门重点关注的问题，在该阶段政府职能部门起到很大的作用。

设计是工程的灵魂，经济合理、技术先进的项目设计是铁路建设项目节省投资、缩短工期、提高效益的重要环节。工程设计是分阶段进行的，目前我国大中型铁路建设项目在可行性研究报告获得批复后，一般按两阶段设计，即初步设计和施工图设计，并相应形成初步设计总概算和施工图投资检算或总预算文件。初步设计总概算审查的主要内容有概算编制的依据、深度、范围、完整性及合理性。施工图投资检算或预算审查的主要内容有：施工工程划分的合理性；工程量清单的合规性、完整性和准确性；设备材料预算价格；有关项目费用及其计算方法的正确性。按照不同的设计速度、地形地质情况对工程项目进行归纳整理，总结出相应的综合指标和单项指标。

2. 建设阶段

铁路建设工程招标时，业主单位对建设项目进行设计和建设准备，具备了招标条件后，便发出招标广告或邀请函，施工单位见到招标广告或邀请函后，做出投标决策至中标签约。该阶段的最终管理目标是签订工程承包合同，主要进行以下工作：施工单位从经营战略的高度做出是否投标争取承包该项目的决策；决定投标以后，从多方面（企业自身、相关单位、市场、现场等）掌握大量信息；编制既能使企业盈利又有竞争力、可望中标的投标书；如果中标，则与招标方进行谈判，依法签订工程承包合同，使合同符合国家法律、法规和国家计划。

铁路建设阶段是对设计成果的具体实施，关系到整个项目的质量、安全、进度、费用、环保等诸多方面。建设阶段的典型活动包括车站、车辆基地等的新建或改造，路基、桥涵、隧道等土建工程的施工，无砟轨道或有砟轨道的安装、施工，牵引供电、电力、信号和通信等电气化系统的安装等。基础设施的核心单元是对桥涵、隧道、路基、轨道、电气化系统、车站及车辆中心等土建或安装工程的建设。因此，铁路建设施工需要建设单位、监理单位、勘察设计单位等多方密切配合。建设单位时刻关注项目的各项指标和绩效，广泛参与整个施工过程的各个环节。监理单位受建设单位委托，基于监理合同负责监督施工单位履约情况、审查相关施工组织设计文件、主持相关的工程变更、参与工程安全事故处理、参加竣工验收等工作。勘察设计单位主要是对项目的工程施工标准、工程地质勘察、工程设计变更、工程技术变更等进行处理，解决施工过程中出现的勘察设计问题。材料设备供应单位供应材料的质量以及供应材料的及时性，直接影响工程实体的质量及施工的进度、安全、成本等目标。“三电”迁改单位需要与施工单位密切配合，对新建铁路的征地红线范围内的既有电力、通信以及广电线路进行迁移。政府职能部门在铁路建设项目工程实施过程中，主要是对铁路各参建方进行监督监管，保证工程实体的质量和公众利益。

3. 运营维护阶段

建设单位在项目施工完成后组织各单位进行静态验收和动态验收，并着手进行项目的接管运营工作。运营阶段是铁路全寿命周期中持续时间最长的阶段，其典型活动包括列车的制造、列车的运行、铁路电气化系统的运行，以及车站和车辆基地的运行。维护阶段的典型活动一般伴随在运营阶段发生，包括桥涵、轨道和路基等土建设施的维护，轨道、车辆及电气化系统的维护和更新。运营维护阶段的效果直接影响铁路建设项目能否完成投资的规模和相关运输目标。

铁路全寿命周期各阶段需要完成的主要任务有所不同，具体如表 2-1 所示。

表 2-1　铁路全寿命周期各阶段主要任务

阶段	主要任务
决策设计阶段	决策阶段：预可行性研究、可行性研究和编写项目建议书，主要确定铁路建设项目的建设方案、总概算、运输功能、技术标准、质量标准等。 初步设计阶段：概算编制的依据、深度、范围、完整性及合理性。 施工图设计阶段：施工工程划分的合理性；工程量清单的合规性、完整性和准确性；设备材料预算价格；有关项目费用及其计算方法的正确性
建设阶段	车站、车辆基地等的新建或改造；路基、桥涵、隧道等土建工程的施工；无砟轨道或有砟轨道的安装、施工；牵引供电、电力、信号和通信等电气化系统的安装等
运营维护阶段	运营阶段：列车的制造、列车的运行、铁路电气化系统的运行及车站和车辆基地的运行。 维护阶段：桥涵、轨道和路基等土建设施的维护，轨道、车辆及电气化系统的维护和更新

2.1.3　铁路全寿命周期各阶段的重要性及关联性

铁路建设项目的决策设计、建设和运营维护三个阶段都是关系铁路能否成功建设和高效运营的关键环节，而且它们并非独立的过程，既相互联系又相互制约，共同构成一个工程项目的全寿命周期系统。

1. 铁路全寿命周期各阶段的重要性

（1）决策设计阶段是铁路建设项目全寿命周期中最重要的一个环节。在决策阶段，主要完成项目构想、规划研究、预可行性研究、可行性研究和项目总体设计等工作，要确定项目的目标、水平及技术和质量要求，并与投资、进度、环境等目标相协调，作为项目设计和施工的依据。基于全寿命周期角度分析，若在决策阶段出现疏忽，则在勘察设计阶段转变为缺陷，到建设阶段则成为质量问题，最后到运营阶段或许演变为安全事故。设计阶段是在前期决策的基础上，通过工程设计将项目决策的主要内容予以具体化和明确化，是施工过程所依照的具体事实依据，主要包括设计准备、初步设计和施工图设计等过程。随着设计阶段的延伸，设计内容由粗到细、由浅到深，逐步深入细化，每一个阶段的设计成果输出将成为下一阶段设计工作的输入，这个循环过程贯穿设计阶段的每个过程。

铁路项目决策设计阶段的质量决定了项目的建设质量，工程设计的完备性、合理性和严密性，直接关系到项目建成运营后的功能和使用价值，决策设计过程采用的平面布置和空间形式、选用的结构类型、使用的材料、构配件及设备等环节，既要体现决策者意图、考虑建设阶段和运营维护阶段的实现效果，又要对项目安全性和可靠性具体考量，是工程安全、适用、经济与环保等目标得以实现的保证。可以说，决策设计阶段确定的技术和质量要求及目标与水平是否合理、可行，直接决定了后续阶段及项目整体的质量。

（2）建设阶段是铁路项目全寿命周期中投入最为集中、增长最快的环节，主要包括施工招投标及施工准备、正式施工、竣工验收、试运营等过程。在这一阶段，建设单位及有关各方的工作重点是通过招投标合理选择施工单位，并通过合同管理、技术方案审核等来管理项目建设质量；施工单位的工作重点则是通过合法、合规、有竞争性的投标获得工程项目任务，利用高效的施工组织设计、科学的施工方案选择与实施及规范的施工现场管理来完成铁路项目的建设任务。

建设阶段按照设计相关文件和有关的技术标准、规范与规程等，将决策设计阶段的计划和意图付诸现实，在规定的工程内容、工期、费用、质量范围内，按要求高效率地实现项目目标。该阶段是形成工程实体的决定性环节，决定了决策设计过程所确定的工程质量、目标和水平等要求能否完成，对接下来运营维护阶段将产生直接的影响，也是铁路项目安全可靠和运输功能得以实现的重要保障。

（3）运营维护阶段是对项目日常运营和维修养护进行科学化的管理和控制的过程，该阶段的实施效果是检验铁路项目是否具有实质性成效的重要指标：一方面，可以使项目在较长的运营维护期内合理控制成本，真正实现项目全寿命周期成本的优化；另一方面，铁路的运营质量不仅关乎铁路项目的投资收益，更关乎人民群众生命和财产安全，对社会效益和环境效益同样会产生重大影响。基于全寿命周期系统的理念进行科学的管控，运营维护阶段生成的各种数据、形成的运营维护成本及技术、质量参数等相关资料通过铁路项目综合数据库汇总后，经过加工、整理可以为将来新建项目提供历史的运营维护信息，以逐步形成铁路项目全寿命周期系统管理的基础数据，更好地推动全寿命周期系统理论在铁路项目中的实践应用。

表 2-2 总结了铁路全寿命周期各阶段的系统过程及其作用。

表 2-2　铁路全寿命周期各阶段的系统过程及其作用

<table>
<tr><th colspan="2">铁路全寿命周期阶段及其系统过程</th><th>作用</th></tr>
<tr><td rowspan="5">决策设计阶段</td><td>项目构思</td><td>影响投资方向和规模、投资结构与布局等全局性、长期性重大问题决策的正确性</td></tr>
<tr><td>项目策划</td><td rowspan="4">论证项目在技术、经济、社会与环境等方面的可行性与合理性，决定项目是否投资建设，建多大规模，采取何种方案等。该过程确定项目技术、质量要求、目标和水平</td></tr>
<tr><td>项目预可行性研究及其评估</td></tr>
<tr><td>项目可行性研究及其评估</td></tr>
<tr><td>项目审批</td></tr>
</table>

续表

铁路全寿命周期阶段及其系统过程		作用
决策设计阶段	勘察设计准备	将工程项目质量要求、目标与水平具体化，直接关系到项目建成后的功能和使用价值。该过程是决定工程质量的关键环节
	工程勘察	
	初步设计	
	施工图设计	
建设阶段	施工招投标	使工程项目的具体质量要求、目标和水平最终得以实现，直接关系到工程安全可靠和使用功能的保证。在一定程度上，该过程是形成工程实体质量的决定环节
	施工（技术、组织和物质）准备	
	正式施工	
	竣工验收	
	试运营	
运营维护阶段	运营、维护等	对项目日常运营做好规划和控制，积累运营经营管理的基础数据和信息，在更大范围内推广和应用全寿命周期体系
	拆除、报废等	

2. 铁路全寿命周期各阶段的关联性

从铁路项目全寿命周期角度来看，各阶段之间互为前后工序的关系，后面的工序通常只能在前一工序的条件下进行。在整个建筑工程链中，建设程序越往后，其对成果调整的影响力越小，如果需要调整某一工序内容，越往前，需要付出的时间、人力等成本越大。例如，到建设阶段结束后再调整设计方案，不仅会造成前面某些工作无效，还可能引起结构主体加固改造，消耗大量的资源、成本，付出极高的代价。

运用全寿命周期理论这一科学的工程建设指导思想的前提条件是整个项目还没结束，最好是刚刚开始，随着项目的进展，其能够发挥的作用就会越来越小。在一个建设工程的全寿命周期中，方案研究阶段结束时，工程质量和造价的 70%已经决定；设计结束时，工程质量和造价的 85%～95%已经决定，如图 2-1 所示。

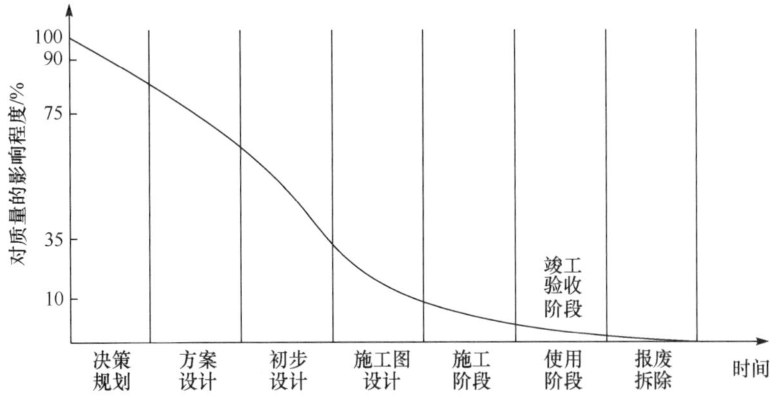

图 2-1　全寿命周期质量影响程度

也就是说，铁路的运输功能和各阶段的成本在决策设计阶段就已基本确定，越到后期，改变其性能、结构和使用条件等固有因素的可能性越小，所以决策设计阶段是关系到铁路项目能否满足预期功能、实现预期目标的关键。因此，铁路全寿命周期中的前期阶段对后期阶段有着很大的决定和制约作用，本书基于前期的决策设计阶段，通过运用全寿命周期理论开展建设方案综合评价研究。

2.2 铁路建设方案

2.2.1 铁路方案类型

在铁路项目前期工作和进行勘察设计的各阶段中，均有不同性质、不同规模的方案存在，相应的方案评价和比选的侧重点及考虑的指标因素也有所区别[24]。

1. 预可行性研究阶段

1）建设方案

建设方案包括高速铁路、城际铁路、客货共线铁路、重载铁路等铁路类别。

2）线路方案

（1）接轨点和枢纽（地区）引入方案（含联络线及疏解线）；

（2）线路宏观走向方案（长大干线结合主要经济据点、资源特征、区域地质条件、重大环境影响因素、相关交通运输方式等）；

（3）线路走向方案（在宏观走向基础上进一步深化研究的方案）；

（4）线路局部方案（包括重大跨（穿）江河（海）桥渡技术方案、复杂越岭（水下）隧道方案、邻近或穿越特殊环境功能区方案等）。

2. 可行性研究阶段

1）新建铁路

（1）正线数目、限制坡度（含单机或多机牵引坡度）、牵引种类、机车类型和机车交路方案等主要技术标准方案；

（2）接轨点和枢纽（地区）引入方案；

（3）线路基本走向（主要经由控制点）方案；

（4）越岭线路的不同垭口、不同高程、隧道长度及引线方案；

（5）特大桥、长大隧道方案；

（6）地质不良及困难地段方案。

2）改建、增建第二线及电气化铁路

（1）改建铁路的主要技术标准方案；

（2）根据运输需求提出的各种改扩建方案或综合方案；

（3）增建第二线时的重大并行、绕行方案，或新建分流线方案及疏解方案；

（4）对工程量大、工期长的建设项目，根据运输需要，提出分期实施的修建方案。

3. 初步设计阶段

1）主要方案

（1）线路走向、接轨站及终点站方案；

（2）既有线改建方案及分期提高通过能力方案；

（3）增建第二线左、右侧方案，单线绕行或双线绕行方案，疏解方案，重大的施工过渡方案；

（4）越岭线路的不同垭口、不同高程、隧道长度及引线方案。

2）局部方案

（1）车站的分布及车站位置方案；

（2）沿河线左、右侧及截弯取直方案；

（3）不同桥位、高桥与高填、设桥与改河方案；

（4）隧道与明挖方案；

（5）个别地段不同曲线半径方案；

（6）特大桥与轮渡方案；

（7）道口平、立交及改移道路方案；

（8）特殊地质、不良地质地区的线路方案，重点路基工程地段线路方案；

（9）节约农田和减少拆迁房屋的线路方案。

4. 施工图设计阶段

（1）避免拆迁，公路改移、大渠道改移引起线路位置改移的方案；

（2）地方要求车站位置少量移动的局部方案；

（3）隧道与挡墙或明洞的不同方案；

（4）增设立交的不同净高要求引起的线路纵断面或平面改动方案；

（5）线路位于低缓山坡，涵洞净高不够引起的线路平面或纵断面改动方案；

（6）沿河线左、右岸改善方案；

（7）曲线半径改善方案；

（8）桥梁、隧道、重点路基工程及不良地质地段的改善方案，以及影响线路位置的路基加固、防护的不同措施方案；

（9）铁路用地改善方案；

（10）最优工程方案。

2.2.2　建设方案研究的目的与作用

铁路建设方案研究是对拟建铁路项目各种可能的建设方案进行分析、评价、比选和优化，进而提出最佳建设方案（推荐方案）的全过程。由于投资项目内在因素和外部条件的不同，构成项目的主体工程及其配套工程产生差异，可能会存在多种选择方案。铁路建设方案研究的任务就是要对两种以上可能的建设方案进行评价和优化，选择合理的建设规模，选择先进、适用的技术标准，选择科学的线路方案等。

建设方案研究是铁路建设过程中的一项重要工作，所提出的最佳建设方案是项目前期工作研究成果的重要组成部分，铁路建设方案研究工作对项目的科学决策起着关键作用，一个好的建设方案是进行铁路投资估算、经济评价、环境评价和社会评价的基础。在进行评价和比选时，建设方案将与投资估算及项目财务、经济、环境和社会评价发生有机联系，进行综合效益对比，在不断完善、反复比较过程中产生综合最优的方案。

（1）在客货运量、运输需求、区域社会经济特征等研究的基础上，确定建设规模和建设方案。

（2）为编制预可行性研究报告、可行性研究报告及金融机构贷款评估报告等提供基础数据和材料。

（3）为投资估算、融资方案研究、成本费用和财务效益、国民经济效益、社会效益、环境效益等后续分析工作提供条件。

（4）在建设方案评价和比选中反复开展技术、经济比较，在逐步完善建设方案的同时，实现项目和方案的优化。

（5）为项目具体设计阶段的初步设计和施工图设计提供基础方案和依据。

（6）为编制建设用地预审报告、节能评估报告书、项目场址的安全条件论证、项目安全预评价报告、环境影响报告书（含水土保持方案、项目环境风险评价）、水资源论证报告（水权转让可行性研究）及地震安全性评价、地质灾害危险性评估、职业病危害预评价等相关工作提供基础数据和材料。

2.2.3 建设方案研究的内容与方法

1. 基本要求

铁路建设方案研究要在符合国家及行业有关经济建设法规和技术政策的条件下，满足项目决策分析与评价相应阶段的深度要求，满足项目业主的发展战略和对该项目的功能、盈利性等方面的要求，满足技术先进、适用且有一定前瞻性的要求，满足环境友好和可持续发展的要求，满足资源节约的要求，满足风险规避及工程可靠性的要求，满足节约投资和成本控制的要求等。

2. 影响因素

影响铁路建设方案研究、评价和比选的因素包括技术、经济、环境和社会等多个层面，随项目类别的不同而不同，每一个比选层面又包含若干比选指标。不同类别的项目，其比选重点也不同。即使比选层面相同，比选因素也可能有较大的差别。因此，在建设方案研究过程中，不仅要选择比选层面，还要选择比选指标。

铁路作为一项大型的公共基础设施项目，其方案比较往往偏重于政治、经济等社会层面，要从环境和社会协调发展、人民生活水平提高、方便居民出行、社会和谐稳定等方面考虑。当然，为实现既定的运输目标，也要进行技术层面和经济层面的比较。

3. 基础资料和数据

铁路建设方案研究应以可靠、可比的数据为基础，需要收集的基础资料和数据随项目复杂程度的不同而不同。总的来说，可包括以下几个部分。

（1）地区资料：地理、气象、水文、地质、经济、社会发展、交通运输和环境保护等资料。

（2）工程规范资料：国家、行业和地区颁发的工程、技术、经济方面的规范、标准、定额等资料。

（3）市场调查资料：客货运量、市场价格等资料。

4. 主要研究内容

一条铁路的勘察设计工作一般要经过预可行性研究、初测及可行性研究、定测及初步设计、施工图设计、配合施工与变更设计等几个过程，建设方案的研究、评价与比选工作贯穿整个工作的始终。预可行性研究阶段对项目建设的必要性、建设规模、主要技术标准、设计方案及经济效果是否合理可行进行全面分析和论证，做多方案评价和比选，提出推荐方案，并编制预可行性研究报告；初测及可行性研究阶段要对线路走向、接轨点和不同的线路方案及其主要技术标准等进行详细比选论证，提出推荐方案和主要比较方案的意见并编制总概算；定测及初步设计阶段要对可行性研究方案做进一步的研究与改善，确定合理的定测方案，并解决各项设计方案（包括线路的改善方案和局部方案）和技术问题、工程数量及修正总概算；施工图设计阶段也要根据需要对线路方案做进一步的优化与改善，即使是配合施工，通常也要进行设计方案的局部改变，即变更设计工作。

5. 研究方法

在铁路建设方案研究过程中，应结合各方面相关因素指标，开展多层次、多方案分析和比较，以全面优化建设方案，应详细说明多方案比选结果，提出推荐方案。建设方案的比选方法包括定性分析法、定量分析法和定性定量综合分析方法。

（1）定性分析法。定性分析法是最常用的一种方案评价和比选方法，它主要依靠决策者或专家的丰富实践经验及主观的判断和分析能力，根据影响建设方案的各种指标因素，分析这些因素的影响程度，或者是把建设方案的各个方面与对项目的要求进行比较（如对地区经济发展的作用、对环境影响的大小、对城市规划的符合程度、工程可靠性等），分析建设方案对项目目标的满足程度，满足程度较高、负面影响较小的方案即较优的建设方案。

（2）定量分析法。定量分析法的核心是提出建设方案评价和比选的数学模型，在定量的基础上评价建设方案的技术可行性、经济效益、环境效益、社会效益和影响等。

（3）定性定量综合分析方法。由于诸多因素（如可靠性、社会环境、人文因素等）很难量化，在建设方案评价和比选中，往往采用定量分析和定性分析相结合的方法进行研究。

定性评价较适合方案比选的初级阶段，在一些比选因素较为直观且不复杂的情况下，定性比选简单易行。例如，在车站选址方案比选中，由于环保政策的限制，可能一票否决，没有必要比较下去，定性分析即能满足比选要求。在较为复杂的方案比选工作中，一般先经过定性分析，如果很难直观判断各个方案的优劣，再通过定量分析，论证其经济效益，据此判断方案的优劣。有时，由于诸多因素（如可靠性、社会环境、人文因素等）很难量化，不能完全由技术经济指标来表达，通常采用专家评议法，组织专家组进行定性和定量分析相结合的评议，采用加权或不加权的计分方法进行综合评价和比选。

随着研究手段和方法的不断发展，建设方案比选的基本方法从早期的主观定性分析、定量分析、数学规划和优化发展到当前的模糊数学方法、层次分析法、遗传算法，实现了从单一目标局部分析到多目标系统分析、由静态分析到动态分析的进步。

6. 基本步骤

（1）方案研究与比选问题的准备。每个比选问题都针对一组特定的条件和要求，应明晰这些条件和要求，作为组织专题方案比选的基础。

（2）方案研究与比选组织形式的确定。一般项目可由决策人员自行进行多方案研究和比选；简单的建设方案可以适当简化；许多专业性方案比选，可以由专业设计人员或专业工程师独立承担。

（3）方案研究与比选基础资料的搜集。建设方案研究与比选应以可靠、可比的数据为基础，根据投资项目类别不同，建设方案研究与比选应采用多种方法和渠道收集地区资料、工程规范资料和市场调研等基础资料。

（4）研究与比选方案的初审。通常来说，最开始会有很多个方案满足基本条件，需要对这些方案进行初审，初步筛选出更加合格的 2～5 个方案参与下一步的详细比较。

（5）方案比选指标和方法的选择。针对比选专题的特点，提出各参选方案的比选指标因素，并选择定性或定量分析法进行评价和比较。

（6）研究与比选工作的开展。专家组或咨询人员开展具体研究、分析、计算工作，通过反复比较各方案的利弊，最终提出推荐方案。

2.3 铁路建设方案全寿命周期综合评价

综合评价是指使用系统的、规范的方法对具有多个指标或多个属性的某个对象（方案、项目等）同时开展评价。铁路建设方案综合评价是针对研究的对象（各种建设方案），通过构建一个由多个指标（定量的或定性的）组成的、具有可对比性的指标体系，利用定量化的方法或模型，对搜集的经济、地质、社会、自然环境等资料进行分析，对被评价的对象做出总体、系统、综合性判断的决策过程。

2.3.1 全寿命周期综合评价的必要性

铁路属于资源、资金、技术高度密集型项目，具有技术复杂、涉及专业多、关联范围广、集成程度高、工程投资大、建设周期长和质量要求高等特点。随着铁路技术和国民经济的不断发展，铁路建设规模和专业交叉的跨度越来越大，工程内容、功能日趋复杂，技术、质量、安全、环保、进度、经济等综合性最优的要求不断提高，有必要在建设方案研究过程中，基于全寿命周期来系统分析铁路项目的需求目标，通过整合各阶段上下游的信息，解析出其中的有效数据，全面、系统地反映出铁路建设和运营过程所涉及的各方面影响因素，并结合建设方案在各阶段的实施需求，对方案整体目标和功能做出科学、系统的决策，开展建设方案的综合评价。

2.3.2　全寿命周期综合评价的复杂性

铁路建设方案选择的客观、合理与否，除了直接影响工程本身的投资、建设周期、规模及运营效益，还关系到该项目能否满足地方运输需求，对区域经济、社会发展及国防建设等方面都会产生深远的影响。因此，铁路建设方案全寿命周期综合评价工作是一项涉及多个阶段、需要考虑大量评价指标、具有不确定性的复杂多目标系统性决策过程，这主要表现在以下几个方面。

（1）我国交通工程学的启蒙老师和奠基人、美籍华人张秋先生早在 1985 年就提出，铁路建设项目从开始的勘测设计到接下来的施工和运营应被视为一个整体的过程。因此，作为铁路前期工作中关键环节的建设方案研究，不仅需要比较决策设计阶段的技术经济指标（如桥隧比、工程量、工程投资等），还要有预见性地分析建设阶段的施工条件类指标（如施工难易性、施工组织条件等）和运营维护阶段的运营条件类指标（如运输效率、运输管理条件等）的影响，应统筹考虑，兼顾方案在整个全寿命周期内的实施情况。

（2）铁路建设方案综合评价和比选过程中需要考虑的指标因素较多，既有由客、货运量及其特点（速度、运输任务）所确定的铁路等级，以及最小曲线半径、到发线有效长度、牵引质量等主要技术标准的要求，也有由行经地区复杂的地质、地形等自然条件引起的对工程实施、后期运营维护可能造成的技术要求和经济代价，还要兼顾保护自然环境、生态资源、历史文化名胜及带动贫困地区经济发展等方面的社会效益，每个指标都会制约建设方案的实施，需要同时考虑技术、经济、环境、社会等多方面的影响。

（3）一些定性指标，如对贫困地区经济发展的带动作用、改善路网布局的意义、对周边地区矿产旅游等资源的开发、对自然环境的影响及政治、军事意义等，都难以采用货币化的形式表示，甚至直接进行量化以利用数学模型求解都很困难。此外，定性指标取值、指标量化及指标权重确定的过程都具有不确定性，也造成了决策结果的不确定性，进一步增加了方案综合评价和比选工作的复杂程度。

（4）定量指标与定量指标之间、定量指标与定性指标之间及定性指标与定性指标之间常常相互关联、相互作用，关系错综复杂、影响范围广，改变一个指标的数据都可能会引起其他多个相关联的指标发生变化。例如，要通过提高线路标准（增大曲线半径、降低爬坡高度、减小展线系数等）来减少运营维护工作量及费用，却可能会相应地造成前期工程投资费用的增加，即经常是降低某一方面不利因素的影响，但又会导致另外其他不利因素的影响加大。因此，为了尽可能抵消指标因素之间的相互作用，需要全面、系统地分析各指标之间的相互关联性，进行建设方案的综合评价。

2.3.3 全寿命周期综合评价的目标

《建设项目经济评价方法与参数》(第三版)指出：项目前期研究阶段要做技术的、经济的、环境的、社会的、生态影响的分析论证，提倡将项目对环境的影响定量化、货币化，以充分发挥项目在提高社会效益、促进经济增长、保护生态环境等方面的作用。《中国铁路总公司铁路建设管理办法》(铁总建设〔2015〕78 号)指出：铁路建设必须坚持科学发展观和为经济社会全面协调可持续发展服务的指导思想，必须与社会、经济发展水平相适应，与铁路发展目标相适应，与地方规划和各项建设相协调，做到经济效益、社会效益和环境资源效益相统一。因此，铁路建设方案全寿命周期综合评价的目标是尽可能确保评价结果在技术上可行、经济上合理，对环境影响小，社会效益高。本书将铁路建设方案全寿命周期综合评价分为技术可行性、经济合理性、环境影响、社会效益和影响四个目标，每个目标对铁路项目的影响及在方案综合评价中的作用和相应的评价要点可归纳如下。

1. 技术可行性

铁路建设方案的技术评价是对方案的结构功能和使用功能的评价，旨在验证方案是否科学、质量是否可靠，为方案的决策提供技术支持。技术指标对铁路项目的成功与否有着巨大的影响，在传统的线路优化设计过程中，技术指标的高低直接影响铁路项目的优劣，对项目的经济指标亦有较大关系，具有非常重要的作用。

技术可以分为工程(自然)技术和管理技术，铁路工程项目各阶段涉及的工程(自然)技术和管理技术都有各自的特点，如表 2-3 所示。

表 2-3 各阶段技术特征表

项目阶段	工程(自然)技术	管理技术
决策设计阶段	环境工程、水文气象工程、地质工程、地基与基础、工程结构、空气动力学、工务工程(路基、桥梁、隧道、轨道等)设计，以及“四电”工程等相关的调研及科学实验、工程试验和工程设计等	社会调查、投资决策、全寿命周期成本、价值工程、工程概预算，技术、经济、社会、环境评价，以及组织管理、合同管理等
建设阶段	环境工程、水文气象工程、地质工程、地基与基础、工务工程(路基、桥梁、隧道、轨道等)施工，“四电”工程施工，空气动力学，以及施工测量和施工检测技术等	社会调查，全寿命周期成本、价值工程、施工图预算和施工预算，以及组织管理、技术管理、招投标管理、合同管理等
运营维护阶段	工务工程(路基、桥梁、隧道、轨道等)技术、“四电”工程技术，以及运营的自然环境(气候、水文、地质)和工程条件	商务管理、组织管理、技术管理和运营管理等

铁路项目各阶段需要用到不同的工程技术和管理技术，但某些技术在各个阶段都有共性的体现，如工程(自然)技术分别运用在项目决策设计阶段和建设阶段，管理技术在三个阶段都有充分体现。铁路项目建设过程中对技术有着非常严格的要求，这既是铁路项目建设质量的保障，也是项目建设的内在需求。因此，有必要将铁路项目全寿命周期各阶段所涉及的技术做出科学的规划，将关键技术更好地运用到项目建设和运营过程中。

2. 经济合理性

铁路建设项目的经济评价，包括财务评价和国民经济评价，是指对铁路整体的财务收益和费用、社会成本和社会效益等进行分析，即比较各备选方案的工程投资费、运营费、社会经济费用和效益等，并结合规划期的未来资金预测对项目的经济合理性进行分析论证，做出科学评价。建设方案的经济评价就是根据国民经济长远规划和地区、部门（或行业）规划的要求，在主要技术标准一定的基础上，通过计算、分析、论证和多方案比选，对各方案的财务收益和费用、社会经济费用和社会经济效益进行比较，为方案决策及编制设计任务书提供可靠的依据。因此，经济合理性是铁路方案评价的重要目标之一。

1）决策设计阶段

铁路项目的经济评价，主要是在决策阶段的预可行性研究和可行性研究进行，是该阶段最为重要的核心内容之一，它可以反映铁路项目对经济发展和促进社会公平的作用，是项目评估或可行性研究的重要组成部分。该阶段的铁路经济效益评价主要从企业内部经营收益和社会外部经济效益出发，利用财务经济及国民经济，对拟建项目或设计方案进行技术经济论证和评价分析，以确定建设项目未来发展前景的一系列活动。它是确保消除或尽量减少因铁路建设项目的实施所产生的负面影响，提高项目实施的效果，取得预期社会经济效益的关键，是建设项目投资决策与方案比选的重要依据。

铁路建设项目作为对国民经济有重大影响的基础性项目，是社会经济发展的重要推动力，随着改革开放和生产力的进一步发展，它的重要性越来越明显。此外，铁路建设项目具有投资大、建设期长、回收期长等特点，对建设方案经济效益评价赋予了更加重要的作用。

（1）有利于铁路建设投资取得良好的经济效益，实现铁路可持续性发展。取得良好的经济效益是铁路真正成为市场竞争主体，从而实现良性循环的基础。而科学的经济评价，分析在预期的回收期内能否收回投资、获取利润，良好的经济效益情况可以为铁路建设项目投资和发展指引方向，是铁路可持续发展的前提条件和基本保障。

（2）有利于铁路向市场经济转轨，增强铁路建设项目的投资决策和融资能力。实践表明，以往单纯按照国家规划决策来进行铁路项目投资的方式会带来许多负面效应，不利于铁路的长期发展。为了逐步扭转铁路高额负债的局面，必须从市场需求的角度，站在投资者、经营者、旅客及货主的利益上，客观评价铁路建设方案的优劣，增强铁路按照市场规律进行投资决策和融资的能力，而铁路建设方案经济评价的实施正是向铁路市场化迈进的重要一环。

（3）有利于铁路资产经营责任制的贯彻实施。铁路实行资产经营责任制的最终目的是实现铁路资产的保值增值。在计划经济体制下，由于没有进行铁路建设项目有效的经济评价，建设项目盲目上马、重复建设、低效率运营，无从保证铁路资产的保值增值。市场经济体制的建立，要求铁路从根本上转变观念，明确自身的责任，必须通过客观公正的经济评价，从项目决策设计阶段就要求能够保证项目的正常运营。

2）建设阶段

铁路建设阶段是对人工、材料、机械需求最旺盛的阶段，也是工程投资最集中、消耗最快、投资控制最难的阶段。建设阶段的经济合理性，主要体现在对工程投资及建设成本控制效果的分析。建设成本包括工程实施过程中所耗费的生产资料转移的价值和劳动耗费所创造的价值中以工资和附加费的形式分配给劳动者的个人消费金，具体包括人工费、材料费、机械使用费、其他直接费和管理费等。建设成本的控制，要求在规定的建设工期内，在保证铁路建设质量、进度和安全的基础上，减少不必要的支出和消耗，控制上述成本费用。采用专门的经济评价和分析方法指导、调节、限制和监督工程建设，尽早发现建设过程中发生的各种偏差或问题，查明原因，并及时采取措施，以保证实现规定的成本目标，达到投资控制的目的。

3）运营维护阶段

对运输企业来说，铁路建成运营后经济效益的相关评价分析可以总结出运输生产经营状况，评价生产经营取得的成果，找出企业在运输生产经营过程中存在的问题，揭示其内部潜力，并寻求提高经济效益和运营效率的可能性和途径，从而为企业制定科学正确的生产经营方式提供有力的决策支持。

3. 环境影响

对于长达数百甚至上千公里的线性带状工程，铁路在带来社会效益和经济效益的同时，也不可避免地对周边自然环境产生一定的影响。近年来，环境状况恶化的不良后果日益明显，环境影响与经济效益一样，理应成为衡量铁路建设运营质量的一项重要标准，使其与自然环境协调发展。随着国家“十三五”以来的经济深度转型，对项目的生态环境影响评价分析成为工程建设最重要的环节之一。

1）决策设计阶段

解决环境问题，就是要取得环境与社会经济之间的协调，并最终实现社会、经济和环境三者之间的可持续发展。决策设计阶段的铁路建设项目环境影响评价是指在项目实施之前，对拟规划和建设的铁路项目在实施后可能造成的环境影响进行分析、预测和评估，提出预防或者减轻不良环境影响的对策、措施及进行跟踪监测的方法与制度。在预可行性研究和可行性研究阶段，铁路环境评价重点考虑线路规划和生态环境等方面的因素，考察沿线环境功能区规划、生态环境保护规划、自然资源保护规划、能源指导性专项规划及其他环境保护方面的规划，铁路站场的设置要处理好铁路建设与所在城市环境规划的关系等；具体设计阶段，铁路环境影响评价重点考虑取土场、弃土/渣场的合理优化设计、边坡绿化设计、隧道洞口景观设计、车站景观设计及噪声防治设计等。决策设计阶段环境影响评价的意义主要有以下几个方面。

（1）避免项目决策失误。随着我国国民经济的持续增长，人们对铁路发展的需求也在不断增长，国家加大了铁路建设开发的投资，但铁路在建设和运营期对周围环境产生的影响是不可避免的。铁路开发带来的大气、水、噪声污染，占用耕地，建设和运营对水域、陆域生物产生的威胁等一系列直接或间接、短期或长期的影响，已成为铁路可持续发展的重要影响因素。为避免或减缓铁路建设中的不利影响，应在制定铁路规划时充分考虑其环境影响，实施铁路规划环境影响评价的目的就是从源头控制铁路建设对环境的影响，从宏观角度对开发活动的选址、规模、性质的可行性进行论证，避免重大决策失误。

（2）实现铁路可持续发展的重要工具。实现铁路可持续发展的关键是处理好铁路基础设施建设与环境的关系，实现经济、社会和环境的协调发展。铁路环境影响评价就是协调这种关系的有效工具和重要手段，通过采用科学方法预测铁路建设和运营对人群和生态系统的影响，并提出避免、消除或减缓其影响的措施或替代方案，实现铁路与生态环境的良性互动。

（3）有助于建立环境与发展综合决策机制。通过铁路环境影响评价的理论基础、方法和技术体系的研究和探讨，为战略环境评价体系的发展和完善提供一定基础，有助于建立环境与发展综合决策机制，有利于实现战略环境评价体系的可持续发展，促进区域经济、社会和环境的协调、可持续发展。

2）建设阶段

铁路建设期是对环境影响最集中的时期，如果不及时采取有效措施，施工过程将会对沿线的环境造成不同程度的影响和破坏。目前，虽然在铁路建设期间，施工单位通常会采取一系列措施进行环境保护，但仍有很多施工过程中产生的环境问题难以得到有效的控制。建设阶段，铁路造成的环境问题主要包括：施工期临时占地（如工棚、料场、进场便道及临时取土场、弃土/渣场等）可能会破坏原地表植被；取土挖石、弃土弃渣等土石方工程量大，扰动和破坏地形地貌，大量的取土挖石、排放弃土弃渣会加剧沿线的水土流失；弃土弃渣及裸露的地表扬尘对周围环境产生视觉影响，不合理的施工布局有可能增加占地面积，扩大影响范围，水土流失和景观破坏也主要发生在这一时期。除此之外，在铁路施工过程中还会造成噪声污染、水污染、大气污染和固体废弃物污染等。建设期铁路环境分析重点考虑生态破坏、景观影响、环境污染等因素，相应的指标包括：水土流失、植被破坏、对动物的影响，景观斑块，施工噪声、水污染、大气污染、固体废弃物污染等。

铁路建设的实践表明，建设阶段是一个最为活跃也最为多变的时期，它将会给自然资源和环境的保护造成巨大的压力，建设期的环境问题应引起足够的重视。研究铁路建设阶段的环境影响，对其所产生的环境问题进行必要的分析，有利于最大限度地减轻施工过程对环境的危害，同时也为铁路建设的环境管理提供科学的理论依据，对促进铁路建设与社会、经济、环境效益协调发展，实现铁路交通的可持续发展具有重要的现实意义。

3）运营维护阶段

铁路建设完成投入运营以后，环境保护工作依然不可忽视。运营过程中还会对环境造成持久性的分割，对动物及植物物种间的交流传播等都会产生影响，主要表现在线性切割对区域自然系统功能和过程的屏蔽、过滤和阻断影响，这些影响是长期的、不可逆的，难以恢复。在运营维护阶段，铁路环境分析还要考虑节能降耗、环境污染、清洁能源利用程度等因素，相应的指标包括运输能耗、运营噪声、水污染、大气污染（内燃机车）或电磁污染（电力机车）、固体废弃物污染、清洁能源利用率等。铁路在运营期对环境的影响一般较持久，只有针对不同铁路建设项目的内容、性质、特点进行详细的分析，才能准确反映工程本身所产生的各种环境影响，进而区别各种环境影响因素。

4. 社会效益和影响

铁路作为一项大型的交通基础设施项目，涉及面广，作用时间长，对所经区域的政治、经济、文化等方面有着重要的影响。铁路建设的社会意义非常广泛，包括满足交通运输的需求和需要，以及在改进铁路路网合理性、改善沿线地域各项产业的布局、促进科学技术进步、促进社会进步、维护民族团结、保障国家安全等方面的作用等。铁路社会效益和影响评价的目的就是通过分析项目或建设方案对社会、经济、环境产生的各种影响，提出预防或减少项目在获取效益时可能出现的各种不利社会、经济、环境影响的途径或补偿措施，进行社会效益、经济效益、环境效益及其不利影响的综合分析，使铁路建设的投资决策论证更加充分可靠、设计和实施更加完善、运营更加高效，具有重要的现实意义。

1）决策设计阶段

铁路决策设计阶段开展的社会效益和影响评价主要是针对拟建铁路项目或方案，在其实施之后可能获得的社会效益及可能对社会环境产生的影响等问题进行分析、预测和评估。它是对目前项目经济评价中国民经济评价的延伸和拓展，是建设项目社会评价的重要组成部分，以从铁路全寿命周期开始便能采取应对措施减少项目实施及运营后可能带来的社会隐患。

2）建设阶段

铁路建设阶段是一项劳动力、物资、资金高度集中投入的过程，会直接和间接带动区域社会经济的发展。一方面，整个建设过程都需要大量的劳动力直接参与，这是劳动力需求量最大的阶段，为项目所在区域内直接创造大量的就业岗位，短时间内可解决数量十分可观的劳动力就业问题；工程建设需要钢筋、水泥、木材等各种建筑材料的投入，需要水、电、煤、汽油等各种基本能源的投入，需要使用挖掘机、打桩机、装卸货车等大量机械设备，还需要其他如声屏障用品、土工布、橡胶制品等一系列物资投入，并且这些物资及能源的生产同样需要劳动力的参与。另一方面，铁路建设对这些物资及能源的需求大幅增加，间接促进了相关行业的发展和就业水平的增长。实际上，铁路建设投资本身带来的主要间接效益就是通过在铁路建设过程中购买建筑材料、机械设备等拉动各相关产业的发展，最终实现对国民经济的拉动。

3）运营维护阶段

铁路建成通车后将对所在区域的社会经济产生广泛而深远的影响，包括土地增值、就业增长、地方发展、生产力布局优化、扶贫、技术进步等方面。同时，由于改善了区域的运输环境，提高了区域的可达性，客、货流能够更加快速地在区域内或者地区间流通，降低了运输成本。一方面，更加频繁的人员交流能够促进技术知识的快速共享和传播，使区域内科学技术发展速度提升，从而提高相关产业的竞争力，带动区域经济增长，并增加社会就业岗位；另一方面，货物运输成本降低，本身就能够为企业节省费用，加上可达性的提高加速了货物流通速度，双重刺激下，使产业部门收益增长，促进相关产业和地区经济发展。

铁路提供的运输服务不仅给使用者带来许多直接经济效益，如降低运输成本、缩短里程效益、减少拥挤效益、旅客节约在途时间效益和货物节约在途时间效益等，还将带来许多间接的经济效益，这些对社会经济整体发展所产生的影响是通过铁路、国民经济各部门和社会再生产各环节之间的技术经济联系和交互作用来实现的。铁路在社会经济发展中的纽带作用及中间环节的主导地位决定了社会效益目标在建设方案综合评价中的重要作用。

2.4 本章小结

全寿命周期理论是一种先进的指导思想，也是一种科学的项目方案决策分析工具。它从项目的长期效益出发，全面考虑项目的规划、设计、建造、购置、运行、维护、改扩建直至报废的全过程，实现总目标的最优。本章首先对铁路全寿命周期阶段进行了分析，概括了每个阶段的工作内容及各阶段的相互关联性，并将铁路项目的全寿命周期划分为决策设计、建设、运营维护三个阶段；然后总结了铁路建设方案研究、评价和比选的内容、原理、步骤、方法等，并归纳了铁路建设方案的主要类型；最后从技术可行性、经济合理性、环境影响、社会效益和影响四个方面分析了铁路建设方案评价的目标。

第 3 章　基于全寿命周期的铁路建设方案综合评价总指标体系

指标是用来表征某个事物或对象的性质、特征或现象。决策者能够从指标中获得关于事物过去、现在及未来的状态、进程和发展变化趋势等决策所需的最为直观的信息。指标由指标名称和指标取值两部分组成，它体现了事物质的规定性和量的规定性两个方面的特点，根据类型的不同，指标也有定量指标和定性指标之分。通常，定量指标取值可通过对事物的原始统计数据进行分析得到，这样得到的数据比未经加工的原始信息更有用，更清晰明了，也更易于被决策者所利用；定性指标由于缺乏元素统计数据的支撑，其取值信息往往需要由专家根据知识和经验主观判断得到。科学、合理的指标选取方法、指标取值的获取途径和准确性、定量指标和定性指标的组合方式及指标体系构建模式，会对方案评价的质量产生直接的影响。

3.1　常用的指标筛选与分类方法

在决策问题过程中，每个指标都在一定程度上反映了决策方案某些方面的信息，因此为了对方案进行全面、综合的评价，决策者在开始阶段往往会先选择大量的评价指标。但是指标彼此之间并不完全相互独立，还具有一定的相互关联性，因而指标的统计数据所反映的信息在一定程度上有所重叠；同时，指标太多会增加决策问题分析的复杂性及方案评价过程中的计算量。因此，决策者往往希望方案定量评价过程中，在对原始信息量不改变或改变很少的情况下，以较少的指标进行决策分析，这就涉及指标的筛选与分类方法。

1）条件广义方差极小法

设要对某铁路进行比选的线路方案有 m 个，其方案集为 $X=(X_1,X_2,\cdots,X_m)$；对方案进行评价的指标有 n 个，其指标集（也称属性集）表示为 $C=(a_1,a_2,\cdots,a_n)$，构成的决策矩阵为

$$A=\begin{bmatrix} a_{11} & a_{12} & \cdots & a_{1n} \\ a_{21} & a_{22} & \cdots & a_{2n} \\ \vdots & \vdots & & \vdots \\ a_{m1} & a_{m2} & \cdots & a_{mn} \end{bmatrix}$$

将 n 个评价指标 $a_1,a_2,\cdots,a_n$ 分成两部分，令 $C_{(1)}=(a_1,a_2,\cdots,a_{n-1})$，即

$$A_{(1)} = \begin{bmatrix} a_{11} & a_{12} & \cdots & a_{1(n-1)} \\ a_{21} & a_{22} & \cdots & a_{2(n-1)} \\ \vdots & \vdots & & \vdots \\ a_{m1} & a_{m2} & \cdots & a_{m(n-1)} \end{bmatrix}$$

设 $C_{(2)} = (a_{1n}, a_{2n}, \cdots, a_{mn})^{\mathrm{T}}$ ，则 $C_{(2)}$ 对 $C_{(1)}$ 的条件协方差矩阵为

$$S(C_{(2)} \mid C_{(1)}) = S_{22} - S_{21}S_{11}^{-1}S_{12} \tag{3-1}$$

式中，$S_{ij}\ (i = 1, 2)$表示 $C_{(i)}$ 与 $C_{(j)}$ 的协方差。条件协方差矩阵 $S(C_{(2)} \mid C_{(1)})$ 是对指标 X_n 是否应该被删除的度量，表示在已知前 n–1 个指标的情况下，第 n 个指标 X_n 的变化情况。若 X_n 的变化很小，则说明指标 X_m 与前 n–1 个指标的协同性较差，该指标就可以被删去。重复以上步骤，直到没有可删的指标为止。

2）相关系数法[25]

相关系数法进行指标筛选与分类的基本思想为：如果一个指标相对于其他指标是独立的，那么说明该指标很重要，可以不依赖于其他指标而存在，也无法由另外的指标来替代。相关系数法就是通过计算指标之间的复相关系数，利用线性相关程度来选择指标，复相关系数越小，则指标间的相关性越小，该指标就越重要。

首先计算每个指标取值的平均值向量 $\overline{x}_i = (x_1, x_2, \cdots, x_m) / m$ ，然后依次计算指标 i 和指标 j 之间的复相关系数 γ_{ij} ，即

$$\gamma_{ij} = \frac{\sum_{k=1}^{n}(x_{ki} - \overline{x}_i)(x_{kj} - \overline{x}_j)}{\sum_{k=1}^{m}(x_{ki} - \overline{x}_i)^2 \sum_{k=1}^{m}(x_{kj} - \overline{x}_j)^2}, \quad i, j = 1, 2, \cdots, n \tag{3-2}$$

根据指标间的复相关系数的大小进行指标筛选，首先剔除复相关系数大的指标，然后再对剩下的指标继续计算复相关系数，直到指标间的复相关系数接近于 0 为止。

3）专家经验法

专家经验法就是决策者根据自身的知识、经验或参照以前的工程案例等直接确定方案评价指标体系。由于方案评价设计的因素往往繁多且复杂，采用完全定量的方式筛选评价指标，得出的结果不一定完全满足实际方案评价的需要，因此最终指标体系的确定仍然需要决策者的参与，定性决策常常不可避免。但为了避免单一决策者完全根据自身的主观偏好选择指标，造成不同决策者选择的指标完全不相同的情况，可考虑邀请行业内多位资深专家共同参与决策，或分别根据自身偏好选择指标，然后汇总，最后得出大家都比较认可的指标体系。

3.2　综合评价指标体系构建原则与方法

3.2.1　指标体系构建原则

在铁路建设方案全寿命周期评价指标体系构建过程中，设置的指标体系要能反映技

术-经济-环境-社会复合系统的状态和变化特征。由于这一复合系统结构复杂，层次众多，子系统或各要素之间既有相互作用，又有相互间的输入和输出联系。因此，在指标体系构建过程中，需要遵循科学性和可预测度量性、综合完备性、相对独立性和层次性等指标构建的一般原则。

1）科学性和可预测度量性

任何指标体系的构建，包括指标的选择、权重系数的确定、数据的选取，必须以科学理论为依据，即首先满足科学性原则。根据这一原则，设置的指标必须以客观存在的事实为基础，能够预测未来可能产生的影响，这样才能客观地反映指标体系所标识、量度系统的发展特征。每个指标的名称、定义、解释、计算方法和分类等都要讲究科学性、真实性和规范性。

2）综合完备性

铁路建设方案综合评价和比选涉及技术、经济等多方面的内容，因此在构建指标体系时必须综合考虑方案评价各方面的影响因素，不能只考虑某一方面，而忽视了另一方面。只有采取系统设计的原则，才能得出全面的评价结果。由于铁路建设是关系国计民生的大事，铁路的修建与否直接影响当地的经济发展，同时也会对环境造成不良影响。在这方面，尤其要体现的是铁路指标体系的综合完备性原则，体现和谐、全面、可持续发展的思想。

3）相对独立性和层次性

在构建铁路建设方案全寿命周期综合评价指标体系过程中，确保指标体系综合完备性的同时，还要充分考虑不同阶段之间的差异性和独立性，选取适用的指标。铁路全寿命周期是一个包含多个层次的复杂体系，可以分成若干个小系统，因此指标体系应该包括自上而下的各个层次，反映方案决策在不同层次上的影响。层次结构的指标体系具有指标意义明确、结构清晰明了等优点，因此构建评价指标体系时应尽量分层进行，并且在每一层次的指标选取中应该重点突出，既有关键指标，也有次要指标。

4）与区域政策符合

由于经济发展水平和自然条件的差异，环境和社会问题具有时空变化特征。不同国家和不同地区存在不同的问题，国家和地方政府在相关政策制定上均体现出对不同区域关键环境和社会问题的关注和侧重。因此，铁路建设方案综合评价指标体系应该包括国家和地方有关政策关注的环境和社会问题指标。

5）时间上和空间上的敏感性

指标体系的每个元素对时间和空间都是敏感的。在时间上，由于认知不足等原因，很多动态指标随着时间的推移而改变了自身的变化规律，同时，有些指标在一段时间内可能是具有代表性的指标，但超过某一时段，它的代表性就会变弱或者消失。在空间上，有些指标只能在一定的空间范围内具有代表性或可操作性，超出这个空间或地域，这些指标就将失效。因此，在选取指标时，一定要充分认识到所选指标的时空敏感性，使所选指标能更好地为评价服务。

6）多样性

具有多样性，才具有稳定性。多样性原则要求在指标体系中，既有定量指标，又有定性指标；既有绝对量指标，又有相对量指标；既有价值型指标，又有实物型指标，以满足不同性质、不同层次、不同范围、不同要求的外部影响。

7）相对稳定性与绝对动态性相结合

由于铁路建设方案的全寿命周期综合评价贯穿铁路建设和运营的全过程，为保证全寿命周期综合评价在不同阶段的延续性，并能体现不同阶段的具体情况，要求评价指标体系具有相对稳定性或相对一致性，在指标体系中，既要有反映目前的静态指标，也要有反映变化的动态指标。但是指标体系应该在一段时间内保持一种相对稳定的状态，以便于衡量一定时期内指标的发展状况。同时，由于全寿命周期综合评价的复杂性及绝对动态性特征，应在评价执行过程中不断修正指标体系，以满足系统发展的要求；另外，应根据专家意见并结合公众参与的反馈信息不断补充、完善指标体系。

8）定性与定量相结合

评价指标主要有两种：一种属于定量指标，即根据观测资料得到该指标的实测值或计算值；另一种属于定性指标，这种指标一般不能或难以量化，只能通过专家判断，然后将判断结果定量化再做评估，定性指标通常是不可缺少的。定量指标和定性指标可以从不同方面反映同一方案的不同特征，构建指标体系时将两者结合起来，可以达到互相补充的作用，能够减少单独使用定量指标或单独进行定性分析而造成说服力不足的问题，从而提高评价结果的科学性和客观性，达到评价结果的主客观统一。

9）实用性和可操作性

构建指标体系时应充分考虑到所选指标是否具有可操作性，以及在实际工程实践中是否实用、是否可行等。应尽可能保证获取指标取值数据的过程较为容易，无论是可以通过统计获得取值数据的定量指标还是必须要专家参与才能确定取值的定性指标，其信息来源都不能过于复杂，否则将会加大时间、精力和成本代价及评价工作的难度。指标的可操作性原则具有两层含义：一是所选取的指标越多，意味着评价工作量越大，所消耗的资源（人力、物力、财力）和时间越多，技术要求也越高，同时还要求在保证完备性原则的条件下尽可能地选择有代表性的、敏感的综合性指标，删掉代表性不强、敏感性差的指标；二是度量指标的所有资料和数据易于获取和表述，并且各指标之间具有可比性。

3.2.2　评价指标选取原则

作为指标体系最基本的构成元素，指标的选择也应遵循一定的原则，并满足铁路建设方案综合评价的要求，通常有以下几点。

1）目的性原则

指标的选取要从评价目的出发，选取能客观反映评价对象关于评价目标的特性指标。

2）全面性原则

指标的选取要尽可能全面且具有代表性，涵盖评价对象的各方面特性。

3）适度性原则

指标数量的选择要适度。指标不是越多越好，如果增加太多不相干的指标，不但不会提高方案评价的准确性，反而会增加计算的复杂度，还可能会降低方案评价的效果。

选择的指标之间还应减少交叉重叠的情况出现，出现交叉的指标可以只选择其中一个。

4）可行性原则

指标数据应可以保质保量地获取，来源可靠。

5）阶段侧重性原则

决策设计阶段确定的技术和质量要求、目标与水平是否合理、可行，直接决定了后续阶段及项目整体的质量。因此，本书在评价指标的选取时，有侧重点地考虑了决策设计阶段的指标，并结合了方案在以后建设和运营维护阶段评价的需要。

6）稳定性原则

所选取的指标应当不易受到偶然因素的干扰，具有鲁棒性。

7）协调性原则

指标应与评价方法相协调，不同评价方法的机理要求指标具有不同的特性。

指标的全面性不可避免地会造成指标重叠，指标的个数越多，反映的信息量越大，指标间信息重叠的程度就可能越高，使一些非重要的指标被纳入指标体系，造成真正反映指标体系特征的重要指标对评价对象的刻画程度下降，从而影响指标体系的评价精度。因此，需要在指标的全面性和独立性与评价精度之间进行综合权衡。此外，指标反映评价目的的必要性、指标数据获取的可行性、指标体系的稳定性等方面都需要进行客观的测度。

3.3 铁路建设方案全寿命周期综合评价指标体系

3.3.1 综合评价指标体系构建方法

铁路建设方案全寿命周期综合评价是一个复杂的系统工程，首先需要解决的技术关键是提出方案评价指标，以构建评价指标体系。但由于该方面理论仍处于探索阶段，相关文献提出的指标虽然较多，但考虑的侧重点有所不同，相应评价指标的选取方法也各有差异，现在还没有统一的构建标准。新建铁路建设方案全寿命周期综合评价指标体系的建立是定性分析和定量计算相结合的过程，也是合理选择指标、科学确定指标之间结构关系的系统性过程。定性分析是根据评价目的，考虑各指标因素的专家主观性和专家知识经验的可利用性，从主观出发来确定具体指标及指标结构的过程；定量计算则是通过科学性、客观性的检验，使指标体系更合理的过程。

层次分析法是目前最成熟、应用最广泛、逻辑结构最清晰的系统工程方法。本书指标的选择和指标体系的建立过程结合了定性分析和层次分析法的基本原理，按照总目标层、准则层及微观层等不同层次结构来构建，不同层次的指标既可以反映该层的信息，也可以经过计算后反映上层指标的基本特性，这样得到的指标体系结构清晰明了，指标体系的合理性和有效性则利用后面章节的工程实例进行定量化验证。

图 3-1 为层次分析法的建模思路。从铁路建设方案在决策设计、建设、运营维护三个不同阶段分别与技术经济条件、社会效益、周边环境等大系统的协调发展出发，将方案评价系统的指标体系分为宏观目标层、中观目标层和微观目标层。宏观目标层由技术

可行性、经济合理性、环境影响、社会效益和影响 4 个目标组成，中观目标层由线路条件，工程条件，运营条件，工程经济，经济评价指标，自然、文化等环境影响，地质地形条件，社会效益，社会影响 9 个目标组成，构建了铁路建设方案综合评价指标体系层次结构，如图 3-2 所示，以求尽可能全面地反映出影响评价问题的各种因素。

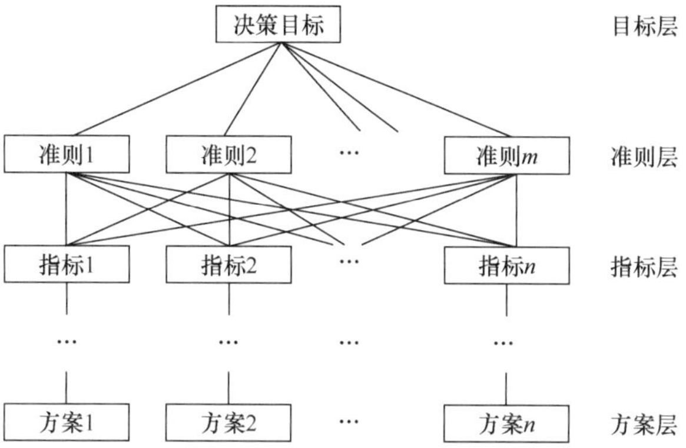

图 3-1　指标体系层次结构模型示意图

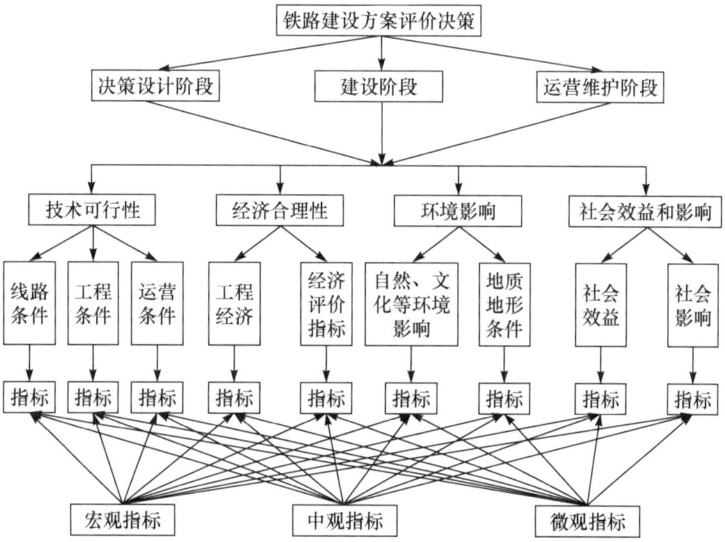

图 3-2　铁路建设方案全寿命周期综合评价指标体系层次结构示意图

3.3.2　基于不同阶段的方案综合评价指标体系

定量指标非常客观、具体，能直观反映工作成果，评价结果也较为客观，效果好。除了定量指标外，在社会和经济活动中，主观指标评价问题也是一类重要的评价问题，随着社会和经济的发展，人们对客观事物的认识不断深入，综合评价和比选涉及的因素会更多、更复杂，为此，还常常需要建立多种主观性的定性指标。通过对定量和定性两种类型的指标进行有机组合，即可构成一个完整的指标体系。本书在总结成兰、成贵、云桂等铁路预可行性研究、可行性研究报告和文献[26]～[28]研究成果等资料的基础上，根据决策设计、建设和运营维护三个不同阶段的建设方案综合评价的特点，选择线路长度、施工工期、运输效率等评价指标，分别构建涵盖定量和定性指标的基于不同阶段的铁路建设方案综合评价指标体系，如表 3-1～表 3-3 所示。

表 3-1　基于决策设计阶段的铁路建设方案综合评价指标体系

宏观目标层	中观目标层	微观目标层	指标类型
技术可行性	线路条件	线路长度	定量
		最小曲线半径	定量
		桥隧比	定量
		最大坡度（限制坡度）	定量
		特大桥总长	定量
		特长隧道总长	定量
		牵引质量	定量
		压覆矿产量	定量
		改移道路量	定量
		设站条件	定性
		接轨站的接轨条件	定性
	工程条件	土石方工程量	定量
		征地量	定量
		拆迁建筑物量	定量
		耕地、农田占用量	定量
	运营条件	通过能力/能力利用率/能力适应	定量
		运输周转量	定量
		客、货运量（客、货流密度）	定量
		输送能力	定量
		疏解、联络条件	定性
经济合理性	工程经济	土建工程投资费	定量
		机车车辆购置费	定量
		年运营费	定量
		投资节时比	定量
	经济评价指标	换算工程运营费	定量
		投资回收期	定量
		财务净现值	定量
		财务内部收益率	定量

续表

宏观目标层	中观目标层	微观目标层	指标类型
环境影响	自然、文化等环境影响	噪声影响	定性
		对草地、树木、大气等自然生态环境的影响	定性
		水库、大坝、湖泊等水资源与工程的相互影响（包括饮用水源）	定性
		对历史文化遗迹的影响	定性
		对风景旅游区、公园等的影响	定性
		对自然保护区的影响	定性
		对重点野生动植物的影响	定性
	地质地形条件	地形条件的影响	定性
		不良地质条件、特殊岩土的影响	定性
		水文地质条件的影响	定性
		气象条件的影响	定性
		施工和运营风险	定性
社会效益和影响	社会效益	带动周边地区经济发展的能力	定性
		吸引客、货流的能力	定性
		对旅游、矿产等资源开发的作用	定性
		改善路网（枢纽）布局的作用	定性
		与功能定位的匹配程度	定性
		就业效益	定性
		与相邻路网的协调性	定性
		市场适应和竞争能力	定性
	社会影响	公路规划、水利规划等的影响	定性
		对城市的干扰（环境、居民生活、城市的切割等）	定性
		对沿线企业、事业单位等的影响	定性
		与城市、地方规划建设的协调、符合程度	定性
		对军事区或军事设施的影响	定性
		地方政府（相关部门）的意见	定性

表 3-2　基于建设阶段的铁路建设方案综合评价指标体系

宏观目标层	微观目标层	指标类型
技术可行性	施工工期	定量
	工程施工、实施难度	定性
	设站条件	定性
	接轨站的接轨条件	定性
	主要工程（或控制性工程）的施工影响	定性
	填挖均衡性	定性
经济合理性	建设成本	定量
环境影响	施工的噪声影响	定性
	施工对自然保护区的影响	定性
	施工对风景旅游区、公园等的影响	定性
	施工对重点野生动植物的影响	定性
	施工对草地、树木、大气等自然生态环境的影响	定性
	施工对水库、大坝、湖泊等水资源的影响	定性
	施工对历史文化遗迹的影响	定性
	不良地质条件对施工的影响	定性
	水文地质条件对施工的影响	定性
	气象条件对施工的影响	定性
	施工风险	定性
社会效益和影响	建设期就业效益	定性
	建设期对经济的带动作用	定性
	施工对既有线或其他交通的影响	定性
	施工对城市的干扰（环境、居民生活、城市的切割等）	定性
	施工对学校、医院、工矿企业等的影响	定性
	地方政府（相关部门）的意见	定性

表 3-3　基于运营维护阶段的铁路建设方案综合评价指标体系

宏观目标层	微观目标层	指标类型
技术可行性	设站条件	定性
	接轨站的接轨条件	定性
	旅行时间	定量
	旅行速度	定量
	运输效率	定性
	运输管理条件	定性
	对既有设备、设施、资源的利用	定性

续表

宏观目标层	微观目标层	指标类型
经济合理性	年运营费	定量
	运输收入	定量
环境影响	运营的噪声影响	定性
	运营对自然保护区的影响	定性
	运营对风景旅游区、公园等的影响	定性
	运营对重点野生动植物的影响	定性
	运营对草地、树木、大气等自然生态环境的影响	定性
	水库、大坝、湖泊等水资源与工程的相互影响（包括饮用水源）	定性
	运营对历史文化遗迹的影响	定性
	不良地质条件对运营的影响	定性
	水文地质条件对运营的影响	定性
	气象条件对运营的影响	定性
	运营风险	定性
社会效益和影响	运营期就业效益	定性
	运营期对经济的带动作用	定性
	运营后吸引客、货流的能力	定性
	运营后对旅游、矿产等资源开发的作用	定性
	旅客出行和货物集散便捷性	定性
	运营对既有线或其他交通的影响	定性
	地方政府（相关部门）的意见	定性

3.3.3　铁路建设方案全寿命周期综合评价总指标体系

对表 3-1～表 3-3 中基于不同阶段的铁路建设方案综合评价指标体系进行综合、归纳和整理，得到如表 3-4 所示的铁路建设方案全寿命周期综合评价总指标体系。在对指标进行综合和归类的过程中，由于本书针对的是建设方案评价，有大部分指标能够在决策设计阶段获得其取值信息，可以直接归入决策设计阶段，而还有很多指标必须具体到建设阶段或运营维护阶段来分析、预测或预估，因此对这部分指标的处理，本节在进行综合时将其归为建设阶段或运营维护阶段或两个阶段都会考虑。该综合评价总指标体系由 3 个阶段、4 个宏观目标、9 个中观目标，共 67 个子指标组成。

表 3-4　铁路建设方案全寿命周期综合评价总指标体系

宏观目标层	中观目标层	微观目标层	阶段	指标类型
技术可行性	线路条件	线路长度	决策设计	定量
		最小曲线半径	决策设计	定量
		桥隧比	决策设计	定量
		最大坡度（限制坡度）	决策设计	定量
		牵引质量	决策设计	定量
		特大桥总长	决策设计	定量
		特长隧道总长	决策设计	定量
		压覆矿产量	决策设计	定量
		改移道路量	决策设计	定量
		设站条件	全寿命周期	定性
		接轨站的接轨条件	全寿命周期	定性
	工程条件	土石方工程量	决策设计	定量
		征地量	决策设计	定量
		拆迁建筑物量	决策设计	定量
		耕地、农田占用量	决策设计	定量
		施工工期	建设	定量
		工程施工、实施难度	建设	定性
		填挖均衡性	建设	定性
		主要工程（或控制性工程）的施工影响	建设	定性
	运营（运输）条件	通过能力/能力利用率/能力适应	决策设计	定量
		输送能力	决策设计	定量
		旅行时间	运营维护	定量
		旅行速度	运营维护	定量
		运输周转量	决策设计	定量
		客、货运量（客、货流密度）	决策设计	定量
		运输效率	运营维护	定性
		运输管理条件	运营维护	定性
		疏解、联络条件	决策设计	定性
		对既有设备、设施、资源的利用	运营维护	定性

续表

宏观目标层	中观目标层	微观目标层	阶段	指标类型
经济合理性	工程经济	土建工程投资费	决策设计	定量
		机车车辆购置费	决策设计	定量
		建设成本	建设	定量
		年运营费	运营维护	定量
		运输收入	运营维护	定量
		投资节时比	决策设计	定量
	经济评价指标	换算工程运营费	决策设计	定量
		投资回收期	决策设计	定量
		财务净现值	决策设计	定量
		财务内部收益率	决策设计	定量
环境影响	自然、文化等环境影响	噪声影响	全寿命周期	定性
		对草地、树木、大气等自然生态环境的影响	全寿命周期	定性
		水库、大坝、湖泊等水资源与工程的相互影响（包括饮用水源）	全寿命周期	定性
		对历史文化遗迹的影响	全寿命周期	定性
		对风景旅游区、公园等的影响	全寿命周期	定性
		对自然保护区的影响	全寿命周期	定性
		对重点野生动植物的影响	全寿命周期	定性
	地质地形条件	地形条件的影响	全寿命周期	定性
		不良地质条件、特殊岩土的影响	全寿命周期	定性
		水文地质条件的影响	全寿命周期	定性
		气象条件的影响	全寿命周期	定性
		施工和运营风险	全寿命周期	定性
社会效益和影响	社会效益	对经济的带动作用	全寿命周期	定性
		吸引客、货流的能力	运营维护	定性
		与功能定位的匹配程度	决策设计	定性
		带动周边地区经济发展的能力	全寿命周期	定性
		就业效益	全寿命周期	定性
		对旅游、矿产等资源开发的作用	运营维护	定性
		旅客出行和货物集散便捷性	运营维护	定性
		与相邻路网的协调性	决策设计	定性
		市场适应和竞争能力	决策设计	定性
		改善路网（枢纽）布局的作用	决策设计	定性

续表

宏观目标层	中观目标层	微观目标层	阶段	指标类型
社会效益和影响	社会影响	与城市、地方规划建设的协调、符合程度	决策设计	定性
		对既有线或其他交通的影响	全寿命周期	定性
		公路规划、水利规划等的影响	决策设计	定性
		对沿线企业、事业单位等的影响	决策设计	定性
		对军事区或军事设施的影响	决策设计	定性
		地方政府（相关部门）的意见	全寿命周期	定性

铁路建设方案全寿命周期综合评价总指标体系是一个建设方案评价的动态指标库，目前主要纳入了专家使用频率较高、较宏观、综合的指标，在以后的实际运用过程中，根据运用情况的好坏，还可以对该指标库进行动态调整，通过不断增加一些运用情况好或新出现的指标，减少或淘汰一些运用情况不好的指标等，以达到指标体系的最优。

3.4　评价指标分析

3.4.1　技术可行性指标

铁路建设方案的技术条件指标是整个方案全寿命周期综合评价指标体系的基础和核心。只有在技术条件可行的情况下，其他方面的评价才有意义，而且铁路项目后期的施工及建成后的运营状况都与选线时技术条件选择的优劣有直接关系。

1. 线路长度

本书所涉及的线路长度主要为新建铁路的建筑长度或运营长度。新建铁路建筑长度一般指本线工程中的正线铺轨长度（含车站道岔占用长度），既有线改扩建的建筑长度还要根据实际情况而定。建筑长度与本线工程设计有直接关系，只有施工图完成后才能最后确定，在预可行性研究、可行性研究和初步设计阶段，一般情况下都采用近似值。按《铁路工程基本术语标准》（GB/T 50262—2013），运营长度解释为：按运行图，列车在运营铁路上运行的距离，也就是两个车站中心（原点）间的距离。如果工程是一条新线，运营长度是指接轨站至终点车站的距离；如果线路由于各种原因而改动（如改线），其运营长度还需加上修正值（长短链）。

2. 通过能力

本书中的通过能力主要是针对铁路区间的通过能力，是指该铁路线在一定的机车车辆类型和一定的行车组织方法条件下，根据其现有固定设备，在单位时间内（通常指一昼夜）最多能够通过的列车对数或列车数。通过能力还可以用车辆数或货物吨数来表示，而客运专线还可以用旅客人数来表示[29]。

（1）单线平行成对运行图的区间通过能力 N 可用式（3-3）计算：

$$N=\frac{1440-T_{\mathrm{T}}}{T_{\mathrm{Z}}}=\frac{1440-T_{\mathrm{T}}}{t_{\mathrm{W}}+t_{\mathrm{F}}+t_{\mathrm{B}}+t_{\mathrm{H}}} \tag{3-3}$$

式中，T_{T} 为日均综合维修“天窗”时间（min）；t_{W}、t_{F} 为站（区）间往、返走行时间（min）；t_{B} 为对向列车不同时到达的间隔时间（min），即一列车到达车站中心起到对向列车到达或通过车站中心的最小间隔时间；t_{H} 为车站会车的间隔时间（min），即一列车到达或通过车站中心起到该车站向原区间发出另一列车时的最小间隔时间。

（2）双线平行运行图的区间通过能力 N 计算。

①半自动闭塞。采用半自动闭塞时，同向列车可连发运行，通过能力 N 为

$$N=\frac{1440-T_{\mathrm{T}}}{T_{\mathrm{Z}}}=\frac{1440-T_{\mathrm{T}}}{t+t_{\mathrm{L}}} \tag{3-4}$$

式中，t_{L} 为同向列车连发间隔时间（min）；t 为普通货物列车站间单方向走向时间（min）。

②自动闭塞。采用自动闭塞时，同向列车可追踪运行，通过能力 N 为

$$N=\frac{1440-T_{\mathrm{T}}}{T_{\mathrm{Z}}}=\frac{1440-T_{\mathrm{T}}}{I} \tag{3-5}$$

式中，I 为同向列车追踪间隔时间（min）。

（3）通过能力利用率、通过能力适应计算。

铁路通过能力一般还可分为设计通过能力、现有通过能力和需要通过能力三种不同的概念。设计通过能力是指新建铁路在竣工后交付运营时或既有铁路经过技术改造后所能达到的通过能力；现有通过能力是指既有铁路实际现有的通过能力；需要通过能力则是指完成国民经济和人民生活对铁路运输的需要所应具备的通过能力，按客货列车对数计算，考虑不同种类列车的扣除系数，并加上能力储备后的能力。线路通过能力利用率是考虑施工天窗、运量波动等情况的区间实际使用通过能力与理论计算得出的最大通过能力的比值，项目前期时可由如下公式计算：

通过能力利用率=需要通过能力÷设计通过能力

通过能力适应=设计通过能力−需要通过能力

3. 线路年输送能力

线路年输送能力是在一定技术设备和行车组织的条件下，线路一年内能够运送的货物吨数或旅客人数。输送能力 C（Mt/a）可由式（3-6）计算：

$$C=\frac{365N_{\mathrm{H}}G_{\mathrm{j}}}{10^{6}\beta} \tag{3-6}$$

式中，N_{H} 为折算的普通货物列车对数（对/d）；G_{j} 为普通货物列车净载；β 为货运波动系数，由经济调查确定。

4. 运输周转量

货物周转量是指设计线（或区段）一年内所完成的货运工作量，可由上、下行方向一年内各种货运量与相应距离按式（3-7）计算：

$$C_{\mathrm{HZ}}=\sum_{\text{上行}}(C_i\times L_i)+\sum_{\text{下行}}(C_i\times L_i) \tag{3-7}$$

式中，C_{HZ} 为货物周转量（$10^4\mathrm{t}\cdot\mathrm{km/a}$）；$C_i$ 为第 i 种货物的年货运量；L_i 为相应的运输距离。

客运周转量是指设计线（或区段）一年内所完成的客运工作量，可由上、下行方向一年内客运量与相应距离按式（3-8）计算：

$$A_{\mathrm{HZ}}=\sum[(A_{\mathrm{KS}}+A_{\mathrm{KX}})\times L_i] \tag{3-8}$$

式中，A_{HZ} 为客运周转量（10^4 人次 · km/a）；A_{KS}、A_{KX} 分别为上、下行各区段的年客运量；L_i 为相应的运输距离。

5. 货流密度

货流密度是设计线（或区段）每公里的平均货物周转量，计算公式为

$$C_{\mathrm{M}}=\frac{C_{\mathrm{HZ}}}{L} \tag{3-9}$$

式中，C_{M} 为货流密度[$10^4\mathrm{t}\cdot\mathrm{km/(km}\cdot\mathrm{a)}$]；$C_{\mathrm{HZ}}$ 为设计线（或区段）的货物周转量；L 为设计线（或区段）的长度。

6. 运输效率

铁路运输效率与运输服务和物流管理手段有关，通过减少不必要的作业环节、降低运输成本、提升服务水平等，都可以提高铁路企业的运输效率。另外，铁路运输效率还与运输品种、铁路交通状况、自然环境、通信信号设备是否受到干扰，以及铁路运输技术能力等因素有关。例如，在货物运输效率问题上，缩短货车在车站的编组、装卸车时间，压缩货车周转时间，就可以大大提高铁路货运效率。本书主要考虑建设方案中是否存在客货运输交叉干扰、高速车与普速车运行干扰、接发列车作业干扰、客货运输路径不顺畅、是否有折角运输情况等宏观上影响运输效率的因素。

运输效率指标为定性指标，由专家采用语言类模糊数对其进行赋值，具体赋值如表 3-5 所示。

表 3-5　运输效率指标的专家赋值标准

评价等级	低	较低	一般	较高	高
量化值	（0, 0.1, 0.2）	（0.2, 0.3, 0.4）	（0.4, 0.5, 0.6）	（0.6, 0.7, 0.8）	（0.8, 0.9, 1.0）

7. 旅行（区段）时间

旅行（区段）时间是指在区段内旅客或货物的运输过程中所花费的时间。时间是有

价值的，对铁路运输行业来说，分析旅行时间的意义显得更加特殊和重要，有助于吸引客、货流，提高铁路运输的竞争力[30]。因此，在铁路建设项目的决策设计及建设方案研究过程中不能忽略时间节省效益的评估。旅行（区段）速度是旅客或货物列车在区段内运行，计入中间车站停车的起停附加时间和中间车站停车时间所计算的区段平均速度。旅行（区段）时间可与旅行（区段）速度相互转换计算，即

旅行（区段）时间=区段长度÷旅行（区段）速度

8. 最小曲线半径

最小曲线半径是指铁路全线或某一地段内规定的圆曲线最小半径。最小曲线半径不但影响行车安全、旅客舒适等行车质量，而且影响行车速度、运行时间等运营技术指标和工程投资、运营支出和经济效益等经济指标。

9. 桥隧比

桥隧比是指铁路建设中桥梁和隧道总长度占线路总长度的比例。桥隧比是衡量道路工程建设难度的重要指标之一，桥隧比越大，说明桥梁和隧道占的比例越大，这段线路工程的难度越大，造价就越高。计算公式为

桥隧比=（桥梁总长度+隧道总长度）÷线路总长度

10. 最大坡度（限制坡度）

最大坡度是指铁路线路纵断面坡度允许采用的最大值。在一定的自然条件下，线路的最大坡度不但影响线路走向、线路长度和车站分布，而且直接关系到行车安全、行车速度、运输能力、工程投资、运营支出和经济效益等，是铁路全局性技术标准。客货共线铁路的线路最大坡度是由货物列车运行要求确定的，单机牵引地段的最大坡度称为限制坡度。限制坡度是指单机牵引普通货物列车，在持续上坡道上，最终以机车计算速度等速运行的坡度，它是限制坡度区段的最大坡度，是货物列车牵引质量的确定依据。

11. 特大桥总长、特长隧道总长

特大桥为总长 1000m 或单跨 150m 以上的桥梁，特长隧道为单洞长度 10000m 以上的隧道。特大桥和特长隧道建造技术复杂、施工难度大、技术水平要求高、造价高，会对铁路线路走向产生较大的影响。

12. 改移道路量

铁路的建设不可避免地会与地方的高等级公路、其他铁路线、水利工程、高压输电线路、输油管道等设施发生冲突，若铁路设计高程无法满足交叉净高要求，则必须对地方既有道路、水渠、电杆、铁塔、管道等进行迁改。改移道路设计是铁路选线设计的重要组成部分，改移道路量的测算在建设方案评价中不容忽视，重点道路、水利等与铁路交叉会直接影响线路方案，特别是高等级道路直接控制铁路线位及走向，也直接影响到铁路的投资[31]。

13. 压覆矿产量

铁路是线性带状构筑物，工程建设会永久占用大量土地，从而压覆到矿产，建成后也会严重影响地下或附近矿产资源的开采，反过来也会对项目建（构）筑物、设备构成产生影响或破坏，并对人员安全造成威胁。为了保证建设项目的安全，需要留设保护矿柱，对一定空间范围内的矿产资源储量禁止开采，形成压覆矿产资源储量[32]。根据我国《矿产资源法》及《国土资源部关于进一步做好建设项目压覆重要矿产资源审批管理工作的通知》（国土资发〔2010〕137 号）的有关规定，在建设项目选址前，建设单位应向省级国土资源行政主管部门查询拟建项目所在地区的矿产资源规划、矿产资源分布和矿业权设置情况[33]。因此，在铁路不断建设的背景下，压覆矿产资源的情况将会经常发生，有必要对压覆矿产量进行合理评估，并在铁路建设方案评价和比选时重点考虑，以促使宝贵的矿产资源开发与铁路建设和谐发展。

14. 征地量、拆迁建筑物量

铁路建设项目具有一定的特殊性，项目会涉及农用地、林地、宅基地、矿区等不同类型的土地，以及土地上的建筑物的征用和拆迁。铁路建设除了需要建设红线内的永久性征地之外，还需要大量的临时性用地，以用作弃渣场、搅拌场、制梁场等辅助性施工场地，还有方便施工人员、材料、机械等设备运输的施工便道用地。上述因素造成新建铁路征地拆迁工作不同于一般项目的征地拆迁，具有工作开展难度大、费用高、时间跨度长、社会风险高等特点，这些问题处理不好都可能影响铁路建设进度，耽误工期，甚至引发严重的社会问题[34]。

15. 土石方工程量

路基土石方是铁路工程的一项主要工程量，在铁路设计和线路方案比较中，路基土石方数量的多少是评价铁路勘察设计质量的主要技术经济指标之一；在编制铁路施工组织计划和工程概预算时，需要确定分段和全线的路基土石方数量；在铁路建设施工过程中，路基土石方同样是一种工程量大、劳动量多、施工条件复杂多变的工程。目前，一般采用平均断面法计算路基土石方工程量，再按照每立方米土石方的综合单价估算其费用。详细计算时需要根据地质资料确定土石成分，按路基横断面分别统计土方和石方数量，并以相应的分项单价或综合单价确定其费用。

16. 设站条件

铁路车站是大量人流、车流的集散地，具有客货集散、交通枢纽、带动地方经济发展、整合区域环境等综合功能。科学、合理地确定车站的分布和选址是铁路选线设计的重要内容之一，将直接影响到运营后的运输成本、运输效率、经营收益、车站和周边地区未来的发展状况等方面，对充分发挥铁路运输功能、吸引沿线客货流、带动地方经济发展和有效节约资源都具有重要的作用，是铁路建设过程中的重要技术问题[35]。车站分布及位置的选择，根据其性质在不同程度上控制着线路走向和位置，需要考虑的影响因素包括工程投资、地质地形条件、生态环境、旅客乘车条件、货物集散条件、运输组织需要、与既有线或铁路网的衔接、城市规划及有关配套设施、政府及有关部门的意见等。除此之外，由于车站设置是否合理及车站分布是否均衡关系到铁路通过能力、走行时间、车站运营等一些关键性的技术问题，因此本书中的设站条件指标还包括车站分布是否均衡及车站运营条件等因素。

设站条件涵盖的内容非常广泛，本书将该指标设为定性指标，由专家采用语言类模糊数对其进行赋值，具体赋值如表 3-6 所示。

表 3-6　设站条件指标的专家赋值标准

评价等级	差	较差	一般	较好	好
量化值	(0, 0.1, 0.2)	(0.2, 0.3, 0.4)	(0.4, 0.5, 0.6)	(0.6, 0.7, 0.8)	(0.8, 0.9, 1.0)

17. 接轨站的接轨条件

设计线与既有线如何接轨是影响线路局部走向的重要因素，它关系到路网规划、运输效率、工程投资等一系列主要问题。本书考虑的接轨站的接轨条件主要包括既有站是否预留设计线接轨条件、接轨后是否能利用既有列车编组作业设备和机务设备等、既有站的货场和专用线改扩建的工程量及工程难度如何、是否干扰既有站的客货作业和既有线的运输等因素。

本书将接轨站的接轨条件指标设为定性指标，由专家采用语言类模糊数对其进行赋值，具体赋值如表 3-7 所示。

表 3-7　接轨条件指标的专家赋值标准

评价等级	差	较差	一般	较好	好
量化值	(0, 0.1, 0.2)	(0.2, 0.3, 0.4)	(0.4, 0.5, 0.6)	(0.6, 0.7, 0.8)	(0.8, 0.9, 1.0)

18. 建设工期、施工工期

建设工期指建设工程项目从正式破土动工到完成各项建设指标、符合验收条件、达到竣工验收、交付使用所需的总计时间。建设工程项目的工期管理与成本管理、质量管理一样都是考核建设项目经济效益和社会效益的重要指标。施工工期强调单项工程或单位工程从开工到完工所经历的时间。例如，单位工程的施工工期是指某单位工程从破土动工开始到完成承包工程达到设计要求，而且能满足工程的相关验收标准为止的全部有效时间。施工工期是建设工期中的一部分。

铁路建设项目规模大、周期长，建设过程中既有地质、气候、水文等自然因素的影响，又受到资源需求、施工工艺复杂、技术难度大、工程质量要求高等条件的制约，同时还需要国内外各行各业的相关单位和部门协作配合，因此项目在建设过程中会遇到各种各样的风险。每种风险都可能会影响建设工期，甚至造成工程停工，这需要制定合理的工程工期，以能更好更快地完成项目建设。合理的工期是工程项目进度控制、成本控制及质量控制的基础，也是建设方案全寿命周期综合评价过程中需要重点考虑的指标之一[36]。

19. 工程施工、实施难度

一个好的设计方案除需符合相关设计规范的要求，满足方案合理、功能完善及使用方便之外，还应该考虑到工程可实施性，尽量避免施工过程中方案不稳定造成工程规模及投资的反复变化与调整，以追求功能、质量及可实施性的统一和平衡。影响工程施工、实施难度的因素主要包括：拆迁、征地工程和道路、管线等改移的工程量及困难程度；是否涉及政府部门、大量民居、大型工厂、军事管理区、学校、医院等的拆迁；岩溶、岩溶水、煤层瓦斯及天然气、高地应力、断层破碎带、危岩落石、滑坡、岩堆、顺层等不良地质问题造成工程施工难度增加，对这些不良地质问题进行处理的工程措施是否易于实施及实施后效果怎样；桥隧工程是否艰巨，方案中是否有设计复杂、建造困难，甚至缺乏施工经验的特殊结构桥梁和长大复杂隧道等；施工场地条件和高边坡工程的施工及运营后的隐患等。

本书将工程施工、实施难度指标设为定性指标，由专家采用语言类模糊数对其进行赋值，具体赋值如表 3-8 所示。

表 3-8 工程施工、实施难度指标的专家赋值标准

评价等级	小	较小	一般	较大	大
量化值	（0, 0.1, 0.2）	（0.2, 0.3, 0.4）	（0.4, 0.5, 0.6）	（0.6, 0.7, 0.8）	（0.8, 0.9, 1.0）

20. 农田/耕地占用量

土地是一种不可再生的稀缺资源，也是经济建设最宝贵的资源之一。我国人口众多，耕地资源极缺，要保证国民经济可持续发展，铁路建设时必须贯彻“十分珍惜、合理利用和切实保护耕地”的基本国策，坚持依法用地、科学用地、合理用地和节约用地的原则。能利用荒地的要利用荒地，不能占用耕地、林地，可利用劣质地的不得占用好地。在决定方案取舍的过程中，需要将占用基本农田面积和耕地面积的多少作为重要的评价和比较条件[37]。

21. 疏解条件

我国铁路网的复杂交织程度巨大，在不同线路的交会处，多条铁路相互交叉、会合、分歧，本线车、跨线车交织运行，如果不采取措施对不同线路的列车进行梳理和分解，将会严重干扰列车的正常运行，甚至影响行车安全，这就是铁路的疏解。疏解按工程措施分为平面疏解和立体疏解。平面疏解是通过线路隔开、信号等设备保证各列车利用行车时间差来疏解线路交叉；立体疏解是用修建立交桥的方式在空间上消除对向交叉、同向交叉，或保证各主要方向列车各行其道、互不干扰，协调点线能力。合理选择不同的疏解形式一直是铁路点线能力协调的关键点和设计的重点，对铁路建设和运营极为重要。接轨站疏解形式和条件主要受工程技术条件、各线车流量、既有设备位置、地质地形条件、进行交叉次数及转线次数等方面的因素影响。

本书将疏解条件指标设为定性指标，由专家采用语言类模糊数对其进行赋值，具体赋值如表 3-9 所示。

表 3-9　疏解条件指标的专家赋值标准

评价等级	差	较差	一般	较好	好
量化值	（0, 0.1, 0.2）	（0.2, 0.3, 0.4）	（0.4, 0.5, 0.6）	（0.6, 0.7, 0.8）	（0.8, 0.9, 1.0）

3.4.2　经济合理性指标

1. 投资

铁路建设项目的投资，按照构成和用途可分为直接投资和相关投资两类，在方案比较中，通常只考虑直接投资，即计算土建工程投资费和机车车辆购置费。土建工程投资费包括土建工程、运输设施、施工准备与管理等费用，占项目投资的主要部分；机车车辆购置费包括客运和货运机车、车辆、动车购置费等。

2. 年运营费

用于方案比较的运营费可划分为与行车量有关的运营费和固定设备维修费两部分进行计算。

1）与行车量有关的运营费

与行车量有关的运营费（万元/a）可用式（3-10）计算：

$$E_y = 365N_{\mathrm{L}}\left[N(e_1 + \varDelta e_4) + A_Q e_2 + A_Z e_3 + (e_5 + e_6 + e_7 + e_8 + e_9 m)\frac{T}{\beta_{\mathrm{L}}}\right]\times 10^{-4} \tag{3-10}$$

式中，N_{L} 为列车对数（对/d），按年客、货运量分别计算（不计波动系数）；e_1 为与能耗有关的机车、车辆、动车维修费支出定额；e_2 为与牵引有关的机车、动车维修费支出定额；e_3 为与阻力功有关的机车、车辆、动车维修费支出定额；e_4 为电力或燃料单价；e_5 为与时间有关的机车、拖车维修费支出定额；e_6、e_7 分别为机车、列车乘务组小时工资；e_8 为列车运行小时支出定额；e_9 为与时间有关的车辆、动车维修费支出定额；m 为列车编组辆数；β_{L} 为旅速系数；$\varDelta$ 为单位换算系数，电力、内燃牵引取 1；N、A_Q、A_Z、T 分别为每列车双向能耗、牵引功、阻力功、运行时间，按客、货列车分别用牵引计算方法求得。

2）固定设备维修费

固定设备维修费包括正线维修费、站线维修费、车站维修费、信联闭和通信设备维修费及供电设备维修费，可按式（3-11）计算：

$$\begin{aligned}E_Q = \Big[&(e_{zx} + e_{xl} + e_w)\times L_{zx} + e_{df}\times L_{df} + e_{bz}\times L_{bz} + e_q \times L_q \\ &+ \sum e_c \times N_c + e_b \times N_b\Big]\times 10^{-4}\end{aligned} \tag{3-11}$$

式中，E_Q 为固定设备维修费（万元/a）；e_{zx}、e_{xl}、e_w 分别为正线、信联闭和通信设备及接触网的年维修费定额；L_{zx}、L_{df}、L_{bz}、L_q 分别为正线、到发线、编组线及其他站线的长度；e_{df}、e_{bz}、e_q 分别为到发线、编组线及其他站线的年维修费定额；N_c、e_c 为各类车站数目及其年维修费定额；N_b、e_b 为牵引变电所数目及其年维修费定额。

年运营费 E（万元/a）可按式（3-12）计算：

$$E = E_y + E_Q \tag{3-12}$$

3. 换算工程运营费

换算工程运营费的计算公式为

$$K = E + \gamma A \tag{3-13}$$

式中，K 为换算工程运营费（万元/a）；E 为年运营费；A 为工程固定投资；γ 为考虑投资偿还期系数，过去的铁路方案比选中常取 0.1，现行《铁路建设项目经济评价方法》（第二版）规定为 0.06。

4. 财务净现值

财务净现值是指按设定的折现率（一般采用基准收益率）计算项目或方案在计算期内净现金流量的现值之和，是目前公认的、最重要的项目盈利能力指标，计算公式为

$$\mathrm{FNPV} = \sum_{t=0}^{n} (\mathrm{CI} - \mathrm{CO})_t (1 + i_c)^{-t} \tag{3-14}$$

式中，FNPV 为财务净现值；CI 为现金流入量；CO 为现金流出量；n 为计算期年数；i_c 为基准收益率。

5. 投资回收期

投资回收期是指用项目的净收益抵偿全部投资所需要的时间。通常以年为单位，一般从项目建设起始年算起。在投资不变的条件下，投资回收期的长短取决于项目各年净收益的多少，因此投资回收期是考虑项目盈利能力的评价指标。同时，投资回收期的长短还能说明投资回流速度的快慢，可在一定程度上反映项目的风险性。投资回收期分为动态投资回收期和静态投资回收期，其中动态投资回收期考虑了资金的时间价值，是一个动态指标，而静态投资回收期未考虑资金的时间价值。

静态投资回收期 P_t 满足下列计算公式：

$$\sum_{t=1}^{P_t} (\mathrm{CI} - \mathrm{CO})_t = 0 \tag{3-15}$$

即静态投资回收期 P_t=（累计净现金流量开始出现正值的年份数−1）+上一年累计净现金流量的绝对值 ÷ 当年净现金流量。

动态投资回收期 P_d 是在静态投资回收期的基础上考虑了资金的折现，其满足下列计算公式：

$$\sum_{t=0}^{P_d}(\mathrm{CI}-\mathrm{CO})_t(1+i_c)^{-t}=0 \tag{3-16}$$

即动态投资回收期 P_d =（累计净现金流量的现值开始出现正值的年份数–1）+上一年累计净现金流量的现值的绝对值÷当年净现金流量的现值。

投资回收期评价的判据是基准投资回收期，它代表本行业或同类项目投资回收期的平均先进水平。当计算所得的投资回收期小于等于基准投资回收期时，表明项目的投资可以在认可的规定时间内被回收，能够满足部门（行业）的投资盈利性和一定的风险要求，故认为在财务上是可以接受的；反之，当投资回收期大于基准投资回收期时，则认为在财务上是不可以接受的。

6. 财务内部收益率

财务内部收益率 FIRR 是指使项目计算期内累计净现金流量的现值等于零时的折现率，它表示项目占用资金的盈利率，是考察项目盈利能力的主要动态指标。财务内部收益率按项目投资和资本金分别计算，必要时可计算项目投资各方财务内部收益率。财务内部收益率使以下公式成立并通过其进行计算：

$$\sum_{t=1}^{n}(\mathrm{CI}-\mathrm{CO})_t(1+\mathrm{FIRR})^{-t}=0 \tag{3-17}$$

式中，CI 为现金流入量；CO 为现金流出量；n 为计算期年数；$(\mathrm{CI}-\mathrm{CO})_t$ 为第 t 年的净现金流量。

3.4.3　环境影响指标

1. 对自然保护区、风景旅游区、公园等的影响

《风景名胜区条例》和《中华人民共和国自然保护区条例》中对工程建设活动有具体而明确的规定，要求在自然保护区的核心区和缓冲区内，不得建设任何生产设施。在自然保护区的实验区内，不得建设污染环境、破坏资源或者景观的生产设施。一般情况下，铁路选线设计时应优先考虑避开自然保护区和风景名胜区等环境敏感区。但铁路由于自身爬坡能力、转弯半径及地质条件等限制因素的影响，相对于其他运输方式，其更难以绕避覆盖面积小则几平方千米，大则几百或上千平方千米的风景旅游区和自然保护区，此时，要首先保证线路位置必须避开它的核心区和缓冲区部分。在试验区内虽然可以通过，但是也有不得设车站、不准鸣笛、工程建设必须与周围景观相协调等限制性条件[38-40]。

本书将对自然保护区、风景旅游区、公园等的影响指标设为定性指标，由专家采用语言类模糊数对其进行赋值，具体赋值如表 3-10 所示。

表 3-10　对自然保护区、风景旅游区、公园等的影响指标的专家赋值标准

评价等级	小	较小	一般	较大	大
量化值	(0, 0.1, 0.2)	(0.2, 0.3, 0.4)	(0.4, 0.5, 0.6)	(0.6, 0.7, 0.8)	(0.8, 0.9, 1.0)

2. 对重点野生动植物的影响

大规模的铁路工程建设将改变沿线经过区域的生态环境，如植被的减少、自然生态系统中生存因子的变化及生态系统的割裂等，会逐步侵占、改变、破坏野生动植物赖以生存的自然环境。当铁路项目不断延伸到生物多样性更加丰富的原始山区和无人区时，无疑会更加严重威胁到当地野生动植物的生存，尤其是对大熊猫、藏羚羊、银杉等重点保护动植物的影响，更需要建设人员的重视[41,42]。《中华人民共和国野生动物保护法》规定，建设项目对国家或者地方重点保护野生动物的生存环境产生不利影响的，建设单位应当提交环境影响报告书。《中华人民共和国野生植物保护条例》规定，建设项目对国家重点保护野生植物和地方重点保护野生植物的生长环境产生不利影响的，建设单位提交的环境影响报告书中必须对此做出评价。一般情况下，这些珍贵的野生动植物资源处在自然保护区范围内，铁路选线只要遵照《中华人民共和国自然保护区条例》的规定，也就同样保护了珍贵的野生动植物资源。对不在自然保护区范围内的，在设计中应考虑植物移栽和预留动物通道等内容。例如，在青藏线，由于线路经过可可西里自然保护区的试验区，在设计中考虑了藏羚羊的迁移通道，并且在施工过程中还留出了一定的时间，确保了藏羚羊的成功迁移。

本书将对重点野生动植物的影响指标设为定性指标，由专家采用语言类模糊数对其进行赋值，具体赋值如表 3-11 所示。

表 3-11　对重点野生动植物的影响指标的专家赋值标准

评价等级	小	较小	一般	较大	大
量化值	（0, 0.1, 0.2）	（0.2, 0.3, 0.4）	（0.4, 0.5, 0.6）	（0.6, 0.7, 0.8）	（0.8, 0.9, 1.0）

3. 对草地、树木、大气等自然生态环境的影响

生态环境和自然资源是人类赖以生存和发展的基本条件。人类在长期的社会实践中认识到，保护好自然资源、生态环境及生物多样性对人类生存和发展具有极为重要的意义。铁路工程对生态环境的影响主要表现在[43]：铁路工程建设阶段，工程建设所进行的地表开挖、取土弃渣等破坏植被等造成水土流失；施工破坏草地、森林等影响动植物的生存环境；施工过程中机械设备等排放的有害气体及扬尘等污染大气环境。运营期，列车在运行过程中也会排放大量的有害气体，污染大气环境等。通常，铁路建设对周围环境产生的污染和破坏有的可以在工程施工中采取相应的环保措施来解决，有的则在选线设计阶段就可以解决。在线路选线阶段注重环境保护，增加对生态环境影响因素的评价指标，是从源头上减轻环境影响的最好方法，不但可以避免选出的线路方案与国家环境保护法律法规中的有关规定相冲突，满足环保要求，而且对提高设计方案质量及控制工程造价均有重要作用，可以起到节省工程投资和保护生态环境的双重效果，提高线路设计质量和水平。

本书将对草地、树木、大气等自然生态环境的影响指标设为定性指标，由专家采用语言类模糊数对其进行赋值，具体赋值如表 3-12 所示。

表 3-12　对草地、树木、大气等自然生态环境的影响指标的专家赋值标准

评价等级	小	较小	一般	较大	大
量化值	(0, 0.1, 0.2)	(0.2, 0.3, 0.4)	(0.4, 0.5, 0.6)	(0.6, 0.7, 0.8)	(0.8, 0.9, 1.0)

4. 噪声影响

噪声污染是铁路运营后的重要环境问题，也是目前人们最为关心的铁路环境问题。随着城际铁路、客运专线、高速铁路的相继修建，噪声影响所带来的社会问题更为突出。对穿越文教区、大规模的居民住宅区等重点敏感区域的线路方案应进行认真研究，若采取整体拆迁，则投资费用巨大；若采用修建声屏障等其他降噪措施，对列车运行的降噪作用能起到很好的效果，但也会遗留电磁污染和振动噪声等环境污染后患，不利于以后的运行管理。因此，需要在科学预测噪声影响的基础上，对绕避方案增加的投资和进行噪声治理的投资进行综合比较后确定合理的线路方案。

目前，铁路噪声影响预测的基本思路是：在确定声源的基础上，计算出声波传播途径中的各种衰减，以及对各种影响因素修正后预测出到达预测点上的声波强度。预测点所在铁路列车运行引起的等效声级 L_{Aeq} 的预测计算公式为[44]

$$L_{\text{Aeq}}=10\lg\left[\frac{1}{T}\sum_{i}n_iT_{\text{eq}i}10^{0.1(L_{\text{p0}i}+C_i)}\right] \tag{3-18}$$

式中，T 为规定的评价时间（s）；n_i 为在规定的时间里第 i 类列车通过的列数；$T_{\text{eq}i}$ 为第 i 类列车通过的等效时间（s）；C_i 为第 i 类列车 A 计权声压级的修正项（dB(A)）；$L_{\text{p0}i}$ 为第 i 类列车最大垂直指向性方向上的噪声辐射源强，即列车中部通过时的声级（dB(A)）。

我国《铁路边界噪声限值及其测量方法》（GB 12525—1990）中对铁路边界噪声限值规定为昼间和夜间都为 70dB（A），且所规定的限值只对铁路边界（距铁路外侧轨道中心线处）距离适用。

5. 对历史文化遗迹的影响

中国有着 5000 年的悠久历史，前人给我们留下了光辉灿烂的文化。在祖国大地上广泛分布着各种文物古迹和历史遗迹，为保护这些珍贵的遗产，《中华人民共和国文物保护法》规定：文物保护单位的保护范围内不得进行其他建设工程或者爆破、钻探、挖掘等作业。但是，因特殊情况需要在文物保护单位的保护范围内进行其他建设工程或者爆破、钻探、挖掘等作业的，必须保证文物保护单位的安全，并经核定公布该文物保护单位的人民政府批准，在批准前应当征得上一级人民政府文物行政部门同意；在全国重点文物保护单位的保护范围内进行其他建设工程或者爆破、钻探、挖掘等作业的，必须经省、自治区、直辖市人民政府批准，在批准前应当征得国务院文物行政部门同意。铁路建设周期长，在历史文化遗迹附近长期施工时，可能会破坏历史文化遗迹附近的地表原状，影响遗迹风貌，或引起文物基础不均匀下沉进而破坏文物。运营期间，列车运行产生的振动通过桥梁、隧道、路基等传至历史文化古迹保护范围，可能会直接对文物

造成破坏[45,46]。铁路选线过程中，要避开文物保护区域，特别是全国重点文物保护单位。对省、市和县级的文物保护单位，当线路确实无法避开时，要经过这些文物保护单位的行政管理机构严格而复杂的审批，整个审批过程漫长，审批完之后，有需要对其进行勘探发掘或迁移的，必须在工程开工以前全部完成，而且花费巨大，因此要进行反复的方案比较和优化。

本书将对历史文化遗迹的影响指标设为定性指标，由专家采用语言类模糊数对其进行赋值，具体赋值如表 3-13 所示。

表 3-13　对历史文化遗迹的影响指标的专家赋值标准

评价等级	小	较小	一般	较大	大
量化值	（0, 0.1, 0.2）	（0.2, 0.3, 0.4）	（0.4, 0.5, 0.6）	（0.6, 0.7, 0.8）	（0.8, 0.9, 1.0）

6. 水库、大坝、湖泊等水资源与工程的相互影响

一方面，在铁路选线过程中经常会遇到类型不等的既有水库、规划水库和大大小小的江河、湖泊等，这些水利设施及资源会对铁路局部定线产生重要影响。水库、大坝的修建将导致泥沙淤积，改变河流天然状况，使库区范围内的工程地质与水文地质条件产生一系列变化，水位变化、波浪侵袭、水流冲刷等因素会对邻近的铁路路基、桥梁、隧道和铁路建筑物产生较大的影响，威胁铁路运营安全。因此，铁路线路如何通过水库、江河、湖泊等地区，往往是选线设计人员必须认真研究和严肃对待的问题，稍有疏忽或处理不当就会出现严重后果[47,48]。

另一方面，铁路建设也会对水资源造成影响。我国水资源十分匮乏，且南北地区间分布极不均衡，在对水体的污染和治理方面，国家制定了许多法律、法规，尤其是对直接关系到人民群众身心健康的居民生活饮用水及饮用水源地的保护更为重视。《中华人民共和国水污染防治法（2017 修正）》第六十五条规定：禁止在饮用水水源一级保护区内新建、改建、扩建与供水设施和保护水源无关的建设项目；已建成的与供水设施和保护水源无关的建设项目，由县级以上人民政府责令拆除或者关闭。《饮用水源保护区污染防治管理规定》也有同样的规定。《生活饮用水卫生标准》（GB 5749—2006）则明确规定，取水点上游 1000m 至下游 100m 的水域不得新建、扩建与供水设施和保护水源无关的建设项目，不得排入工业废水和生活污水，不得从事有可能污染该段水域水质的活动。

铁路工程建设对水资源环境的影响主要发生在建设阶段，表现为桥涵、隧道施工对水环境的影响，各类施工机械产生的含油废水，混凝土拌合、方桩预制及材料厂、轨节拼装点等产生的生产废水及各生活区的生活污水对水源的影响等。运营期也会对受纳水体的水质产生一定程度的影响，主要是列车上人员丢弃的垃圾、污水等，沿线有人值守车站及桥隧守护点的生活污水排放等。

本书将水库、大坝、湖泊等水资源与工程的相互影响指标设为定性指标，由专家采用语言类模糊数对其进行赋值，具体赋值如表 3-14 所示。

表 3-14　水库、大坝、湖泊等水资源与工程的相互影响指标的专家赋值标准

评价等级	小	较小	一般	较大	大
量化值	（0, 0.1, 0.2）	（0.2, 0.3, 0.4）	（0.4, 0.5, 0.6）	（0.6, 0.7, 0.8）	（0.8, 0.9, 1.0）

7. 地形条件的影响

交通基础设施项目的建设主要取决于政治经济据点分布及旅客和货物的运输需要，但线路的具体走向还经常受到各地自然条件的影响。就铁路建设而言，受地形条件的影响非常明显。沿线的地形地貌决定了铁路各种构筑物的布设方式，选线设计过程中首先就要考虑地形地貌因素，平原区可采用路基形式通过，山区多以隧道形式穿越，河谷地带则以桥梁的形式经过。铁路线路在不同地形地貌条件中的走向还与工程施工和列车运营安全关系重大，其中影响最大的地形条件是山地，尤其是复杂艰险山区。与平原丘陵区铁路相比，复杂艰险山区铁路建设往往需要克服高山深谷等困难地形，以及防范各类山地灾害，使铁路主要技术标准的选择和取值直接影响线路走向、施工难度、工程投资等。若为了适应地形，适当增大铁路的限制坡度或减小曲线半径，则可大幅度提高选线灵活性，减小展线系数，降低工程造价，但是会降低列车运行速度，增加运营费和工程养护难度。目前山区修建铁路多以桥隧工程为主克服地形，由于采用桥隧工程常能有效地绕避重力作用类灾害，出于对防范灾害的考虑，也会选择桥隧工程，但桥隧比将会严重影响工程造价。因此，不同地形条件下的铁路选线需要考虑的因素有很多差异，特别是复杂艰险地形条件下的选线作业更加复杂、技术难度更大，建设方案决策的风险也更高。

本书将地形条件的影响指标设为定性指标，由专家采用语言类模糊数对其进行赋值，具体赋值如表 3-15 所示。

表 3-15　地形条件的影响指标的专家赋值标准

评价等级	小	较小	一般	较大	大
量化值	（0, 0.1, 0.2）	（0.2, 0.3, 0.4）	（0.4, 0.5, 0.6）	（0.6, 0.7, 0.8）	（0.8, 0.9, 1.0）

8. 不良地质条件、特殊岩土的影响

工程地质条件是指工程建筑物的地质环境，是建筑物周围地貌、地层岩性、地质构造、地下水等地质因素、不良地质作用和天然建筑材料等的总和。不良地质是由于各种地质作用和人类活动而造成的工程地质条件不良的地质现象的统称。铁路重大不良工程地质问题大致包括滑坡、坍塌、泥石流、地震、高地温热害、高地应力、软岩塑变、硬岩岩爆、地面塌陷，以及膨胀岩土、冻土等特殊岩土等[49,50]。对铁路建设而言，当一条铁路的走向和技术条件确定以后，地质条件就成为确定线路位置和线路上各种建筑物（如车站、桥梁、隧道、路基等）的决定性因素之一。在建设初期应重视铁路工程地质问题的研究，只有充分认识线路通过区地质条件，按地质条件合理选线，认真做好各种条件下的方案比选，避免线路通过严重地质不良地段并防止发生严重工程地质病害，以规避重大工程风险，才是建设一条高质量的现代化铁路，确保国家重点工程建设技术可行、安全可靠的保障。

本书将不良地质条件、特殊岩土的影响指标设为定性指标，由专家采用语言类模糊数对其进行赋值，具体赋值如表 3-16 所示。

表 3-16　不良地质条件、特殊岩土的影响指标的专家赋值标准

评价等级	小	较小	一般	较大	大
量化值	（0, 0.1, 0.2）	（0.2, 0.3, 0.4）	（0.4, 0.5, 0.6）	（0.6, 0.7, 0.8）	（0.8, 0.9, 1.0）

9. 水文地质条件的影响

水文地质条件是分析地下水变化可能引起铁路工程危害的情况，主要由地下水位升降变化和地下水动水压力作用两方面引起，往往会造成流沙、管涌、基坑突涌、翻浆冒泥等严重的工程危害，影响工程质量，造成安全隐患[51,52]。水文地质条件对隧道施工和运营的影响尤其不容忽视。施工过程中，隧道的开挖将导致地下水渗流场发生变化，地下水通过渗流作用涌入隧道，可能造成严重的突水、突泥事故；运营维护阶段，如果遇隧道衬砌渗透水问题，将促使混凝土衬砌风化、剥蚀，造成衬砌结构破坏，加快内部设备（如通信、照明、钢轨等）锈蚀，影响设备的正常使用，缩短设备使用寿命，增加运营维护成本。

本书将水文地质条件的影响指标设为定性指标，由专家采用语言类模糊数对其进行赋值，具体赋值如表 3-17 所示。

表 3-17　水文地质条件的影响指标的专家赋值标准

评价等级	小	较小	一般	较大	大
量化值	（0, 0.1, 0.2）	（0.2, 0.3, 0.4）	（0.4, 0.5, 0.6）	（0.6, 0.7, 0.8）	（0.8, 0.9, 1.0）

10. 气象条件的影响

近年来，由于全球大的气候环境不断变化，各种极端天气事件也频繁发生，由气象灾害造成的各类交通事故也持续增多。铁路作为陆上交通的重要载体，对天气、气候影响的反应十分敏感，大风、暴雨、积雪、大雾等都会影响铁路的正常运行及编组装卸等露天作业，甚至对铁路设施造成破坏，引起列车颠覆等重大安全事故，而且一旦遭遇紧急情况或危险天气，可供应急处置的时间和方式均有限，造成的灾害损失可能十分严重。随着我国铁路开通运营高峰的到来，气象灾害对列车运行造成的安全问题将更加突出[53]。对铁路影响最大的气象条件主要包括强降雨、大风、降雪（积雪）、雷电、冰冻、沙尘等。

本书将气象条件的影响指标设为定性指标，由专家采用语言类模糊数对其进行赋值，具体赋值如表 3-18 所示。

表 3-18　气象条件的影响指标的专家赋值标准

评价等级	小	较小	一般	较大	大
量化值	（0, 0.1, 0.2）	（0.2, 0.3, 0.4）	（0.4, 0.5, 0.6）	（0.6, 0.7, 0.8）	（0.8, 0.9, 1.0）

11. 施工和运营风险

风险一般指的是具有不确定性、尚未造成损失的因素或事件，就建设工程项目管理而言，风险是指影响项目目标实现的诸多不确定因素。建设工程项目风险主要包括环境风险、技术风险、组织架构风险、经营与管理风险四大类，分属于施工方、设计方和业主方，其中尤以施工方所涉及的风险种类最多，延伸最为复杂[54,55]。铁路工程项目具有以下特点：工程量大、投资高、建设周期长；技术类型多、技术含量高；施工环境复杂；施工管理难度大，标段里程长，单位、分部、分项工程划分较多，致使干扰因素多，协调难度增大；施工安全、质量风险大等。上述特点造成了铁路施工和运营面临的风险因素种类多且复杂，本书主要考虑其中的环境因素和设备因素造成的风险。

（1）环境风险因素。环境风险因素既包括自然环境风险因素，也包括社会环境风险因素。自然环境风险因素包括地质灾害、气象条件、生态环境恶化等风险，社会环境风险因素包括政治、经济、文化、管理和法律等，它们都会对铁路安全产生不同程度的影响。

（2）设备风险因素。铁路的运营是各种各样零部件和设备设施的完美组合及协调工作的过程，但面临的设备故障风险因素也多种多样，如钢轨弯曲、钢轨损伤等工务系统设备风险，接触网故障等供电系统设备风险，信号机损坏等供电系统设备风险，无线传输网络故障等通信系统设备风险等。

本书将施工和运营风险指标设为定性指标，由专家采用语言类模糊数对其进行赋值，具体赋值如表 3-19 所示。

表 3-19　施工和运营风险指标的专家赋值标准

评价等级	小	较小	一般	较大	大
量化值	（0, 0.1, 0.2）	（0.2, 0.3, 0.4）	（0.4, 0.5, 0.6）	（0.6, 0.7, 0.8）	（0.8, 0.9, 1.0）

3.4.4　社会效益和影响指标

1. 对国民经济的带动作用

交通基础设施建设的发达程度不一定是地区经济发展的先决条件，但却是重要的基础性保障。完善的交通运输网络可以促使贫困地区的劳动力、农产品、矿产资源等运往发达地区，而发达地区的高级人才、前沿信息、科学技术等先进生产力要素也可以顺利流入欠发达地区，实现经济发展要素的交流互动，推动经济发展落后的北部地区和中西部地区加快发展步伐，尽快融入国家全面建设小康社会、实现共同富裕等发展战略中。铁路建设周期长，建设过程中需要大量的水泥、石料和钢材等原材料及通信、信号等设备器材，可以带动矿业、煤炭、电力等行业的发展；还需要大量的劳动力，可以增加就业，提高地区人民的收入水平。建成运营后，还能够加快沿线地区间的物资和人才的流通，以及信息、知识、技术、文化等方面的传播和交流，更是为当地经济的发展注入新的动力。建设一条铁路，就能够形成一条工业走廊和城市带，尤其对于高速铁路，它是高新技术的集成，产业链长，能够带动相关产业结构优化升级。

本书将对国民经济的带动作用指标设为定性指标，由专家采用语言类模糊数对其进行赋值，具体赋值如表 3-20 所示。

表 3-20　对国民经济的带动作用指标的专家赋值标准

评价等级	差	较差	一般	较好	好
量化值	（0, 0.1, 0.2）	（0.2, 0.3, 0.4）	（0.4, 0.5, 0.6）	（0.6, 0.7, 0.8）	（0.8, 0.9, 1.0）

2. 改善路网（枢纽）布局的作用

铁路网是指由各条铁路的线路、车站与枢纽所组成的、在空间地域上动态分布的网络。铁路网布局是否合理，需要考虑到新线走向、路径选择及既有线的改造方式，建设干支线相结合、网络通顺的路网系统，并使之不断改善与强化，以使客货运输的经济性不断改善，送达速度逐步加快。铁路运输具有网络化的特征，表现为铁路运输生产的联动性，体现出高度集中、各工作环节紧密联系的特点。从一条铁路的外部属性而言，旅客和货物运输涉及的路网范围较大，从任何一个车站发送的旅客和货物，可能延伸到路网很远的车站，铁路联网运营后，必然会影响到相邻铁路、枢纽客货运量及作业量的变化；就铁路内部作业过程而言，运输任务需要铁路各部门协作完成，上至运输指挥调度系统，下至车、机、工、电、检各工种，都有明确的分工，各司其职，环环相扣，形成了一个严密有序的有机整体。因此，铁路的建设和运营如果改善了路网的布局，甚至改变了地区没有铁路的历史，将会连通整个客货运输通道，不仅对铁路运输企业的发展，而且对国家和地区的经济发展及在军事层面上都具有重要作用。

本书将改善路网（枢纽）布局的作用指标设为定性指标，由专家采用语言类模糊数对其进行赋值，具体赋值如表 3-21 所示。

表 3-21　改善路网（枢纽）布局的作用指标的专家赋值标准

评价等级	差	较差	一般	较好	好
量化值	（0, 0.1, 0.2）	（0.2, 0.3, 0.4）	（0.4, 0.5, 0.6）	（0.6, 0.7, 0.8）	（0.8, 0.9, 1.0）

3. 吸引客、货流的能力

铁路作为国家重要的基础设施、国民经济的大动脉和大众化的交通工具，其建设的基本目标是根据沿线政治经济据点的分布，实现客货运输服务的功能。与公路、飞机等其他交通运输方式相比，铁路在吸引客、货流方面具有以下优势：①运输能力大，一列火车可运送几千名旅客，或装载几千吨货物；②可靠性、安全性高，相对于汽车和飞机而言，火车的事故发生率和死亡率更低；③价格低廉，无论是旅客出行还是货物运送，火车都是成本最低的运输方式之一，而且随着我国铁路不断高速化、网络化，旅客和货物的长途运输价格优势将更加明显；④铁路能耗低，对环境污染更小，更适合资源节约型和环境友好型社会。

铁路吸引客、货流的能力需要考虑到沿线经济发展水平、工农业发展水平和潜力、城市人口和城镇化水平、居民收入水平、旅游资源和矿产资源储量及地区经济政策和城市规划等因素。本书将吸引客、货流的能力指标设为定性指标，由专家采用语言类模糊数对其进行赋值，具体赋值如表 3-22 所示。

表 3-22　吸引客、货流的能力指标的专家赋值标准

评价等级	差	较差	一般	较好	好
量化值	（0, 0.1, 0.2）	（0.2, 0.3, 0.4）	（0.4, 0.5, 0.6）	（0.6, 0.7, 0.8）	（0.8, 0.9, 1.0）

4. 就业效益

就业问题是关系国民生计的根本问题，就业保障就是生存保障，是保障和改善人民生活的重要条件，涉及千家万户的生存和发展。铁路项目的建设对提高沿线区域就业水平具有重要作用。第一，铁路在建设过程中需要大量的劳动力直接参与工程施工，这是对劳动力需求量最大的阶段，将为项目所在区域直接提供大量的就业岗位；第二，铁路项目的建设需要大量的水泥、石料和钢材等原材料及通信、信号等设备器材，对这些原材料和物资的需求，间接促进了相关行业的发展，提高这些行业的就业水平；第三，一个大型的铁路项目还需要大量的工程设计人员、项目管理人员、相关科学研究人员等参与；第四，铁路运营和维护过程中，需要火车站的售票人员、安保人员、执勤人员、管理人员，工务段、机务段等的工作人员，列车上的乘务人员等，直接增加了就业岗位；第五，车站附近的餐饮、旅游、住宿、娱乐等也会随着铁路的运营不断发展，相应提高了区域总体就业水平；第六，铁路的修建也促进了信息和技术及物流在整个区域内更快速的传播，推进了城镇化的进程，提高了城镇化率，增加了就业水平，等等。

本书将就业效益指标设为定性指标，由专家采用语言类模糊数对其进行赋值，具体赋值如表 3-23 所示。

表 3-23　就业效益指标的专家赋值标准

评价等级	差	较差	一般	较好	好
量化值	（0, 0.1, 0.2）	（0.2, 0.3, 0.4）	（0.4, 0.5, 0.6）	（0.6, 0.7, 0.8）	（0.8, 0.9, 1.0）

5. 对旅游、矿产等资源开发的作用

我国地域辽阔，各类矿产资源丰富，民族文化和历史遗迹众多，南北地形与东西风光差异明显，旅游资源种类纷繁、布局开阔，是世界上旅游、矿产资源最为丰富的国家之一，具备发展旅游、矿产等行业的天然优势[56,57]。铁路运输以其运量大、价格便宜等特点，为沿线旅客出行和地区矿产业的发展起到了非常重要的推动作用。一方面，随着高速铁路、城际铁路等客运专线铁路的快速发展，铁路延伸到各个城市，更有一些著名景区开通了直达的专列，并且随着铁路客运能力的不断增强以及铁路对旅游服务重视程度的提高，优质优价、夕发朝至等列车的开行为游客提供了更为便捷、良好的出行条件；另一方面，铁路作为一项大型的基础交通运输方式，其货物运输能力大、全天候、可靠性高、价格低廉的特点，以及大通道、大网络的运输优势，特别适合矿产资源这类大宗物资的中长途距离运输，在中长途距离和规模性运输领域具有不可替代性，可以弥补地区间资源分布的不均衡性对社会经济发展造成的困境，在为货物运输提供便利的同时，也为铁路创造了大量经济效益，促进了铁路自身的发展。

铁路选线过程中，应考虑到将资源优势转化为经济优势。例如，在铁路走向中有重要矿藏和旅游景点，线路应尽可能地从其附近通过，这样既有利于资源开发、促进经济发展，又可以给铁路提供大量的客、货源。如果干线靠近矿区和旅游景点在工程上不合理，应考虑专支线的引入方案，并在干线上预留专支线的接轨条件。

本书将对旅游、矿产等资源开发的作用指标设为定性指标，由专家采用语言类模糊数对其进行赋值，具体赋值如表 3-24 所示。

表 3-24　对旅游、矿产等资源开发的作用指标的专家赋值标准

评价等级	差	较差	一般	较好	好
量化值	（0, 0.1, 0.2）	（0.2, 0.3, 0.4）	（0.4, 0.5, 0.6）	（0.6, 0.7, 0.8）	（0.8, 0.9, 1.0）

6. 旅客出行和货物集散便捷性

修建铁路的基本任务就是完成旅客和货物的运输，如果铁路车站设置不当，离旅客和货物聚集地较远或换乘过于复杂困难，造成旅客出行和货物集散的不便，人们就可能选择其他交通方式，这不仅会使铁路难以完成预期目标，还会严重阻碍铁路自身的经营状况和地区经济的发展。随着铁路不断高速化、公交化、成网化运行，以及商务、旅游出行比例的不断提升，旅客对出行便捷性的要求越来越高。铁路的建设和运营可直接或间接拉近相关区域节点间的时间距离，节约旅客的出行时间，改善区域的客运能力，使出行更加快捷[58,59]。对于货物运输方面，铁路车站除了担负货物发送、到达及在途运输之外，还要与地方运输部门配合，共同完成大量的货物集散任务。我国由于地域广阔，存在着物产不均匀、生产与消费布局分散、城镇化物资集中度高的特点，物流业发展应当充分发挥铁路运输运量大、运距长、时间准、能耗少、安全可靠、系统性强的优势，建立起以铁路运输为主干的多式联运体系。

本书将旅客出行和货物集散便捷性指标设为定性指标，由专家采用语言类模糊数对其进行赋值，具体赋值如表 3-25 所示。

表 3-25　旅客出行和货物集散便捷性指标的专家赋值标准

评价等级	差	较差	一般	较好	好
量化值	（0, 0.1, 0.2）	（0.2, 0.3, 0.4）	（0.4, 0.5, 0.6）	（0.6, 0.7, 0.8）	（0.8, 0.9, 1.0）

7. 对城市、地方规划建设的影响

随着城市人口的持续增多、城市规模及经济的不断发展，新建铁路的引入和既有铁路的改扩建与城市建设之间的矛盾日益突出，主要表现在与城市规划的配合、对城市环境的影响、与城市交通的关系等方面[60]。铁路的建设和发展过程也是与城市建设协调发展的过程，铁路的规划与建设应根据城市建设的近远期规划、功能区划、自然环境、生态环境、景观特点、交通道路布局等因素综合确定线路走向及车站设置，使铁路与城市相协调、与城市环境和谐发展。

随着地方经济实力不断增长，部省合资铁路项目越来越多，地方政府意见的作用也越来越大，设计部门选线方案与地方政府方案难免会出现冲突，需要在线路选线中统筹考虑国家整体利益与区域经济利益，要尽量靠近城镇和主要经济发展点，应结合城市的长远规划，妥善设置客运站和货运站，并兼顾地方其他项目的规划与建设，使两者协调配合。在满足技术标准的条件下，线路宜绕避高新技术开发区、规划发展工业区及军事设施等，避免与城镇规划发生干扰，使选线方案既能满足铁路自身发展需要，又能带动地方经济发展。通过兼顾国家、地方、铁路三方的关系，使社会效益和经济效益得到完美统一。当设计部门的铁路选线方案与地方规划相冲突时，应统筹考虑各方案的利弊，兼顾各方利益，使方案尽快稳定。同时，应积极做好对地方政府的说明和协调工作。对于地方政府的不同意见，选线设计人员应从技术标准、运输组织、土地利用、环境影响、工程实施难度、工程投资、运营维护、区域经济社会发展、区域效益最大化、联络线工程、城市配套工程等多方面统筹考虑，进行多方案综合比选论证，说服地方政府取得共识，必要时可寻求省、部支持。

本书将对城市、地方规划建设的影响指标设为定性指标，由专家采用语言类模糊数对其进行赋值，具体赋值如表 3-26 所示。

表 3-26　对城市、地方规划建设的影响指标的专家赋值标准

评价等级	小	较小	一般	较大	大
量化值	（0, 0.1, 0.2）	（0.2, 0.3, 0.4）	（0.4, 0.5, 0.6）	（0.6, 0.7, 0.8）	（0.8, 0.9, 1.0）

8. 对既有线或其他交通的影响

目前，我国很多大中型城市已基本构成了由铁路、公路、水运及航空构筑的现代化的立体综合交通运输网络，新建铁路的引入无疑会对既有线和其他交通运输方式的运输作业产生影响。铁路车站的修建，以及新线引入接轨站或枢纽的施工过程，会占据一定城市道路通行空间，加之施工周期一般较长，难免会减弱城市道路的交通能力，造成道路拥堵或引发交通安全问题。例如，施工过程中的施工场地、施工时间和施工机械设备等都会对城市路段的交通能力产生很大的影响，施工强度越大，其所需要的施工设备也就越多，施工设备在施工过程中也会占据大量的道路空间，这对城市的交通状况会带来很大的影响；施工的时间越长，对城市交通的影响时间也就越长，该路段的车辆驾驶人员会产生疲倦的心理，容易造成交通事故；铁路夜间施工也会降低在施工路段夜行车辆和行人的可视度，对交通的安全性产生不利影响；如果对施工路段交通组织不到位，还会导致路网局部乃至全局的交通供求不平衡，从而引发交通拥挤加剧、能源消耗增加、城市环境恶化、交通事故增多等问题[61]。新线引入枢纽站的施工过程也将会对站内既有线的客货正常运输作业产生不同程度的干扰。新线开通运营后，原有的交通格局将被打破，民航运输、公路运输、水路运输和既有铁路线的运输都将受到一定程度的影响[62]。

本书将对既有线或其他交通的影响指标设为定性指标，由专家采用语言类模糊数对其进行赋值，具体赋值如表 3-27 所示。

表 3-27 对既有线或其他交通的影响指标的专家赋值标准

评价等级	小	较小	一般	较大	大
量化值	(0, 0.1, 0.2)	(0.2, 0.3, 0.4)	(0.4, 0.5, 0.6)	(0.6, 0.7, 0.8)	(0.8, 0.9, 1.0)

9. 对沿线企业、事业单位等的影响

随着新时代中国特色社会主义思想的确立及和谐社会建设的不断推进，以促进最大化公共利益为目的的项目建设将是政府的重要管理职责。但征地拆迁是铁路基本建设的一项基础工作和重要活动，铁路的建设将带来大量的拆迁工作，难免会损害到一些公共利益。特别地，由于大中型企事业单位是地区国民经济的重要增长点，是推动地区经济持续发展的一支重要力量，是促进农业、农村经济发展和增加地方财政收入的重要财源，是增加就业的基本场所和社会稳定的重要基础，也具有雄厚的资产、一流的生产技术水平和经营管理水平[63]，对大型企业和事业单位的影响是其中牵涉面最广、最复杂的环节，尤其值得铁路建设人员重视，一旦相关工作做得不到位，不但影响工程建设的正常进行，而且可能存在社会稳定风险，引发严重的社会问题。

本书将对沿线企业、事业单位等的影响指标设为定性指标，由专家采用语言类模糊数对其进行赋值，具体赋值如表 3-28 所示。

表 3-28 对沿线企业、事业单位等的影响指标的专家赋值标准

评价等级	小	较小	一般	较大	大
量化值	(0, 0.1, 0.2)	(0.2, 0.3, 0.4)	(0.4, 0.5, 0.6)	(0.6, 0.7, 0.8)	(0.8, 0.9, 1.0)

10. 对军事区或军事设施的影响

在复杂的自然条件和人文地理环境下，铁路线路不可避免地要与军事区安全范围发生冲突。可能受铁路线路影响的军事设施包括国防军用光缆、军用测控点、地下军用通道、防空洞、营房、弹药库、打靶场、雷达站、军用机场等。当线路遇军事设施时，应以绕避为主，使线位远离其影响范围，避免对其造成干扰。如果受技术标准控制，线路绕避个别军事设施困难，应通过建设单位，以函件或会议形式与军事设施管理部门进行

充分协商，取得军事设施管理部门关于线路方案的同意书或与其签订线路走向协议，合理解决干扰问题，以免建设期间再调整线位[64]。由于军事设施具有较高的隐蔽性，选线中不易了解其具体分布情况，且基于重要军事设施的严格保密性，选线时应及时、准确地向沿线的军事部门汇报方案的具体走向，由他们判断铁路影响范围内有无军用设施，建设方案是否可行。

本书将对军事区或军事设施的影响指标设为定性指标，由专家采用语言类模糊数对其进行赋值，具体赋值如表 3-29 所示。

表 3-29　对军事区或军事设施的影响指标的专家赋值标准

评价等级	小	较小	一般	较大	大
量化值	（0, 0.1, 0.2）	（0.2, 0.3, 0.4）	（0.4, 0.5, 0.6）	（0.6, 0.7, 0.8）	（0.8, 0.9, 1.0）

11. 公路规划、水利规划等的影响

铁路线路在尽量靠近城镇和主要经济发展点的同时，又需减少对公路规划、水利规划等地方规划和其他建设项目的干扰，宜绕避高速公路规划区、机场规划区、大型工业园区、高新技术产业开发区、规划发展工业区、水利工程规划区，避免对城市功能区的切割，有条件时可考虑沿既有交通走廊选线，使线路方案既能满足铁路自身发展需要，又能符合地方发展规划和经济发展。当线路方案与地方规划相冲突时，应从技术标准、运输组织、土地利用、环境影响、工程实施难度、工程投资、运营维护、区域社会经济发展、联络线工程、城市配套工程等方面进行多方面考虑，统筹比较各方案的利弊，尽量兼顾各方利益。军事区规划、重大的输变电工程规划、重大的油气管路和油库规划等对建设方案影响也较大，比选过程中需要综合考虑。

本书将公路规划、水利规划等的影响指标设为定性指标，由专家采用语言类模糊数对其进行赋值，具体赋值如表 3-30 所示。

表 3-30　公路规划、水利规划等的影响指标的专家赋值标准

评价等级	小	较小	一般	较大	大
量化值	（0, 0.1, 0.2）	（0.2, 0.3, 0.4）	（0.4, 0.5, 0.6）	（0.6, 0.7, 0.8）	（0.8, 0.9, 1.0）

12. 地方政府（相关部门）的意见

随着全国铁路的大规模建设，地方政府不仅在投资上占有的比例逐渐扩大，其话语权也越来越重，原来铁路部门独自做主的时代已经过去，缺少地方政府在征地、拆迁及各项审批环节中的支持，铁路建设工作将极难开展。作为带状建筑物，铁路涉及面广，经过的经济据点众多，在铁路选线和建设方案研究中，存在线路规划与地方城镇规划相干扰的现象，从而影响方案的稳定性。地方政府往往仅从本地区利益的角度考虑，无法与铁路全线的意见相协调，两者之间存在一定的冲突，从而加大了选线和建设方案选择的难度，尤其在经济发达地区，铁路选线难度更大。作为铁路建设龙头的选线设计工作，应引起足够的重视[65]。但线路方案及站点选择中应注意不能完全盲目听从地方政府的意见，由于政府各届主管领导不可能在所有事情上都有一致的想法，如果设计院该做的工作没有做细，因铁路建设及设计周期较长，如果遇到下届领导对站位有不同的想法，极有可能引起大范围的改线，不但影响全线的建设工期，而且对已经进行的勘察设计工作造成极大的浪费。因此，在选择过程中不应盲目听从地方政府的意见，应在充分进行方案比选的基础上，依据翔实的资料坚持实事求是的原则。

同时，铁路建设还会涉及铁路局、环保部门、文物部门、水利部门、土地管理部门等众多部门，这些相关部门的意见对铁路项目的顺利实施和成功运营都会产生重要的影响。因此，在前期工作中，如何处理好与地方政府和相关部门的关系，协调好他们对于线路走向、站点设置的意见与铁路全线建设之间的矛盾显得尤为重要，这将直接关系到铁路建设的推进速度及后期开展情况的顺利程度[66]。

本书将地方政府（相关部门）的意见指标设为定性指标，由专家采用语言类模糊数对其进行赋值，具体赋值如表 3-31 所示。

表 3-31　地方政府（相关部门）的意见指标的专家赋值标准

评价等级	差	较差	一般	较好	好
量化值	（0, 0.1, 0.2）	（0.2, 0.3, 0.4）	（0.4, 0.5, 0.6）	（0.6, 0.7, 0.8）	（0.8, 0.9, 1.0）

3.5　本章小结

铁路建设方案综合评价和比选是一个复杂的系统工程，首先需要解决的技术关键是提出方案评价指标，以构建评价指标体系，但由于该方面理论仍处于探索阶段，目前还没有统一的构建标准。本章首先总结了目前常用的指标选取和分类的理论与方法；然后提出了定性和定量相结合、可操作性、实用性等铁路建设方案评价指标体系选取的基本原则；接着利用层次分析法的建模思路，构建了基于全寿命周期的铁路建设方案综合评价总指标体系；最后对评价子指标的内涵、计算方法、重要性等进行了分析和说明。

第4章　基于分类原理的铁路建设方案全寿命周期综合评价指标体系

在铁路项目前期工作和进行勘察设计的各个过程中，虽然都有不同性质、不同规模的方案存在，但线路走向方案、接轨方案和速度目标值方案无疑是其中最重要、影响范围也最广的建设方案。本章将根据线路走向方案、接轨方案和速度目标值方案在综合评价和比选过程中的实际影响因素及其差异化属性特征，在铁路建设方案全寿命周期评价总指标体系中选择相应的指标，分别构建与它们相匹配的不同类型的综合评价指标体系。通过对具体的建设方案类型开展针对性的研究，以减少操作的难度，提高指标体系的实用性。

4.1　指标体系模式

线路走向方案和接轨方案的比选过程复杂、操作难度大、专业技术性强，对综合评价指标的要求高。

（1）影响线路走向方案和接轨方案选择的因素繁多，如铁路的政治、经济、国防意义及其在路网中的作用，运输需求与所承担的客货运量及其性质，所采用的铁路主要技术标准及与邻线标准的协调，经行地区的地形、工程地质等自然条件，沿线城镇、工矿企业、交通、通信和水利建设等相关部门的分布及规划协调等，这些因素都直接关系到铁路建设的意义、功能及目标。

（2）建设方案类型不同，影响其选择的因素就不同，方案比选时所考虑的评价指标也不同，需要有针对性地建立评价指标体系。例如，对于重大走向方案，比选时往往更侧重于评价带动地区经济社会发展、完善铁路网规划等因素；对于接轨方案，就需要注重对接轨站的运输管理条件、运输效率等因素的比较。

（3）即使同一种建设方案，但在不同的实际工程状况下进行评价，所选择的评价指标也有很大差异。例如，对于线路走向方案，在环境敏感地区，需要注重对生态环境影响方面指标的选择和比较；在工程地质复杂的地区，又要偏重于评价不良地质条件及对工程影响等指标因素。

如果实际工作中每次方案决策时都让所有指标参与比较，无疑会大大增加专家的工作量，也会产生很多的无用功，造成时间、金钱和人力的浪费。因此，针对线路走向方案和接轨方案，本书提出采用“固定指标+灵活指标”的评价指标体系模式。其中，固定指标由10个子指标组成，是利用成贵线、成兰线、云桂线、沪昆线等多条铁路的预可行性研究和可行性研究报告中关于建设方案比选的实际案例，通过统计其中比选指标的出现次数，将技术、经济、环境和社会类系统中出现次数靠前的指标提炼出来而构成的；

灵活指标是针对不同工程状况，专家可以在线路走向方案指标体系库或接轨方案指标体系库中进行灵活选择的指标，最多可选择 5 个。因此，将接轨方案或线路走向方案的综合评价指标缩减到 15 个，这样既保证了大部分指标的通用性，又实现了灵活选择专有类指标以适用于不同类型工程的特殊情况，可进一步提高基于全寿命周期的建设方案综合评价指标体系的实用性和可操作性。

4.2　线路走向方案全寿命周期综合评价指标体系

选定铁路线路的基本走向是铁路选线设计中最根本的问题。线路走向是否合理，不仅直接关系到铁路本身的工程投资和运输效率，还会影响到新线在铁路网中所发挥的作用，即是否满足国家的政治、经济、国防的要求和长远利益。一般情况下，新建干线的走向已在铁路建设的长远规划中根据路网作用有了初步轮廓。然而，基于我国社会经济的不断发展，工矿资源的不断发现和开发，国家对铁路建设不断提出新的要求，线路具体的走向仍要结合线路意义及其在路网中的作用、政治经济据点、客货流方向、主要技术标准、自然条件等因素，通过方案综合评价和比选，认真研究确定，如图 4-1 所示。

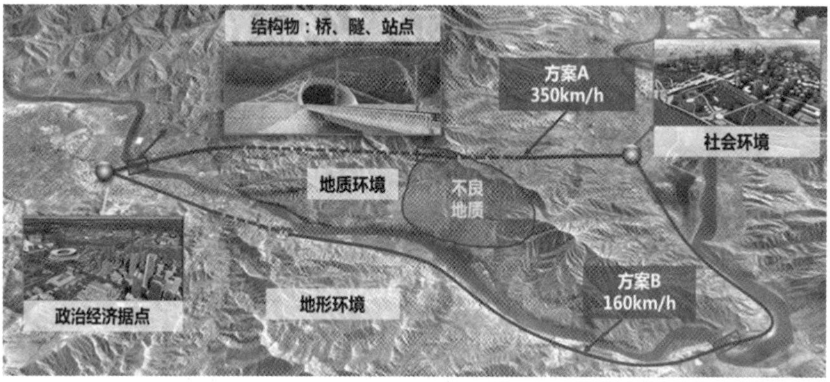

图 4-1　线路走向方案综合比选示意图

4.2.1　影响线路走向方案选择的主要指标因素

影响线路走向方案选择的主要因素大致可归纳为以下几个。

1. *政治经济据点*

大中型城市、军事政治重镇等政治经济控制点是线路走向选择的关键因素。铁路作为大型的公共交通基础设施，在选线过程中要符合国家政治、经济战略，坚持以带动地区经济发展为根本，尽可能多经过政治经济据点，靠近重要城镇，以为地方服务，方便居民出行。同时，如果增加了经过的政治经济据点数量，也会促进铁路本身客货运量的增长，在投资增加不多的情况下，铁路自身的经济效益也能得到进一步提高。线路经过不同地区，对该地区经济发展有不同的影响，对此应作为方案比选的重要条件，选择线路走向时，必须优先考虑通过重要的政治经济控制点。

2. 地区规划及客货运输需求

铁路线路的走向应尽量靠近城镇和工矿区，以满足当地客货运输需要，在此基础上还应力求顺直，争取客货流的直通运输，减少折角运输和迂回运输等不合理的运输，以缩短直通客货运输距离和时间。走向的选择还应与路网规划及行经地区其他建设项目协调配合。随着我国经济不断发展，城市化进程正在逐渐加快，各地已从原来粗放式的发展过程逐渐转变，很多城市在根据自身的发展方向制定相应的城市建设规划，甚至部分乡镇也有很多规划政策。这就要求铁路选线过程中应充分了解地方规划发展及工业布局情况，一是可避免铁路建设与地方规划发生冲突，减少后续的协调工作；二是可减少不同项目重复建设造成的浪费；三是可使站点设置与城市既有老城区及规划的新城区很好地结合。

3. 工程地质条件

地质条件决定了铁路工程的难易程度和运营质量，对线路走向的选择也有直接影响。在选线阶段，应坚持采用地质选线的原则，即坚持线路应绕避全新活动断裂或在断裂较窄处以大交角通过、重点工程必须置于“安全岛”内和绕避不良地质地段三大原则，选择经济合理、地质条件好的线路方案，避免线路通过严重地质不良地段并防止发生严重工程地质病害，以规避重大工程风险，确保铁路工程建设技术可行，安全可靠。方案比选时，宜首先考虑绕避严重不良地质地区、高烈度地震区和高大山岭、困难峡谷地区的线路方案，当难以完全绕避时，应结合线路长度、工程量、运营费和运输效率等因素，根据具体情况，结合线路走向要求，进行综合比较。

4. 自然环境

铁路的建设和运营将占用或破坏土地，不可避免地使沿线地区的自然环境和资源受到影响，引起水土流失、植被破坏、改变生态平衡等环境问题。在新形势下，建设一流的铁路不仅要求有一流的工程质量、一流的行车速度，同时也要求实现铁路建设与自然环境高度的和谐与统一。贯彻环境选线原则，实现铁路建设与环境保护的协调发展，是选定铁路线路走向的关键环节之一。

5. 主要技术标准和施工条件

主要技术标准与线路方案的选择有非常密切的关系，在一定程度上影响着线路的走向。例如，运量大、限制坡度小的Ⅰ、Ⅱ级铁路，就要尽量选择地形平缓的低垭口通过；而运量小、限制坡度大的Ⅲ级铁路，则能克服较大的拔起高度，可跨越较高的分水岭。因此，线路走向方案的选择还应考虑主要技术标准因素。

除此之外，工程实施难易程度、拆迁工作量、对资源的开发等因素对铁路走向选择也具有重大影响，有时甚至成为决定性的因素。由于铁路线路走向涉及面广、技术复杂，上述各项因素相互影响，线路方案可能存在许多不稳定因素，在选线时要整体考虑，正确处理线路与桥涵、隧道、车站和道口等设施的相互依存关系及整体与局部的协调配套关系，做好综合评价和比选工作，才能得到较理想的线路走向方案，避免决策失误导致的巨大经济损失。

4.2.2　综合评价指标体系

新建铁路线路走向方案的影响因素众多，既要符合国家战略和国民经济发展需要，又要符合铁路网规划布局并与沿线地方建设规划紧密联系，以便充分实现铁路交通建设应有的经济与社会效益。线路走向方案评价指标的选择需要根据工程、技术、经济、环境、政治、社会等各方面因素分析研究，实现铁路运输能力、工程投资、运营支出及对社会影响等方面的有机结合，力求社会、环境和铁路企业综合效益的最大化。基于表 3-4 的总指标体系和本节前面的分析，建立如表 4-1 所示的由 3 个阶段、4 个宏观目标、8 个中观目标，共 42 个微观目标（子指标）组成的铁路线路走向方案全寿命周期综合评价指标体系。其中，固定指标由 10 个子指标组成（表 4-2），灵活指标可从表 4-1 中选择 5 个子指标。

表 4-1　铁路线路走向方案全寿命周期综合评价指标体系

宏观目标层	中观目标层	微观目标层	阶段	指标类型
技术可行性	线路条件	线路长度	决策设计	定量
		最小曲线半径	决策设计	定量
		桥隧比	决策设计	定量
		最大坡度（限制坡度）	决策设计	定量
		特大工程（特大桥、特长隧道）总长	决策设计	定量
		压覆矿产量	决策设计	定量
		设站条件	全寿命周期	定性
		接轨站的接轨条件	全寿命周期	定性
	工程条件	土石方工程量	决策设计	定量
		征地量	决策设计	定量
		拆迁建筑物量	决策设计	定量
		施工工期	建设	定量
		工程施工、实施难度	建设	定性
	运营（运输）条件	通过能力/能力利用率/能力适应	决策设计	定量
		输送能力	决策设计	定量
		旅行时间	运营维护	定量
		旅行速度	运营维护	定量
		客、货运量（客、货流密度）	决策设计	定量
经济合理性	工程经济	工程投资费	决策设计	定量
		年运营费	运营维护	定量
		换算工程运营费	决策设计	定量
		财务内部收益率	决策设计	定量

续表

宏观目标层	中观目标层	微观目标层	阶段	指标类型
环境影响	自然、文化等环境影响	噪声影响	全寿命周期	定性
		对草地、树木、大气等自然生态环境的影响	全寿命周期	定性
		对历史文化遗迹的影响	全寿命周期	定性
		对自然保护区、风景旅游区的影响	全寿命周期	定性
		水库、大坝、湖泊等水资源与工程的相互影响（包括饮用水源）	全寿命周期	定性
	地质地形条件	地形条件的影响	全寿命周期	定性
		不良地质条件、特殊岩土的影响	全寿命周期	定性
		水文地质条件的影响	全寿命周期	定性
		气象条件的影响	全寿命周期	定性
		施工和运营风险	全寿命周期	定性
社会效益和影响	社会效益	带动周边地区经济发展的能力	全寿命周期	定性
		对旅游、矿产等资源开发的作用	运营维护	定性
		吸引客、货流的能力	运营维护	定性
		旅客出行和货物集散便捷性	运营维护	定性
		改善路网（枢纽）布局的作用	决策设计	定性
	社会影响	与城市、地方规划建设的协调、符合程度	决策设计	定性
		对既有线或其他交通的影响	全寿命周期	定性
		对沿线企业、事业单位等的影响	决策设计	定性
		对军事区或军事设施的影响	决策设计	定性
		地方政府（相关部门）的意见	全寿命周期	定性

表 4-2　铁路线路走向方案全寿命周期综合评价固定指标

序号	指标名	阶段	指标类型
1	线路长度	决策设计	定量
2	工程投资费	决策设计	定量
3	土石方工程量	决策设计	定量
4	工程施工、实施难度	建设	定性
5	地方政府（相关部门）的意见	全寿命周期	定性
6	对自然保护区、风景旅游区的影响	全寿命周期	定性
7	不良地质条件、特殊岩土的影响	全寿命周期	定性
8	带动周边地区经济发展的能力	全寿命周期	定性
9	吸引客、货流的能力	运营维护	定性
10	与城市、地方规划建设的协调、符合程度	决策设计	定性

4.3　接轨方案全寿命周期综合评价指标体系

4.3.1　接轨方式

新建铁路与既有线接轨方案的选择是影响线路局部走向的重要因素，关系到路网规划、运输效率、工程投资等一系列主要问题。接轨方案与线路走向相互影响，方案比选时要综合考虑。通常情况下，新建铁路与已建或在建铁路接轨的方式主要有三种[67]：既有站接轨、枢纽内新建车站接轨、区间岔线接轨，如图 4-2 所示。

图 4-2　云桂铁路接轨图

1. 既有站接轨

在新线与既有线接轨的地区，如果既有站的站场条件、车站规模、车站设备、车站运输组织模式等能够满足新线的走向、技术标准等接轨条件，就可让新线直接在既有站接轨，形成综合枢纽。但在既有站接轨会对既有站的客货运输和运输组织等产生很大影响，因此接轨站必须满足能力的要求，保证客货运输的畅通。同时，新建线路的引入也必然对其他交通设施及城市规划产生影响，采用既有站接轨还要在保证满足能力、方便旅客出行和货物运输的基础上，尽可能减小接轨对枢纽内其他交通运输方式的影响。新线在既有站接轨可以充分利用车站现有资源、改建工程小、施工作业难度小、工程投资低，且不会对城市规划产生较大的影响，是目前新建铁路最主要的接轨方式。

2. 枢纽内新建车站接轨

如果在枢纽内没有满足接轨条件的既有站，或者需要通过新线的引入形成新的城市经济发展区，可考虑在枢纽内新建接轨站，并与既有站通过联络线连接形成新的综合枢纽。枢纽内新建车站接轨的方式不会对既有站的客货运输产生干扰，因此其具有运输组织灵活性大的特点，能够满足枢纽内有大量客货运输需求的情况。但这种接轨方式由于需要新建接轨站，缺点也比较明显，如工程量大、投资高、对既有资源的利用少、对城市规划布局的影响大等，主要适用于枢纽内既有站能力基本饱和，且枢纽内潜在客货运量较大的情况。

3. 区间岔线接轨

如果枢纽内既有站或新建车站都无法满足新线接轨条件，可以考虑在接近枢纽的区间内利用岔线的方式接轨。区间岔线接轨对枢纽内的既有站正常客货运输作业的干扰小，改建工程量少，投资较低，但这种接轨方式会影响出岔线路列车的正常运行，在接轨端形成交叉干扰。因此，区间岔线接轨主要是在出岔区间富余能力较大、满足出岔接轨条件的情况下使用，这样可使区间线路富余部分通过能力得到充分使用，提高线路利用率。

4.3.2　影响接轨方案选择的主要指标因素

新建铁路只有与既有线接轨后才能与整个路网相通，尤其对于干线铁路来说，接轨点和接轨方案的选择直接牵涉到路网的布局是否合理、客货流向是否顺畅、工程是否可行等，因此在选线设计中首先要选好接轨点。总的来说，采用上述三种接轨方式，接轨方案的选择都应结合线路走向的选择，考虑其在路网（枢纽）中的作用和匹配关系、客货流向、客货运输设施布局、接轨站的条件、工程费和运营费的大小等条件，分阶段进行。影响接轨方案选择的主要因素有以下几个。

1. 路网规划及枢纽布局

在接轨方案研究时，应结合已有的路网规划，使拟建线与规划线和已建线衔接好，既要使路网客货流向顺畅，又要避免拟建线路引入产生太大的废弃工程。有时会在设计过程中出现新规划项目的情况，应根据新的规划进行调整。接轨站选择也要与城市规划特别是交通规划相结合，在适应和满足城市功能布局、交通网络及城市景观等方面要求的前提下，铁路客运接轨站应深入城市中心，充分发挥铁路运营全天候、准时、方便的服务功能，货运接轨站应尽量靠近工业区，满足货物运输需求。接轨方案的选择还要考虑枢纽的整体规划和布局，满足现代枢纽客货分离、各种交通方式之间无缝衔接、零距离换乘、城市交通运输效率高的现代综合交通运输体系的需要。

2. 线路走向

一般而言，不同的线路走向决定着接轨方案的选择，而接轨站的位置、接轨方式等也会对线路局部走向产生影响。因此，接轨方案的选择也应结合线路具体走向，相互比较、综合决策。

3. 客货流分布

接轨方案选择过程中，应兼顾带动地方经济发展和提高铁路经济效益的双重目标，尽可能多地经过政治经济据点，靠近城市，沿着主要客货流方向，保持与客货流产生的主要城镇、工农业基地、水陆联运点、原材料产地与消费地区的畅通和顺直。选择接轨站及从接轨站的哪一端引出或引入都应考虑客货流向是否顺畅，如果接轨站客货运量有多个流向，应使多数的客货流向顺畅，从而减少折角运输，缩短运营长度，节省运输成本，提高运输效率。有时会遇到两个（或多个）方向运量都较大，为减少折角运输，可设置联络线解决其他方向的运输问题。

4. 既有站的接轨条件

一般选择利用枢纽内的既有站作为接轨站，这样可利用既有设备和资源，减少列车编组作业设备和机务设备的投资，又可改善运营管理条件。接轨方案的选择应充分分析既有站是否具有接轨条件，考察既有站是否预留设计线接轨条件；接轨后是否能利用既有列车编组作业设备和机务设备等；既有站的货场、专用线的改扩建工程量及工程难易程度；是否干扰既有站的客货作业和既有线的运输；等等。接轨站的选择还应注意与既有线的交叉干扰问题，若直接与重要车站、大站接轨，则可能引起既有站大量的改造工程，如咽喉区的大量调整等，特别是对于运输繁忙的干线，应尽量减少施工干扰，如果在既有线上方新建线路，还应考虑安全防护措施。

5. 工程合理性

接轨方案应综合考虑接轨站的工程和引线的工程，不能片面地看某一方面。一般的接轨站都选在重要车站的前方站或后方站，这样既可使客货流顺畅，又可充分利用重要车站的客货运设施，从而减少接轨站的改造工程量。

4.3.3　综合评价指标体系

新建铁路接轨方案综合评价指标体系是铁路选线设计中进行不同接轨方案选择的基础，是经过全面综合分析后，按照隶属关系有机结合在一起，全面反映接轨方案各影响因素相互关系的集合体。基于表 3-4 的总指标体系和本节前面的分析，建立如表 4-3 所示的由 3 个阶段、4 个宏观目标、8 个中观目标，共 38 个微观目标（子指标）组成的接轨方案全寿命周期综合评价指标体系。其中，固定指标由 10 个子指标组成（表 4-4），灵活指标可从表 4-3 中选择 5 个子指标。

表 4-3　铁路接轨方案全寿命周期综合评价指标体系表

宏观目标层	中观目标层	微观目标层	阶段	指标类型
技术可行性	线路条件	桥隧比	决策设计	定量
		最小曲线半径	决策设计	定量
		线路长度	决策设计	定量
		接轨站的接轨条件	全寿命周期	定性
		设站条件	全寿命周期	定性

续表

宏观目标层	中观目标层	微观目标层	阶段	指标类型
技术可行性	工程条件	土石方工程量	决策设计	定量
		征地量	决策设计	定量
		拆迁建筑物量	决策设计	定量
		工程施工、实施难度	建设	定性
		施工工期	建设	定量
	运营（运输）条件	对既有设备、设施、资源的利用	运营维护	定性
		旅行时间	运营维护	定量
		旅行速度	运营维护	定量
		通过能力	决策设计	定量
		客、货运量（客、货流密度）	决策设计	定量
		运输管理条件	运营维护	定性
		疏解、联络条件	决策设计	定性
		运输效率	运营维护	定性
经济合理性	工程经济	工程投资费	决策设计	定量
		年运营费	运营维护	定量
		财务内部收益率	决策设计	定量
		换算工程运营费	决策设计	定量
环境影响	自然、文化等环境影响	噪声影响	全寿命周期	定性
		对历史文化遗迹的影响	全寿命周期	定性
		对自然保护区、风景旅游区的影响	全寿命周期	定性
		对草地、树木、大气等自然生态环境的影响	全寿命周期	定性
	地质地形条件	地形条件的影响	决策设计	定性
		施工和运营风险	全寿命周期	定性
		水文地质条件的影响	全寿命周期	定性
		不良地质条件、特殊岩土的影响	全寿命周期	定性
社会效益和影响	社会效益	旅客出行和货物集散便捷性	运营维护	定性
		吸引客、货流的能力	运营维护	定性
		带动周边地区经济发展的能力	全寿命周期	定性
		改善路网（枢纽）布局的作用	决策设计	定性
	社会影响	与城市、地方规划建设的协调、符合程度	全寿命周期	定性
		对既有线或其他交通的影响	全寿命周期	定性
		对城市的干扰（环境、居民生活、城市的切割等）	全寿命周期	定性
		地方政府（相关部门）的意见	全寿命周期	定性

表 4-4 铁路接轨方案全寿命周期综合评价固定指标

序号	指标名	阶段	指标类型
1	线路长度	决策设计	定量
2	工程投资费	决策设计	定量
3	拆迁建筑物量	决策设计	定量
4	旅行时间	运营维护	定量
5	运输效率	运营维护	定性
6	接轨站的接轨条件	全寿命周期	定性
7	旅客出行和货物集散便捷性	运营维护	定性
8	与城市、地方规划建设的协调、符合程度	决策设计	定性
9	对自然保护区、风景旅游区的影响	全寿命周期	定性
10	不良地质条件、特殊岩土的影响	全寿命周期	定性

4.4 速度目标值方案全寿命周期综合评价指标体系

速度目标值是铁路的核心技术指标，是展现铁路系统技术水平的最主要标志，是高速铁路总体设计的决定性参数，也是各修建高速铁路国家竞相追求的目标。新建铁路速度目标值的选定，既要具有一定的先进性，又要技术上可行；既要着眼于长远发展，又要经济上合理；更要考虑到发挥铁路在我国综合交通运输体系中的骨干作用，符合我国国情、路情及其他各种相关因素。

4.4.1 速度目标值的含义

铁路速度目标值有以下三个含义[68]。

（1）基础设施设计速度，即土建工程设计速度。铁路桥梁、隧道、路基等土建工程一经建成几乎无法改变，若基础设施设计速度目标值定得过低，势必影响铁路未来发展。因此，对基础设施设计速度通常按远期移动设备能够达到的速度考虑，并且留有一定富余量，以满足能够进一步提速的条件。

（2）移动设备最高速度，即铁路的机车、动车组设计速度。结合国内外机车、动车组技术发展水平，我国铁路动车组外购和自行研制等不同技术路线，以及促进国内机车、动车组制造工业发展等因素综合确定。该目标值应随机车、动车组的更新换代而不断提高，如我国新运营的复兴号 CR400 系列动车组标准速度为 350km/h，最高速度可达 400km/h。

（3）商业运营速度，即铁路建成后实际运营的速度，也是本书研究的铁路速度目标值。它主要受土建设计速度和动车组设计速度的共同制约，同时考虑旅客承受能力、与其他运输方式的竞争，以及经济效益等因素，随着经济社会的发展存在不同的收益边际。以京沪高速铁路为例，土建设计速度为 380km/h，CRH-380 动车组的设计速度也达到 380km/h 的速度等级，商业运营速度则采用 300km/h 的速度等级。

4.4.2　速度目标值选择的影响因素

影响铁路速度目标值选择的因素众多，从规划决策的角度来看，主要包括项目功能定位、路网的匹配性、主要技术标准、客货运量、市场竞争力、旅行时间、工程投资、运输效益等[69]。

1. 项目功能定位

铁路的速度目标值与其功能定位密切相关。新建铁路是客货共线铁路、货运专线铁路还是客运专线铁路，是普速铁路、高速铁路还是城际铁路等不同的功能定位，以及其在路网中的地位和作用，决定了该铁路的速度目标值。例如，目前货运专线铁路的速度目标值一般在 160km/h 以下，客货共性铁路的速度目标值一般在 160～200km/h，客运专线铁路的速度目标值都在 200km/h 以上，可以达到 350km/h 或 400km/h。

2. 路网的匹配性

中国铁路的规划和建设具有显著的网络特性。每条铁路干线的建设都将会连通到其他已运营或在建的铁路，是整个铁路网的组成部分，以提高路网的通达性，实现网络化运营。因此，铁路速度目标值的选择要考虑到与其相邻线路的速度目标值等主要技术标准的协调和匹配性问题，以确保整个路网中各条铁路的连通性和技术兼容性，提高客货运输效率，更好地发挥铁路的网络效益。

3. 主要技术标准

影响铁路速度目标值选择的主要技术标准主要有最小曲线半径、牵引质量和限制坡度等。其中，曲线半径是实现高速度目标的关键限制性因素之一，列车在通过小半径曲线地段时需要限制运行速度，以防止车辆发生脱轨甚至倾覆等安全事故。线路平面曲线和相应的缓和曲线都有规定的速度目标值，但是山区地形艰险、地质条件复杂，为了更好地适应地形、减少桥隧工程、控制造价，山区铁路的曲线半径普遍较小，因此山区铁路的旅行速度通常不高。牵引质量是影响客货共线铁路速度目标值选择的重要因素，在同一平纵断面上，通常牵引质量大的列车的运行速度比牵引质量小的列车要高。限制坡度也是铁路速度目标值选择的制约因素之一，在同一平面上以同样的牵引质量和牵引动力在不同的限制坡道上牵引列车，限制坡度大的线路上的列车运行速度较低。但在高速铁路快速发展的今天，动车组的爬坡能力更强，坡度基本上不对高速铁路的速度目标值产生影响。

4. 客、货运量

铁路建设的基本任务就是完成旅客和货物的运输。反过来，随着我国社会经济的发展和人民物质文化生活水平的提高，旅客和货物对时间价值的重视程度越来越高，旅客不仅追求经济、安全、便捷的交通出行方式，还强调快速性和准时性，这也就促进了铁路不断向高速化方向发展。铁路的高速化可以节省旅行时间，吸引更多的客、货流，增加运营收入；但随着运行速度的提高，相应的铁路建设标准也会提高，将增加铁路的建设和运营成本，提高票价率水平，这些因素又会反过来限制客货运量的增长。

5. 市场竞争力

相对于公路、飞机等其他交通运输方式，铁路具有价格低廉、客货运输能力大、安全性高等特点，但公路灵活性更高，飞机速度更快。因此，铁路要进一步提高综合交通竞争力，需要不断向高速化发展，缩短旅客和货物的在途时间，不断提高中、长途客货运输市场的竞争优势。铁路速度目标值的选择需要考虑到与公路、飞机等其他交通运输方式的竞争关系，力争用最合理的运行速度获得最佳的竞争力。

6. 旅行时间

旅行时间是铁路，尤其是高速铁路的核心竞争力。高速铁路的速度目标值直接决定了旅客的旅行时间，在相同运输距离的条件下，速度目标值为 350km/h 的高速铁路的平均旅行时间比速度目标值为 250km/h 的高速铁路大约能节省 28%。从旅客舒适度角度来看，运输距离越长，节省旅行时间越多，舒适度提升效果越显著。按平均旅行速度为最高速度目标值的 80%计算，当运输距离为 100km 时，速度目标值为 350km/h 的高速铁路的旅行时间比速度目标值为 250km/h 的高速铁路仅节省 9min；当运输距离为 1500km 时，节省旅行时间超过 2h。不同运输距离的平均旅行时间比较如表 4-5 所示。

表 4-5　不同运输距离的平均旅行时间比较

速度目标值 /（km/h）	平均旅行速度 /（km/h）	不同运输距离的平均旅行时间/h			
		100km	500km	1000km	1500km
350	280	0.36	1.80	3.60	5.40
250	200	0.50	2.50	5.00	7.50
旅行时间差值		0.14	0.70	1.40	2.10

7. 工程投资

铁路速度目标值对工程投资的影响最明显。随着速度目标值的增大，对铁路的安全性、可靠性、舒适度等方面的要求就会相应提高，需要更高的建设技术标准，对线路、桥梁、隧道等工程的设计和修建技术的要求也更严格，从而增加土建工程投资和机车、车辆购置等费用。以高速铁路为例，据统计，速度目标值为 350km/h 的高速铁路的工程投资规模比速度目标值为 250km/h 的高速铁路增加 10%左右，两种速度目标值的高速动车组购置费用差距也较大，时速 350km 等级动车组的平均价格约为 1.9 亿元/标组，比时速 250km 等级动车组的平均价格（1.3 亿元/标组）增加了 46%。

8. 运输效益

运输效益包括铁路运营后的直接经济收入和间接社会效益。能否获得长期稳定的运输收入是保证铁路正常运营和可持续发展的前提条件，也是铁路速度目标值选择的重要影响指标。但据统计，截至 2015 年，我国只有京沪、沪宁、沪杭、京津等 6 条东部沿海高速铁路线路实现盈利，而中西部现有高速铁路的盈利情况和未来建设的高速铁路盈利前景都不太乐观。尽管如此，国家依然在《中长期铁路网规划（2030）》中提出建设“八纵八横”的高速铁路网，并重点提出发展中西部高速铁路，原因就在于选择合理铁路速度目标值，实现铁路不断高速化的目标，既要考虑运输效益，更要考虑铁路的公益性，如拉动沿线经济发展、促进社会公平、实施国家战略等。

4.4.3　综合评价指标体系

影响铁路速度目标值选择的各项因素并不是孤立存在的，它们相互之间存在着紧密的联系，要正确选择铁路速度目标值，必须详细梳理这些影响因素间的相互关系，对不同的速度目标值开展多因素、多方案的综合评价和比选。为此，本书从适应性、技术标准、运营（运输）条件、工程经济四个方面，选择了 15 个指标，构建铁路速度目标值方案全寿命周期综合评价指标体系，如表 4-6 所示。

表 4-6　铁路速度目标值方案全寿命周期综合评价指标体系

中观目标层	微观目标层	阶段	指标类型
适应性	与功能定位的匹配程度	决策设计	定性
	与时间目标值的适应性	决策设计	定性
	与相邻路网的协调性	决策设计	定性
	市场适应和竞争能力	决策设计	定性
技术标准	最小曲线半径	决策设计	定量
	限制坡度（最大坡度）	决策设计	定量
	牵引质量	决策设计	定量
运营（运输）条件	旅行时间	运营维护	定量
	旅行速度	运营维护	定量
	投资节时比	决策设计	定量
	客、货运量（客、货流密度）	决策设计	定量
	通过能力/能力利用率/能力适应	决策设计	定量
工程经济	工程投资费	决策设计	定量
	年运营费	运营维护	定量
	财务内部收益率	决策设计	定量

4.5 本章小结

铁路建设方案的类型很多，目前还难以归纳出全部方案的评价指标因素。本章根据线路走向方案、接轨方案和速度目标值方案的差别及其在方案综合评价和比选时的实际需要，在铁路建设方案综合评价总指标体系中选择相应的指标，分别构建了与上述三类建设方案相匹配的全寿命周期综合评价指标体系。该指标体系建立的方法和原理也可为其他建设方案评价指标的选取和指标体系的构建提供基本框架，而且许多常用的指标也可通用，只需增加一些反映不同类型方案专有性质的指标即可。

第 5 章　基于情景分析的铁路线路走向方案全寿命周期综合评价指标体系

铁路建设方案综合评价是一个需要考虑众多指标因素的复杂多目标决策问题，尤其是对于线路走向方案，既有线路条件、土石方工程量、工程投资费等定量指标，又涉及建设环境条件、对沿线周边产生的政治经济意义等难以直接量化的定性指标。通常，重大宏观走向方案会同时受到地形、地质、环境、社会经济等多种控制性因素的制约，综合评价和比选时需要兼顾它们的影响。但对一些线路局部走向方案而言，可能仅受其中某一方面因素的控制，此时的方案比选就需要有侧重点地分析该控制性因素的影响，再结合其他次要因素进行综合比较，而不需要笼统地把所有类型的指标都放到评价过程中。例如，经过环境敏感地区的线路走向方案，可重点针对生态环境影响指标的分析，再结合少量的技术、经济等其他指标综合比较即可。为此，本章通过归纳总结目前影响铁路线路走向方案的主要控制性因素，设计政治经济据点、工程地质条件等 8 类不同情景，分析不同情景对线路方案走向产生的影响，并在此基础上提出相应的方案综合评价固定指标。

5.1　偏重于政治经济据点的铁路线路走向方案

铁路在国民经济发展中具有不可或缺的基础性地位与作用，具有重要的社会效益属性，是国家战略和社会经济发展的重要组成部分，是国家重要的基础设施，可以有效支撑经济增长，并促进政治和社会进步。我国交通运输业的不断发展，也无形中决定着政治经济发展的趋势和方向。作为人口与资源众多的经济大国，铁路运输的发展有着巨大的空间和价值，将这些有利的条件集中起来，充分发挥其特殊功能，必将为推动我国各个地区的社会和谐进步和经济持续增长做出巨大的贡献，从而保障整个国家的政治、经济和社会稳定，协调、健康、持续地发展，如图 5-1 所示。铁路对社会政治经济发展的意义也就决定了政治经济据点在铁路选线设计和线路走向方案评价过程中的重要作用。

5.1.1　铁路在经济社会发展中的特殊作用

我国幅员辽阔、内陆深广、人口众多，资源分布及工业布局不平衡，客货运输需求旺盛，使铁路在国家经济社会发展中具有难以替代的重要作用，成为构建完善的综合交通运输体系的关键环节。同时，铁路运输在各种运输方式中的优势突出，对维护国家统一和社会安定、保障国民经济正常运行、建立合理的产业结构也具有重要的作用。铁路运输在经济社会发展中的特殊作用可以概括为以下几点[70]。

图 5-1　沪昆高铁经过重要经济据点

（1）铁路是实现国民经济持续、协调发展的重要保障。铁路建设涉及交通运输、建筑、水利水电、信息产业、机械机电等多个行业，以及国家发展和改革委员会、住房和城乡建设部、生态环境部等多个部门，并且以其运输距离长、运量大、节点式运输等特点，突破空间地域的限制，将整个国家不同地区、不同民族和不同文化的生产力与不同行业、不同部门的生产要素连接起来，实现人员、信息、技术和知识的交流，是连接全国不同地区、不同行业、不同部门、不同民族、不同文化的重要纽带，促进了国民经济的协调均衡发展。

（2）铁路是实现资源优化配置和地区经济社会均衡发展的重要手段。我国东部地区经济发达、交通网络覆盖面广，但地区资源稀缺；北部和中西部地区经济发达程度较低、交通基础也相对薄弱，但各类自然资源却很丰富。由于交通基础设施覆盖面少，北部地区和中西部地区的各种资源难以运往资源稀缺的经济发达地区，而发达地区的先进技术和人才等也难以流入，造成这些地区的经济社会发展水平始终比较滞后。这种资源分布的差异和交通基础设施建设的不均衡是阻碍国家经济进一步发展的屏障。铁路以其运量大、持续性强、成本低、网络化、规模化的运输特点，成为我国中长途货物运输的主力，具有其他交通运输方式难以替代的天然优势，极大地促进了北部地区和中西部地区煤炭、石油、天然气及劳动力等资源的东输，以及东部地区技术、知识、信息等要素往北部地区和中西部地区的流动。可以说，铁路既运输了旅客和货物，也运输了各种资源，实现了资源优化配置，也为经济欠发达地区进一步发展创造了条件，促使地区间经济社会的均衡化[71]。

（3）铁路是加快我国城镇化进程的重要动力。《国家新型城镇化规划（2014—2020年）》提出，推进符合条件农业转移人口落户城镇，推进农业转移人口享有城镇基本公共服务，建立健全农业转移人口市民化推进机制，优化提升东部地区城市群，培育发展中西部地区城市群，建立城市群发展协调机制，促进各类城市协调发展，强化综合交通运输网络支撑。作为综合交通运输网络骨干的铁路运输，既具有能够实现长途高速运输的高速铁路，也有能够实现中短途快速运输的城际铁路，可以满足农业人口、城镇居民、普通劳动者、高级科研人才等不同旅客运输需求，带动人口的跨地域流动及农村和城市之间的顺畅交流，从而推进中国城镇化的进程。

5.1.2 高速铁路对社会、经济发展的作用

高速铁路是一种高速度、现代化的交通运输方式，主要完成重要的政治经济据点间旅客的输送和转移任务。在现代综合交通运输体系中，高速铁路以其舒适、安全、高效、正点率高、能源消耗低、环境影响小、运输能力大的特点，不断改变着人们的出行方式和地域的空间阻隔，其建设和运营除了具有普通铁路在带动政治经济发展方面的意义外，还会对国家工业制造水平、高科技技术创新、地区旅游业和城市商业环境等方面产生重要影响。

1）提升国家科技创新能力和工业制造水平

高速铁路的建设、运营与高速动车组的制造是目前我国乃至世界上高新科学技术的体现，是技术不断创新的成果。如高速动车组、调度集中系统、列车运行控制系统、通信信号系统、牵引供电系统、防灾安全监控系统，以及路基、桥梁、隧道和客运站等基础设施的建造等，需要采用大量的新技术、新材料、新结构和新工艺等，这些都会促进与此相关的钢材、水泥、线路配件、车辆制造、供电、信息技术等企业制造能力及水平的提升，从而促进第二产业相关部门的发展。高速铁路的快速发展，在带动自动化技术、电子技术、通信技术等高端科学技术产生、发展和应用的同时，也不断引领着相关高新技术行业的创新和制造能力的进步，促进产业的持续升级。

2）带动地区经济和社会发展

作为一种高速度、全天候、大能力的现代化交通运输工具，高速铁路通过缩短地区间、城市间及人与人之间的时空距离，促进技术、信息、人才、知识、资源的广泛流通，正改变着地区经济结构，其建设和运营的全过程都会对地区经济和社会发展产生积极且深远的影响。

（1）提升地区形象，改变投资环境。高速铁路建成运营后，缩短了经济不发达、欠发达地区与发达地区的时空距离，交通运输条件的改善可使发达地区先进的技术和信息优势不断流入，生产资料流通更加顺畅，进而促进资源配置的合理优化，改变地区落后的社会生产力，提升经济不发达或欠发达地区的区位优势，为其创造良好的投资环境和条件，改善其在投资者心目中的形象。地区形象的改变和自身矿产资源、劳动力资源及市场资源等方面的潜能优势也可以吸引大量地区外或国外的资本进入，使经济不发达或欠发达地区一夜之间变成投资者的天堂。

（2）加快城镇化进程。与普速铁路相比，高速铁路技术标准更高，最小曲线半径更大，而且由于目前城市土地昂贵、拆迁成本高等因素，高速铁路车站一般都选在离城市中心地带有一定距离、建筑密度小、闲置土地较多的地方。高速铁路的建设和运营，对城市土地利用和城市布局的引导具有重要作用，在高速铁路车站的吸引下，既有城市会逐渐向高速铁路车站方向发展，原来属于城市经济发展外围的地方将获得大量的发展机会，逐步形成新的城市经济增长极，促使非城镇人口不断向城镇转移。同时，高速铁路

还会改变车站附近的土地综合开发，周围住宿、商业、休闲等产业的出现将会带动周边地区土地的增值，也会给城市发展带来新的动力。

（3）带动旅游业发展。交通运输便捷性一直都是制约地区旅游发展的重要因素，也是旅游资源和旅游目的地开发的先决条件。例如，西藏自治区拥有我国最独特的高原生态旅游资源，但由于交通条件的限制，地区旅游人数目前还处于低水平，各种旅游资源未能得到很好的开发，西藏自治区的旅游收入还不及东部发达地区一个市的收入。高速铁路的开通运营，能很好地带动周边地区旅游业的发展。首先，在提高旅客舒适度和安全性的同时，高速铁路的开通减少了游客前往旅游目的地的在途时间，从而提高了旅游活动的可达性，缩短了沿线城市间的时空距离，更有助于新的旅游增长极的培育，并吸引大量信息流、资金流和物资流聚集，形成一条资源要素较为充沛的旅游经济走廊。其次，随着高速铁路里程的不断增加，过去难以企及的客源市场拉近了，以前由于交通不便而限制的旅游目的地将一跃成为投资热点，有可能迎来大量的中远程客源。最后，高速铁路凭借其速度快的优势，将促使两地之间旅游客流的交互，游客可以在 1～2 小时内完成不同地区的旅游、休闲、娱乐和消费，形成“高铁旅游圈”。高速铁路正通过增加沿线城市的旅游人数、提高旅游收入、改变旅游产业结构，以及对城市品牌形象、游客体验满意度等软性要素的影响，不断促进着地区旅游业的发展。

5.1.3 偏重于政治经济据点的铁路线路走向方案综合评价固定指标

铁路对国家的政治经济发展具有重要的作用，因此一条铁路的建设，首先取决于国家或地区军事、政治、经济及交通路网等宏观因素的需要，大的线路方案、走向和线路技术条件主要取决于国家战略和地方社会经济的发展，需要连接沿线重要的政治经济据点。但铁路工程建设带来的社会经济效益类型多样，目前的研究还处于起步阶段，以定性分析为主，定量化方法较少。而且由于项目前期工作中对相关指标预测时存在诸多的不确定性等问题，在进行方案的社会和经济效益评价时，常常需要依靠专家的知识和经验来处理，这很适合用专家系统的思想和方法去解决。因此，关于社会效益类指标主要由定性指标构成，这样便于利用专家对各单项子指标的定性评价结果进行方案的综合评价。从铁路线路走向方案综合评价指标体系中选择 10 个指标，作为偏重于政治经济据点的铁路线路走向方案综合评价的固定指标，如表 5-1 所示。

表 5-1 偏重于政治经济据点的铁路线路走向方案综合评价固定指标

序号	指标	阶段	指标类型
1	线路长度	决策设计	定量
2	工程投资费	决策设计	定量
3	工程施工、实施难度	建设	定性
4	带动周边地区经济发展的能力	全寿命周期	定性
5	吸引客、货流的能力	全寿命周期	定性
6	与城市、地方规划建设的协调、符合程度	决策设计	定性
7	改善路网布局的作用	决策设计	定性

续表

序号	指标	阶段	指标类型
8	不良地质条件、特殊岩土的影响	全寿命周期	定性
9	对自然保护区、风景旅游区的影响	全寿命周期	定性
10	地方政府（相关部门）的意见	全寿命周期	定性

5.2　偏重于防灾减灾的铁路线路走向方案

经过几十年的发展，我国逐渐攻克了一系列复杂艰险山区铁路建设工程技术难题，积累了大量宝贵的复杂艰险山区铁路建设工程经验，并成功建设运营了以成昆铁路、南昆铁路等为代表的一系列山区铁路，复杂艰险山区铁路修建技术总体处于国际领先地位。然而，在山区恶劣的自然环境及频发的自然灾害影响下，山区铁路建成通车以后，经常出现线路不均匀沉降、边坡垮塌、泥石流断道等安全风险问题，对工程产生了极大的危害和经济损失，严重影响艰险山区铁路的建设和运营安全。例如，汶川地震是 21 世纪以来对我国铁路影响最严重的一次灾害事件，地震致使宝成、成昆等干线及多条支线铁路的 29km 线路设施报废，2500 多千米线路设施不同程度受损，58 个车站信息设备报废，236 座桥梁及 98 座隧道直接受损，669km 路基受损。仅成都铁路局管辖范围内既有铁路灾后重建经费初步估算就达百亿元，加上地震造成铁路断道的运营收入损失，总共近 200 亿元。通过对汶川地震后的调查，四川、陕西、甘肃三省灾区 7081km 国省干道和县乡道路中，路基本体震害 579 处，支挡结构震害 375 处，多数为路基沉陷、开裂，支挡结构倾斜、变形开裂等震害程度轻微的现象。但也有相当一部分路基震害引起了交通中断，多为路基边坡崩塌、滑坡等地震次生山地灾害掩埋或砸毁路基本体及支挡结构。路堑边坡（路域以内）震害 534 处，包括有防护结构和无防护结构路基边坡。在数量和震害程度上，无防护结构的边坡震害明显比有防护结构的边坡严重，发生垮塌类震害，一部分有防护结构的边坡发生非垮塌类震害，如防护结构开裂、剥落、膨胀变形等。汶川地震对铁路造成的破坏如图 5-2～图 5-7 所示。

图 5-2　桥梁震害情况

图 5-3　涵洞震害情况

（a）路基下沉

（b）挡土墙垮塌与开裂

图 5-4　路基、挡土墙震害情况

图 5-5　隧道洞门震害情况

图 5-6　轨道震害情况

图 5-7　地震引起的次生山地灾害对铁路的破坏情况

5.2.1　铁路防灾减灾的重要性

2018 年 10 月 10 日，习近平总书记主持召开中央财经委员会第三次会议，会议指出：“我国是世界上自然灾害影响最严重的国家之一。新中国成立以来，党和政府高度重视自然灾害防治，发挥我国社会主义制度能够集中力量办大事的政治优势，防灾减灾救灾成效举世公认。同时，我国自然灾害防治能力总体还比较弱，提高自然灾害防治能力，是实现‘两个一百年’奋斗目标、实现中华民族伟大复兴中国梦的必然要求，是关系人民群众生命财产安全和国家安全的大事，也是对我们党执政能力的重大考验，必须抓紧抓实。”会议强调：“提高自然灾害防治能力，要全面贯彻习近平新时代中国特色社会主义思想和党的十九大精神，牢固树立‘四个意识’，紧紧围绕统筹推进‘五位一体’总体布局和协调推进‘四个全面’战略布局，坚持以人民为中心的发展思想，坚持以防为主、防抗救相结合，坚持常态救灾和非常态救灾相统一，强化综合减灾、统筹抵御各种自然灾害。要坚持党的领导，形成各方齐抓共管、协同配合的自然灾害防治格局；坚持以人为本，切实保护人民群众生命财产安全；坚持生态优先，建立人与自然和谐相处的关系；坚持预防为主，努力把自然灾害风险和损失降至最低；坚持改革创新，推进自然灾害防治体系和防治能力现代化；坚持国际合作，协力推动自然灾害防治。”因此，防灾减灾已成为关系国计民生的大事。

铁路长大干线作为维持地区经济正常运转的大动脉，而它们又都是呈带状延伸的串联系统，需要穿过多个地貌单元和多种复杂地质条件区域，线路经过地区自然环境的不确定性及地质状况的复杂性决定了其全寿命服役期内受多源灾害威胁的巨大风险性，只要一处断道，就可能造成全线运输中断。由于艰险山区为高山峡谷区地貌，地形条件、地质构造极为复杂，具有强烈的地势起伏和斜坡重力作用类灾害发育两个基本特征，崩塌、滑坡、泥石流等地质灾害频发。此外，山区特有的垂直气候带、局地暴雨山洪、地震次生山地灾害、峡谷大风等成为山区铁路工程的主要成灾模式，为工程建设和运营安全带来极大挑战。因此，在艰险山区铁路快速发展、地质灾害风险不断突现、行车安全日益受到严重威胁的形势下，研究如何防范和控制在铁路建设与运营维护阶段出现的地质灾害安全风险，已成为复杂艰险山区铁路项目开发中的重要科学技术问题。

5.2.2 复杂艰险山区铁路防灾减灾的难点

随着山区铁路运行速度的增加，线路标准也相应提高。目前新建山区铁路的特点是两高和两弱。两高，首先是平面线形要求标准高，在复杂地形条件下要满足线路工程的线形要求，只能以桥隧工程为主体克服高山深谷等困难地形，并且由于采用桥隧工程常能有效地绕避重力作用类灾害，出于对防范灾害的考虑，也会选择桥隧工程；其次是线路工程安全标准要求高，由于地形艰险、行车速度高、沿线经济基础薄弱及基础设施不完善，突发事件时传统运营警戒体系反应时间不够、避难余地小。两弱，是在平面线形要求的限制下，区间线路适应地形灵活性弱、绕避障碍（灾害点、自然保护区）灵活性弱。在上述山区自然条件制约和铁路自身技术标准限制的条件下，导致安全事故发生后的应急救援开展难度大，艰险山区铁路的防灾减灾需要更加强调从线路工程设计源头上避灾，强调对灾害风险的事前防控。

5.2.3 复杂艰险山区铁路防灾减灾的措施

我国宝成、成昆、南昆、内昆、渝怀、成贵等山区铁路建设和运营的实际经验表明，对山地灾害的防控应在铁路建设的源头——铁路选线设计阶段就开始最为主动。铁路选线是铁路设计中最根本、最重要的工作，是影响全局性的总体工作，线路选线的质量将直接关系到铁路工程建设的可靠性、安全性、技术可行性、经济合理性和社会接纳性，关系到铁路和地方经济社会的发展。因此，高质量的选线设计对铁路建成后的抗灾能力、运行安全起着决定性作用。地质灾害是山区铁路建设与运营面临的主要风险。山区铁路选线要以规避、防范铁路全寿命周期（建设及运营期间）可能发生的地质灾害为根本出发点，降低铁路工程建设及运营期间的地质灾害风险损失。要运用系统工程、风险管理等先进的理论、方法，更加关注铁路全寿命周期的工程与运营安全，更加关注影响铁路工程与运营安全的地质灾害风险的识别与防控，更加强调从工程建设源头——铁路选线设计阶段做好地质灾害风险的规避、防控工作。

5.2.4 铁路减灾选线

伴随我国铁路技术的发展，总体上看，我国山区铁路选线技术经历了 20 世纪 80 年代以前的地形选线、20 世纪 80 年代至 21 世纪初的地质选线和 21 世纪初到现在的减灾选线三个发展阶段。在减灾选线阶段，中铁二院工程集团有限责任公司汲取了既有山区铁路的经验与教训，对河谷线由于河谷两岸斜坡重力地质作用明显，崩塌、滑坡、泥石流等地质灾害发育而带来的地质灾害风险有了更为深刻的认识，铁路选线开始摒弃河谷线，凭借高墩大跨桥梁、长大隧道，灵活选线，绕避重大不良地质特殊地质区段。这个阶段更加重视对环境、地质灾害的识别判识，更加重视选线绕避或采用高墩大跨桥梁、长大隧道规避不良地质、特殊地质，规避灾害；采用有效、可靠的工程措施克服地震、高地应力、高地温、有害气体、岩溶突水突泥，以及斜坡异物入侵等对工程的影响，防控灾害。与此同时，基于汶川大地震震害调查及相关研究，进一步加深了对地质内动力作用的认识，更加重视地质内动力作用对铁路工程的影响，提出了 16 条高烈度地震山区铁路选线原则。中铁二院在工程实践中，不断总结、完善，形成了以防灾减灾为核心的铁路选线新理念，并将这个阶段称为减灾选线[72]。

1. 减灾选线的理论

与传统选线方法相比，减灾选线将地质灾害风险管理放在更加突出的位置，更加强调基于铁路全寿命周期的地质灾害风险防控，更加强调减灾工程的总体设计。因此，首先引入风险管理理论，并应用于地质灾害的识别、评估与控制；其次引入全寿命周期设计理论，将铁路划分为建设与运营两个阶段，减灾选线不仅要考虑铁路建设期间的地质灾害风险防控，还要考虑运营期间的地质灾害风险防控；最后引入系统工程理论，以地质灾害风险为对象，围绕风险源、风险事件及风险损失，将线路空间形位和路基、桥梁、隧道等构筑物布设及监测、预警等管理措施视为相互关联、相互作用的子系统，通过对子系统的统筹、协调，达到系统上避免或减小地质灾害风险的目的。归纳起来，铁路减灾选线的理论是：基于铁路全寿命周期，在铁路规划选线阶段，应用风险管理和系统工程的原理，识别、评估地质灾害风险，并做好地质灾害风险规避、防控的总体设计，实现铁路防灾减灾。

2. 减灾选线的内涵

减灾选线是以规避、防范铁路全寿命周期（建设及运营期间）可能发生的地质灾害为根本目的和出发点，运用系统工程、风险管理等先进的理论、方法，对灾害风险进行识别判识，并在此基础上科学选择铁路线位、工程方案及灾害防控措施的技术过程。减灾选线工作包括：识别灾害风险→评估灾害风险→采取措施规避重大风险，对风险进行防控，必要时对潜在风险进行监测、预警，以避免或降低灾害损失。减灾选线的核心内涵为：以规避、防范铁路全寿命周期可能发生的地质环境灾害为根本出发点，以地质灾害风险识别、评估与调控为手段，以灾害识别与防控新技术为支撑，以实现风险源头控制、系统控制为目标。

3. 减灾选线的方法

铁路减灾选线，按作业程式可分为：全面识别地质灾害风险；采取措施规避重大地质灾害风险；采取措施防控地质灾害风险；对潜在地质灾害进行监测预警。这也是减灾选线的基本工作方法。减灾选线的实现，首先要全面识别地质灾害风险，关键在于“全面识别”，难点也在于“全面识别”。从方法上，要应用多学科知识，从不同尺度、用不同手段，从地貌轮廓、形成机理、区域分异等推究灾害本源，从形成机理、演化规律、破坏特征等判识灾害风险。在识别风险的基础上，需要运用全寿命周期管理和系统工程方法，研究在全寿命服役期内的工程耐久性、失效模式和机理，风险孕育机理、防灾治理和预测预警，准确估算在铁路服役全寿命周期的时间范围内地质灾害风险造成的期望损失及风险成本，从而合理选择规避或防控地质灾害的措施或工程方案，选择对潜在地质灾害进行监测预警。

5.2.5 偏重于防灾减灾的铁路线路走向方案综合评价固定指标

铁路选线设计是一项复杂程度高、涉及面广、综合性强的系统工程，在节省初期投资和减少未来工程失事风险的矛盾中起着统筹决策的作用。线路方案能承担风险的前提是方案在其他方面应具有优势，因此铁路防灾减灾在强调防控地质灾害风险、减轻地质灾害影响的基础上，还应该基于全寿命周期的原则，利用多目标决策等系统工程理论，统筹考虑建设和运营期间不同自然环境和社会环境带来的工程风险，从系统角度评价方案的合理性，进行不同线路走向的多方案、多层次、多目标综合比选。为了充分体现铁路减灾选线在减轻地质灾害风险方面的要求，以及对铁路沿线地区环境保护、社会效益等方面的综合作用，本节从铁路线路走向方案综合评价指标体系中选择 10 个指标，作为偏重于防灾减灾的铁路线路走向方案综合评价和比选的固定指标，如表 5-2 所示。

表 5-2 偏重于防灾减灾的铁路线路走向方案综合评价固定指标

序号	指标	阶段	指标类型
1	线路长度	决策设计	定量
2	桥隧比	决策设计	定量

续表

序号	指标	阶段	指标类型
3	工程施工、实施难度	建设	定性
4	工程投资费	决策设计	定量
5	施工和运营风险	全寿命周期	定性
6	不良地质条件、特殊岩土的影响	全寿命周期	定性
7	对自然保护区、风景旅游区的影响	全寿命周期	定性
8	地形条件的影响	决策设计	定性
9	带动周边地区经济发展的能力	全寿命周期	定性
10	地质灾害危险性	全寿命周期	定量

5.3　偏重于工程地质条件的铁路线路走向方案

一般来说，铁路的建设首先需要考虑到国家或地区军事、政治、经济及交通路网等宏观因素的需要，大的线路方案、走向和线路技术条件主要取决于国家和地方社会经济的发展。铁路需要通过的大的控制地点确定后，在确定具体方案时，地质条件才成为主要的控制条件之一。但是，由于我国是一个自然条件复杂、多样的、多山的国家，山地面积约占陆地国土面积的 2/3，特别是中、西部地区尤为突出，地质条件对山区铁路线路走向方案的选择具有突出的控制性作用。在地形、地质条件异常复杂的艰险山区，工程地质条件的好坏往往也会成为决定铁路建设和运营的关键因素。例如，川藏铁路行走于印度洋板块与欧亚板块碰撞而隆升的青藏高原地带；穿越横断山、唐古拉山、喜马拉雅山三大山脉，跨越雅砻江、金沙江、澜沧江、怒江、雅鲁藏布江五大水系，如图 5-8 所示。沿线山高谷深，新构造运动活跃，地层岩性混杂，地震频繁，气候恶劣多变，内外动力地质作用强烈，崩塌、滑坡、泥石流等重力地质灾害和高温热水、高地应力等内动力地质灾害极其发育，如图 5-9 所示。川藏铁路将是迄今为止人类历史上最具挑战性的铁路建设工程，工程地质条件与地质灾害将成为全线的关键控制性节点，关乎川藏铁路建设及后期运营的安全。

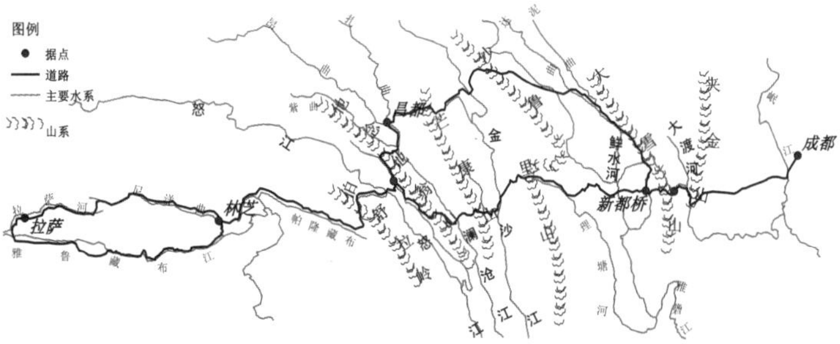

图 5-8　川藏铁路廊道与山系水系分布图

图 5-9　通麦路段高山峡谷地貌景观

总结我国运营铁路多发地质灾害、病害的教训，要想从根本上减少各种灾害和病害，必须重视铁路地质选线工作，若选线不当，轻则可能造成多病害工点，重则在生命和财产上付出高昂的代价。例如，成昆铁路一直是我国山区铁路中受地质灾害影响最严重的铁路线之一，据统计，成昆铁路四川段沿线有 367 条泥石流沟，其中近 80 条泥石流沟共发生泥石流 170 多次，1981 年 7 月 9 日大渡河支流利子依达沟暴发泥石流，冲毁了利子依达大桥，致使列车坠桥，造成超过 240 人死亡或失踪；2018 年 8 月 2 日，成昆铁路又多次发生泥石流，造成铁路断道 10 余天。因此，对于地形艰险、地质条件复杂的山区铁路，应做好方案比选工作，从宏观上选择地质条件相对较好的线路方案，这是确保铁路建设质量、工期、经济和长期运营效益的根本性措施。

5.3.1　工程地质条件

（铁路）工程地质条件是指各类铁路工程建筑所在地区各项地质环境因素的综合，包括地形地貌条件、岩土类型及其工程地质性质、地质结构及地应力、水文地质条件、物理（自然）地质作用（不良地质现象）和天然建筑材料六个要素。（铁路）工程地质问题是各类铁路工程建筑与工程地质条件（地质环境）相互作用、相互制约而引起的，对各类铁路建筑本身的顺利施工和正常运行以及对周围环境可能产生影响的地质问题称为工程地质问题。也就是说，在各类铁路工程的建设和运行期间，如果已经稳定的工程地质条件又产生了一些新的变化和发展，重新对铁路建设和运营构成威胁，这些地质问题都称为工程地质问题。

铁路建设过程中对工程地质条件的勘察工作极为重视，《铁路工程地质勘察规范》（TB 10012—2019）规定，新建铁路工程地质勘察应按踏勘、初测、定测、补充定测开展工作，并与预可行性研究、可行性研究、初步设计、施工图设计四个设计阶段相适应。在预可行性研究阶段，由有经验的专家对沿线不良地质进行航片判识，并将判识结果用鲜艳的线条标注于 1：10000 的地形图上，以指导线路选线工作。初测阶段的重点是查清各线路方案的不良地质情况，对疑似不良地质采取加深地质工作等手段，对构造（如断层等）、重大不良地质和重要地层界线采用追踪法、穿越法、远观近看及点面结合等方法，进行认真研究比选，一般情况下线路尽可能采取绕避不良地质的做法，无法绕避时应避重就轻。在定测及补充定测阶段，发现重大不良地质或危及既有铁路、公路行车安全或危及人民生命财产安全的方案，必须坚持改线甚至舍弃。施工、运营维护阶段也应根据需要开展工程地质监测、预警等工作。

5.3.2 山地灾害

我国山区地质构造复杂，生态环境脆弱，随着山区建设速度的加快，生态环境遭到破坏，泥石流、滑坡、崩塌、山洪等山地灾害暴发频繁。据统计，山地灾害平均每年导致我国经济损失达 57 亿元，人员伤亡超过 1000 人。狭义的山地灾害指发生于山地且仅发生于山地的灾害，也就是山地特有的灾害。因此，狭义的山地灾害可以定义为：在山地高差起伏产生的重力及水力等引力作用下，山地坡面的岩土物质运移过程所造成的灾害。山地灾害按形成机理主要可分为两个大类[73]。

（1）第一类为不良地质，是由各种地质作用和人类活动造成的工程地质条件不良的地质现象的统称。铁路修建和运营中经常遇到的不良地质现象有滑坡、错落、危岩、落石、崩塌、岩堆、泥石流、风沙、岩溶、人为坑洞、采空区、水库坍岸、地震动峰值加速度大于等于 0.1g 地区、放射性地层的辐射危害（简称放射性地区）和有害气体等。

（2）第二类为特殊岩土，是本身具有特殊的物理、力学、化学性质，并影响工程地质条件的岩土的统称。主要包括黄土、膨胀土、红黏土、软土、松软土、盐渍土、煤层、岩盐、多年冻土、特殊路基填料（风化砾岩土、粉土、高黏性土）、放射性岩石等。

不良地质和特殊岩土问题是我国山区铁路最常见且影响最大的山地灾害类型，可以造成斜边失稳、边坡坍塌、地基沉陷、路基冲蚀、桥涵冲淤、隧道变形、地下工程塌垮、基床翻浆冒泥、有害气体溢出，甚至铁路路基、车站整体滑移或淤埋等病害或突发性灾害，对铁路工程造成严重的经济损失。在过去的多条铁路建设中，由于没有查清线路的工程地质条件，出现线路方案选择的决策失误，造成巨大的工程损失和建设的被动局面。例如，1958 年建设的东川铁路支线，线路行经小江断裂带，地质构造活跃复杂，在选线时由于对地质灾害的活动性及其危害估计不足，桥梁跨度与净空不够，线位高度较低，每年雨季频发不同规模的地质灾害，对该条线路造成了极大的危害，经常发生路基、桥梁被冲毁，涵洞、车站被淤埋的事件，1971～1985 年，地质灾害导致铁路断道近 500 天，维修费用达到建设费用的 4 倍，是全国铁路最为严重的病害区段。

对山地灾害形成机理、勘察方法、评价和预测、防治措施等方面的研究，一直是我国铁路建设和运营工作的主题，现在已经基本形成一整套比较完善的技术对策和行业标准。目前对铁路单一灾害工点的研究虽已取得很多重要成果，在实际工程应用过程中的效果也比较显著，但对影响更为深远、发生机理更为复杂、成灾模式更为特殊的巨灾和灾害链的研究还只是起步阶段，也是目前山区铁路工程建设面临的重要科学技术问题。

5.3.3 地质选线

铁路长大干线均是维持地区经济正常运转的大动脉，而它们又都是呈带状延伸的串联系统，需要穿过多个地貌单元和多种复杂地质条件区域，线路经过地区自然环境的不确定性及地质状况的复杂性，决定了其全寿命服役期内受多源灾害威胁的巨大风险性，只要一处断道，就可能造成全线运输中断。因此，从 20 世纪 80 年代开始，随着高墩大跨桥梁、长大隧道施工技术的应用，线路工程师总结以前铁路建设的经验与教训，越来越重视工程地质因素，渐渐形成了地质选线的观念和重视前期区域性地质工作的技术方法。地质选线强调绕避重大不良地质段，如南昆线的清水河大桥，以 128m 大跨的连续梁桥跨越马岭峡谷，以长度 13km 的米花岭隧道穿越阻隔大山；又如水柏线，以跨度 128m 的钢管拱桥高位跨越北盘江峡谷，避免了展线。内昆铁路大关至昭通段，开展了地质专题研究，在 100km 范围开展了加深地质勘察工作，摒弃了沿大关河的河谷线，选择在龙潭玄武岩地段集中三层展线，但经多方案比选，宜宾至大关段仍采用工程投资相对较少的河谷线，该段岩堆岩等重力地质发育，工程艰巨，在通车后还先后发生滑坡等多处险情，至今仍然存在潜在风险。加深地质专项、高墩大跨桥梁和长大隧道是地质选线最常采用的做法。

近年来，中铁二院在总结宝成、成昆、南昆、内昆、渝怀、成贵、川藏等复杂艰险地区铁路的勘察设计工作经验的基础上，提出了高地震烈度区、滑坡区等不良地质区铁路选线原则。这些地质选线原则的提出，指导了铁路工程地质工作，保障了铁路工程建设和运营的安全，对铁路选线技术的发展具有重要的推动作用。

1）高地震烈度山区铁路综合选线原则

（1）高地震烈度山区铁路选线应综合考虑地质、地震因素，重视活断层、不良地质等特殊场地的地震放大效应、近场区的地震近场效应，线路应绕避大型不良地质发育地段、绕避地震及地震次生震害严重地段；必须通过时，应以简单易修复的工程形式通过。

（2）对于活断层，线路应绕避，无法绕避时应选择活动性相对较弱的“安全岛”通过，或在断层宽度较窄处以大角度通过。

（3）铁路重大、复杂工程应尽量躲开绕避断裂束，线路不宜在断裂束，特别是断裂密集处、交会处及活动断裂的端点、拐角处设置大中桥、高桥、隧道、高填深挖等难以修复的大型建筑物。

（4）对于宽大的活动断裂带，线路应在查清区域性活动断裂结构和稳定性差异的基础上，选择相对稳定的部位通过，重点工程必须置于“安全岛”内。

（5）线路不应在活断层主动盘迂回展线，工程应尽可能布置于构造被动盘。

（6）线路应绕避潜在地震诱发次生地质灾害的地段，尽量选择工程地质条件相对良好、地形开阔平坦或缓坡地段。

（7）线路应选择在非液化土层或液化土层范围较窄的地段通过。

（8）线路应避免短隧道群，洞口位置的选择应贯彻早进晚出的原则，洞口宜接长明洞。

（9）峡谷地段，线路应尽量避免以傍山明线方式通过。

（10）河谷地段应选择合理的线路高程，避免地震形成堰塞湖衍生洪水灾害对铁路的破坏。

（11）线路应绕避潜在产生大型滑坡、崩滑的顺层地段。

（12）线路通过泥石流发育区时，应选择合理的平面位置和高程，从有利部位以合理工程类型通过，避免地震诱发泥石流灾害对铁路的破坏。

（13）线路应绕避潜在不稳定斜坡、松散的山坡堆积层，以及可能发生大规模滑坡、崩塌的不稳定悬崖深谷、高耸孤立山丘等易发生地震次生地质灾害地段。

（14）隧道洞口应避开崩塌、滑坡、错落等不良地质发育地段和单薄的山脊、孤立山头等不利地段，洞口宜选择在坡面顺直、岩体完整地段。

（15）以隧道穿越活动性断裂地段时，从有利于救援角度，应选择合理位置通过，双线铁路宜分修。

（16）特殊结构、高墩、大跨桥梁不得跨越活动性断裂地段。

2）滑坡和错落地段的工程地质选线原则

滑坡地段选线最有效的方式是绕避，包括平面绕避和空间绕避两种。平面绕避是使线位避开滑坡体，但不能在前缘绕避，走在前缘时必须保证足够的空间距离；空间绕避是指线位平面虽然穿越滑坡，但以隧道在滑面以下通过，或采用大跨度桥梁一跨跨越滑坡体范围。如果线路难以绕避或绕避后工程投资增加较多，应对以下方案进行技术经济比选。

（1）线路在滑坡体后缘以简易工程通过。

（2）对规模不大的滑坡采用清除滑体，将路基置于稳定的土体之上。

线路从滑坡影响区域通过时，必须对滑坡进行整治处理，做好防排水措施，保证其稳定性。

3）危岩、落石和崩塌地段的工程地质选线原则

（1）在山体极不稳定，岩层非常破碎的陡峻山坡，或预计人工开挖使自然条件遭受破坏后将发生较大规模崩塌，且工程处理困难的地段，应尽量绕避。若采用修建明洞、在稳定岩层内修建隧道等措施通过，则需经比较后选定。

（2）在崩塌范围不大，且性质不严重，有可能采取清理山坡危石及其他有效工程措施加以解决时，可考虑在崩塌影响范围内通过。

4）岩堆地段的工程地质选线原则

（1）对处在发展阶段或较大范围的松散的、稳定性差的岩堆，线路宜内移以隧道在堆积体范围外的基岩中通过，或外移设桥通过，或考虑跨河至对岸的绕避方案。

（2）对稳定的岩堆，线路也可以低路基或浅路堑通过，但应避免深挖高填，以免破坏岩堆的稳定性，造成病害。

5）泥石流地段的工程地质选线原则

（1）对严重泥石流沟或泥石流集中地段，应尽可能绕避。若沿河线两岸均有泥石流沟，应避重就轻，必要时宁可增加跨越大河的桥梁工程，也要绕避重点泥石流沟。

（2）线路尽可能从流通段跨越泥石流沟，桥孔应遵循宁宽勿窄的原则，不轻易压缩，尽可能单孔跨越。

（3）若线路从洪积扇漫流区通过，应按漫流流路，分别设桥，不强行改沟，不开挖降低沟床，桥下净空应视淤积速度、龙头高度和地形条件留有必要的余量。

（4）若用一般桥跨越泥石流沟没有足够的安全把握而地形条件又允许，可采用隧道、明洞或渡槽通过。

6）膨胀土地区的工程地质选线原则

（1）膨胀土区，线路应根据宜填不宜挖，尽量减少深长路堑的原则，选定合理方案，否则应与绕避方案进行比较。

（2）岗沟相间是膨胀土地区的一种地貌。线路遇到垄岗时，应垂直于垄岗方向，并选择垭口较低、较薄地段通过，以缩短路堑的长度和深度。

（3）线路应尽量离开建有重要建筑物和建筑群的垄岗，避免路堑开挖后发生变形，影响附近建筑物的安全。

（4）线路跨越沟谷处，一般宜建桥并增加桥梁高度。例如，在垄岗处修建隧道，应避免浅埋，否则应采用加固措施。

7）风沙地段的工程地质选线原则

（1）应深入调查研究，弄清各种沙丘的成因、性质、活动情况，以及风力、风向、沙源、地形、地貌等主要特征，尽可能绕避严重流沙地带。

（2）在大面积沙丘地区，如果流沙不能绕避，应尽量利用下列有利地段通过。

①沙丘边缘地带。这里不但风力较小，沙埋较轻，而且常多潜水溢出，植物容易生长，多为半固定和固定沙丘。

②沙丘中的河流两岸和古河道及沙丘之间的湖盆草滩。这些地段地形平缓，地下水位较高，植物生长较好，有利于固沙造林，防治沙害。

③沙丘连绵不断的地区，应尽量通过低矮沙丘，以免大量沙子危害线路。

（3）在风沙覆盖的山地、丘陵地区，线路宜选在沙带间的丘陵地通过。如果条件限制必须穿越沙带，宜选择在沙带最窄部位，以路堤正交跨过。

（4）在半固定和固定沙丘为主的局部流沙地区，线路应尽量通过半固定、固定沙丘地区，并尽可能不通过沙丘的下风侧，避免沙体移动掩埋铁路。

（5）线路走向应尽量与当地风向平行，线路若与主风向垂直，路堤的上风侧形成大量积沙，使路肩遭受风蚀，路堑亦容易积沙，边坡易遭风蚀。

（6）应尽量避免大填大挖和路堑，多设路堤，还应少设曲线，必须设置时，宜采用大半径曲线。

（7）选线时应尽量将车站设在流沙较少的地区，把站房等建筑物建在背风的地方。

8）岩溶地段的工程地质选线原则

若难以绕避，则必须贯彻“抬标高、短隧道、靠河边、快通过”的设计原则；查清水平循环带的高程，避免线路在水平循环带中或水平循环带之下穿行，对岩溶发育区的长大隧道应尽可能设计为人字坡，以解决施工排水和运营期排水；对可能穿越的岩溶坑洞进行回填、注浆处理，或以桥梁跨越。

（1）抬标高。若线路以隧道通过岩溶地区，应查清地下水水平循环带的高程，避免线路在水平循环带中或水平循环带之下穿行，应尽量抬高线路标高，从岩溶垂直渗流带内通过，因为相对于水平循环带，垂直渗流带岩溶发育较弱，且主要为雨季下渗的“过路水”，地下水集水面积小，突水突泥可能性大大降低。

（2）短隧道。岩溶地区隧道易发生突水突泥，施工和运营安全风险较大，且随着隧道长度增加，风险加大，因此通过岩溶发育地区的隧道应尽量缩短，这样既有利于降低安全风险，也有利于工期控制。经多方案比选，只能修建深埋长大岩溶隧道时，应采用人字坡，地下暗河发育时应设置泄水洞。

（3）靠河边。岩溶地区靠近河边的斜坡存在岩溶安全带，即岩溶水最低排泄点与山顶面靠河谷最外侧的洼地、竖井等垂直岩溶形态之间的地带，有条件时隧道应选择从该地带通过。

（4）快通过。当线路通过岩溶地区时，应尽量减少穿越岩溶区的长度，即尽快通过岩溶区，同时应根据岩溶发展规律，从岩溶相对不发育地区或地层通过。

（5）可溶岩与非可溶岩的接触带，由于非可溶岩的阻隔，有利于地下水的富集，岩溶作用强烈，沿接触带走向常发育串珠状的多种岩溶形态及暗河，地下水也具有承压性。线路平面应尽可能远离接触带，避免在接触带延伸，必要时应以大角度通过，标高尽可能高于接触带。

（6）对于二叠系、三叠系地层由石灰岩和煤系地层隔水相间发育的地质构造，在长大封闭向斜、背斜和大范围单斜构造控制下，可形成规模巨大、工程难以抗拒的突水突泥灾害，应注意避免在相似地质条件地带和高程位置选线。

（7）岩溶发育的平缓地区，尽可能以桥代路通过。

9）水库地段的工程地质选线原则

（1）铁路选线应与水库密切配合。如果水库为远期规划但尚未落实，为了不使铁路过多增加投资，经过比较可以考虑按暂无水库影响的方案，但必须取得有关方面的同意。在水库修建计划已落实的情况下，如果影响铁路建设的投资不大，应尽量配合水库的建设要求进行铁路选线。在河谷地形困难，地质条件复杂，水库规模较大，水坝较高，使建设铁路产生技术上的困难或增加投资过大时，可考虑避开水库影响，另行选线。

（2）线路位置一般选在最终坍岸线，并留有一定的安全距离。个别地段有防护和跨越条件，确能保证线路稳定且显著节省投资，方可考虑在坍岸范围以内。

（3）线路应尽量选择在地质条件较好、河岸平缓的一岸，尽量避免走在垂直主导风吹向的一岸，以减少风浪对线路的不良影响。对滑坡、崩塌等不良地质地段，要推断水库建成后对其稳定性的影响。若加固工程投资过大或不能确保安全，则线路应尽量绕避。

（4）线路应避开水库淹没范围，以减少水下工程。如果必须通过淹没区，路肩高程应保证水库最高水位时不致淹没路基面，并保证路基稳定。

（5）线路应尽量绕避由于地下水涌升，造成湿陷、翻浆、沼泽化和滑坡、崩塌等不良地质现象恶化的地区。经过处理可确保安全，且经济合理，可以考虑通过。

（6）线路跨过支沟时，应尽量离开沟口，选择在水浅、风浪小、地质条件好的地段通过。跨越支沟的大中桥应注意支沟坍岸的影响，桥台基础应在坍岸范围以外。

（7）线路跨越水库，一般选择在水库上游回水曲线以上或水库下游集中冲刷范围以下河段通过。如果必须在水库淹没区内跨越，桥位应选择在较窄地段，桥梁高度应适当留有余地。

（8）当线路跨越非永久性水库时，如果桥址位于水库上游，为避免因溃坝而使水位骤降，危害桥梁墩台及桥头路基的安全，宜将桥址移至上游影响范围以外；如果桥址位于水库下游，也应远离溃坝影响范围。否则，应与有关单位洽商，加固堤坝。

（9）线路由坝顶通过时，坝身质量必须符合铁路路基要求。泄水建筑物能达到铁路桥涵需要的强度，基底无渗漏现象，并事先与水利部门充分协商，方可考虑坝顶通过方案。

（10）遇有隧道时，应按坍岸断面及地下水涌升曲线检查线路位置。在湿陷性黄土地区，还应调查和推断沉陷影响，以确定隧道的平面位置及设计高程。

总之，铁路线路通过地形地质复杂地段时，应采用大面积选线、多方案比较、由面到线、由线到点、逐步接近的方法，选线中应尽量绕避地质不良地段，避免出现高边坡、高挡墙、深路堑、长拉沟、短隧道群，坚持“早进晚出，宁洞勿堑，遇水搭桥，宁长勿短，宁宽勿窄”的设计原则。

5.3.4　偏重于工程地质条件的铁路线路走向方案评价固定指标

铁路线路方案比选需要与预可行性研究、可行性研究、初步设计和施工图设计各个阶段相结合，以满足规划设计为基本要求，分阶段逐步深入，同时要求开展与不同阶段需求相匹配的地质勘察工作，充分掌握沿线区域地质情况，确切弄清区域性构造与线路走向的关系，以及地质条件与工程构筑物的相互作用关系，在充分认识和掌握地形与地质变化规律的基础上，才能选出安全可靠、地质条件稳定的线路方案。因此，只有充分认识线路通过区地质条件，认真做好各种方案的比选，才能建设一条安全可靠、经济合理、方案科学、高质量的现代化铁路。但铁路工程建设面临的地质问题类型多样，由于各种复杂的客观自然条件和现有技术水平的限制，目前还存在诸多的不确定性或未能在理论和技术上解决的问题。但目前在为线路方案提供地质资料时，常常需要依靠专家的丰富经验来处理，这很适合用专家系统的思想和方法去解决，因此本书工程地质条件类指标主要由定性指标构成，便于利用专家对各单项子指标的定性评价结果进行方案的综合评价。从铁路线路走向方案综合评价指标体系中选择 10 个指标，作为偏重于工程地质条件的铁路线路走向方案综合评价和比选的固定指标，如表 5-3 所示。

表 5-3　偏重于工程地质条件的铁路线路走向方案综合评价固定指标

序号	指标	阶段	指标类型
1	地形条件的影响	决策设计	定性
2	不良地质条件、特殊岩土的影响	全寿命周期	定性
3	施工和运营风险	全寿命周期	定性
4	水文地质条件的影响	全寿命周期	定性
5	工程施工、实施难度	建设	定性
6	带动周边地区经济发展的能力	运营维护	定性
7	对自然保护区、风景旅游区的影响	全寿命周期	定性
8	线路长度	决策设计	定量
9	工程投资费	决策设计	定量
10	桥隧比	决策设计	定量

5.4　偏重于环境影响的铁路线路走向方案

21 世纪以前，我国长期以经济建设为中心，而忽视了对生态环境的保护，导致现在大气污染、水环境污染、垃圾废物污染、土地荒漠化和沙灾、水土流失、旱灾和水灾、生物多样性破坏等非常严重，日益严峻的环境问题在很大程度上阻碍了我国经济的进一步发展，并逐渐成为党和人民最关心的社会问题。习近平总书记在中国共产党第十九次全国代表大会上的报告中提出："人与自然是生命共同体，人类必须尊重自然、顺应自然、保护自然。人类只有遵循自然规律才能有效防止在开发利用自然上走弯路，人类对大自然的伤害最终会伤及人类自身，这是无法抗拒的规律。加大生态系统保护力度，实施重要生态系统保护和修复重大工程，优化生态安全屏障体系，构建生态廊道和生物多样性保护网络，提升生态系统质量和稳定性。完成生态保护红线、永久基本农田、城镇开发边界三条控制线划定工作。开展国土绿化行动，推进荒漠化、石漠化、水土流失综合治理，强化湿地保护和恢复，加强地质灾害防治。完善天然林保护制度，扩大退耕还林还草。严格保护耕地，扩大轮作休耕试点，健全耕地草原森林河流湖泊休养生息制度，建立市场化、多元化生态补偿机制。"十九大报告进一步体现了党和国家对环境保护问题的重视。

5.4.1　铁路建设项目对环境的影响

我国是世界上生态脆弱区分布面积最大、脆弱生态类型最多、生态脆弱性表现最明显的国家之一。生态脆弱区大多位于生态过渡区和植被交错区，处于农牧、林牧、农林等复合交错带，往往也是我国目前生态问题突出、经济相对落后和人民生活贫困区的部分原因。山区生态环境脆弱性表现为：山区地形起伏大、地质结构复杂，水热条件垂直变化明显，土层发育不全，土壤瘠薄，植被稀疏；受人为活动的强烈影响，区域生态退化明显；全年降水量大，水流侵蚀严重，加之过度砍伐山体林木资源，植被覆盖度低，造成严重水土流失，山体滑坡、泥石流灾害频繁发生；生态过渡带特征明显，群落结构复杂，环境异质性大，对外界反应敏感，人类活动严重影响生物多样性；高原山区地势高寒，气候恶劣，自然条件严酷，植被稀疏，具有明显的风蚀、水蚀、冻蚀等多种土壤侵蚀现象。

面对着如此脆弱的生态环境，铁路以其安全性高、运输能力大、能源消耗低、污染物排放低、受气候条件影响小的优点，成为对环境保护要求较高地区交通运输建设项目的首选。但在铁路经过的沿线地区，将不可避免地占用和破坏土地，使周围的自然环境和资源受到影响，引起水土流失、植被破坏、改变生态平衡等环境问题。尤其面对铁路不断向生态环境极为脆弱的山区推进的现实，环境保护、自然资源利用等都给新建山区铁路项目提出了新的要求，使铁路建设必须向着绿色可循环的方向发展。相对于其他建设项目而言，铁路的建设和运营既会破坏生态环境，也会对环境保护产生有利的作用。

1. 铁路对环境保护的有利作用

1）以铁路建设带动沿线景观工程改造升级，促进旅游发展

铁路是地方经济发展、旅游资源开发的重要基础服务设施，线路和车站的选取为景区资源的开发提供帮助。此外，林区铁路有着很好的隔火作用，林区景观也提高了铁路沿线的观赏性。充分发挥铁路的社会服务功能，做到线路走向、站区交通景观与景区发展规划协调，真正体现铁路与沿线旅游开发、地方经济发展的和谐统一。例如，南昆铁路的建设，也促进了沿线景观绿化工程的建设、改造和升级，铁路运营后不但改善了既有景区的交通条件，而且促进了沿线新的旅游资源的开发，一些独具特色的铁路工程也成为新的旅游景观（图 5-10）。据统计，南昆铁路通车后前两年，通过铁路到百色市和黔西南布依族苗族自治州旅游的人数已达到 156.3 万人，并有良好的增长势头。

图 5-10　南昆铁路优美风景

2）铁路运输的相对环保优势

在铁路、公路、航空这三种主要的交通运输方式中，铁路运能更大、成本更低、能耗更少、污染也更小。能耗方面，铁路运送单位旅客的能耗约为汽车的 1/3，约为飞机的 1/5，铁路运输单位货物的能耗约为汽车的 1/1.3，约为飞机的 1/3；用地方面，在同等运能条件下，铁路用地量约为高速公路的 1/2.5；污染物排放方面，铁路运输单位货物所排放的污染物约为汽车的 1/2，约为飞机的 1/4；安全性方面，铁路运输造成的人员死亡量大约仅占高速公路的 1/27，受伤人数约为高速公路的 1/5。

2. 铁路对环境的不利影响

作为一种大型的基础设施建设项目，从建设到运营的全寿命周期中，铁路项目从始至终都会对沿线周边环境造成错综复杂的不利影响，但在不同的阶段，这种不利影响会有多种表现形式。在建设阶段，主要是构筑物修建过程中，人员、机械等对大气的污染、污水的排放、开挖造成的水土流失和植物的破坏及施工噪声影响等环境问题。在运营维护阶段，主要是列车运行过程中的振动和噪声影响、蒸汽机车排放的大气污染物、电力机车的电磁污染、列车上人员和车站工作人员的生活垃圾和废水污染、铁

路基础设施对动物原有栖息环境和活动区域的破坏，以及对沿线自然景观的切割等环境问题[74]。

1）对野生动物的不利影响

铁路项目在建设期间和运营之后都会对野生动物的生存造成影响。工程施工会破坏森林、沼泽、湿地等动物栖息地，而且施工过程中排放的废水、弃渣，工程机械产生的噪声和振动，以及人员活动的影响等因素，都会破坏和干扰野生动物的生存环境，对动物的觅食活动、生产繁殖造成不利影响。随着列车运行速度的提高，国家规定时速在 120km 以上的铁路必须进行封闭式管理，很大程度上限制了野生动物种群的迁徙，分割其习惯性活动区域，形成一个个生态孤岛，阻碍动物种群之间的繁衍交流，严重时会造成动物种群数量减少甚至消亡。因此，目前很多铁路项目都在重点野生动物保护区设置了动物通道，以保护生物的生存繁衍和多样性。

2）对森林、草地、植被等的不利影响

森林、草地、植被具有净化空气、保水固土、防治风沙、改善气候条件的功能，是生态系统中的重要一环，在维持生态平衡方面起着关键性的作用。铁路项目建设会破坏地表环境，造成森林、草地、植被面积减少，改变周围区域原有的生态环境，破坏生态平衡，并带来水土流失等问题。

3）对土地资源的不利影响

（1）占用耕地。铁路项目会占用大量的土地，包括永久性用地和临时性用地，如线路、站场、供电、通信等运输生产设施用地，运输组织指挥机关和工人生活用地，以及施工便道等临时用地等。铁路建设用地应在线路规划阶段进行考虑，结合沿线各地区土地利用情况，尽量利用荒地、河滩等经济产出较低的土地，避免大量征用农业用地、工业用地和住宅用地，尽可能地提高土地利用效率。尤其是在西部山区，可耕种的土地资源比例更低，铁路的通过会使有限的耕地破碎化，影响农田灌溉和人员耕作。此外，山区铁路施工通常土石方数量巨大，隧道工程比例较高，路基土方和隧道出渣可能在雨水冲刷的作用下毁坏农田，影响耕地使用效果。

（2）水土流失。在山区修建铁路，需要进行大量山体开挖、隧道施工、路基填筑等土石方工程，受地形、气候、土壤条件等自然环境因素的影响，在施工管理不当的情况下，极易引发水土流失灾害，对水土资源和土地生产力造成损害。针对类似情形，我国专门制定了《中华人民共和国水土保持法》，其中规定，在山地、丘陵、黄土高原等容易形成水土流失的区域修建铁路等大型建设项目，必须报批水土保持方案。铁路建设对水土保持的影响主要是因为施工对地表的扰动，原有的植被和表层营养土被移除，导致土壤的抗侵蚀能力遭到破坏，最终引发水土流失。此外，隧道施工弃渣、路壁开挖弃土等随意堆放，或者防护措施不到位，都可能受雨水侵蚀产生水土流失。因此，必须在铁路工程建设期间注意对开挖坡面的防护，合理规划和设计弃渣场、取土场，并及时对填筑完成的路基边坡进行支护和绿化。

4）对自然保护区、风景旅游区等的不利影响

根据生态环境部公布的《中国生态环境状态公报》，截至 2019 年年底，全国共建立以国家公园为主体的各级、各类保护地逾 1.18 万个，保护面积占全国陆域国土面积的

18%、管辖海域面积的 4.1%。其中，立东北虎豹、祁连山、大熊猫等国家公园体制试点区 10 处，涉及吉林、黑龙江、四川等 12 个省，总面积超过 22 万平方千米，约占全国陆域国土面积的 2.3%。2019 年上半年和下半年，国家级自然保护区分别新增或规模扩大人类活动 1019 处和 2785 处，总面积分别为 8.98 平方千米和 6.42 平方千米。相对于公路、航空等其他交通运输方式而言，铁路是成百甚至上千公路的线性构筑物，由于其最小曲线半径、限制坡度等自身建设条件的制约，选线的难度更大，且为了更好服务于保护区周边新增加的居民，使得铁路不能完全避开对风景名胜区、自然保护区等生态环境敏感区域的影响，尤其是西部山区铁路建设和运营过程中，遇到风景旅游区、自然保护区的问题将会越来越多。

自然保护区内部大多划分成核心区、缓冲区和实验区 3 个部分。对于工程建设，在《风景名胜区条例》和《中华人民共和国自然保护区条例》中都有具体而明确的规定：要求在自然保护区的核心区和缓冲区内，不得建设任何生产设施。在自然保护区的实验区内，不得建设污染环境、破坏资源或者景观的生产设施。铁路工程对风景名胜区的景观影响方式主要体现在两个方面：一方面，对铁路沿线原本连续、完整的自然景观造成切割。铁路的修建，将不可避免地在沿线带状区域内占用土地、破坏生态，分隔开原有的自然景观，带来阻隔效应，降低景观的连通性。另一方面，铁路车站、构筑物等基础设施破坏原始景观的视觉协调性，造成视觉冲突。铁路行经地区原有的自然景观自成一类生态系统，具有协调性好、连续、和谐的特点，而铁路自身的路基、桥梁、隧道、涵洞、接触网等工程建筑物也形成了独具特色的交通类系统景观，但强行将两者嵌入到一起，将对原始和灵活的自然景观产生视觉冲击，影响景观协调性。

5）对水资源的不利影响

水资源是人类生存的基础，是自然生态环境的重要组成部分，如图 5-11 所示，但铁路的建设和运营，对地表水和地下水都会产生诸多不利的影响。对地表水的影响方面：在施工阶段，施工人员和机械设备往往会产生大量的生活污水；在运营维护阶段，机务

图 5-11　水资源环境敏感区

段、工务段、车辆段及工作车间等部门也会产生大量的废水，这些污水和废水如果直接排放到地面，将污染附近河流、湖泊、水库等地表水体，而河流、湖泊和水库也往往是地区重要的饮用水源地，其影响将更为深远。对地下水的影响方面：在施工阶段，如果隧道开凿改变了地下水流动方向，隧道渗漏作用就会导致地下水流失，破坏地下水流场固有平衡，使地下水循环受到影响，最终导致隧址区生态环境恶化；在运营维护阶段，机务段、车辆段、给水站、大修厂及其他辅助企业产生的污废水，清洗机车、货车产生的污废水和车站生活污水等均会对天然水体形成污染，继而经过地表水补给作用污染浅层地下水。在某些渗透性较高的地区，暴雨条件下一次性污废水排放量激增，也会导致污水通过直接下渗作用污染浅层地下水[75]。

6）对大气环境、声环境和电磁环境的不利影响

铁路施工过程中的路基开挖、废料运输等会产生大量的粉尘，施工机械也会排放一氧化碳、二氧化硫等众多有害气体，从而污染大气环境，离施工场地越近，粉尘浓度往往越大。铁路运营过程中的火车餐饮、内燃机车、锅炉等也会向大气中排放污染物，导致沿线空气质量下降，造成大气污染。

列车运行过程中产生的轮轨噪声、集电系统噪声和气动噪声及运行时的振动等会产生大分贝的噪声，对沿线住宅区、学校和医院造成噪声和振动污染。

电力机车运行时，机车受电弓与接触网随机分离时会放电，形成电火花，产生电磁辐射，其过程具有随机性和偶然性的特点，这种高频的电磁辐射会对沿线居民健康和无线电视等电子设备的信号接收产生一定的影响。

7）对历史文化遗迹的不利影响

作为全球四大文明古国之一，中国有着悠久的历史和丰富、灿烂的社会文化，我国历史文化古迹之多是世界上其他任何一个国家都无法比拟的。通常来说，可以将我国的历史文化遗迹分为宫殿、陵墓等古代建筑，北京周口店出土的猿人化石等古代文化遗址，古代王朝都城、古丝绸之路沿线的重要经贸城镇等历史文化名城，井冈山、瑞金、遵义、延安、西柏坡等红色革命圣地，毛泽东故居上屋场、绍兴鲁迅故居等历史文化名人故地五种类型。铁路对历史文化遗迹的影响主要表现在：施工阶段，需要完成路基、桥涵、隧道、车站等工程的建设，以及配合建设的施工便道、弃土（渣）场、生活场地、制梁厂、轨道基地等大临工程，都可能破坏历史文化遗迹附近的地表原状，影响遗迹风貌；运营维护阶段，列车运行产生的振动可能会对历史文化遗迹的地基、建筑物和文物本身产生影响，并且铁路系统的交通景观也可能影响历史文化遗迹的景观风貌。

5.4.2　铁路环境选线

1. 环境选线的提出

铁路运输作为一种高效率的现代运输方式，与公路、航空运输相比，在能源消耗与环境保护等方面具有较大优势，但在铁路建设和运营过程中，仍然存在一定的环境污染问题。解决这些问题最好的方式不是在铁路项目实施后，采取生态恢复等措施加以解决，而是在铁路选线的过程中，通过详细的调查和研究，尽量予以规避，减少出现生态破坏

和环境污染问题的可能性。2002 年，我国《铁路环境保护“十五”计划》正式提出，要对铁路项目进行全过程的环境管理，研究并实行绿色选线，即在选线设计中要综合考虑自然环境和经济、文化等因素，特别是自然保护区、基本农田保护区、水源保护区、风景名胜区等环境敏感点对线路方案的约束，确实无法绕避时，必须采取有效的保护措施。绿色选线理念的提出及其在实际铁路项目选线中的运用，对改善环境、促进可持续发展起到了重要作用[76]。

2. 环境选线的内涵和作用

铁路环境选线是指在铁路建设项目规划设计阶段就开始考虑到各种环境敏感问题，使可持续发展的环保理念植根于铁路选线，根据沿线地区的整体环境特点，结合线路研究区域内的地形地质条件和各类环境敏感区域的位置分布，找出线路从中通过对环境影响较小的走廊带，确定若干有价值的比选方案，进行综合比选，选择最佳的环境影响解决方案。

3. 铁路环境选线的原则

环境选线是在分析区域生态环境特征的基础上，根据线路与环境敏感区的相互关系，结合山区铁路桥隧段落非常集中的实际情况（弃土很多且集中），研究环保选线原则和合理的工程处理技术。选线是一个系统复杂的过程，在复杂的自然环境条件下通过工程方案处理环境污染是后期补救措施，而作为克服和控制环境问题源头的选线工作，是保证勘察设计质量的关键环节。铁路选线必须坚决贯彻“环境选线一票否决”的选线总原则。

铁路常常需要通过风景名胜区和自然保护区，工程建设需要因地制宜地对自然环境进行保护。环保选线要求线路绕避重要环境敏感区，合理选择线路方案和隧道进出口，以实现环境保护与铁路建设和谐统一。因此，铁路选线应选择环境破坏小的方案，通过绿色选线，从源头上减少铁路建设的环境问题。铁路环境选线还需要坚持以下几点具体原则。

（1）远离核心区。在铁路选线中，对地质公园、生物圈保护区、世界遗产和文物保护单位等破坏后就无法恢复的保护区要采取绝对绕避，远离其核心区，以达到铁路建设和后期运营维护阶段对保护区“零影响”的目标。确保线路不进入珍稀濒危野生动物的栖息地，线路方案的选取应确保不影响珍稀濒危野生动物的栖息地，从而保证其生活环境的完整性和连续性。

（2）绕避环境敏感区。铁路通过环境敏感区时，应注重采用绕避的方式，首先选择线路外移通过环境敏感区，当无法绕避时，要考虑以桥梁方式通过或隧道下穿通过。采用桥梁方式通过，能够减小对地面的破坏，避免侵占河床、湿地和大面积的山体开挖并能少占耕地，桥梁建成后形成的通道能够作为动物通道使用，缓解路基对铁路两侧的阻隔作用。隧道从地下穿过时，首先要减轻振动对环境的影响，合理选择隧道的洞口，并保证隧道开挖不破坏地下水系。

（3）兼顾铁路的环保作用。对森林公园等待开发的森林地区，要做好该区域的交通规划工作。铁路交通是地方经济发展、旅游资源开发的重要基础服务设施，线路和车站的选取为景区资源的开发提供帮助。此外，林区铁路有着很好的隔火作用，林区景观也提高了铁路沿线的观赏性。充分发挥铁路的社会服务功能，做到线路走向、站区交通景观与景区发展规划协调，真正体现铁路与自然环境融合、促进沿线旅游开发和地方经济发展的和谐统一。

（4）尽量不调整保护区界线。铁路受到环境的限制无法绕避自然保护区，或一定要从自然保护区内通过时，首先要使线路穿越距离较短、在核心区或缓冲区边缘穿越、以隧道形式穿越，并应进行充分的方案优化和比选，优化通过保护区的工程形式。如果线路以路基或路堑形式长距离穿越切割保护区的核心区或缓冲区，对保护区的影响太大，使保护区的功能区划改变或保护区范围、界线调整失去意义，需要撤销原保护区，并在异地建设新保护区进行补偿，此时同样需要得到保护区所在地的人民政府批准。条件允许时，可以通过改河、改沟等方式减小环境对铁路的影响，通过取直河道、改桥为路堤等方式节省投资。

总之，铁路环境选线应该遵循“远离核心区，绕避保护区，与环境协调，少调整界线”的原则。法律法规不准通过的地区要做到平面绝对绕避；铁路穿过可能会对环境造成影响的要通过桥梁、隧道等方式进行绕避；林区铁路要在保护环境的基础上进行合理选线，林区铁路结合森林防火，长大隧道的弃土可在 V 形沟谷设置弃土场；铁路选线尽量减少对自然环境的破坏，对保护区造成破坏而又不得不修建时，可调整保护区界线采取异地补偿的方法来减少对环境的破坏。

5.4.3　偏重于环境影响的铁路线路走向方案综合评价固定指标

环境脆弱区生态系统稳定性较差，特别是西南山区，人类活动少，对环境变化相对敏感，容易受到外界的干扰发生退化演替，而且系统自我修复能力较弱，自然恢复时间较长。铁路是大型的带状建筑物，一条长大干线往往绵延成百上千千米，线路途经区域广，难免会涉很多自然保护区、风景名胜区等环境敏感点，这些区域自然环境的不确定性决定了环境保护问题将成为铁路决策设计、建设和运营等整个全寿命周期内的重要课题。为了满足国家对于环境保护的要求，需要对铁路建设项目做环境影响评价，但一般而言，由于项目环境影响评价介入时机较晚，此时线路走向已基本确定，如果出现问题，对线路方案进行改动的空间很小，解决问题的思路受到限制，改进方案的代价很大。因此，研究如何在铁路选线和方案比选过程中融入环境保护的理念和技术方法，对建设一条高质量、现代化的绿色铁路至关重要。但铁路工程建设面临的环境问题类型多样，且由于建设前期各种复杂的客观自然条件和现有技术水平的限制，目前还存在诸多的不确定性或未能在理论上解决的问题。因此，在线路方案研究和比选阶段，遇到的环境问题往往比较宏观，难以具体定量化地进行预测，常常需要依靠专家的丰富经验来处理，这很适合用专家系统的思想和方法去解决。因此，本书关于环境影响类指标主要由定性指标构成，便于利用专家对各单项子指标的定性评价结果进行方案的综合评价。从铁路线路走向方案综合评价指标体系中选择 10 个指标，作为偏重于环境影响的铁路线路走向方案综合评价和比选的固定指标，如表 5-4 所示。

表 5-4 偏重于环境影响的铁路线路走向方案综合评价固定指标

序号	指标	阶段	指标类型
1	对自然保护区、风景旅游区的影响	全寿命周期	定性
2	对草地、树木、大气等自然生态环境的影响	全寿命周期	定性
3	对饮用水资源的影响	全寿命周期	定性
4	对历史文化遗迹的影响	全寿命周期	定性
5	噪声影响	全寿命周期	定性
6	带动周边地区经济发展的能力	全寿命周期	定性
7	不良地质条件、特殊岩土的影响	全寿命周期	定性
8	工程施工、实施难度	建设	定性
9	线路长度	决策设计	定量
10	工程投资费	决策设计	定量

5.5 偏重于旅游资源开发的铁路线路走向方案

我国拥有丰富的旅游资源，且旅游资源类型之多、涵盖范围之广是其他国家不能比拟的。从平均海拔在 3000 多米的青藏高原和海拔 8844.43m 的世界最高峰——珠穆朗玛峰，到新疆东部天山脚下的海拔最低的盆地——吐鲁番盆地，分布着多种多样的自然生态旅游风光、地理遗址旅游风光、历史文化旅游风光、民族风俗旅游风光、建筑工程旅游风光等。此外，中国有 34 个省级行政单位，每个地方都有各自独特的旅游景观，如四川省的九寨沟、黄龙、峨眉山、乐山大佛、都江堰、青城山等景区，北京市的长城、故宫、天安门、颐和园、天坛、圆明园、明十三陵等景区，内蒙古自治区的成吉思汗陵、蒙古庙、草原风光等景区，山西省的壶口瀑布、五台山、恒山等景区，山东省的泰山、曲阜三孔、蓬莱阁、崂山等景区，江苏省的苏州园林、太湖、寒山寺、中山陵等景区，浙江省的杭州西湖、千岛湖、普陀山等景区，江西省的庐山、滕王阁、景德镇、井冈山等景区。在中国众多景点和历史文化遗迹中，长城是人类最伟大的奇观，古无其匹，秦始皇陵的兵马俑被认为是世界第八大奇迹，敦煌莫高窟的壁画被公认为世界艺术的宝库，香格里拉和九寨沟被誉为人间天堂。图 5-12 为西藏布达拉宫。

铁路运输以其运量大、价格便宜的特点，为沿线旅客出行和地区旅游业的发展起到了非常重要的推动作用。一方面，随着高速铁路、城际铁路等客运专线铁路的快速发展，铁路延伸到各个城市，更有一些著名景区开通了直达的专列，并随着铁路客运能力的增强及铁路对旅游服务重视程度的提高，优质优价、夕发朝至列车的开行等为游客提供了更为便捷、良好的条件；另一方面，丰富的旅游资源也为铁路的发展创造了条件，旅游目的地往往具有大量的客流量，客运开行具有旅游开发性质的旅游专线铁路，在为旅客提供出行便利的同时，也可为铁路创造大量经济效益，促进铁路自身的发展。

图 5-12　西藏布达拉宫

5.5.1　铁路对区域旅游发展的促进作用

1. 铁路对旅游资源开发和发展的作用

目前，我国的客运交通已有较大改观，但就发展旅游业而言，在行、游、住、吃、购、娱六大旅游要素中，交通运输仍是其中最薄弱的环节。交通和旅游之间是相辅相成、互相促进的关系，现代化的交通设施和良好的地区通达性及可进入性是所有旅游目的地发展的重要前提条件之一。大多数旅游发达的国家和地区，其交通基础设施都很完善，在这些发达国家的旅游目的地，游客也能在发达的交通枢纽附近找到良好的接待、住宿和休闲等配套服务设施。同时，旅游需求也刺激了交通的迅速发展。由于游客希望能以合理的价格，安全、快速和舒适地到达目的地，就必须提高交通的现代化程度，以适应不断增长的旅游需求，这也促进了高速铁路、城际铁路、城市轨道交通、磁悬浮等一批现代化铁路的建设和快速发展。

铁路是一种安全、廉价而舒适的交通运输工具，火车可以提供从一个城市中心到另一个城市中心的快速交通服务，满足度假、休闲、商务和会议旅客的要求。火车站一般建立在靠近城市中心地带，而机场都在离市中心 20～30km 的地方，这就增加了铁路对旅客的吸引力。铁路与其他交通工具的竞争主要体现在各个城市中心之间到达的时间和距离的比较，因为飞机无法直接从市中心飞到另外一个市中心。就节能和排放废气方面而言，铁路也是一种相对环保的交通工具，尤其是电气化铁路在这些方面比汽车具有更大的优势，并且乘坐火车旅行在安全方面也比汽车更有保障。铁路对旅游资源开发的作用主要体现在以下四个方面[77]。

（1）铁路是连接旅游客源地与旅游目的地的重要通道。一方面，铁路的发展联通了旅游客源地和旅游目的地，降低了两者之间的时空阻隔，为旅游景区带来了大量的客源，提高了景区的收入，并且可以促进实现区域内各个景区的均衡发展，也能够实现沿线景区的客源共享。另一方面，旅游目的地通过把一定区域范围内的旅游资源与旅游交通基础设施、旅游专用设施和其他相关条件有机结合起来，吸引旅游者并且能够使其停留在此开展旅游活动。旅游业是一个综合性很强的产业，通过构建区域性旅游目的地，促进旅游经济发展对相关产业的带动性，进而推动区域社会经济的发展。因此，铁路的发展能够使旅游集散地周边的空间距离相对缩短，提高旅游景区的可达性，大量的旅客能方便快捷地前往旅游目的地旅游和消费，并且由于旅游目的地巨大的集聚作用和辐射作用，进而能带动目的地餐饮、住宿、休闲、娱乐等旅游业的发展，极大地推动沿线旅游资源的开发和发展。

（2）铁路为旅游提供了基本的运输服务。完善的铁路运输网络、发达的铁路运输体系，联通了祖国各地，为周末旅游、节假日旅游的发展创造了条件，如图 5-13 所示。同时，铁路旅客列车具有集吃、住、行于一体的独特优势，为游客提供便利的交通、住宿、餐饮等多方面服务的基本条件。

图 5-13　铁路与草原旅游的融合

（3）夕发朝至列车满足了游客出行的时间需求。铁路部门根据交通工具的速度和乘客出行的时间及距离需求，针对远程旅客开行的在下午或晚上时段始发、在次日早上或上午终到的夕发朝至列车，满足了旅客的出现需求。旅客可利用晚上运行的时间在列车上休息，最大限度地实现在不影响平日正常作息规律的情况下完成夜路行程，还可节约住宿费和白昼时间用于其他日间活动。

（4）旅游专列的开行是铁路运输的重要补充。相比于价格高的飞机及运力小的汽车，选择性价比更高的旅游专列出去游玩已经越来越受到游客的欢迎。旅游专列通常会连接具有代表性的景点，满足游客想一次游览众多景点的愿望，可以发挥“一线多游”的优势，即一条旅游线路可以提供多种旅游选择。旅游专列具有定时、定点、定线等特点，列车运行相对缓慢，旅客可以尽情地欣赏沿途迷人的风景，列车靠站后，还可以深入大街小巷，去感受别样的民俗民风。

2. 高速铁路的旅游效应

高速铁路作为一种公认的集安全性、快捷性和舒适性为一体的现代化交通方式，加之其运载量大、正点率高等特点，已经成为日本、法国、德国等发达国家缓解旅客出行压力的一种主要交通运输工具，并成为改善区域旅游经济的重要手段。高速铁路的发展，进一步缩短了游客和旅游目的地的时空距离，改变了旅游目的地的分布格局，不仅带动了原有旅游景区的发展，而且也会促进新的旅游景区的开发，满足游客出行需求，从而带动旅游流分布和旅游目的地的优化调整，突出了铁路交通在旅游发展中的基础性作用，为我国带来了一股新的旅游效应[78]。

首先，高速铁路以其特殊、优质的服务，减少了传统交通的舟车劳顿弊端，提升了旅客舒适度，激发了人们的出行欲望。同时，高速铁路的出现，增加了旅客出行选择，成为中长途旅客出行方式的首选；其次，高速铁路作为沿线城市的新名片，其自身也是一种独具特色的景观，游客可以在欣赏地方自然及历史文化遗迹的同时，也可悠闲、舒适地欣赏这种交通景色，极大地丰富了旅游资源；最后，高速铁路的出现，极大地促进了游客的活动范围，他们可以在较短的时间内更多欣赏到不同地区间多种多样的风光。高速铁路的发展，缩短了旅游目的地和旅游客源地的时空距离，增强了旅游目的地的可进入性，拓宽了旅游景区的客源市场半径，加速了客流速度，带动资本、信息、技术等各种要素集聚，促进旅游景区旅游吸引力和核心竞争力的提升。

5.5.2　偏重于旅游资源开发的铁路线路走向方案综合评价固定指标

铁路作为一种安全、高效、舒适的交通方式，是沟通旅游目的地和旅游客源地的重要通道和桥梁，是促进旅游者旅行、观光和旅游业发展的一个基础性因素。铁路对区域旅游资源的开发和不断发展的促进作用，归根结底也是带动了交通、餐饮、住宿、休闲、娱乐等相关产业的发展、增加了地区就业人口数和收入水平，增进地区人民交流的同时提高了旅游者的文化生活水平，进而带动了旅游目的地的经济发展，是一种巨大的社会效益。由于旅游资源的开发、旅客的运输和旅游产业的发展到最后实际能产生多少社会和经济效益的度量，是一个完整的生产链过程，其中存在诸多的不确定性问题。因此目前还难以定量化地预测研究，以定性分析为主，定量化方法较少。在进行方案评价时，还是需要依靠专家的丰富经验来处理，这很适合用专家系统的思想和方法去解决。本书关于旅游资源开发类指标主要由定性指标构成，便于利用专家对各单项子指标的定性评价结果进行方案的综合评价。从铁路线路走向方案综合评价指标体系中选择 10 个指标，作为偏重于旅游资源开发的铁路线路走向方案综合评价和比选的固定指标，如表 5-5 所示。

表 5-5　偏重于旅游资源开发的铁路线路走向方案综合评价固定指标

序号	指标	阶段	指标类型
1	对旅游资源开发的作用	决策设计	定性
2	地方政府（相关部门）的意见	全寿命周期	定性
3	吸引客流的能力	运营维护	定性
4	旅行时间	运营维护	定性
5	旅客出行便捷性	运营维护	定性
6	对自然保护区、风景旅游区的影响	全寿命周期	定性
7	与城市、地方规划建设的协调、符合程度	决策设计	定性

续表

序号	指标	阶段	指标类型
8	不良地质条件、特殊岩土的影响	全寿命周期	定性
9	线路长度	决策设计	定量
10	工程投资费	决策设计	定量

5.6 偏重于矿产资源开发的铁路线路走向方案

矿产资源对人类社会生存和发展具有重要的作用，是现代工农业形成和发展的基础，也是国民经济的基础产业。中国地域辽阔，各类矿产丰富，布局开阔，乃是世界上矿产资源最为丰富的国家之一，具备发展矿产等行业的天然优势。1949 年以来，我国在矿产资源的开发和利用方面取得了举世瞩目的成就，不仅在全国各地查明了大量的矿产资源，还根据矿产资源储量的分布建立了较为完善的矿产行业体系。我国目前大部分的能源消耗、工业原料和农业生产资料都来源于国内的矿产资源开发，支持了近几十年经济的持续、稳定和快速发展，为满足人民日益增长的物质生活需求提供了重要的物资保障。但与此同时，我们也应该清楚地认识到，中国仍是一个拥有 14 亿人口的发展中国家，人均占有矿产资源量只位于全球较低水平，而且目前高耗费、高排放、高污染、低效率的粗放型经济增长方式并没有得到根本的改变。随着国家经济的不断发展及经济结构的深入调整，矿产资源消耗速度明显加快，需求迅速增长，资源供需形势日趋严峻，需要更加有效地保护、开发和利用矿产资源，以突破经济社会进一步发展的瓶颈。

5.6.1 矿产资源

矿产资源是通过地质作用形成的固态、液态或气态的且具有利用价值的自然资源，是人类社会赖以生存和发展的重要物质基础。矿产资源不仅包括已发现的并经勘查工程控制储量的矿床，还包括目前尚未发现，但随着技术进步和经济发展，在可预见的将来能够利用的矿物质。

1. 矿产资源的分类

按矿产存在状态，可分为固态、液态和气态三种状态。按矿产的性质和用途，通常分为金属矿产、非金属矿产、可燃有机矿产（能源矿产）和地下水四大类，并可进一步划分为亚类。例如，金属矿产一般按可提炼的金属及其特性分为黑色金属、有色金属、贵金属及稀有金属、稀土金属和分散金属等；非金属矿产亚类划分多不一致，有的按矿物和有用岩石进行分类，有的按矿产的用途进行分类。

2. 我国矿产资源的分布

1949 年以来，我国开展了大规模矿产地质勘察工作，取得了巨大成就，目前已发现矿产 171 种，已探明有储量的矿产 159 种，其中能源矿产 8 种，金属矿产 54 种，非金属矿产 90 种，水气矿产 3 种，其他矿产 4 种，探明储量潜在价值仅次于美国和俄罗斯，居世界第三位，是世界上矿产资源最丰富、矿种齐全配套的少数几个国家之一。中国矿产资源门类比较丰富，部分矿种储量居世界前茅，但人均占有量仅为世界人均占有量的 58%，居世界第 53 位。中国矿产资源分布具有明显的地域特征，如石油、天然气主要分布在东北、华北和西北地区，煤主要分布在华北和西北地区，铁主要分布在东北、华北和西南地区，铜主要分布在西南、西北、华东地区。铅锌矿遍布全国，钨、锡、钼、锑、稀土矿主要分布在华南、华北地区，金银矿分布在全国，磷矿以华南地区为主。

5.6.2　铁路运输在矿产资源开发中的作用

在矿产资源开发和利用过程中，我国仍存在着矿产资源分布地区不均、资源产地与消费地之间距离较远的问题。例如，煤炭储量中，山西省占全国的四分之一，南方煤炭储量很少；石油资源也主要集中在黑龙江省中西部、辽宁省、内蒙古自治区、山东省等北方地区；铁、钒、钛、铜、铅、锌等黑色金属、有色金属、化工原料矿产则主要分布在西南地区。除此之外，我国北部地区、中西部地区资源丰富，而东部地区资源稀缺，造成大量资源及原材料由东北、中西部地区向东部地区转移，形成了东部地区资源需求带与东北、中西部地区资源供应带的经济格局，产生大量的重质长途货流。这种矿产资源分布的不均衡性，致使地区生产力和经济的发展也极其不平衡，需要通过铁路这种运输能力大、运费低的运输方式，运往对矿产需求量大的东部发达地区乃至国外。同时，铁路的开通也为矿产资源尚未开发的地区带来了物质、人才、资金、技术、信息等有利条件，形成了新的生产力布局、新的产业带和经济增长带，这是矿产资源开发和高效利用的基础。

铁路作为一项大型的基础交通运输方式，其货物运输能力大、全天候、可靠性高、价格低廉的特点，以及大通道、大网络的运输优势，特别适合矿产资源这类大宗物资的中长途距离运输，在中长距离和规模性运输领域具有不可替代性，可以弥补地区间资源分布的不均衡性对社会经济发展造成的困境，为资源优化配置提供有利的运输载体，对促进我国资源开发和均衡性发展具有重要作用[79]。尤其对于西部地区，西部大开发对铁路有着迫切的需求，同时也为西部地区铁路的发展提供了广阔的前景。西部地区是中国自然资源尤其是矿产资源富集地，而且开采条件较好，可以说是中国长期发展的战略资源宝库和基地，西部资源供给中东部地区正是铁路运输发挥其优势所在。从西部铁路货运量的发展来看，能源和原材料运输始终占铁路运输的绝大部分，1999 年以来，这一比例都保持在 70%左右，而且这种趋势由于西北地区的石油运输、西部地区的冶炼物资运输、内蒙古地区的煤炭运输和西南地区化肥运输等方面变化而更加稳固。西部开发的战略重点是发挥西部资源优势，将西部的优质资源输送到东南沿海等发达地区，支持发达地区也带动西部地区，从而在全国范围内实现优势互补。铁路所具备的运能大、成本低的优势是其他运输工具难以比拟的。

例如，攀西地区是我国西部最大的钢铁基地、世界三大产钒基地之一，拥有极为丰富的矿产资源，四川省的铁、钒、钦、铅、锌、铜、锡的大中型矿区大多分布在该地区。

但区域内山峦起伏，地理为主的阻隔导致地区矿产资源开发不足，经济发展长期滞后于四川省整体经济的发展。随着成昆铁路等各种交通基础设施的不断完善，各类矿产资源得到充分开发和利用，攀西地区逐渐建立起以钢铁、钒钛、有色金属等为主的资源性、基础性工业部门，如图 5-14 所示。目前攀西地区已成为长江上游、西部地区乃至全国重要的基础工业基地和资源型工业基地[80]。

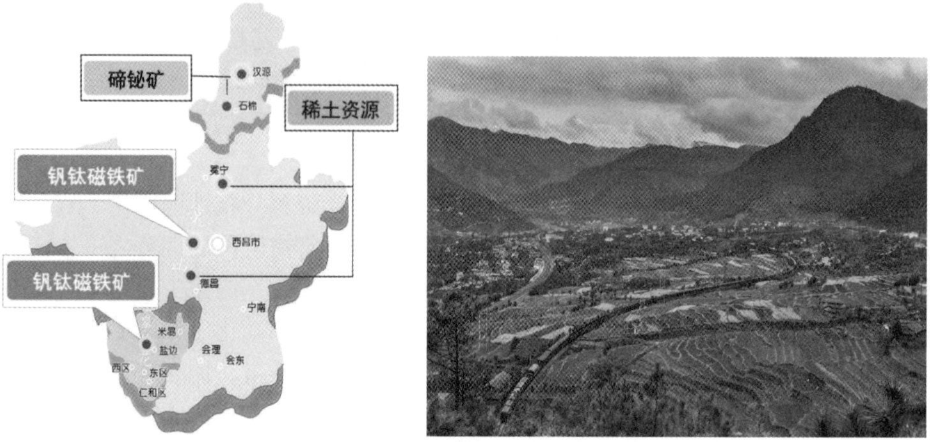

图 5-14　攀西地区矿产及成昆铁路

从某种意义上来说，铁路的建设是对经济、社会、环境、信息、技术等各种资源，尤其是对重要矿产资源的合理开发与利用，铁路的开通使矿产资源的可持续发展成为可能，这是现代工业化进程的需要。事实上，世界各国主要铁路线的经过地区基本都是各种资源的富集或密集区，如俄罗斯的西伯利亚大铁路沿线是石油、铁矿及煤炭等重要资源最为富集地区；我国的陇海至兰新铁路沿线则是煤炭、有色金属（Cu、Ni、Al 等）、电力及粮、棉、油等资源富集区，其他主要干线如哈大、京广、京沪、胶济、北同蒲—焦枝、枝柳、包兰、成昆、贵昆、南昆等线，沿线也多是矿产资源及各种农林牧副渔资源富集区，这些铁路线的建成，通过改善矿区或沿线地区的对外运销条件，使沿线地区资源得到不同程度的合理开发利用。因此，矿产资源的开发与利用，严重依赖于区域交通条件的改善，快捷的交通运输条件，对资源的运输及相关资源开发企业的发展都有着重要影响。铁路建设和运营能够有效提高地区矿产资源的外运能力，促进矿产资源的利用和可持续开发，从而带动地方经济的持续发展。

5.6.3　偏重于矿产资源开发的铁路线路走向方案综合评价固定指标

铁路对矿产资源开发的作用，归根结底也是带动了矿产等相关企业的发展，增加了就业人口和人民的收入水平，促进了沿线周边矿产资源开发地区和资源利用地区的经济发展，是一种巨大的经济效益。由于矿产资源的开发、运输和利用到最后实际能产生多少社会和经济效益的度量是一个完整的生产链过程，其中存在诸多的不确定性问题，因此目前还难以定量化预测研究，以定性分析为主，定量化方法较少。在进行方案评价时，还是需要依靠专家的丰富经验来处理，这很适合用专家系统的思想和方法去解决。因此，本书关于矿产资源类指标主要由定性指标构成，便于利用专家对各单项子指标的定性评价结果进行方案的综合评价。从铁路线路走向方案综合评价指标体系中选择 10 个指标，作为偏重于矿产资源开发的铁路线路走向方案综合评价和比选的固定指标，如表 5-6 所示。

表 5-6　偏重于矿产资源开发的铁路线路走向方案综合评价固定指标

序号	指标	阶段	指标类型
1	对矿产资源开发的作用	决策设计	定性
2	带动周边地区经济发展的能力	全寿命周期	定性
3	地方政府（相关部门）的意见	全寿命周期	定性
4	吸引货流的能力	全寿命周期	定性
5	货物集散便捷性	运营维护	定性
6	与城市、地方规划建设的协调、符合程度	决策设计	定性
7	对自然保护区、风景旅游区的影响	全寿命周期	定性
8	不良地质条件、特殊岩土的影响	全寿命周期	定性
9	线路长度	决策设计	定量
10	工程投资费	决策设计	定量

5.7　偏重于重大桥隧工程的铁路线路走向方案

桥梁和隧道作为铁路线上的重要节点工程，是构成铁路的重要基础设施，是保障安全运营的控制性构筑物，也是铁路建设的关键技术所在。特别地，随着铁路建设不断向地形艰险、地质条件复杂的西部山区推进，大量跨越长江、金沙江的大型、特大型铁路桥梁和穿越崇山峻岭的长大隧道的设计更是整个铁路工程建设成败的关键。与平原丘陵地区相比，复杂艰险山区铁路由于需要克服高山深谷等困难地形，还需防范崩塌、滑坡和泥石流等山地灾害，铁路选线及工程设计变得更加复杂。山区铁路的建设，凸显了工程技术标准与实际地形地貌间的矛盾，于是出现了一些大填大挖的路基工程，但主要是大桥、特大桥和长大隧道工程增多。例如，有着“桥隧博物馆”之称的宜万铁路，沿途穿越地质条件极为复杂的喀斯特地貌山区，是中国铁路建设史上最难修的铁路之一。该线线路全长 377km，全线共有隧道 159 座（338.771km），其中双线隧道 54 座（47.32km），10 公里以上隧道 5 座（61.161km），正线桥隧占线路总长的 74%，是目前世界上已建成铁路中桥隧比例最高的铁路。在建的成兰铁路正线长 457.592km，其中新建隧道 33 座，共长 332.438km，全线长度大于 10km 的隧道共 14 座，大于 20km 的隧道 2 座，最长隧道为平安隧道，长 28.398km，全线桥隧比为 86.05%。川藏铁路雅安至林芝段的桥隧比更是达到 90%以上，众多高墩大跨桥梁和复杂环境长大隧道成为影响该铁路建设和运营安全的重要控制性工程。因此，桥梁和隧道作为铁路线上具有决定性作用的构筑物，深深影响着铁路建设技术的进步及运营安全。

5.7.1　铁路桥梁

从古至今，我国桥梁建造技术都处于世界先进水平，在铁路桥梁设计和施工方面也取得了令人惊叹的成就，建造的桥梁桥长可达 10000 多千米，建造了众多的高铁高墩大跨梁式桥（含世界最高墩 139m、最大联长 778m）及 200～400m 跨度系列拱桥（含最大跨度 445m）。铁路桥梁的形式也多种多样，多跨连续梁桥、斜腿刚构桥、柔性拱刚性桁梁桥、栓焊梁桥、平弯桥、双薄壁墩桥、高墩 V 形支撑桥、斜拉桥、钢拱桥等科技含量很高的铁路桥，都出现在我国各地的铁路干线上，其中代表性的桥梁主要包括青藏铁路清水河特大桥、成昆铁路青衣江特大桥、津秦客运专线汤河特大桥、新菏铁路复线长东黄河特大桥、京九铁路九江长江大桥、秦沈客运专线月牙河特大桥、云桂铁路南盘江特大桥、渝利铁路韩家沱长江特大桥、沪昆高铁北盘江特大桥等，如图 5-15 和图 5-16 所示。

图 5-15　渝利铁路韩家沱长江特大桥

图 5-16　沪昆高铁北盘江特大桥

1. 桥梁分类

桥梁是供公路、城市道路、铁路、渠道、管线等跨越水体、山谷或彼此间相互跨越的工程构筑物，是交通运输中重要的组成部分。桥梁的组成一般都包括上部结构、下部结构和有关附属构造物。其中，上部结构一般包括梁、板、承台等有关桥跨和支座结构；下部结构一般包括基础、桥台、桥墩等结构；附属构造物一般包括护岸、锥形护坡、导流等工程。

按桥梁长度来划分，可将桥梁分为特大桥、大桥、中桥、小桥、涵洞。

（1）从多跨桥长 L 来划分。小桥：$8\text{m} \leqslant L \leqslant 30\text{m}$，中桥：$30\text{m} < L < 100\text{m}$，大桥：$100\text{m} \leqslant L \leqslant 1000\text{m}$，特大桥：$L > 1000\text{m}$。

（2）从单跨跨径 a 来划分。涵洞：$a < 5\text{m}$，小桥：$5\text{m} \leqslant a < 20\text{m}$，中桥：$20\text{m} \leqslant a < 40\text{m}$，大桥：$40\text{m} \leqslant a < 150\text{m}$，特大桥：$a \geqslant 150\text{m}$。

按桥跨结构来划分，桥梁分为梁式桥、拱桥、刚架桥、斜拉桥、悬索桥 5 类和组合体系桥。

2. 桥梁选线

铁路的建设，由于需要跨越江河、路基排水、农田灌溉等原因，需要修建桥梁、涵洞、明渠、高架水槽等跨越或过水建筑物。另外，为了少占农田，采用旱桥代替高路堤，为了有利于交通安全，用立交桥代替平交道口等，使得铁路选线设计过程中需要分布数量众多的桥涵工程，线位的选定也必须与桥涵分布和桥址选择密切配合[25]。

1）桥涵分布

大桥和特大桥，通常根据江河位置选定桥位，定线应服从桥位引线。中、小桥和涵洞的分布，概略定线阶段，是利用平面图和纵断面图进行的，并在外业进行现场核实；详细定线阶段，应根据现场勘察资料，结合平面图和纵断面图来确定。原则上，每一自然水流应设一个桥涵，理由充分时才可合并，即将两股距离较近的水道在达到线路之前并成一股通过线路。这种情况只有当两桥涵很近，本身汇水量不大，改道工程量小且无冲刷路基的危险时才予以考虑。在平坦地区，如果长距离范围内都没有明显的水道，相隔一定距离也必须设一桥涵以排除地表水。在漫流地区，有时还应采用一河多桥的方案，并配合相应的导治建筑物，以策安全。

桥梁的布设应平面定线和纵断面设计相结合，应使铁路线上游的地表水能够顺畅地通过铁路，保障铁路和沿线人民生命财产的安全。分布涵洞时，应力争不改变或少改变现有的灌溉系统，以免影响农业灌溉。灌溉涵洞的出水口高程应与当地农田水利部门协商确定。排洪涵洞还应考虑涵前积水，不致淹没上游村庄和农田。交通涵洞应尽量满足当地交通通行需要。

2）桥位选择

（1）陡坡上桥梁基础施工非常困难，且易发生病害，避免把桥设在陡坡上。如果比选后仍要设桥，可将桥外移，适量增加桥高，将桥基设在地形宽缓处。

（2）山区跨越河流时，除了选好桥址外，还要研究桥位处线路高度，桥梁两端为长隧或岩溶发育隧道时，应尽量采用高桥方案，以降低全段线路的风险。

（3）地表岩溶发育区设桥时，线位要远离岩溶排泄通道；在高烈度地震区（八度及以上），桥隧比选时应少做桥多做隧道，桥以矮桥为宜。

（4）高墩大跨桥梁基础比一般桥梁基础大很多，在选取桥位时除考虑地质因素外，还要考虑地形条件，避免基础边坡工程过大。

（5）桥位线路选择要与河道宽度基本相适合，在选择斜交和顺河桥时要考虑桥墩侵占河道问题，跨越大江、大河和技术复杂及重要的特大桥应以桥位来控制线位，应在线路宏观走向的基础上，根据河流形态、地形地质特点、通航条件、地面设施、施工布局及当地工农业发展关系等因素综合确定。跨越或并行城市道路、高速路时，要调查两侧管线，考虑桥基开挖是否影响相邻路，相邻路是否要考虑过渡设计等。

5.7.2 铁路隧道

我国幅员辽阔，又是多山的国家，修建铁路常常遇到大山阻隔，要克服复杂的地形阻隔，势必需要修建大量隧道，且很多是长大隧道和隧道群。尤其对于复杂艰险山区，铁路在穿山越岭时需要克服高程障碍，但由于最大限坡的制约，常常不能通过展线获得所需的高程。此时，修建隧道穿越山岭是一种合理的选择，可以缩短线路长度、减小坡度、改善运营条件、提高牵引质量等。因此，隧道工程在我国铁路建设中占有重要地位。截至 2016 年年底，全国在建铁路隧道 4240 座，总长 9300km；规划隧道 4400 座，总长 10400km；运营隧道 14100 座，总长 14120km。预计到 2020 年年底，中国投入运营的铁路隧道总量将达到 17000 座，总长度将突破 20000km。在新一轮铁路建设中，在建和规划建设的铁路有川藏线、宜万线、成兰线等，这些线路地质条件复杂，隧道所占的比例高，隧道修建的难度也很大。据不完全统计，目前我国铁路隧道正以每天增加 3km 的速度向前推进，中国已经成为隧道工程的超级大国[81]。

1. 隧道分类

根据隧道所在位置可分为山岭隧道、水下隧道和城市隧道三大类。为缩短距离和避免大坡道而从山岭或丘陵下穿越的称为山岭隧道；为穿越河流或海峡而从河下或海底通过的称为水下隧道；为适应铁路通过大城市的需要而在城市地下穿越的称为城市隧道。这三类隧道中修建最多的是山岭隧道。

根据《铁路隧道设计规范》（TB 10003—2016）的相关规定，按照隧道长度分类，可以将铁路隧道划分为：特长隧道，全长 10000m 以上；长隧道，全长 3000m 以上至 10000m（含 10000m）；中隧道，全长 500m 以上至 3000m（含 3000m）；短隧道，全长 500m 及以下。近年来，铁路建设项目取得巨大发展成就的同时，铁路长大隧道的规模和数量也一次次创造了新的纪录，不单单是特长铁路隧道的数目增多，更以高海拔、地下、水下特长隧道的形式不断面世，如图 5-17 和图 5-18 所示。兰武线的乌鞘岭隧道、青藏铁路西格段关角隧道等一系列长大隧道的应运而生，标志着我国铁路隧道技术的巨大飞跃。

图 5-17　成贵铁路贵阳枢纽林城隧道效果图

图 5-18　成兰铁路平安隧道

2. 隧道选线

铁路选线中，采用隧道是克服地形障碍、降低越岭高程、缩短线路长度和绕避不良地质的重要措施。合理设置隧道是提高线路设计质量的重要环节[28]。

（1）隧道进出口由于埋深浅，很容易出事故，特别是仰坡上方的覆盖层很容易坍滑。进出口应选择在地质条件比较好的地方并且尽可能与等高线垂直或大角度交叉，特别是双线隧道或多线隧道，由于其断面大，如果斜交太严重，就会造成靠山侧挖得很高而外侧还进不了洞，往往这种隧道处于偏压状态，受力不好，如果遇到覆盖层太厚，甚至需要对靠山一侧进行预加固。有的设计人员为了缩短隧道长度，常将隧道口选在山凹处，但往往覆盖层厚、地质条件差，施工时易于坍塌；另外，不应将隧道口选在慢坡上，以免隧道进洞后有较长的浅埋段。

（2）在经过接触带和断层破碎带地区，由于隧道的岩性变化地段（如石灰岩与玄武岩的接触带）很容易出问题，断层带本身就破碎、含水量也高，容易出事故。设计中，除考虑衬砌加强外，应加强超前地质预报，提前探明接触带与断层破碎带的准确位置。

（3）在地形艰险地区，应做好隧道群和长隧道的比选。以前受施工技术水平的限制，为了减少隧道长度，常采用隧道群方案，而隧道的进出口段很容易出事故，如果是隧道群，就有很多个进出口，而采用一个长隧道，就可以减少很多进出口，进洞后就是很长的深埋地段，地质条件好，反而成本低。经统计，3000～4000m 长的单线隧道每延米的单价最低，因为它既没有短隧道的缺点，又不像长隧道需要设辅助坑道。

5.7.3　重大桥隧工程优先选址原则

在地形、地质条件极为复杂的西南山区修建铁路，每一个线路方案都可能分布很多的桥梁、隧道等重点工程，这些桥隧工程对项目投资、工期及建设和运营安全都会产生很大影响。一般的桥梁、隧道随线路走向而布置，但由于特大桥和特长隧道建造技术复杂、施工难度大、技术水平要求高、造价高，特大或大型桥梁复杂的桥址和特长、长或中型隧道复杂的隧址常常作为路线控制点，往往决定一段线路走向方案的取舍及稳定性。在复杂地质环境条件下的峡谷地区选线，线路方向一般应服从这些控制工程的要求，遵循“线路服从重大工程地质选址”的原则，是铁路线路走向方案比选中应考虑的重要因素。即首先通过多方案比选确定重大桥梁、隧道工程的位置处于优势工程地质、水文地质、环境地质条件的前提下，再进行两端连接线路方案的综合性技术经济比选，这样选择确定的线路方案才具有可行性、可靠性。

（1）隧道进洞位置的选定要根据洞口处的地形、地质状况而定，不要为了缩短隧道的长度而偏压、拉槽进洞，使洞口处挖深过大，破坏山体坡面的稳定和植被。特大桥和重大桥则以线路定线为主确定桥位，并充分考虑河流水文条件，尽量使桥梁轴线与水流流向正交，减少桥渡对河道自然特征的干扰。

（2）跨越大江大河、技术复杂及重要的特大桥应以桥位来控制线位，应在国家宏观研究确定大方向的前提下，根据河流形态、地形地质特点、通航条件、地面设施、施工布局及当地工农业发展的关系等因素，在较大范围内做多个桥位方案，从中选择一个既适应河流自然特征又满足各方面需求的合理桥位。

（3）随着高桥、长隧修建技术的提高，多年来形成的沿河选线原则需重新思考，如大瑞铁路就由沿河走改为走山脊线，绕避沿河大量的不良地质，也降低了建成后运营过程中出现山区铁路常见病害的风险。

特别要防止单纯依靠地形图先选定线位再进行工程地质勘察的做法，避免重大工程一旦存在难以克服的工程地质问题时再重新选址确定线路方案的弊端，有利于缩短勘察工期和节省勘察费用。玉蒙铁路曲江峡谷线路方案比选的研究成果，显示了重大工程优先进行工程地质选址的成功经验。

5.7.4　偏重于重大桥隧工程的铁路线路走向方案综合评价固定指标

铁路重大桥隧工程是一项涉及水文、地形、地貌、地质、河道演变、水利设施、既有道路、城市规划、施工、养护、维修、通航、行洪、工程投资、特殊政治军事等要求的高风险建设工程，具有投资大、施工周期长、施工技术复杂、不可预见风险因素多、环境影响大等特点。尤其是现在我国高速铁路建设方兴未艾，桥梁隧道长度占线路总长的比例越来越大，施工技术难度高、工程量大，线路方案决策者应重视重大桥隧工程位置的选择对线路方案的影响。重大桥隧工程位置的选择往往控制线路的局部走向，是线路走向方案综合评价中的重要影响因素。本节从铁路线路走向方案综合评价指标体系中选择 11 个指标，作为偏重于重大桥隧工程的铁路线路走向方案综合评价和比选的固定指标，如表 5-7 所示。

表 5-7　偏重于重大桥隧工程的铁路线路走向方案综合评价固定指标

序号	指标	阶段	指标类型
1	特大工程（特大桥、特长隧道）总长	决策设计	定量
2	不良地质条件、特殊岩土的影响	全寿命周期	定性
3	施工和运营风险	全寿命周期	定性
4	工程施工、实施难度	建设	定性
5	桥隧比	决策设计	定量
6	施工工期	建设	定量
7	带动周边地区经济发展的能力	全寿命周期	定性
8	对自然保护区、风景旅游区的影响	全寿命周期	定性
9	线路长度	决策设计	定量
10	工程投资费	决策设计	定量
11	年运营费	决策设计	定量

5.8　铁路车站站位方案

车站作为铁路交通网络中的关键节点，是铁路客、货运中的重要基础设施，是大量人流、货流和车流的集散地，也是为旅客和货物提供运输服务的直接窗口，如图 5-19 所示。铁路车站数量很多，目前全国约有 5700 多个车站，全部车站的站线长度约占铁路通车里程的 40%，几乎遍布全国铁路沿线的大、中、小城镇，在拉动地区发展、连接城乡物资交流中起到至关重要的作用，对所在城市区域的经济、人口增长及产业结构带来积极影响，具有带动区域经济发展、综合交通枢纽和整合区域环境等综合功能。

图 5-19　成都东站

5.8.1　铁路车站

1. 车站的定义和作用

车站是铁路线上设有配线的分界点，是铁路办理客、货运输业务和列车作业的基地，又是铁路系统的一个基层生产单位，它集中了与运输有关的各项技术设备。铁路运输的各种客、货运作业，如旅客的乘降及货物的托运、装卸、交付、保管，都必须通过车站才能实现。铁路运输的各项技术作业，如列车接发、会让、越行，车列的解体、编组，机车和乘务组的更换，车辆的技术和货运检查，也都是在车站上办理的。车站是铁路运输业的基层生产单位，也是办理客、货运输始发、中转和终到作业的地点，是铁路与运输有关的行车、客运、货运、机务、工务、电务、供电等部门协调进行生产活动的场所。

2. 车站的分类

车站按作业性质分为客运站、货运站、客货功能兼备的客货运站三种。其中，客运站是为旅客出行服务的车站，通常设在大城市、旅游胜地等有大量旅客到发的地点，主要担当旅客列车的始发、终到作业，并为旅客提供旅行服务的业务；货运站是为货物运输服务的车站，一般设在铁路枢纽里面，在大城市、工矿地区和港口等有大量货物装卸的地点，主要担当货物列车的始发、终到作业及与货物有关的业务，办理整车、零担、集装箱等货物的运输和装卸作业；客货运站兼具客运站和货运站的双重功能，既服务于旅客出行，也服务于货物运输。

车站按技术作业分为编组站、区段站、中间站。其中，编组站是担当大量中转车流改编作业，编组直达、直通和其他列车的车站，通常设在大量车、货流集中的地点或几条铁路线的交叉点；区段站是解体与编组区段、摘挂列车的车站，设于划分货物列车牵引区段的分解处或区段车流的集散地点，一般只改编区段到发车流；中间站一般设在技术站之间的区段内，办理列车接发、会让和通过作业，摘挂列车的调车和装卸作业。

按车站客货运量和技术作业量大小，以及在政治上、经济上和铁路网上的地位，可将客运专线铁路车站分为特大型站、大型站、中型站、小型站，将客货共线铁路车站划分为特等站、一等站、二等站、三等站、四等站、五等站。

5.8.2　铁路车站的分布和选址

车站建成后如有变更，将花费巨大的人力、物力和财力代价，因此为了有效地使用国家资金，努力控制工程造价，充分发挥车站功能，需要科学、合理地确定车站的分布和选址，这直接影响到铁路运营后的运输成本、运输效率、经济效益、车站和周边地区未来的发展状况等方面，对充分发挥铁路运输功能、吸引沿线客货流、带动地方经济发展和有效节约资源都具有重要的作用，是铁路选线设计的重要内容之一，也是铁路建设过程中的重要技术问题。通常，在车站分布和选址时必须既综合考虑到工程投资及地形、地质等自然条件，还要考虑到线路的运输能力及当地工农业生产发展的需要等因素。

1）车站分布的基本原理

车站分布是铁路选线设计的重点问题之一，应将车站分布与铁路定线有机结合起来。客货运站分布的一般过程是：先结合机车交路的设计分布区段站，然后结合纸上定线，并保证需要的通过能力，分布一般的中间站、会让站或越行站。其中，区段站的分布应尽量靠近较大城镇和工矿企业所在地，应设在地形平坦、地质条件较好，与水源、电源较为接近的地点；会让站、越行站和中间站分布应考虑站间通过能力的均衡性，并考虑沿线地形、地质、水文和铁路运营条件。客运站一般结合沿线城市分布情况，先分布有始发列车作业的大型站，再结合平面定线情况，分布中型站和小型站。总之，需要点线结合，才能得到总体上较为满意的线路位置和适当的车站分布[28]。

2）车站选址

随着新建铁路技术标准的显著提高，相应的曲线半径、坡段长度等技术条件有了更严格的设计标准，对车站位置的选择也就提出了更高的要求。车站在铁路建设投资方面占有很大比重，车站位置的选择，根据其对地方经济发展的重要性程度，在一定程度上控制着线路的具体走向。车站的选址主要应考虑到以下几个方面因素。

（1）结合城乡布局，尽量满足地方客货运输需求。站址选择要与城市规划，特别是交通规划相结合。在适应和满足城市功能布局、交通网络及城市景观等方面要求的前提下，铁路车站应深入城市中心，充分发挥铁路运营全天候、准时、方便的服务功能。站址的选择理应有利于最广泛地吸引客、货流，在满足国家要求的运输能力前提下，适当调整区间走行时分，将车站设置在城镇、大型工矿企业附近，以满足地方运输需要。铁路选线应将资源优势转化为经济优势，若在铁路走向中有重要矿藏和旅游景点，车站应尽可能设置在其附近，这样既有利于资源开发促进经济发展，又可给铁路提供大量的客、货源。如果干线靠近矿区和旅游景点在工程上不合理，应考虑专支线的引入方案，并在干线上预留专支线的接轨条件。

（2）考虑地形、地质、征地拆迁等工程条件。车站占地广且建筑物和设备较多，因此车站站址应选在地形平缓开阔、地质条件良好之处，应尽可能使线路与等高线平行，避免设在高填、深挖、高桥和隧道内，以利于节省工程，方便运营管理和养护维修。客货共线铁路因满足能力要求，需在越岭地段垭口两侧设置会让站和越行站，车站位置应根据越岭地段的全貌，结合运输要求进行拟定。就工程角度而言，一般情况下，靠近垭口的车站应设在地形纵坡较缓、引线条件较好一侧。当线路需跨越深沟、大河向下游展线时，如两岸地形、地质条件差异不大，最好在垮沟之后设站，以利于降低桥梁高度。

（3）充分利用既有铁路资源的同时，减少对既有线的干扰。在车站选址过程中，要充分利用既有站及其设备；要减小对既有线的干扰，减少交叉进路；与既有站之间应有良好的视野环境；还应该与既有线调度指挥系统紧密联系，以便提高综合调度和技术、运营管理水平。

（4）与地方和城市总体规划相协调。铁路建设的发展过程也是与城市建设协调发展的过程，铁路规划及建设过程中应根据城市建设的近远期规划、功能区划分、城市自然环境、生态环境、景观特点、交通道路布局等因素综合考虑线路走向及车站设置，使铁路与城市协调发展、铁路与城市环境相和谐。在车站选址中，应统筹考虑国家整体利益与地方自身利益，要尽量考虑靠近城镇和主要经济发展点，并结合地方其他建设项目及规划，使两者协调配合。在满足技术标准条件下，车站宜避开高新技术开发区、规划发展工业区及军事设施等。避免与城镇规划发生干扰，使铁路建设既能满足自身发展需要，又能带动地方经济发展。

5.8.3　高速铁路客运站的选址

高速铁路客运站是高速铁路的重要组成部分，也是高速铁路直接服务旅客、方便旅客、为当地经济发展做贡献的“窗口”[82]。高速铁路客运站的选址要综合考虑到社会政治、经济、军事意义，地方和城市总体规划，地形地质条件，主要客流方向，对城市环境的影响，以及车站服务和运输功能实现等方面。高速铁路引入地区枢纽及大型城市客运站设计原则，可概况为以下几条。

（1）结合城市及铁路枢纽总体规划，逐步形成“客货分线、客内货外”的总格局。

（2）根据通过能力、运输效率等综合研究确定客运站数量。

（3）客运站站址选择结合城市总体规划和引入方向，形成综合交通枢纽。

（4）统筹考虑动车段（所）的设置向集中化、大型化方向发展，并预留远期发展条件。

（5）有多条线路引入的大型客运站，根据运输需要，按主要线路疏解、次要线路换乘的原则设置联络线。

（6）高速铁路客运站作为城市的门面和标志性建筑，除满足基本功能外，其建筑风格、造型、色彩、体量等应考虑与城市历史前景、城市整体建筑风格、城市自然环境相结合，与城市环境相协调，与现代化城市景观融为一体，达到美化城市的效果。

总体来说，高速铁路客运站选址规划由于受影响因素很多，各影响因素之间又是相互影响、相互制约且联系紧密的关系，并且呈现递阶层次结构[35]，因此也是一个十分复杂的决策过程。

5.8.4　铁路车站站位方案综合评价固定指标

铁路车站的选址牵涉面广，影响因素复杂且情况各异，难以找到普遍性的规律。当前我国大规模新建高速铁路客运站等各类型的铁路车站，但车站选址相关的理论依据及定量技术分析方法缺乏，可能导致一部分车站选址不合理、降低旅客出行和货物运输效率、影响运营收益等问题。因此，有必要对铁路车站选址决策的理论、方法及应用等方面进行研究，对于规范和调整我国铁路车站的建设和管理，适应出行者需求，实现在有限的经济条件下达到提高综合运输能力、促进社会经济发展的目的，具有重要的现实意义。车站站址的选择往往影响线路的局部走向，它关系到城市规划、工程投资、运营收入，甚至是车站周边地区经济发展等一系列主要问题，本节从铁路线路走向方案综合评价指标体系中选择 10 个指标，作为铁路车站站位方案综合评价和比选的固定指标，如表 5-8 所示。

表 5-8　铁路车站站位方案综合评价固定指标

序号	指标	阶段	指标类型
1	带动周边地区经济发展的能力	全寿命周期	定性
2	地方政府（相关部门）的意见	全寿命周期	定性
3	吸引客、货流的能力	运营维护	定性
4	设站条件	全寿命周期	定性
5	与城市、地方规划建设的协调、符合程度	决策设计	定性
6	旅客出行和货物集散便捷性	运营维护	定性
7	对自然保护区、风景旅游区的影响	全寿命周期	定性
8	不良地质条件、特殊岩土的影响	全寿命周期	定性
9	线路长度	决策设计	定量
10	工程投资费	决策设计	定量

5.9　本 章 小 结

本章通过归纳总结目前影响铁路线路走向方案选择的主要控制性因素，设计了偏重于政治经济据点、防灾减灾、工程地质条件、环境影响、旅游资源开发、矿产资源开发、重大桥隧工程和车站站位八类不同情景，并分析了不同情景对线路方案走向产生的影响。

通过从线路走向方案指标体系中选择相应的指标，有针对性、有侧重点地建立了基于不同情景模式的线路走向方案综合评价固定指标。基于不同情景模式的线路走向方案综合评价指标，主要用于受上述八种因素中的某一种因素控制的线路走向方案，而如果需要同时考虑多种控制性因素，则需要利用线路走向方案全寿命周期综合评价指标体系中的固定指标进行综合决策。

第 6 章　铁路建设方案全寿命周期综合评价指标权重

铁路建设方案综合评价和比选涉及的指标因素较多，每个指标的重要性及对评价结果的影响程度也有很大的差异，这就需要在方案评价时对各指标赋予不同的重要性系数，以平衡这种差异的影响，即确定指标的权重。采用什么方法确定指标的权重以及每个指标的权重多大比较合适，也就成为目前实际决策操作过程中的难点。由于本书建立的建设方案综合评价指标体系采用了“固定指标+灵活指标”的模式，这样的指标体系模式既具有静态不变的固定特性，又有针对不同工程情况灵活选择的动态随机性，因此与其相匹配的指标权重也应同时具有这两方面的特性，才能得出更加全面的方案评价结果。为此，本书引入组合赋权法的基本思想，首先利用 G1 法，根据专家知识和经验确定所有指标的主观权重（本书称为指标的基础权重）；然后利用离差法，通过实际工程案例中各指标的具体取值计算指标的客观权重；最后对基础权重和客观权重进行融合，形成动态和静态相结合、综合反映主观经验和客观数据的组合权重。

6.1　指标权重理论

如何科学合理地确定指标权重是多目标决策问题研究中的一项重要内容。影响指标权重的因素主要包含两个方面：一是不同指标对决策者的影响力，即决策者对指标的偏好或重视程度，决策者越偏向于某指标，该指标权重就越高；二是不同指标所提供的信息量，即指标之间取值的差异，差异越大，权重越高。对于前者，常采用层次分析法来计算，称为主观赋权法。主观赋权法的优点是专家可以根据实际的决策问题和专家自身的知识经验合理地确定各属性权重的排序，不至于出现属性权重与属性实际重要性程度相悖的情况。但决策或评价结果具有较强的主观随意性，客观性较差，同时增加了对决策分析者的负担，应用中有很大的局限性。而对于后者，常采用熵权法、离差法等来计算，称为客观赋权法。客观赋权法主要是根据指标原始数据之间的差异性来确定权重，因此权重的客观性强，且不增加决策者的负担，方法具有较强的数学理论依据。但是这种赋权法没有考虑决策者的主观意向，因此确定的权重可能与人们的主观愿望或实际情况不一致，使人感到困惑。因此，为了克服主观赋权法和客观赋权法的不足，综合两者的优势，组合赋权法的思想开始被广泛接受。

主观赋权法是多目标决策乃至整个决策理论研究早期应用最多的一种指标权重确定方法。其基本思路为：首先，决策之前，在决策者心中，所有备择方案的评价指标都会有一个主次、先后顺序（即使实际决策中确定该顺序有时会很困难）；然后，通过利用决策者的主观知识和经验，采用数字对指标之间的相对重要性程度进行描述；最后，计算出所有指标的权重分配比例。目前使用最多的主观赋权法有层次分析法(analytic hierarchy process，AHP) 及其衍生的改进方法 (G1 法等)、德尔菲 (Delphi) 法、直接比例法等。

客观赋权法是一类无需通过决策者的主观判断，只利用指标原始取值信息即可计算权重的方法，该类方法确定属性权重时认为，一个指标的权重是对其他指标影响程度及不同指标间相互联系的度量，对其他指标影响程度越大，权重就越大，与其他指标联系越紧，权重也越大。确定权重依据的原始数据来源于客观世界而非主观意见，数据的处理建立在对指标间关系及相互影响不断分析的基础之上。若某个指标在所有方案下的取值相同，则认为该指标对方案排序不起作用 (即使该指标对决策者而言非常重要)，那么其权重就可取为 0；相反，如果一个指标在所有方案下的取值差别很大 (即使该指标对决策者而言不是很重要)，那么该指标就可被赋予较大的权重。即客观赋权法根据不同方案下各指标取值的差异程度来计算指标权重，差异程度越小，相应指标的权重越小，差异程度越大，相应指标的权重就越大。根据计算指标权重差异程度方法的不同，客观赋权法可分为离差最大化法、熵权法、主成分分析法、多目标规划法等。

主观赋权法的优点在于能够利用决策者的自身经验、知识及判断能力确定指标权重，但主观随意性大、客观性较差；而客观赋权法利用指标取值数据的差异程度计算权重，具有很强的客观性，但又不能反映专家对指标的偏好和意见，确定的权重结果有时会让决策者难以接受。因此，为了结合两种赋权法的优点，克服其不足，一种新的赋权思路在决策领域流行起来，即综合运用主、客观赋权结果的组合赋权法。组合赋权法兼顾了指标的客观取值数据和决策者对指标的偏好信息，减少了权重确定过程的主观随意性，实现了权重的主、客观统一，因而决策结果更加可靠，也更符合实际情况。

6.2 组合赋权法

与国内外相关评价体系的不同之处在于，本书评价体系中指标权重的设置借鉴了《绿色铁路客站评价标准》(TB/T 10429—2014) 和郑健在《绿色铁路客站评价标准研究》[83] 中采用的组合赋权法的思想，该方法具有很好的实际应用背景。组合赋权法采用数据分析法和专家调查法相结合，有效解决了主观赋权法客观性较差和客观赋权法解释性较差的问题。利用组合赋权法所确定的指标权重系数，极大地提高了各指标的客观性，并使相应的指标权重具有良好的直观性和可解释性。

1. G1 赋权法

目前，铁路选线设计的方案比选中广泛采用层次分析法，但其计算比较复杂，而且在遇到指标众多的决策问题时，容易出现判断矩阵难以满足一致性要求的问题。为此本书采用一种改进的层次分析方法——G1 法[84]，该方法计算量小，且无需一致性检验。G1 法的基本思想为：先对各评价指标按某种评价准则进行定性排序，再按一定标度对相邻指标间依次比较判断，进行定量赋值，并对判断结果进行数学处理，得出各个评价指标的权重系数。

设基于 G1 法计算的指标权重为 $W_{\mathrm{G}}=(w_{\mathrm{G}}^{1},w_{\mathrm{G}}^{2},\cdots,w_{\mathrm{G}}^{n})$，其具体实现过程如下。

（1）设 $\succ$ 表示重要性程度大于（或不小于），是一种序关系。由专家根据经验确定指标 x_i 和 x_{i-1} 的相对重要性程度，得出方案指标集唯一的重要性关系为 $x_1^* \succ x_2^* \succ \cdots \succ x_n^*$，令其指标权重分别为 $w_1^*,w_2^*,\cdots,w_n^*$。

（2）专家或决策者对相邻指标 x_{j-1}^* 和 x_j^* 重要性程度之比 w_{j-1}^*/w_j^*，可以用 $r_j=w_{j-1}^*/w_j^*$ 来表示，这样就可按照前面指标之间的序关系，计算出各指标之间的相对重要度。r_j 首先由各个专家独自判定，然后取其平均值，其具体赋值可以参考表 6-1。

表 6-1　r_j 赋值参考表

r_j	赋值说明
1.0	指标 x_{j-1}^* 与指标 x_j^* 同等重要
1.2	指标 x_{j-1}^* 比指标 x_j^* 稍微重要
1.4	指标 x_{j-1}^* 比指标 x_j^* 明显重要
1.6	指标 x_{j-1}^* 比指标 x_j^* 强烈重要
1.8	指标 x_{j-1}^* 比指标 x_j^* 极端重要

（3）进而求得重要性程度最小指标 x_n^* 的权重为

$$w_n^*=\frac{1}{1+\sum_{k=2}^{n}\prod_{i=k}^{n}r_i} \tag{6-1}$$

然后可进一步计算其他 n–1 个方案的指标权重，即

$$w_{j-1}^*=r_j w_j^*,\quad j=n,n-1,\cdots,2 \tag{6-2}$$

最后按指标重要性程度的排序关系反调整指标权重，即可得到原指标权重 W_{G}。

2. 离差法

离差法是通过计算指标取值数据之间的“距离”来度量指标之间的差异程度（离差）[85]。通常，如果所有备择方案关于第 j 个指标 C_j 的取值 a_{ij} 之间的差异（或距离）越大，则说明该指标对方案比选所起的作用越大，反之，则说明该指标对方案比选所起的作用越小。因此，从指标值对方案进行排序或比选的影响角度考虑，无论指标本身重要性程度如何，各备择方案之间哪个指标的取值离差越大，它就应该被赋予越大的权重；反之，离差越小，权重就越小。

运用上面的思想，考虑在已知规范化矩阵 S 的情况下，基于离差法的指标权重 $W_{离}=(w_{离}^{1},w_{离}^{2},\cdots,w_{离}^{n})$ 的具体求法。

对于指标 C_j，假设方案 X_i 与其他方案的偏差用 $D_{ij}(W)$ 表示，则可定义

$$D_{ij}(W)=\sum_{k=1}^{m}d(s_{ij},s_{kj})w_{离}^{j},\quad i=1,\cdots,m;j=1,2,\cdots,n \tag{6-3}$$

并且设

$$D_j(W)=\sum_{i=1}^{m}D_{ij}(W)=\sum_{i=1}^{m}\sum_{k=1}^{m}d(s_{ij},s_{kj})w_{离}^{j},\quad j=1,2,\cdots,n \tag{6-4}$$

对指标 C_j 而言，$D_j(W)$ 表示所有方案与其他方案的偏差，而指标权重向量 W 的选择应该使所有指标对所有方案的总偏差最大。因此，构造如下偏差函数：

$$D(W)=\sum_{j=1}^{n}D_j(W)=\sum_{j=1}^{n}\sum_{i=1}^{m}\sum_{k=1}^{m}d(s_{ij},s_{kj})w_{离}^{j} \tag{6-5}$$

通过求解下面单目标最优化问题就可以求出指标的权重向量 W，即

$$\begin{cases}\max\quad D(W)=\sum_{j=1}^{n}\sum_{i=1}^{m}\sum_{k=1}^{m}d(s_{ij},s_{kj})w_{离}^{j}\\ \text{s.t.}\quad \sum_{j=1}^{n}(w_{离}^{j})^2=1,\quad w_{离}^{j}\geqslant 0;j=1,2,\cdots,n\end{cases} \tag{6-6}$$

下面求解此问题，为此构造如下拉格朗日函数：

$$L(W,\delta)=\sum_{j=1}^{n}\sum_{i=1}^{m}\sum_{k=1}^{m}d(s_{ij},s_{kj})w_{离}^{j}+\frac{1}{2}\delta\left[\sum_{j=1}^{n}(w_{离}^{j})^2-1\right] \tag{6-7}$$

式（6-7）分别对 w_j 和 δ 求偏导，并令其为 0，可得

$$\begin{cases}\dfrac{\partial L}{\partial w_j}=\sum_{i=1}^{m}\sum_{k=1}^{m}d(s_{ij},s_{kj})+\delta w_{离}^{j}=0\\ \dfrac{\partial L}{\partial \delta}=\sum_{j=1}^{n}(w_{离}^{j})^2-1=0\end{cases} \tag{6-8}$$

解方程组（6-8）可得

$$w_{离}^{j}=\frac{\sum_{i=1}^{m}\sum_{k=1}^{m}d(s_{ij},s_{kj})}{\delta},\quad j=1,2,\cdots,n \tag{6-9}$$

注意到 $\sum_{j=1}^{n}(w_{离}^{j})^2=1$，有

$$\delta=\pm\sqrt{\sum_{j=1}^{n}\left[\sum_{i=1}^{m}\sum_{k=1}^{m}d(s_{ij},s_{kj})\right]^2} \tag{6-10}$$

将式（6-10）代入式（6-9），并进行归一化处理后得到

$$w_{离}^{j}=\frac{\sum_{i=1}^{m}\sum_{k=1}^{m}d(s_{ij},s_{kj})}{\sum_{j=1}^{n}\sum_{i=1}^{m}\sum_{k=1}^{m}d(s_{ij},s_{kj})},\quad j=1,2,\cdots,n \tag{6-11}$$

式中，n 为指标个数；m 为方案个数；$w_{离}^{j}$ 为第 j 个指标的客观权重；$d(s_{ij},s_{kj})$ 为标准化决策矩阵中的元素 s_{ij} 和 s_{kj} 之间的距离，s_{ij}、s_{kj} 可以是精确数，也可以是三角模糊数。

3. 权重组合

首先，由专家对指标进行排序，根据已给出的 r_j 赋值参考表得出理性赋值，进而运用式（6-1）和式（6-2）计算主观权重 W_G；然后，根据指标取值的数据资料，采用离差法式（6-11）求得各指标的客观权重 $W_{离}$；最后，利用式（6-12）对上述两种方法计算出的权重进行融合，即可求得基于 G1-离差法的指标组合权重值 $W_{组}=(w_1,w_2,\cdots,w_n)$。

$$w_j=\frac{w_G^j w_{离}^j}{\sum_{k=1}^{m}w_G^j w_{离}^j},\quad j=1,2,\cdots,n \tag{6-12}$$

式中，n 为指标个数；w_G^j 为利用 G1 法计算的指标主观权重元素，即指标基础权重值；$w_{离}^j$ 为利用离差法计算的指标客观权重元素，即指标权重修正值。

6.3　铁路建设方案综合评价指标基础权重

评价指标的基础权重是由专家凭借知识和工程经验，只需根据各指标的直观重要性计算而得，可以事先确定下来。而评价指标的客观权重需要在具体的工程实际情况下，根据方案各指标的取值数据计算，不能在实际建设方案出来以前就确定下来。因此，本章将详细分析利用 G1 法确定指标的基础权重（即通常所说的主观权重），而离差法确定的指标客观权重及最后的权重组合过程在后面的实例分析章节再具体介绍。

目前铁路选线方案评价中对方案指标权重的赋值相对简单，主要使用专家打分法或层次分析法，甚至不区别不同地区线路方案的指标重要性不尽相同的特点，将权重设成定值，缺乏足够的合理性。G1 法是对层次分析法的改进，减少了权重计算的复杂度和专家的工作量，并避免了当数据量大时，层次分析法难以满足一致性的问题。本书利用 G1 法计算指标的主观权重，以此作为铁路建设方案评价指标体系的基础权重，目的是给建设方案决策专家以参考，希望减少实际方案综合评价和比选的难度。

6.3.1　指标权重设计原则

在对中观层指标进行权重设计时，本书主要按照“和谐社会、以人为本”的原则，将社会效益和影响指标及环境影响指标放在指标排序的前端，其余指标的排序根据具体方案的性质进行了相应的调整。对微观层指标进行权重设计时，本书根据指标的宏观、中观和微观三类不同属性，分别赋予不同的重要性排序，宏观属性的指标排序靠前，其次是中观属性的指标，最后是微观属性的指标，微观层指标的属性分类如表 6-2 所示。

表 6-2　铁路建设方案综合评价微观层指标属性分类

微观层指标属性	指标	指标类型
宏观属性	对国民经济的带动作用	定性
	带动周边地区经济发展的能力	定性
	改善路网布局的作用	定性
	与相邻路网的协调性	定性
	市场适应和竞争能力	定性
	与功能定位的匹配程度	定性
	对地方规划建设的影响	定性
中观属性	吸引客、货流的能力	定性
	对旅游、矿产等资源开发的作用	定性
	地方政府（相关部门）的意见	定性
	对军事区或军事设施的影响	定性
	地形条件的影响	定性
	设站条件	定性
	与时间目标值的适应性	定性
微观属性	最小曲线半径	定量
	桥隧比	定量
	最大坡度（限制坡度）	定量
	特大桥总长	定量
	特长隧道总长	定量
	压覆矿产量	定量
	改移道路量	定量
	疏解、联络条件	定性
	土石方工程量	定量
	征地量	定量
	拆迁建筑物量	定量
	耕地、农田占用量	定量
	填挖均衡性	定性
	接轨站的接轨条件	定性

续表

微观层指标属性	指标	指标类型
微观属性	线路长度	定量
	施工工期	定量
	工程施工、实施难度	定性
	通过能力/能力利用率/能力适应	定量
	输送能力	定量
	旅行时间	定量
	客、货运量	定量
	货流密度	定量
	运输效率	定性
	运输管理条件	定性
	土建工程投资费	定量
	机车车辆购置费	定量
	建设成本	定量
	年运营费	定量
	运输收入	定量
	投资节时比	定量
	换算工程运营费	定量
	投资回收期	定量
	财务净现值	定量
	财务内部收益率	定量
	噪声影响	定性
	对既有设备、设施、资源的利用	定性
	对自然保护区的影响	定性
	对风景旅游区、公园等的影响	定性
	对历史文化遗迹的影响	定性
	对重点野生动植物的影响	定性
	施工和运营风险	定性
	对草地、树木、大气等自然生态环境的影响	定性
	水库、大坝、湖泊等水资源与工程的相互影响（包括引用水源）	定性
	不良地质条件、特殊岩土的影响	定性
	水文地质条件的影响	定性
	气象条件的影响	定性

续表

微观层指标属性	指标	指标类型
微观属性	就业效益	定性
	旅客出行和货物集散便捷性	定性
	对既有线或其他交通的影响	定性
	对沿线企业、事业单位等的影响	定性

6.3.2　线路走向方案综合评价指标基础权重

线路走向方案的选择是否合理，不仅直接关系到铁路本身的工程投资和运输效率，更重要的是影响到设计线在铁路网中所发挥的作用，即是否满足国家的政治、经济、国防的要求和长远利益。同时，铁路长大干线往往是绵延几百甚至上千公里的线形结构物，线路经过地区自然环境的不确定性及地质状况的复杂性决定了其全寿命服役期内都可能会对周围生态环境产生影响，而且也将持续受到各种地质条件的制约。因此，本书在对线路走向方案进行权重设计时，将社会类指标排在最前端，并适当考虑地形、地质条件和生态环境等指标的重要性。

1. 中观目标层对于总目标的相互比较与权重计算

首先，对中观目标层指标进行初步排序，得到：社会效益＞社会影响＞自然、文化等环境影响＞地质地形条件＞运营条件＞工程条件＞线路条件＞工程经济。

然后，利用表 6-1 得到相邻两个指标间的重要性程度赋值情况：$r_2 = 1.2$，$r_3 = 1.2$，$r_4 = 1.2$，$r_5 = 1.4$，$r_6 = 1.0$，$r_7 = 1.0$，$r_8 = 1.6$。

最后，利用式（6-1）和式（6-2）计算得到中观目标层对于总目标，按照上面排序的指标权重为：W=（0.22, 0.18, 0.15, 0.13, 0.09, 0.09, 0.09, 0.06）。

2. 微观目标层对于中观目标层的相互比较与权重计算

1）线路条件微观目标层对于技术可行性中观目标层的相互比较与权重计算

首先，对线路条件微观目标层指标进行初步排序，得到：设站条件＞线路长度＞接轨站的接轨条件＞桥隧比＞特大工程（特大桥、特长隧道）总长＞压覆矿产量＞最小曲线半径＞最大坡度（限制坡度）。

然后，利用表 6-1 得到相邻两个指标间的重要性程度赋值情况：$r_2 = 1.6$，$r_3 = 1.4$，$r_4 = 1.2$，$r_5 = 1.2$，$r_6 = 1.4$，$r_7 = 1.2$，$r_8 = 1.0$。

最后，利用式（6-1）和式（6-2）计算得到线路条件微观目标层对于技术可行性中观目标层，按照上面排序的指标权重为：W=（0.30, 0.19, 0.13, 0.11, 0.09, 0.07, 0.06, 0.06）。

2）工程条件微观目标层对于技术可行性中观目标层的相互比较与权重计算

首先，对工程条件微观目标层指标进行初步排序，得到：施工工期＞工程施工、实施难度＞拆迁建筑物量＞征地量＞土石方工程量。

然后，利用表 6-1 得到相邻两个指标间的重要性程度赋值情况：$r_2=1.2$，$r_3=1.6$，$r_4=1.0$，$r_5=1.6$。

最后，利用式（6-1）和式（6-2）计算得到工程条件微观目标层对于技术可行性中观目标层，按照上面排序的指标权重为：W=（0.31, 0.26, 0.16, 0.16, 0.10）。

3）运营条件微观目标层对于技术可行性中观目标层的相互比较与权重计算

首先，对运营条件微观目标层指标进行初步排序，得到：客、货运量（客、货流密度）＞通过能力/能力利用率/能力适应＞输送能力＞旅行时间＞旅行速度。

然后，利用表 6-1 得到相邻两个指标间的重要性程度赋值情况：$r_2=1.2$，$r_3=1.0$，$r_4=1.4$，$r_5=1.0$。

最后，利用式（6-1）和式（6-2）计算得到运营条件微观目标层对于技术可行性中观目标层，按照上面排序的指标权重为：W=（0.26, 0.22, 0.22, 0.15, 0.15）。

4）工程经济微观目标层对于经济合理性中观目标层的相互比较与权重计算

首先，对工程经济微观目标层指标进行初步排序，得到：财务内部收益率＞换算工程运营费＞工程投资费＞年运营费。

然后，利用表 6-1 得到相邻两个指标间的重要性程度赋值情况：$r_2=1.0$，$r_3=1.6$，$r_4=1.0$。

最后，利用式（6-1）和式（6-2）计算得到工程经济微观目标层对于经济合理性中观目标层，按照上面排序的指标权重为：W=（0.31, 0.31, 0.19, 0.19）。

5）自然、文化等环境影响微观目标层对于环境影响中观目标层的相互比较与权重计算

首先，对自然、文化等环境影响微观目标层指标进行初步排序，得到：对自然保护区、风景旅游区的影响＞对历史文化遗迹的影响＞水库、大坝、湖泊等水资源与工程的相互影响（包括饮用水源）＞对草地、树木、大气等自然生态环境的影响＞噪声影响。

然后，利用表 6-1 得到相邻两个指标间的重要性程度赋值情况：$r_2=1.4$,，$r_3=1.2$，$r_4=1.4$，$r_5=1.4$。

最后，利用式（6-1）和式（6-2）计算得到自然、文化等环境影响微观目标层对于环境影响中观目标层，按照上面排序的指标权重为：W=（0.33, 0.24, 0.20, 0.14, 0.10）。

6）地质地形条件微观目标层对于环境影响中观目标层的相互比较与权重计算

首先，对地质地形条件微观目标层指标进行初步排序，得到：地形条件的影响＞不良地质条件、特殊岩土的影响＞施工和运营风险＞水文地质条件的影响＞气象条件的影响。

然后，利用表 6-1 得到相邻两个指标间的重要性程度赋值情况：$r_2=1.2$，$r_3=1.2$，$r_4=1.4$，$r_5=1.4$。

最后，利用式（6-1）和式（6-2）计算得到地质地形条件微观目标层对于环境影响中观目标层，按照上面排序的指标权重为：W=（0.30, 0.25, 0.21, 0.15, 0.10）。

7）社会效益微观目标层对于社会效益和影响中观目标层的相互比较与权重计算

首先，对社会效益微观目标层指标进行初步排序，得到：改善路网布局的作用＞带动周边地区经济发展的能力＞吸引客、货流的能力＞对旅游、矿产等资源开发的作用＞旅客出行和货物集散便捷性。

然后，利用表 6-1 得到相邻两个指标间的重要性程度赋值情况：$r_2=1.2$，$r_3=1.4$，$r_4=1.2$，$r_5=1.6$。

最后，利用式（6-1）和式（6-2）计算得到社会效益微观目标层对于社会效益和影响中观目标层，按照上面排序的指标权重为：W=（0.31, 0.26, 0.18, 0.15, 0.10）。

8）社会影响微观目标层对于社会效益和影响中观目标层的相互比较与权重计算

首先，对社会影响微观目标层指标进行初步排序，得到：对军事区或军事设施的影响＞地方政府（相关部门）的意见＞与城市、地方规划建设的协调、符合程度＞对既有线或其他交通的影响＞对沿线企业、事业单位等的影响。

然后，利用表 6-1 得到相邻两个指标间的重要性程度赋值情况：$r_2=1.2$，$r_3=1.4$，$r_4=1.4$，$r_5=1.4$。

最后，利用式（6-1）和式（6-2）计算得到社会影响微观目标层对于社会效益和影响中观目标层，按照上面排序的指标权重为：W=（0.32, 0.26, 0.19, 0.13, 0.10）。

3. 微观目标层相对于总目标的指标权重

计算得到微观目标层相对于总目标的指标权重，即指标基础权重值，如表 6-3 所示。

表 6-3　铁路线路走向方案评价指标权重

宏观目标层	中观目标层		微观目标层		基础权重
	指标	权重	指标	权重	
技术可行性	线路条件	0.09	线路长度	0.19	0.0171
			最小曲线半径	0.06	0.0054
			桥隧比	0.11	0.0099
			最大坡度（限制坡度）	0.06	0.0054
			特大工程（特大桥、特长隧道）总长	0.09	0.0081
			压覆矿产量	0.07	0.0063
			设站条件	0.30	0.0270
			接轨站的接轨条件	0.13	0.0117
	工程条件	0.09	土石方工程量	0.10	0.0090
			征地量	0.16	0.0144
			拆迁建筑物量	0.16	0.0144
			施工工期	0.31	0.0279
			工程施工、实施难度	0.26	0.0234
	运营条件	0.09	通过能力/能力利用率/能力适应	0.22	0.0198
			输送能力	0.22	0.0198
			旅行时间	0.15	0.0135
			旅行速度	0.15	0.0135
			客、货运量（客、货流密度）	0.26	0.0234

续表

宏观目标层	中观目标层		微观目标层		基础权重
	指标	权重	指标	权重	
经济合理性	工程经济	0.06	工程投资费	0.19	0.0114
			年运营费	0.19	0.0114
			换算工程运营费	0.31	0.0186
			财务内部收益率	0.31	0.0186
环境影响	自然、文化等环境影响	0.15	噪声影响	0.10	0.0150
			对草地、树木、大气等自然生态环境的影响	0.14	0.0210
			对历史文化遗迹的影响	0.24	0.0360
			对自然保护区、风景旅游区的影响	0.33	0.0495
			水库、大坝、湖泊等水资源与工程的相互影响（包括饮用水源）	0.20	0.0300
	地质地形条件	0.13	地形条件的影响	0.30	0.0390
			不良地质条件、特殊岩土的影响	0.25	0.0325
			水文地质条件的影响	0.15	0.0195
			气象条件的影响	0.10	0.0130
			施工和运营风险	0.21	0.0273
社会效益和影响	社会效益	0.22	带动周边地区经济发展的能力	0.26	0.0572
			对旅游、矿产等资源开发的作用	0.15	0.0330
			吸引客、货流的能力	0.18	0.0396
			旅客出行和货物集散便捷性	0.10	0.0220
			改善路网布局的作用	0.31	0.0682
	社会影响	0.18	与城市、地方规划建设的协调、符合程度	0.19	0.0342
			对既有线或其他交通的影响	0.13	0.0234
			对沿线企业、事业单位等的影响	0.10	0.0180
			对军事区或军事设施的影响	0.32	0.0576
			地方政府（相关部门）的意见	0.26	0.0468

6.3.3 基于不同情景的铁路线路走向方案综合评价指标基础权重

第 5 章提出了基于不同情景模式的线路走向方案的固定指标，固定指标的基础权重可由 G1 法直接计算得到，但灵活指标需要由专家根据建设方案的实际情况，在线路走向方案综合评价指标体系中灵活选择，灵活指标的权重也就必须在线路走向方案综合评价指标的权重中获取，这样就导致固定指标的基础权重和灵活指标的基础权重不在同一尺度上。因此，从线路走向方案综合评价指标中提取的灵活指标的基础权重需要进行转换，将固定指标和灵活指标在线路走向方案指标体系中的相对重要性排序转换到具体情景模式下的重要性排序上，以保证在统一尺度上进行基础权重计算。为此，本书进行如下简化计算：首先，利用 G1 法确定固定指标的基础权重，并将其固定下来；其次，计算固定指标的基础权重占固定指标在线路走向方案指标体系中的基础权重的比例的平均值；再次，用灵活指标在线路走向方案指标体系中的权重乘以该比例的平均值，近似得到灵活指标的基础权重；接着，对固定指标的基础权重和灵活指标的基础权重进行归一化处理，即得到具体情景下的基础权重；最后，利用离差法计算固定指标和灵活指标的客观权重，以此对基础权重进行修正组合，得到最后的指标组合权重。本章主要分析固定指标基础权重的计算，灵活指标选取及其基础权重的计算和转换在后面章节的案例分析中进行说明。

1. 偏重于政治经济据点的铁路线路走向方案综合评价指标权重

根据表 5-1 的固定指标，首先进行初步排序，得到：改善路网布局的作用＞带动周边地区经济发展的能力＞地方政府（相关部门）的意见＞吸引客、货流的能力＞与城市、地方规划建设的协调、符合程度＞对自然保护区、风景旅游区的影响＞不良地质条件、特殊岩土的影响＞工程施工、实施难度＞线路长度＞工程投资费。

然后，利用表 6-1 得到相邻两个指标间的重要性程度赋值情况：r_2=1.2，r_3=1.4，r_4=1.2，r_5=1.2，r_6=1.4，r_7= 1.2，r_8= 1.4，r_9=1.4，r_{10}=1.0。

最后，利用式（6-1）和式（6-2）计算得到该情景下固定指标的权重为：W=（0.23, 0.19, 0.14, 0.12, 0.10, 0.07, 0.06, 0.04, 0.03, 0.03），如表 6-4 所示。

表 6-4　偏重于政治经济据点的铁路线路走向方案综合评价固定指标基础权重

指标	阶段	指标类型	基础权重
改善路网布局的作用	决策设计	定性	0.23
带动周边地区经济发展的能力	全寿命周期	定性	0.19
地方政府（相关部门）的意见	全寿命周期	定性	0.14
吸引客、货流的能力	全寿命周期	定性	0.12
与城市、地方规划建设的协调、符合程度	决策设计	定性	0.10
对自然保护区、风景旅游区的影响	全寿命周期	定性	0.07
不良地质条件、特殊岩土的影响	全寿命周期	定性	0.06
工程施工、实施难度	建设	定性	0.04
线路长度	决策设计	定量	0.03
工程投资费	决策设计	定量	0.03

2. 偏重于防灾减灾的铁路线路走向方案综合评价指标权重

根据表 5-2 的固定指标，首先进行初步排序，得到：地质灾害危险性＞施工和运营风险＞不良地质条件、特殊岩土的影响＞地形条件的影响＞工程施工、实施难度＞带动周边地区经济发展的能力＞对自然保护区、风景旅游区的影响＞线路长度＞工程投资费＞桥隧比。

然后，利用表 6-1 得到相邻两个指标间的重要性程度赋值情况：r_2= 1.4，r_3=1.2，r_4=1.2，r_5=1.4，r_6=1.2，r_7= 1.2，r_8=1.4，r_9=1.0，r_{10}=1.2。

最后，利用式（6-1）和式（6-2）计算得到该情景下固定指标的权重为：W=（0.24, 0.17, 0.14, 0.12, 0.08, 0.07, 0.06, 0.04, 0.04, 0.03），如表 6-5 所示。

表 6-5　偏重于防灾减灾的铁路线路走向方案综合评价固定指标基础权重

指标	阶段	指标类型	基础权重
地质灾害危险性	全寿命周期	定量	0.24
施工和运营风险	全寿命周期	定性	0.17
不良地质条件、特殊岩土的影响	全寿命周期	定性	0.14
地形条件的影响	决策设计	定性	0.12
工程施工、实施难度	建设	定性	0.08
带动周边地区经济发展的能力	全寿命周期	定性	0.07
对自然保护区、风景旅游区的影响	全寿命周期	定性	0.06
线路长度	决策设计	定量	0.04
工程投资费	决策设计	定量	0.04
桥隧比	决策设计	定量	0.03

3. 偏重于工程地质条件的铁路线路走向方案综合评价指标权重

根据表 5-3 的固定指标，首先进行初步排序，得到：地形条件的影响＞不良地质条件、特殊岩土的影响＞施工和运营风险＞水文地质条件的影响＞工程施工、实施难度＞带动周边地区经济发展的能力＞对自然保护区、风景旅游区的影响＞线路长度＞工程投资费＞桥隧比。

然后，利用表 6-1 得到相邻两个指标间的重要性程度赋值情况：r_2= 1.2，r_3=1.2，r_4=1.4，r_5=1.2，r_6=1.2，r_7= 1.2，r_8=1.4，r_9=1.0，r_{10}=1.2。

最后，利用式（6-1）和式（6-2）计算得到该情景下固定指标的权重为：W=（0.22, 0.18, 0.15, 0.11, 0.09, 0.07, 0.06, 0.04, 0.04, 0.04），如表 6-6 所示。

表 6-6　偏重于工程地质条件的铁路线路走向方案综合评价固定指标基础权重

指标	阶段	指标类型	基础权重
地形条件的影响	决策设计	定性	0.22
不良地质条件、特殊岩土的影响	全寿命周期	定性	0.18
施工和运营风险	全寿命周期	定性	0.15
水文地质条件的影响	全寿命周期	定性	0.11
工程施工、实施难度	建设	定性	0.09
带动周边地区经济发展的能力	运营维护	定性	0.07
对自然保护区、风景旅游区的影响	全寿命周期	定性	0.06
线路长度	决策设计	定量	0.04
工程投资费	决策设计	定量	0.04
桥隧比	决策设计	定量	0.04

4. 偏重于环境影响的铁路线路走向方案综合评价指标权重

根据表 5-4 的固定指标，首先进行初步排序，得到：对自然保护区、风景旅游区的影响＞对草地、树木、大气等自然生态环境的影响＞对饮用水资源的影响＞对历史文化遗迹的影响＞噪声影响＞带动周边地区经济发展的能力＞不良地质条件、特殊岩土的影响＞工程施工、实施难度＞线路长度＞工程投资费。

然后，利用表 6-1 得到相邻两个指标间的重要性程度赋值情况：r_2= 1.4，r_3=1.0，r_4=1.2，r_5=1.4，r_6=1.2，r_7= 1.2，r_8= 1.2，r_9=1.2，r_{10}=1.0。

最后，利用式（6-1）和式（6-2）计算得到该情景下固定指标的权重为：W=（0.21, 0.15, 0.15, 0.13, 0.09, 0.07, 0.06, 0.05, 0.04, 0.04），如表 6-7 所示。

表 6-7　偏重于环境影响的铁路线路走向方案综合评价固定指标基础权重

指标	阶段	指标类型	基础权重
对自然保护区、风景旅游区的影响	全寿命周期	定性	0.21
对草地、树木、大气等自然生态环境的影响	全寿命周期	定性	0.15
对饮用水资源的影响	全寿命周期	定性	0.15
对历史文化遗迹的影响	全寿命周期	定性	0.13
噪声影响	全寿命周期	定性	0.09
带动周边地区经济发展的能力	全寿命周期	定性	0.07
不良地质条件、特殊岩土的影响	全寿命周期	定性	0.06
工程施工、实施难度	建设	定性	0.05
线路长度	决策设计	定量	0.04
工程投资费	决策设计	定量	0.04

5. 偏重于旅游资源开发的铁路线路走向方案综合评价指标权重

根据表 5-5 的固定指标，首先进行初步排序，得到：对旅游资源开发的作用＞地方政府（相关部门）的意见＞吸引客流的能力＞旅行时间＞旅客出行便捷性＞对自然保护区、风景旅游区的影响＞与城市、地方规划建设的协调、符合程度＞不良地质条件、特殊岩土的影响＞线路长度＞工程投资费。

然后，利用表 6-1 得到相邻两个指标间的重要性程度赋值情况：r_2= 1.2，r_3=1.2，r_4=1.4，r_5=1.2，r_6=1.4，r_7= 1.2，r_8= 1.2，r_9=1.4，r_{10}=1.0。

最后，利用式（6-1）和式（6-2）计算得到该情景下固定指标的权重为：W=（0.22, 0.19, 0.16, 0.11, 0.09, 0.07, 0.05, 0.05, 0.03, 0.03），如表 6-8 所示。

表 6-8　偏重于旅游资源开发的铁路线路走向方案综合评价固定指标基础权重

情景	指标	阶段	指标类型	基础权重
旅游资源	对旅游资源开发的作用	决策设计	定性	0.22
	地方政府（相关部门）的意见	全寿命周期	定性	0.19
	吸引客流的能力	运营维护	定性	0.16
	旅行时间	运营维护	定性	0.11
	旅客出行便捷性	运营维护	定性	0.09
	对自然保护区、风景旅游区的影响	全寿命周期	定性	0.07
	与城市、地方规划建设的协调、符合程度	决策设计	定性	0.05
	不良地质条件、特殊岩土的影响	全寿命周期	定性	0.05
	线路长度	决策设计	定量	0.03
	工程投资费	决策设计	定量	0.03

6. 偏重于矿产资源开发的铁路线路走向方案综合评价指标权重

根据表 5-6 的固定指标，首先进行初步排序，得到：对矿产资源开发的作用＞带动周边地区经济发展的能力＞地方政府（相关部门）的意见＞吸引货流的能力＞货物集散便捷性＞与城市、地方规划建设的协调、符合程度＞对自然保护区、风景旅游区的影响＞不良地质条件、特殊岩土的影响＞线路长度＞工程投资费。

然后，利用表 6-1 得到相邻两个指标间的重要性程度赋值情况：r_2=1.0，r_3=1.2，r_4=1.2，r_5=1.4，r_6=1.4，r_7= 1.2，r_8= 1.2，r_9=1.4，r_{10}=1.0。

最后，利用式（6-1）和式（6-2）计算得到该情景下固定指标的权重为：W=（0.19, 0.19, 0.16, 0.13, 0.09, 0.07, 0.06, 0.05, 0.03, 0.03），如表 6-9 所示。

表 6-9　偏重于矿产资源开发的铁路线路走向方案综合评价固定指标基础权重

指标	阶段	指标类型	基础权重
对矿产资源开发的作用	决策设计	定性	0.19
带动周边地区经济发展的能力	全寿命周期	定性	0.19
地方政府（相关部门）的意见	全寿命周期	定性	0.16
吸引货流的能力	全寿命周期	定性	0.13
货物集散便捷性	运营维护	定性	0.09
与城市、地方规划建设的协调、符合程度	决策设计	定性	0.07
对自然保护区、风景旅游区的影响	全寿命周期	定性	0.06
不良地质条件、特殊岩土的影响	全寿命周期	定性	0.05
线路长度	决策设计	定量	0.03
工程投资费	决策设计	定量	0.03

7. 偏重于重大桥隧工程的铁路线路走向方案综合评价指标权重

根据表 5-7 的固定指标，首先进行初步排序，得到：特大工程（特大桥、特长隧道）总长＞不良地质条件、特殊岩土的影响＞施工和运营风险＞工程施工、实施难度＞桥隧比＞施工工期＞带动周边地区经济发展的能力＞对自然保护区、风景旅游区的影响＞线路长度＞工程投资费＞年运营费。

然后，利用表 6-1 得到相邻两个指标间的重要性程度赋值情况：r_2=1.4，r_3=1.2，r_4=1.2，r_5=1.2，r_6=1.2，r_7= 1.4，r_8= 1.2，r_9=1.4，r_{10}=1.0，r_{11}=1.0。

最后，利用式（6-1）和式（6-2）计算得到该情景下固定指标的权重为：W=（0.22, 0.16, 0.13, 0.11, 0.09, 0.08, 0.06, 0.05, 0.03, 0.03, 0.03），如表 6-10 所示。

表 6-10　偏重于重大桥隧工程的铁路线路走向方案综合评价固定指标基础权重

指标	阶段	指标类型	基础权重
特大工程（特大桥、特长隧道）总长	决策设计	定量	0.22
不良地质条件、特殊岩土的影响	全寿命周期	定性	0.16
施工和运营风险	全寿命周期	定性	0.13
工程施工、实施难度	建设	定性	0.11
桥隧比	决策设计	定量	0.09
施工工期	建设	定量	0.08
带动周边地区经济发展的能力	全寿命周期	定性	0.06
对自然保护区、风景旅游区的影响	全寿命周期	定性	0.05
线路长度	决策设计	定量	0.03
工程投资费	决策设计	定量	0.03
年运营费	决策设计	定量	0.03

8. 偏重于车站站位的铁路线路走向方案综合评价指标权重

根据表 5-8 的固定指标，首先进行初步排序，得到：带动周边地区经济发展的能力＞地方政府（相关部门）的意见＞吸引客、货流的能力＞设站条件＞与城市、地方规划建设的协调、符合程度＞旅客出行和货物集散便捷性＞对自然保护区、风景旅游区的影响＞不良地质条件、特殊岩土的影响＞线路长度＞工程投资费。

然后，利用表 6-1 得到相邻两个指标间的重要性程度赋值情况：r_2= 1.2，r_3=1.2，r_4=1.4，r_5=1.0，r_6=1.2，r_7= 1.4，r_8= 1.2，r_9=1.4，r_{10}=1.0。

最后，利用式（6-1）和式（6-2）计算得到该情景下固定指标的权重为：W=（0.21, 0.17, 0.14, 0.10, 0.10, 0.09, 0.06, 0.05, 0.04, 0.04），如表 6-11 所示。

表 6-11　铁路车站站位方案综合评价固定指标基础权重

指标	阶段	指标类型	基础权重
带动周边地区经济发展的能力	全寿命周期	定性	0.21
地方政府（相关部门）的意见	全寿命周期	定性	0.17
吸引客、货流的能力	运营维护	定性	0.14
设站条件	全寿命周期	定性	0.10
与城市、地方规划建设的协调、符合程度	决策设计	定性	0.10
旅客出行和货物集散便捷性	运营维护	定性	0.09
对自然保护区、风景旅游区的影响	全寿命周期	定性	0.06
不良地质条件、特殊岩土的影响	全寿命周期	定性	0.05
线路长度	决策设计	定量	0.04
工程投资费	决策设计	定量	0.04

6.3.4　接轨方案综合评价指标基础权重

接轨方案是影响线路局部走向的重要因素，它关系到路网规划、枢纽布局、运输效率、工程投资等一系列主要问题。

1. 中观目标层对于总目标的相互比较与权重计算

首先，对中观目标层指标进行初步排序，得到：社会效益＞社会影响＞运营（运输）条件＞自然、文化等环境影响＞线路条件＞工程地质条件＞工程条件＞工程经济。

然后，利用表 6-1 得到相邻两个指标间的重要性程度赋值情况：r_2=1.2，r_3=1.2，r_4=1.0，r_5=1.4，r_6=1.2，r_7=1.2，r_8=1.6。

最后，利用式（6-1）和式（6-2）计算得到中观目标层对于总目标、按照上面排序的指标权重为：W=（0.24, 0.20, 0.16, 0.16, 0.12, 0.10, 0.08, 0.04）。

2. 微观目标层对于中观目标层的相互比较与权重计算

1）线路条件微观目标层对于技术可行性中观目标层的相互比较与权重计算

首先，对线路条件微观目标层指标进行初步排序，得到：设站条件＞接轨站的接轨条件＞线路长度＞桥隧比＞最小曲线半径。

然后，利用表 6-1 得到相邻两个指标间的重要性程度赋值情况：r_2= 1.0，r_3=1.8，r_4=1.2，r_5=1.4。

最后，利用式（6-1）和式（6-2）计算得到线路条件微观目标层对于技术可行性中观目标层，按照上面排序的指标权重为：W=（0.30, 0.30, 0.17, 0.14, 0.10）。

2）工程条件微观目标层对于技术可行性中观目标层的相互比较与权重计算

首先，对工程条件微观目标层指标进行初步排序，得到：施工工期＞工程实施、施工难度＞拆迁建筑物量＞征地量＞土石方工程量。

然后，利用表 6-1 得到相邻两个指标间的重要性程度赋值情况：r_2=1.2，r_3=1.2，r_4=1.0，r_5=1.6。

最后，利用式（6-1）和式（6-2）计算得到工程条件微观目标层对于技术可行性中观目标层，按照上面排序的指标权重为：W=（0.27, 0.23, 0.19, 0.19, 0.12）。

3）运营（运输）条件微观目标层对于技术可行性中观目标层的相互比较与权重计算

首先，对运营（运输）条件微观目标层指标进行初步排序，得到：客、货运量（客、货流密度）＞通过能力＞运输效率＞运输管理条件＞旅行时间＞旅行速度＞疏解、联络条件＞对既有设备、设施、资源的利用。

然后，利用表 6-1 得到相邻两个指标间的重要性程度赋值情况：r_2= 1.2，r_3=1.4，r_4=1.2，r_5=1.2，r_6=1.0，r_7=1.4，r_8=1.2。

最后，利用式（6-1）和式（6-2）计算得到运营（运输）条件微观目标层对于技术可行性中观目标层，按照上面排序的指标权重为：W=（0.23, 0.19, 0.14, 0.12, 0.10, 0.10, 0.07, 0.06）。

4）工程经济微观目标层对于经济合理性中观目标层的相互比较与权重计算

首先，对工程经济微观目标层指标进行初步排序，得到：财务内部收益率＞换算工程运营费＞工程投资费＞年运营费。

然后，利用表 6-1 得到相邻两个指标间的重要性程度赋值情况：r_2= 1.0，r_3=1.6，r_4=1.0。

最后，利用式（6-1）和式（6-2）计算得到工程经济微观目标层对于经济合理性中观目标层，按照上面排序的指标权重为：W=（0.31, 0.31, 0.19, 0.19）。

5）自然、文化等环境影响微观目标层对于环境影响中观目标层的相互比较与权重计算

首先，对自然、文化等环境影响微观目标层指标进行初步排序，得到：对历史文化遗迹的影响＞对自然保护区、风景旅游区的影响＞对草地、树木、大气等自然生态环境的影响＞噪声影响。

然后，利用表 6-1 得到相邻两个指标间的重要性程度赋值情况：r_2= 1.4，r_3=1.6，r_4=1.4。

最后，利用式（6-1）和式（6-2）计算得到自然、文化等环境影响微观目标层对于环

境影响中观目标层，按照上面排序的指标权重为：W=（0.40, 0.29, 0.18, 0.13）。

6）工程地质条件微观目标层对于环境影响中观目标层的相互比较与权重计算

首先，对工程地质条件微观目标层指标进行初步排序，得到：地形条件的影响＞不良地质条件、特殊岩土的影响＞施工和运营风险＞水文地质条件的影响。

然后，利用表 6-1 得到相邻两个指标间的重要性程度赋值情况：r_2= 1.4，r_3=1.2，r_4=1.4。

最后，利用式（6-1）和式（6-2）计算得到工程地质条件微观目标层对于环境影响中观目标层，按照上面排序的指标权重为：W=（0.37, 0.26, 0.22, 0.16）。

7）社会效益微观目标层对于社会效益和影响中观目标层的相互比较与权重计算

首先，对社会效益微观目标层指标进行初步排序，得到：改善路网（枢纽）布局的作用＞带动周边地区经济发展的能力＞吸引客、货流的能力＞旅客出行和货物集散便捷性。

然后，利用表 6-1 得到相邻两个指标间的重要性程度赋值情况：r_2= 1.6，r_3=1.4，r_4=1.4。

最后，利用式（6-1）和式（6-2）计算得到社会效益微观目标层对于社会效益和影响中观目标层，按照上面排序的指标权重为：W=（0.42, 0.26, 0.19, 0.13）。

8）社会影响微观目标层对于社会效益和影响中观目标层的相互比较与权重计算

首先，对社会影响微观目标层指标进行初步排序，得到：地方政府（相关部门）的意见＞与城市、地方规划建设的协调、符合程度＞对城市的干扰（环境、居民生活、城市的切割等）＞对既有线或其他交通的影响。

然后，利用表 6-1 得到相邻两个指标间的重要性程度赋值情况：r_2= 1.4，r_3=1.4，r_4=1.4。

最后，利用式（6-1）和式（6-2）计算得到社会影响微观目标层对于社会效益和影响中观目标层，按照上面排序的指标权重为：W=（0.39, 0.28, 0.20, 0.13）。

3. 微观目标层相对于总目标的指标权重

计算得到微观目标层相对于总目标的指标权重，即为指标基础权重值，如表 6-12 所示。

表 6-12　铁路接轨方案评价指标权重

宏观目标层	中观目标层		微观目标层		基础权重
	指标	权重	指标	权重	
技术可行性	线路条件	0.12	桥隧比	0.14	0.0168
			最小曲线半径	0.10	0.0120
			线路长度	0.17	0.0204
			接轨站的接轨条件	0.30	0.0360
			设站条件	0.30	0.0360
	工程条件	0.08	土石方工程量	0.12	0.0096
			征地量	0.19	0.0152
			拆迁建筑物量	0.19	0.0152
			工程施工、实施难度	0.23	0.0184
			施工工期	0.27	0.0216

续表

宏观目标层	中观目标层		微观目标层		基础权重
	指标	权重	指标	权重	
技术可行性	运营（运输）条件	0.16	对既有设备、设施、资源的利用	0.06	0.0096
			旅行时间	0.10	0.0160
			旅行速度	0.10	0.0160
			通过能力	0.19	0.0304
			客、货运量（客、货流密度）	0.23	0.0368
			运输管理条件	0.12	0.0192
			疏解、联络条件	0.07	0.0112
			运输效率	0.14	0.0224
经济合理性	工程经济	0.04	工程投资费	0.19	0.0076
			年运营费	0.19	0.0076
			财务内部收益率	0.31	0.0124
			换算工程运营费	0.31	0.0124
环境影响	自然、文化等环境影响	0.16	噪声影响	0.13	0.0208
			对历史文化遗迹的影响	0.40	0.0640
			对自然保护区、风景旅游区的影响	0.29	0.0464
			对草地、树木、大气等自然生态环境的影响	0.18	0.0288
	工程地质条件	0.10	地形条件的影响	0.37	0.037
			施工和运营风险	0.22	0.022
			水文地质条件的影响	0.16	0.016
			不良地质条件、特殊岩土的影响	0.26	0.026
社会效益和影响	社会效益	0.24	旅客出行和货物集散便捷性	0.13	0.0312
			吸引客、货流的能力	0.19	0.0456
			带动周边地区经济发展的能力	0.26	0.0624
			改善路网（枢纽）布局的作用	0.42	0.1008
	社会影响	0.20	与城市、地方规划建设的协调、符合程度	0.28	0.0560
			对既有线或其他交通的影响	0.13	0.0280
			对城市的干扰（环境、居民生活、城市的切割等）	0.20	0.0400
			地方政府（相关部门）的意见	0.39	0.0780

6.3.5 速度目标值方案综合评价指标基础权重

速度目标值方案综合评价指标权重计算时，既要考虑到速度目标值具有一定的先进性，又要技术上可行；既要满足市场和社会发展，又要在经济上合理；还要考虑到与周边铁路技术标准的协调性，以保证整个路网的系统有序发展。

1. 中观目标层对于总目标的相互比较与权重计算

首先，对中观目标层指标进行初步排序，得到：适应性＞运营（运输）条件＞技术标准＞工程经济。

然后，利用表 6-1 得到相邻两个指标间的重要性程度赋值情况：$r_2=1.6$，$r_3=1.4$，$r_4=1.2$。

最后，利用式（6-1）和式（6-2）计算得到中观目标层对于总目标、按照上面排序的指标权重为：$W=(0.41, 0.26, 0.18, 0.15)$。

2. 微观目标层相对于中观目标层的相互比较与权重计算

1）适应性微观目标层对于中观目标层的相互比较与权重计算

首先，对适应性微观目标层指标进行初步排序，得到：与功能定位的匹配程度＞市场适应和竞争能力＞与时间目标值的适应性＞与相邻路网的协调性。

然后，利用表 6-1 得到相邻两个指标间的重要性程度赋值情况：$r_2=1.4$，$r_3=1.2$，$r_4=1.4$。

最后，利用式（6-1）和式（6-2）计算得到适应性微观目标层对于中观目标层、按照上面排序的指标权重为：$W=(0.37, 0.26, 0.22, 0.16)$。

2）技术标准微观目标层对于中观目标层的相互比较与权重计算

首先，对技术标准微观目标层指标进行初步排序，得到：最小曲线半径＞限制坡度（最大坡度）＞牵引质量。

然后，利用表 6-1 得到相邻两个指标间的重要性程度赋值情况：$r_2=1.2$，$r_3=1.4$。

最后，利用式（6-1）和式（6-2）计算得到技术标准微观目标层对于中观目标层、按照上面排序的指标权重为：$W=(0.41, 0.34, 0.25)$。

3）运营（运输）条件微观目标层对于中观目标层的相互比较与权重计算

首先，对运营（运输）条件微观目标层指标进行初步排序，得到：客、货运量（客、货流密度）＞通过能力/能力利用率/能力适应＞投资节时比＞旅行时间＞旅行速度。

然后，利用表 6-1 得到相邻两个指标间的重要性程度赋值情况：$r_2=1.2$，$r_3=1.4$，$r_4=1.4$，$r_5=1.2$。

最后，利用式（6-1）和式（6-2）计算得到运营（运输）条件微观目标层对于中观目标层、按照上面排序的指标权重为：$W=(0.31, 0.26, 0.19, 0.13, 0.11)$。

4）工程经济微观目标层对于中观目标层的相互比较与权重计算

首先，对工程经济微观目标层指标进行初步排序，得到：财务内部收益率＞工程投资费＞年运营费。

然后，利用表 6-1 中的 r_j 赋值参考表，得到相邻两个指标间的重要性程度赋值情况：$r_2=1.4$，$r_3=1.0$。

最后，利用式（6-1）和式（6-2）计算得到工程经济微观目标层对于中观目标层、按照上面排序的指标权重为：$W=(0.41, 0.29, 0.29)$。

3. 微观目标层相对于总目标的指标权重

计算得到微观目标层相对于总目标的指标权重，即为指标基础权重值，如表 6-13 所示。

表 6-13 铁路速度目标值方案综合评价指标基础权重

中观目标层		微观目标层		基础权重
指标	权重	指标	权重	
适应性	0.41	与功能定位的匹配程度	0.37	0.152
		与时间目标值的适应性	0.22	0.107
		与相邻路网的协调性	0.16	0.066
		市场适应和竞争能力	0.26	0.090
技术标准	0.18	最小曲线半径	0.41	0.074
		限制坡度（最大坡度）	0.34	0.061
		牵引质量	0.25	0.045
运营（运输）条件	0.26	旅行时间	0.13	0.034
		旅行速度	0.11	0.029
		投资节时比	0.19	0.050
		客、货运量（客、货流密度）	0.31	0.081
		通过能力/能力利用率/能力适应	0.26	0.068
工程经济	0.15	工程投资费	0.29	0.044
		年运营费	0.29	0.044
		财务内部收益率	0. 41	0.062

6.3.6 方案评价指标基础权重排序

为了进一步认识和考察指标的重要性程度，以及对三类方案评价和比选的影响程度，对指标的基础权重进行了总排序，如表 6-14 所示。

表 6-14 三类方案评价指标基础权重排序

线路走向方案		接轨方案		速度目标值方案	
评价指标	基础权重	评价指标	基础权重	评价指标	基础权重
改善路网布局的作用	0.0682	改善路网（枢纽）布局的作用	0.1008	与功能定位的匹配程度	0.152
对军事区或军事设施的影响	0.0576	地方政府（相关部门）的意见	0.0780	与时间目标值的适应性	0.107
带动周边地区经济发展的能力	0.0572	对历史文化遗迹的影响	0.0640	市场适应和竞争能力	0.090

续表

线路走向方案		接轨方案		速度目标值方案	
评价指标	基础权重	评价指标	基础权重	评价指标	基础权重
对自然保护区、风景旅游区的影响	0.0495	带动周边地区经济发展的能力	0.0624	客、货运量（客、货流密度）	0.081
地方政府（相关部门）的意见	0.0468	与城市、地方规划建设的协调、符合程度	0.0560	最小曲线半径	0.074
吸引客、货流的能力	0.0396	对自然保护区、风景旅游区的影响	0.0464	通过能力/能力利用率/能力适应	0.068
地形条件的影响	0.0390	吸引客、货流的能力	0.0456	与相邻路网的协调性	0.066
对历史文化遗迹的影响	0.0360	对城市的干扰（环境、居民生活、城市的切割等）	0.0400	财务内部收益率	0.062
与城市、地方规划建设的协调、符合程度	0.0342	地形条件的影响	0.037	限制坡度（最大坡度）	0.061
对旅游、矿产等资源开发的作用	0.0330	客、货运量（客、货流密度）	0.0368	投资节时比	0.050
不良地质条件、特殊岩土的影响	0.0325	接轨站的接轨条件	0.0360	牵引质量	0.045
水库、大坝、湖泊等水资源与工程的相互影响（包括饮用水源）	0.0300	设站条件	0.0360	工程投资费	0.044
施工工期	0.0279	旅客出行和货物集散便捷性	0.0312	年运营费	0.044
施工和运营风险	0.0273	通过能力	0.0304	旅行时间	0.034
设站条件	0.0270	对草地、树木、大气等自然生态环境的影响	0.0288	旅行速度	0.029
工程施工、实施难度	0.0234	对既有线或其他交通的影响	0.0280		
客、货运量（客、货流密度）	0.0234	不良地质条件、特殊岩土的影响	0.026		
对既有线或其他交通的影响	0.0234	运输效率	0.0224		
旅客出行和货物集散便捷性	0.0220	施工和运营风险	0.022		
对草地、树木、大气等自然生态环境的影响	0.0210	施工工期	0.0216		
通过能力/能力利用率/能力适应	0.0198	噪声影响	0.0208		
输送能力	0.0198	线路长度	0.0204		
水文地质条件的影响	0.0195	运输管理条件	0.0192		
换算工程运营费	0.0186	工程施工、实施难度	0.0184		
财务内部收益率	0.0186	桥隧比	0.0168		
对沿线企业、事业单位等的影响	0.0180	旅行时间	0.0160		
线路长度	0.0171	旅行速度	0.0160		
噪声影响	0.0150	水文地质条件的影响	0.016		

续表

线路走向方案		接轨方案		速度目标值方案	
评价指标	基础权重	评价指标	基础权重	评价指标	基础权重
征地量	0.0144	征地量	0.0152		
拆迁建筑物量	0.0144	拆迁建筑物量	0.0152		
旅行时间	0.0135	财务内部收益率	0.0124		
旅行速度	0.0135	换算工程运营费	0.0124		
气象条件的影响	0.0130	最小曲线半径	0.0120		
接轨站的接轨条件	0.0117	疏解、联络条件	0.0112		
工程投资费	0.0114	土石方工程量	0.0096		
年运营费	0.0114	对既有设备、设施、资源的利用	0.0096		
桥隧比	0.0099	工程投资费	0.0076		
土石方工程量	0.0090	年运营费	0.0076		
特大工程（特大桥、特长隧道）总长	0.0081				
压覆矿产量	0.0063				
最小曲线半径	0.0054				
最大坡度（限制坡度）	0.0054				

6.4　本章小结

指标权重的细微变化都会对方案评价的结果产生影响。本章提出了采用组合赋权法计算指标的权重，该方法兼顾了指标的客观取值数据和决策者对指标的偏好信息，减少了权重确定过程的主观随意性，实现了权重的主、客观统一，因此决策结果更加可靠，也更符合实际情况。其中，采用改进的层次分析法——G1 法计算指标的基础权重，希望能在专家实际决策时对指标的相对重要性判断给予参考，同时也可将指标权重排序靠前的指标作为常用指标，以减少实际决策时选择指标的难度。

第 7 章　铁路建设方案全寿命周期综合评价模型

铁路建设项目投资巨大，往往会消耗大量的人力、物力和财力，并且我国铁路承担了国内大部分的中长途客、货运输任务，对铁路周边地区政治、科技、经济、军事等方面的发展起着非常重要的作用。对于新建铁路，建设方案选择的合理、客观与否，除了直接影响工程本身的投资成本、建设周期、规模及运营效益等外，还关系到该项目能否满足地方运输需求，对区域经济、社会发展也会产生深远影响[86]。目前，铁路方案的经济、社会及环境效益综合评估的理论与方法研究，以及其与实践的结合尚处于探索阶段。现行的评选方法大多限于定性分析法或定量静态分析法，在经济上追求换算工程运营费最省，并结合对建设方案社会效益等因素的定性分析，比选出最优方案。但在评价方案所含定性指标较多且难以完全用货币来衡量，而各个方案的指标值又出现交叉，经济上又差别不大的情况下，缺乏相应的综合评价和比选方法。

近年来，随着多目标决策技术的不断发展，许多学者引入其中的决策方法来解决铁路选线设计的线路方案评价与比选问题，并做了大量有益的研究工作，也提出了多种方案评价方法，如层次分析法、模糊综合评判方法、可拓学理论及集对分析法等。概括而言，这些评价方法各具特色，对铁路方案的科学评价与合理选择起到了重要的参考和借鉴作用。但现有的研究成果在处理定性指标时，未能有效给出定性概念的科学表示，在将专家意见由定性向定量转换时，对定性指标的模糊性等不确定性特征考虑不足，可能由于对专家意见的表达不完整而导致评价结果与实际情况差异很大。基于铁路建设方案综合评价时，必须要同时考虑较多的定量和定性指标，因此只有建立一种能合理量化定性指标且可进行定量、定性指标综合决策的方案综合评价方法，才能满足实际方案决策的需要。

7.1　多目标决策

决策普遍存在于工作、生活、学习等方方面面，小到个人的成败得失，大到国家、民族的兴盛衰败，都与决策的正确与否息息相关，是人们最基本的社会活动之一。随着社会的不断进步和经济的持续发展，科学化的决策过程已受到人们越来越多的关注和重视。客观事物的复杂性决定了现实世界中的决策大都具有多个目标的特性，即多目标决策问题，多目标决策在日常生活中随时可见，例如，买衣服要考虑质量、颜色、样式、大小和价格五个目标；购买房子需要综合考虑房子的价格、面积、层位、位置和周边环境等多个目标[87]。在工程系统和社会经济系统中，人们所面临的决策问题往往都有多个目标。

7.2　多属性决策

通常，多目标决策可以分为多目标优化决策和多属性决策两类。多目标优化决策是指决策变量连续且处于一定约束条件规定的范围内，并且决策前并未给出最优方案，而是要在上述约束条件下利用优化方法生成最佳方案。多属性决策问题的决策变量离散，决策前已经给出有限个候选方案，其中也包括最优方案，决策者只需对这些有限个候选方案进行排序以找出该最优方案即可。多属性决策理论与方法广泛运用于工程建设领域，如项目投资决策与经济效益评价、施工方案选择、隧道围岩分级与评价、站址选择、技术标准选择、招投标等。

多属性决策可分为确定性多属性决策和不确定性多属性决策。目前，国内外的政治、经济环境和自然条件不断变化，决策者面临的决策环境日益复杂化，其中的不确定性也越来越多。例如，项目经济评价时需要考虑投资回收期、净现值、项目成本、效益等指标，而由于受经济形式变化的影响，决策前难以知道备选项目方案在这些指标上的准确取值；施工企业进行施工方案评估时，施工方法的变更、施工环境的改变、自然灾害及人为事故的发生都会对工期产生影响，导致施工工期指标难以准确把握，具有很大的不确定性。关于确定性多属性决策的研究已非常成熟，但不确定性多属性决策才刚引起学术界的重视，还未形成公理化的理论体系，不过也取得了不少新的研究成果，丰富和完善了多属性决策理论与方法，可为解决具有不确定性特征的其他领域的决策问题起到指导和借鉴意义。随着决策环境不断变化及决策者对决策的要求越来越高，有必要在工程建设中引入不确定性多属性决策理论，并建立行之有效的模型与方法解决实际工程决策问题。

7.2.1　多属性决策研究现状

对于多属性决策的研究始于 1957 年，当时 Churchman 等首次正式利用简单加权法处理了“选择企业投资方针”的决策问题。到 1968 年，MacCrimmon 综述了多属性决策的方法和应用。他将所搜集的十种方法按照处理的属性的维数进行了分类，在 1973 年又增加了更多方法，并按照方法的结构、补偿性和偏好输入等对这些方法进行了分组。进入 20 世纪 70 年代后，决策理论在实际问题中的应用逐渐广泛起来，多目标决策、群决策、序贯决策、模糊决策及决策支持系统成为人们研究的重点。80 年代后，许多学者研究了求解多属性决策问题的各种类型的交互式算法。90 年代，Sipley 等、Yang 和 Singh、Yang 和 Sen 对不确定多属性决策问题又进行了研究。Chen 等把模糊数学引入了决策理论，对模糊多属性决策进行了系统的综述。20 世纪 90 年代到现在，复杂多属性决策问题一直是人们研究的重要课题，主要研究方向包括群体多属性决策问题、不确定性多属性决策问题、定量定性信息混合的多属性决策问题、具有不完全信息的多属性决策问题、时序多属性决策问题、多属性决策问题的智能决策分析方法等。

7.2.2　多属性决策理论基础

1. 多属性决策特点

多属性决策，也称有限方案多目标决策，普遍存在于工程、社会和经济等系统中，它是决策理论与方法研究的重要内容。一般来讲，多属性决策问题可以分为三种类型，即选择问题、排序问题和分类问题。虽然多属性决策问题的背景不同，但它们通常具有下列共同的特点。

（1）属性之间通常是相互冲突和不可公度的（各属性的量纲不同）。

（2）在属性集中，可能同时存在定性属性和定量属性。

（3）属性经常构成一个层次结构。

（4）决策信息有时是不完全的，决策者只能提供决策参数的不完全信息。

（5）决策者的判断可能是不确定的，也就是没有 100%的把握做出主观判断。

这些特点决定了多属性决策问题通常是比较复杂的。

2. 多属性决策要素

通常来说，多属性决策分析中存在如下基本要素。

1）决策单元和决策者

决策者可以是一个人或一群人，直接或间接地提供最终的价值判断，据此选择最优或排列可行的方案。决策单元包含决策人、其他决策分析者和机器，是信息的处理器。

2）属性集和方案集

属性集也称为指标集，是方案评价和比选的基础。可供选择的方案，也称为备选方案，在决策术语中称为策略，它是一个多元集合，在这一集合中蕴涵着所要选定的目标。没有策略或只有一个策略的决策不构成决策分析。

3）决策矩阵

设多属性决策问题中待评价的方案有 m 个，方案集为 $X=(X_1, X_2,\cdots, X_m)$；对方案进行评价的指标有 n 个，指标集（也称属性集）表示为 $C=(C_1, C_2,\cdots, C_n)$，式中 C_j（$j=1,\cdots,k$）为定量指标，C_j（$j=k+1,\cdots, n$）为定性指标，指标的权重集为 $W=(w_1, w_2,\cdots,w_n)$，$w_1+w_2+\cdots+w_n=1$。方案 X_i 在定量指标 C_j（$j=1,\cdots, k$）下的取值记为 a_{ij}（$i=1,\cdots, m; j=1,\cdots, k$），为精确数，在定性指标 C_j（$j=k+1,\cdots, n$）下的取值记为 a_{ij}（$i=1,\cdots, m; j=k+1,\cdots, n$），本书采用语言类模糊数作为其取值。则求解一个多属性决策问题就转换为对如下的决策矩阵进行各种运算：

$$A=\begin{bmatrix} a_{11} & a_{12} & \cdots & a_{1n} \\ a_{21} & a_{22} & \cdots & a_{2n} \\ \vdots & \vdots & & \vdots \\ a_{m1} & a_{m2} & \cdots & a_{mn} \end{bmatrix}$$

决策矩阵是进行多属性决策分析的基础和依据，它将各类指标数据整合在一起，为以数学化方式解决多属性决策问题提供了所需的基本信息。

3. 多属性决策方法

求解一个多属性决策问题的过程主要包含三个方面的内容：标准化决策矩阵、确定指标权重及进行方案综合评价和排序。

1）标准化决策矩阵

按照不同的来源、特点及用途，可以将指标分为以下几类[88]。

根据决策者对指标的不同表达方式，可将指标分为定量指标和定性指标。定量指标是指能够用一个确定的数字（即精确数）来表示的指标，如线路长度、土石方工程量、桥隧比、工程投资费等。定性指标则是指决策者难以采用精确数来描述，只能利用语言类模糊数表示的指标，如工程对周边环境的影响、改善路网布局的作用等指标。

根据决策者对指标的不同获取方式，可将指标分为客观指标和主观指标。客观指标是能够从客观世界中直接得到取值数据的指标；主观指标是只能从人类的主观认识中获得取值信息的指标。通常，主观指标大都是定性指标。

根据指标对决策者的作用不同，可将指标分为成本型指标、效益型指标、区间型指标、固定型指标、偏离型指标和偏离区间型指标 6 种类型。成本型指标是取值越小对决策者越好的指标，如工程投资、项目成本、投资回收期等。效益型指标是取值越大对决策者越好的指标，如工程效益、营业收入、利润率等。区间型指标是指取值稳定在某个区间的指标，如飞行员身高在 170～180cm 最好。固定型指标是指标取值既不能太大，也不能太小，刚刚稳定在某个固定值为最佳，即指越接近于某个值越好的指标。偏离型指标是取值偏离某个数值的指标，偏离越大就越好，如学习成绩这个指标，大于 60 分就算好，越大于 60 分越好。偏离区间型指标是取值偏离某个区间的指标，偏离越大就越好。其中，最常用的是成本型指标和效益型指标。

每个方案各指标之间的取值由于单位、量纲或数量级的不同，指标之间不能随便进行比较和计算。为了消除这种差异对决策结果的影响，在求解多属性决策问题时，首先要对决策矩阵进行规范化（标准化）处理，并且对于不同的指标类型（效益型、成本型等），它们的规范化方法也不同。常用的指标规范化方法有向量规范法、线性变换规范法、比重变换规范法、极差变换规范法、灰色关联系数规范法及功效系数变换规范法等，无论规范化方法的形式如何变化，其所遵循的基本原则都是不改变无量纲化前后的方案排列次序，规范化的本质是决策者给出某指标在各备择方案下的实际价值。

令决策矩阵 $A=(a_{ij})_{m\times n}$ 经过规范化后的矩阵为 $S=(s_{ij})_{m\times n}$，m 表示方案个数，n 表示指标个数，一般可采用如下规范化方法。

（1）当指标取值为精确数时，对于效益型指标，规范化方法为

$$s_{ij}=\frac{a_{ij}}{\sqrt{\sum_{i=1}^{m}(a_{ij})^2}},\quad i=1,2,\cdots,m;\ j=1,2,\cdots,n \tag{7-1}$$

对于成本型指标，规范化方法为

$$s_{ij}=\frac{1/a_{ij}}{\sqrt{\sum_{i=1}^{m}(1/a_{ij})^2}},\quad i=1,2,\cdots,m;j=1,2,\cdots,n \tag{7-2}$$

（2）当指标取值为区间数时，对于效益型指标，规范化方法为

$$\begin{cases} s_{ij}^{L}=\dfrac{a_{ij}^{L}}{\sqrt{\sum_{i=1}^{m}(a_{ij}^{U})^2}},\quad i=1,2,\cdots,m;j=1,2,\cdots,n \\ s_{ij}^{U}=\dfrac{a_{ij}^{U}}{\sqrt{\sum_{i=1}^{m}(a_{ij}^{L})^2}},\quad i=1,2,\cdots,m;j=1,2,\cdots,n \end{cases} \tag{7-3}$$

对于成本型指标，规范化方法为

$$\begin{cases} s_{ij}^{L}=\dfrac{1/a_{ij}^{U}}{\sqrt{\sum_{i=1}^{m}(1/a_{ij}^{L})^2}},\quad i=1,2,\cdots,m;j=1,2,\cdots,n \\ s_{ij}^{U}=\dfrac{1/a_{ij}^{L}}{\sqrt{\sum_{i=1}^{m}(1/a_{ij}^{U})^2}},\quad i=1,2,\cdots,m;j=1,2,\cdots,n \end{cases} \tag{7-4}$$

（3）当指标取值为三角模糊数时，对于效益型指标，规范化方法为

$$s_{ij}=\left(\frac{a_{ij}^{L}}{\max\limits_{i}\{a_{ij}^{L}\}},\frac{a_{ij}^{M}}{\max\limits_{i}\{a_{ij}^{M}\}},\frac{a_{ij}^{U}}{\max\limits_{i}\{a_{ij}^{U}\}}\right) \tag{7-5}$$

对于成本型指标，规范化方法为

$$s_{ij}=\left(\frac{\min\limits_{i}\{a_{ij}^{L}\}}{a_{ij}^{L}},\frac{\min\limits_{i}\{a_{ij}^{M}\}}{a_{ij}^{M}},\frac{\min\limits_{i}\{a_{ij}^{U}\}}{a_{ij}^{U}}\right) \tag{7-6}$$

2）指标权重

在决策指标体系中，每个指标对实现系统目标和功能的重要性程度各不相同，权重表示各指标的重要性程度，或表示一种效益替换另一种效益的比例系数。合理确定和适当调整指标权重，体现了决策指标体系中各评价因素轻重有度、主次有别，更增加了决策指标的可比性。

确定性指标权重的多属性决策中，常用的权重分配方法主要有层次分析法、离差法、特征矢量法（eigen-vector）、加权最小二乘法（weighted least square）、熵权法（the entropy weight method）和多维优先分析线性规划法（linear programming techniques for multidimentional analysis of preference，LINMAP）等。

3）方案评价和排序方法

现有的多属性决策方法大致可分为三种类型：确定性多属性决策方法、不确定性多属性决策方法和多属性群决策方法。

（1）确定性多属性决策。

确定性多属性决策问题是指研究的对象都是确定的，决策过程也是在确定条件下进行（指标权重、指标取值、决策者等）的多属性决策问题。确定性多属性决策假设决策是在确定的条件下进行，决策前可以得到用数值形式表示的各指标取值（即指标取值为精确数），而且这个数值不随决策环境的变化而改变，关于这类确定条件下的决策问题研究理论众多，成果也很丰富，体系已相对完善。

（2）不确定性多属性决策。

由于客观世界的复杂性和人类对事物认识程度的局限性，在实际的决策过程中往往存在如下问题：①由于决策时间往往受限，指标信息和取值数据不可能完全获取；②许多指标难以直接量化，如对生态环境的影响、舒适程度、带动周边地区经济发展的能力等；③有时不能用精确数来描述指标，只能使用较大、较小、较好、较差等语言类模糊数，或者是一个取值范围（区间数）、一个普通模糊数（三角模糊数、梯形模糊数）等；④决策者对决策信息表达的不完整，或决策者的知识、认知和对信息的处理能力有限。上述问题使多属性决策超出了确定性的范畴，具有了不确定性特征，就称为不确定性多属性决策。

对不确定性现象的考虑是多属性决策问题的研究热点，也是目前重大的前沿性课题。客观因素和主观因素两方面都可以造成现象的不确定性，其中客观因素主要是由于客观世界的多变性、复杂性，从而造成不确定的决策环境；主观因素则是源于人们认识或理解决策对象、决策属性及决策问题本身的不准确性，体现在做决策时利用一些没有清晰界限的定性概念对决策问题或决策指标的描述，如采用较大、较小、很小等定性概念描述一条铁路对周边自然环境的影响。随着经济的持续发展和社会的不断进步，决策者面临的决策问题更加复杂，这意味着要想获得更多的决策信息将会越来越困难，得到所有决策信息更是不可能。目前，多数决策模型在处理这些复杂的多属性决策问题时都对实际情况进行了一定程度的简化，要么将定性和定量分开分析，要么将定性简单地转换为一个确定的数，这样在数据的转换和传递过程中不可避免地造成信息丢失。由于整个决策过程是基于信息不完备的情况，决策者做出的最终决策结果就具有很大的不确定性。

客观世界的不确定性本质已经得到自然科学、社会科学等不同学术领域的广泛认可，即使仍然有许多学者还在研究确定性现象，但现在已经很难听见有质疑世界不确定性特征的声音出现了。多目标决策中的不确定性主要表现在采用语言对决策问题进行描述的不确定性上。语言值是语言中的基本单元，由一些概念组成。概念的不确定性有模糊性、随机性、不准确性、不连贯性及随时间不断变化性等多种类型，其中最具代表性的是模糊性和随机性。

多属性决策问题是一个模糊性和随机性共存的问题，但传统决策方法在研究模糊性时却抛弃了随机性，考虑了随机性时往往又忽略了模糊性，这样得出的决策结论难以达到最佳。因此，如何在决策时更全面、合理地处理对象的随机性和模糊性，成为目前多属性决策研究的热点。我国李德毅院士提出的云模型理论实现了这方面的突破。云模型理论将随机性和模糊性进行交叉渗透，提出了一种新的定性概念与其定量表示之间相互转换的算法，并在转换过程中也伴随着不确定性的传递，使决策结果更加合理。

（3）多属性群决策。

多属性群决策，即多位决策者共同参与多属性问题的决策过程，它是关于多个决策者共同参与、协商解决问题的决策方式，即一种联合抉择。在多人多属性决策问题中，每个人均给出方案或属性的偏好信息，将各个决策者的偏好信息进行综合，集思广益，取长补短，以形成群体的共同智慧，排除个人偏好的影响，进而做出合理的选择或排序。

我国学者对多属性决策问题的研究主要始于 20 世纪 80 年代初期，目前为止，已提出十多种多属性决策方法，这些方法所用的手段很多，估计评分法可能是最早的、最简单的方法，其后又陆续提出许多方法，如二项系数加权法、序数法、优序法、对比系数法、密切值法、效用函数法、综合评价与排序法、相似优序值法、灰色关联度、双基点优序法、基于加权法和线性法的有限方案多目标决策法及主客观综合法等。另外，我国也有很多学者用模糊数学研究多属性决策方法，如陈守煌、胡秦生和郑春勇等，还有的用神经网络来研究多属性决策问题，如陈守煌、李登峰、毛权等。东南大学的徐泽水也对多属性决策提出了许多有用的方法，如可能度方法等。

7.2.3　混合多属性决策

1. 混合多属性决策理论基础

在多属性决策问题中，由于属性有定性和定量之分，决策方案在各属性下的取值有三种情况：①全部为定量值，即数字；②全部为定性描述，即语言，其数据可以是精确的，也可以是不精确的，如区间数、模糊数等；③既有定量值又有定性描述。与这三种情况对应的多属性决策问题分别称为定量多属性决策问题、定性多属性决策问题和混合多属性决策问题。具体来说，在实际决策过程中，决策信息不仅以精确的实数来表示，还有以区间数、三角模糊数、梯形模糊数、直觉模糊数等模糊形式来表示，属性值以多种类型表示的决策问题为混合多属性决策问题。在社会、经济、军事许多领域中，存在着大量的混合多指标或多属性决策问题，例如，在评价某新型武器研制方案优劣时，主要考虑重量、命中精度、威力、可靠性、维修性等指标，这些指标的信息一部分可用数值或估值区间表示，如重量、命中精度、威力等指标，而可靠性、维修性等指标在实际问题中往往很难用精确值进行量化，相反，通过专家咨询采用模糊数或语言变量来刻画它们显得更为合理。这种属性值以多种类型（如精确数、区间数、模糊数、模糊语言型）出现在决策矩阵中，就构成了混合多指标决策问题。

1）混合多属性决策分类

混合多属性决策问题中的“混合”可以分为两种情况[89]。

第一种是指属性值的混合。属性值的混合可以理解为两种类型：第一种是根据各属性的特点，不同属性的评价值的数据类型（包含实数、区间数、语言变量和模糊数）可以相同，也可以不同，但在决策矩阵中至少要有两个属性的评价值类型不同，每一个决策矩阵中的数据都是混合型的，不同决策矩阵中相同属性的属性值类型相同；第二种是专家决策矩阵中的数据是混合的，包含多种类型，同一属性的评价值的类型也可能不同。

第二种是指属性权重信息的混合，即专家给出不同的属性权重信息。这种属性权重信息的混合也分为两种类型：第一种属性权重信息分别包括实数、区间数、语言变量和模糊数等类型，第二种属性权重信息没有直接给出，而是给出各属性之间的相互关系，这种信息可能包含序数关系、互补矩阵、互反矩阵、三角模糊数判断矩阵、区间数判断矩阵和语言判断矩阵等多种形式。

不同的数据类型得出的最终结果也不同，其中有区间数、模糊数，这就使所有的方案排序或评价不具有可比性，对这类混合多属性决策问题的研究就有着重要的理论意义和实际应用背景。对于单一一种数据类型的决策方法很多，但实际决策中常会出现两种、三种混合数据都存在的现象，即混合多属性决策问题。目前，对混合多属性决策问题的研究还很不完善，仅有少量文献进行了针对性的分析。本书主要利用含精确数（实数）和模糊数的混合多属性决策问题的理论与方法，解决铁路建设方案评价和比选问题。

2）混合多属性决策的数学描述

混合多属性决策问题可以描述为：设决策者对一个具有有限个决策备选方案集 $X=\{x_1,x_2,\cdots,x_m\}(m\geqslant 2)$ 和有限个属性集合 $C=\{c_1,c_2,\cdots,c_n\}(n\geqslant 2)$ 的方案进行评价和优选，其中各属性一般具有不同的物理意义和量纲。决策者给出各方案相关属性的评价信息组成评价矩阵 $A=(a_{ij})_{m\times n}$，a_{ij} 表示决策者对方案 x_i 在属性 c_j 上做出的评价，评价信息可以是实数、区间、语言变量、直觉模糊集和三角模糊数等多种类型。设 $C_1,C_2,\cdots,C_n$ 为分别表示某一类型（实数、区间、语言变量、直觉模糊集和三角模糊数等）属性值的集合，即 $C_1\cup C_2\cup\cdots\cup C_n=C$，且 $C_i\cap C_j=\varnothing(i,j=1,2,\cdots,n,i\neq j)$，属性的权重向量未知。根据实际问题的需要对备选方案进行评价，即选择、排序、分类或分级等。

3）语言变量和三角模糊数

在多属性决策中，对一些定性属性指标进行评估时，一般很难用实数、区间等定量的方式表述，却可以使用定性的自然语言短语，如“好”、“一般”、“差”等更符合人类的表达习惯。当专家用语言变量来进行评价时，一般需要先设定一个适当的语言评估标度，以便选择合适的语言变量来表达自己的偏好。语言评估标度由奇数个预先定义好的有序自然语言短语组成。本书在对定性指标进行处理时，首先由专家采用语言变量（很差、差、一般、较好、好等）对其进行赋值，然后利用如下的三角模糊数对相应的语言变量进行赋值，从而组成了包含实数和三角模糊数的混合多属性决策。

设 $\overline{a}=(a^L,a^M,a^U)$，且它的隶属度函数为

$$\mu_a(x)=\begin{cases}1, & x=a^M \\ \dfrac{x-a^L}{a^M-a^L}, & a^L \leqslant x < a^M \\ \dfrac{x-a^U}{a^M-a^L}, & a^M < x \leqslant a^U \\ 0, & \text{其他}\end{cases} \tag{7-7}$$

则称 $\overline{a}=(a^L,a^M,a^U)$ 为一个三角模糊数，式中 $0<a^L \leqslant a^M \leqslant a^U$ 。若三角模糊数 $\overline{a}=(a^L,a^M,a^U)$ 满足 $0<a^L \leqslant a^M \leqslant a^U<1$，则称 $\overline{a}$ 为规范化的三角模糊数。

设 $\overline{a}=(a^L,a^M,a^U)$ 和 $\overline{b}=(b^L,b^M,b^U)$ 为两个三角模糊数，它们满足如下性质和计算规则。

（1）$\overline{a}+\overline{b}=(a^L+b^L,a^M+b^M,a^U+b^U)$ 。

（2）$\overline{a}-\overline{b}=(a^L-b^L,a^M-b^M,a^U-b^U)$ 。

（3）$\overline{a}\times\overline{b}=(a^Lb^L,a^Mb^M,a^Ub^U)$ 。

（4）$\dfrac{1}{\overline{a}}=\left(\dfrac{1}{a^L},\dfrac{1}{a^M},\dfrac{1}{a^U}\right)$。

（5）$\lambda\overline{a}=(\lambda a^L,\lambda a^M,\lambda a^U),\lambda \geqslant 0$ 。

（6）若 $\overline{a}=\overline{b}$，当且仅当 $a^L=b^L,a^M=b^M,a^U=b^U$ 。

设 $\overline{a}=(a^L,a^M,a^U)$，$\overline{b}=(b^L,b^M,b^U)$ 均为三角模糊数，则称

$$D_H(\overline{a},\overline{b})=\sqrt{\frac{1}{3}[(a^L-b^L)^2+(a^M-b^M)^2+(a^U-b^U)^2]} \tag{7-8}$$

为三角模糊数 $\overline{a}$ 和 $\overline{b}$ 的距离。

2. TOPSIS 法

逼近理想解排序（technique for order preference by similarity to an ideal solution, TOPSIS）法，也称理想点法，是一种从几何观点出发的多属性决策方法，在 n 个属性下评估 m 个方案，类似于 n 维空间里的 m 个点。它是一种逼近理想解的排序法，其中正理想解和负理想解（为方便，下面将正理想解和负理想解改称为正理想方案和负理想方案）是 TOPSIS 法中的两个基本概念，正理想方案就是设想的最期望的方案，它的各个属性值都达到所有候选方案在各个属性下的最好值，负理想方案就是设想的最不期望的方案，它的各个属性值都是所有候选方案在各个属性下的最差值。通过设计各个指标的正理想方案和负理想方案，建立评价指标与正理想方案和负理想方案之间距离的二维数据空间，在此基础上对评价方案与正理想方案和负理想方案进行比较，若最接近于正理想方案，同时又最远离负理想方案，则该方案是备选方案中最好的方案[90,91]。

使用 TOPSIS 法解决决策问题，一般包括以下几步。

（1）对各指标进行规范化处理，求得规范化决策矩阵。假设决策矩阵为 $A=(a_{ij})_{m\times n}$，

规范化决策矩阵为 $S=(s_{ij})_{m\times n}$。

（2）计算各指标的权重向量，设为 $W=(w_1,w_2,\cdots,w_n)$。然后对规范化决策矩阵 $S=(s_{ij})_{m\times n}$ 进行加权处理，得到加权规范化矩阵 $Y=(y_{ij})_{m\times n}$，式中 $y_{ij}=w_i s_{ij}, i=1,2,\cdots,m$，$j=1,2,\cdots,n$。

（3）构建正理想方案 Y^+ 和负理想方案 Y^-，即

$$Y^+=\begin{cases}\max\limits_i y_{ij}, & j\text{是效益型指标}\\ \min\limits_i y_{ij}, & j\text{是成本型指标}\end{cases} \tag{7-9}$$

$$Y^-=\begin{cases}\min\limits_i y_{ij}, & j\text{是效益型指标}\\ \max\limits_i y_{ij}, & j\text{是成本型指标}\end{cases} \tag{7-10}$$

（4）计算各备选方案到正理想方案与负理想方案的距离。

第 i 个方案到正理想方案 Y^+ 的距离为

$$d_i^+=\sqrt{\sum_{j=1}^{n}(y_{ij}-y_j^+)^2},\quad i=1,2,\cdots,m \tag{7-11}$$

第 i 个方案到负理想方案 Y^- 的距离为

$$d_i^-=\sqrt{\sum_{j=1}^{n}(y_{ij}-y_j^-)^2},\quad i=1,2,\cdots,m \tag{7-12}$$

（5）计算各方案的综合相对贴近度。

$$P_i=\frac{d_i^-}{d_i^+ + d_i^-},\quad i=1,2,\cdots,m \tag{7-13}$$

（6）根据 P_j 值的大小对方案进行排序。P_j 值越大，方案整体评价值越大，表明方案 X_j 越优；P_j 值越小，方案整体评价值越小，表明方案 X_j 越差。

7.3　基于混合多属性决策的铁路建设方案综合评价模型

7.3.1　方案综合评价模型

铁路建设方案的综合评价和比选，在铁路前期及选线设计工作中起着举足轻重的作用，它决定了工程造价的大小和运营条件的好坏，为线路建成后的经济效益提供有力的保证，并对沿线周边的生态环境和社会效益等都会产生直接影响。目前的铁路方案综合评价和比选方法大多限于层次分析法或模糊综合评价方法。但是，层次分析法在计算指标权重时需要利用专家知识和经验进行指标重要性的相互比较，因此赋值大小往往受决策者的意向和偏好影响，容易造成方案评价的结果偏重于主观，另外，其计算过程复杂，每增加一个指标，其计算复杂度将增加 2^n 倍（n 为指标个数），这会给专家增加大量的额

外工作；模糊综合评价方法在进行定量指标和定性指标综合评价时，需要对定量指标给出评价等级或模糊化的评价值，这在很多情况下难以实现，因为确定某些定量指标的等级临界值是一项非常困难的工作，这样就给定量指标评价值的计算带来了不必要的麻烦，使最后的决策结果难以达到真正意义上的定量和定性综合评价。

基于此，本书根据混合多属性决策理论和 TOPSIS 法原理，建立如下铁路建设方案综合评价模型：

$$
\begin{aligned}
P_i &= \frac{d_i^-}{d_i^+ + d_i^-} \\
&= \frac{\sqrt{\sum_{j=1}^{k}(y_{ij}-y_j^-)^2 + \sum_{j=k+1}^{n}(D_H(y_{ij}-y_j^-))^2}}{\sqrt{\sum_{j=1}^{k}(y_{ij}-y_j^+)^2 + \sum_{j=k+1}^{n}(D_H(y_{ij}-y_j^+))^2} + \sqrt{\sum_{j=1}^{k}(y_{ij}-y_j^-)^2 + \sum_{j=k+1}^{n}(D_H(y_{ij}-y_j^-))^2}}
\end{aligned} \tag{7-14}
$$

式中，d_i^- 为第 i 个方案到负理想方案 Y^- 的距离；d_i^+ 为第 i 个方案到正理想方案 Y^+ 的距离；y_{ij} 为第 i 个方案定量指标经过规范化和加权后的值；$D_H(y_{ij}-y_j^+)=\sqrt{\frac{1}{3}[(y_{ij}^L-y_j^{+L})^2+(y_{ij}^M-y_j^{+M})^2+(y_{ij}^U-y_j^{+U})^2]}$，为定性指标规范化后的三角模糊数与正理想方案中相应指标的三角模糊数的距离；$D_H(y_{ij}-y_j^-)=\sqrt{\frac{1}{3}[(y_{ij}^L-y_j^{-L})^2+(y_{ij}^M-y_j^{-M})^2+(y_{ij}^U-y_j^{-U})^2]}$，为定性指标规范化后的三角模糊数与负理想方案中相应指标的三角模糊数的距离；k 为定量指标个数；n 为总指标个数；P_i 为第 i 个铁路建设方案的综合评价值。

P_i 的值介于 0～1，当 $P_i=1$ 时，建设方案综合评价值最高；当 $P_i=0$ 时，建设方案综合评价值最低。将 P_i 划分 5 个等级标准，用以表征铁路建设方案综合评价的不同程度（表 7-1）。需要说明的是，这里的综合评价值只是各比较方案相对于构建的虚拟理想方案的相对评价值，而不是绝对意义上的评价值，这是由于方案评价指标中的很多定量指标都难以给出一个绝对的好、很好、差、少、多等方面的评价标准。例如，对于工程量这个指标，难以给出多少工程量算少、多少工程量算多等这样一个划分标准，因此进行定量、定性综合评价后也不存在绝对的评价值。

表 7-1　铁路建设方案综合评价标准

综合评价值	0～0.1	0.1～0.2	0.2～0.4	0.4～0.6	0.6～0.8	0.8～0.9	0.9～1.0
评价程度	很差	差	较差	一般	较好	好	很好

7.3.2　方案综合评价和比选步骤

假定，要对某铁路进行建设方案综合评价和比选的方案有 m 个，方案集表示为 $X=(X_1,X_2,\cdots,X_m)$；评价指标有 n 个，指标集（也称属性集）表示为 $C=(C_1,C_2,\cdots,C_n)$，其中定量指标有 k 个，表示为 $C_j(j=1,\cdots,k)$，定性指标有 $n-k$ 个，表示为 $C_j(j=k+1,\cdots,n)$；由 G1 法计算的指标主观权重值记为 $W_{\mathrm{G}}=(w_{\mathrm{G}}^1,w_{\mathrm{G}}^2,\cdots,w_{\mathrm{G}}^n)\left(0<w_{\mathrm{G}}^i<1,\sum_{i=1}^{n}w_{\mathrm{G}}^i=1\right)$，由离差法计算的指标客观权重值记为 $W_{离}=(w_{离}^1,w_{离}^2,\cdots,w_{离}^n)\left(0<w_{离}^i<1,\sum_{i=1}^{n}w_{离}^i=1\right)$，对主观权重和客观权重进行组合，形成的组合权重记为 $W=(w_1,w_2,\cdots,w_n)\left(0<w_i<1,\sum_{i=1}^{n}w_i=1\right)$。

（1）定性指标量化。一般专家给出的评价有三种方式：一是量化打分；二是优先排序；三是语言类模糊数描述。量化打分虽然操作简便，但专家对评价标准的掌握、理解不同，打出的分数差别很大，平均后的量化分数表达抽象、简单，处理结果掩盖了评价的实质内容；优先排序仅带有优先次序，不具有数量上的差异，当各个专家的意见不一致时，排序结果很难达成共识，因此一般要与量化打分的方法结合起来使用；语言类模糊数描述的优点是专家易于掌握，缺点是对语言的量化较为困难。因此，本书对于定性指标 $C_j(j=k+1,\cdots,n)$，首先由专家采用语言类模糊数（语言变量）{好，较好，一般，较差，差}、{大，较大，一般，较小，小}或{高，较高，一般，较低，低}对定性指标进行初步评价，并作为其取值。通过采用语言类模糊数作为定性指标的取值，不但将取值边界进行了模糊化，而且充分考虑了指标的不确定性，更加符合人类对定性指标的描述习惯。然后，利用表 7-2 将语言类模糊数量化为三角模糊数 $(a_{ij}^L,a_{ij}^M,a_{ij}^U)$。三角模糊数是将不确定的语言变量转化为确定数值的一种方法，能很好地解决被评价对象性能无法准确度量而只能用自然语言进行模糊评价的矛盾，同时利用三角模糊数对定性指标进行量化，是由于事物本身所具有的模糊性决定了它没有固定的临界值。例如，从很好到很差，中间状态是模糊的，并不存在一个明确的好与差的等级界限，因而利用传统专家打分法计算出的指标评价值可信度是较低的。

表 7-2　语言类模糊数与三角模糊数的转化关系

语言类模糊数	三角模糊数
差或小或低	（0, 0.1, 0.2）
较差或较小或较低	（0.2, 0.3, 0.4）
一般	（0.4, 0.5, 0.6）
较好或较大或较高	（0.6, 0.7, 0.8）
好或大或高	（0.8, 0.9, 1.0）

将定量指标取值的实数和定性指标取值的三角模糊数组合，构成建设方案综合评价和比选的决策矩阵，即

$$A=(a_{ij})_{m\times n}=\begin{bmatrix} a_{11} & \cdots & a_{1k} & (a_{1(k+1)}^L,a_{1(k+1)}^M,a_{1(k+1)}^U) & \cdots & (a_{1n}^L,a_{1n}^M,a_{1n}^U) \\ \vdots & & \vdots & \vdots & & \vdots \\ a_{i1} & \cdots & a_{ik} & (a_{i(k+1)}^L,a_{i(k+1)}^M,a_{i(k+1)}^U) & \cdots & (a_{in}^L,a_{in}^M,a_{in}^U) \\ \vdots & & \vdots & \vdots & & \vdots \\ a_{m1} & \cdots & a_{mk} & (a_{m(k+1)}^L,a_{m(k+1)}^M,a_{m(k+1)}^U) & \cdots & (a_{mn}^L,a_{mn}^M,a_{mn}^U) \end{bmatrix}$$

（2）分别利用式（7-1）、式（7-2）和式（7-5）、式（7-6）对定量指标取值的实数和定性指标取值的三角模糊数进行规范化处理，得到规范化矩阵，即

$$S=(s_{ij})_{m\times n}=\begin{bmatrix} s_{11} & \cdots & s_{1k} & (s_{1(k+1)}^L,s_{1(k+1)}^M,s_{1(k+1)}^U) & \cdots & (s_{1n}^L,s_{1n}^M,s_{1n}^U) \\ \vdots & & \vdots & \vdots & & \vdots \\ s_{i1} & \cdots & s_{ik} & (s_{i(k+1)}^L,s_{i(k+1)}^M,s_{i(k+1)}^U) & \cdots & (s_{in}^L,s_{in}^M,s_{in}^U) \\ \vdots & & \vdots & \vdots & & \vdots \\ s_{m1} & \cdots & s_{mk} & (s_{m(k+1)}^L,s_{m(k+1)}^M,s_{m(k+1)}^U) & \cdots & (s_{mn}^L,s_{mn}^M,s_{mn}^U) \end{bmatrix}$$

（3）利用线路走向方案、接轨方案和速度目标值方案的基础权重值分别确定指标的主观权重 W_{G}。由于实际方案评价和比选时，不需要将第 4 章中建立的建设方案全寿命周期评价指标体系中的所有指标都考虑进来，确定主观权重时，可以根据实际选择的相应指标所占的比例进行换算得到，也可以按照 G1 法的计算原理，重新确定相应指标的主观权重。然后利用离差法的计算原理以及式（6-11），确定指标的客观权重 $W_{离}$。最后，利用式（6-12）对主观权重 W_{G} 和客观权重 $W_{离}$ 进行组合，得到组合权重 W。

（4）利用组合权重 W 对规范化矩阵 S 进行加权，得到加权规范化矩阵，即

$$Y=(y_{ij})_{m\times n}=\begin{bmatrix} y_{11} & \cdots & y_{1k} & (y_{1(k+1)}^L,y_{1(k+1)}^M,y_{1(k+1)}^U) & \cdots & (y_{1n}^L,y_{1n}^M,y_{1n}^U) \\ \vdots & & \vdots & \vdots & & \vdots \\ y_{i1} & \cdots & y_{ik} & (y_{i(k+1)}^L,y_{i(k+1)}^M,y_{i(k+1)}^U) & \cdots & (y_{in}^L,y_{in}^M,y_{in}^U) \\ \vdots & & \vdots & \vdots & & \vdots \\ y_{m1} & \cdots & y_{mk} & (y_{m(k+1)}^L,y_{m(k+1)}^M,y_{m(k+1)}^U) & \cdots & (y_{mn}^L,y_{mn}^M,y_{mn}^U) \end{bmatrix}$$

式中，$y_{ij}=w_j s_{ij},i=1,2,\cdots,m,j=1,2,\cdots,n$。

（5）利用 TOPSIS 法原理，确定方案评价值并进行方案排序。

①根据矩阵加权规范化矩阵 $Y=(y_{ij})_{m\times n}$，确定各类指标的正理想方案 $Y^+=(y_1^+,y_2^+,\cdots,y_n^+)$ 和负理想方案 $Y^-=(y_1^-,y_2^-,\cdots,y_n^-)$，方法如下。

（a）对于定量指标，有

$$y_j^+ = \max_{1\leqslant i\leqslant m} s_{ij}, \quad j=1,2,\cdots,k$$
$$y_j^- = \min_{1\leqslant i\leqslant m} s_{ij}, \quad j=1,2,\cdots,k \tag{7-15}$$

（b）对于定性指标，有

$$y_j^+ = (\max_{1\leqslant i\leqslant m} s_{ij}^L, \max_{1\leqslant i\leqslant m} s_{ij}^M, \max_{1\leqslant i\leqslant m} s_{ij}^U), \quad j=k+1,\cdots,n \tag{7-16}$$

$$y_j^- = (\min_{1\leqslant i\leqslant m} s_{ij}^L, \min_{1\leqslant i\leqslant m} s_{ij}^M, \min_{1\leqslant i\leqslant m} s_{ij}^U), \quad j=k+1,\cdots,n \tag{7-17}$$

②计算各备选方案到正理想方案与负理想方案的距离。

第 i 个方案到正理想方案 Y^+ 的距离为

$$d_i^+ = \sqrt{\sum_{j=1}^{k}(y_{ij}-y_j^+)^2 + \sum_{j=k+1}^{n}(D_H(y_{ij},y_j^+))^2}, \quad i=1,2,\cdots,m \tag{7-18}$$

式中，当 $k+1\leqslant j\leqslant n$ 时，$y_{ij}=(y_{ij}^L,y_{ij}^M,y_{ij}^U)$ 和 $y_j^+=(y_j^{+L},y_j^{+M},y_j^{+U})$ 都为三角模糊数；$D_H(y_{ij},y_j^+)=\sqrt{\frac{1}{3}[(y_{ij}^L-y_j^{+L})^2+(y_{ij}^M-y_j^{+M})^2+(y_{ij}^U-y_j^{+U})^2]}$。

第 i 个方案到负理想方案 Y^- 的距离为

$$d_i^- = \sqrt{\sum_{j=1}^{k}(y_{ij}-y_j^-)^2 + \sum_{j=k+1}^{n}(D_H(y_{ij},y_j^-))^2}, \quad i=1,2,\cdots,m \tag{7-19}$$

式中，当 $k+1\leqslant j\leqslant n$ 时，$y_{ij}=(y_{ij}^L,y_{ij}^M,y_{ij}^U)$ 和 $y_j^-=(y_j^{-L},y_j^{-M},y_j^{-U})$ 都为三角模糊数；$D_H(y_{ij},y_j^-)=\sqrt{\frac{1}{3}[(y_{ij}^L-y_j^{-L})^2+(y_{ij}^M-y_j^{-M})^2+(y_{ij}^U-y_j^{-U})^2]}$。

③计算各方案的综合评价值。

$$P_i = \frac{d_i^-}{d_i^+ + d_i^-}, \quad i=1,2,\cdots,m \tag{7-20}$$

显然，综合评价值 P_i 介于 0～1，P_i 值越小，评价结果越差。当 P_i=1 时，建设方案综合评价结果最好；当 P_i=0 时，建设方案综合评价结果最差。

（6）根据 P_i 值的大小对方案进行排序。P_i 值越大，方案整体评价值越大，表明方案 X_i 越优；P_i 值越小，方案整体评价值越小，表明方案 X_i 越差。

7.3.3　方案综合评价和比选程式

基于混合多属性决策的铁路建设方案综合评价和比选程式如图 7-1 所示。

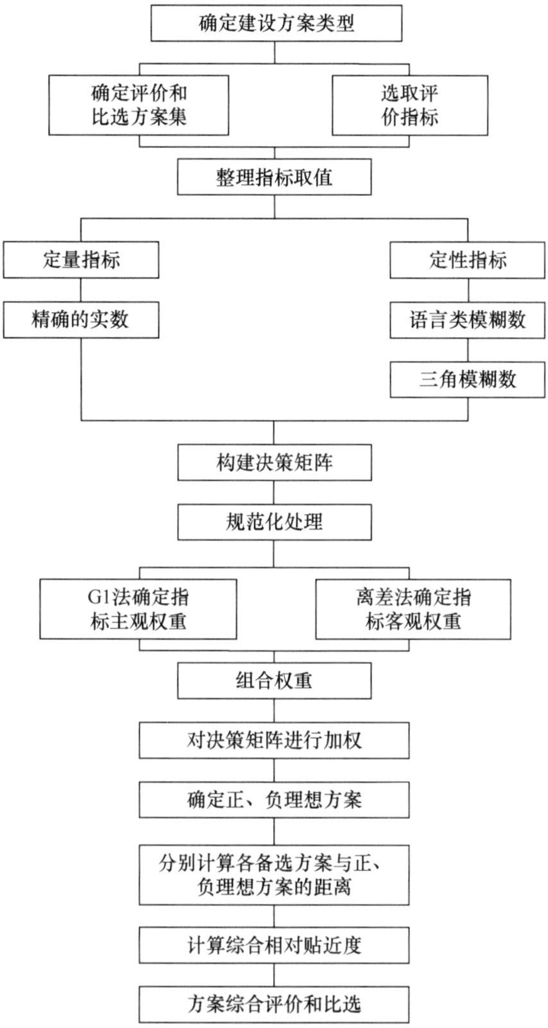

图 7-1　基于混合多属性决策的铁路建设方案综合评价和比选程式

7.4　本 章 小 结

铁路建设方案综合评价和比选是一个涉及多种影响因素的复杂多目标决策过程。本章通过利用多属性决策理论，根据实际铁路建设方案综合评价时，需要对比较方案各指标之间进行相互比较，以确定推荐方案的特点，建立了基于混合多属性决策的建设方案综合评价模型。模型首先通过将比较方案中取值情况最好的指标取出，构建理想方案；然后通过计算比较方案与理想方案的接近程度，确定方案的综合评价值；最后根据评价值的大小确定最优方案。模型在充分考虑了定性指标模糊性的基础上对其进行了科学合理的量化，克服了传统方案评价方法的不足，实现了定性指标的定量化研究及定量指标和定性指标的综合评价和比选。

第 8 章　工程案例分析

本章将利用成渝客专、云桂线、成贵线、成兰线、大瑞线等多条铁路的建设方案比选实例，通过与预可行性研究报告、可行性研究报告中专家对铁路方案的定性分析结果进行对比，验证本书建立的铁路建设方案综合评价指标体系和基于混合多属性决策的建设方案综合评价模型的有效性和实用性，并说明灵活指标选取、指标权重计算及评价模型的操作程式。为了进行同等层面和精度的对比，利用本书模型进行定量、定性综合评价时，选择的指标和报告中专家定性分析提及的指标保持一致，对于报告中未涉及的指标用“—”代替该指标的取值，不参与本章实例的具体计算。而对于新建铁路的实际方案比选，应尽可能多地获得所有固定指标的取值，以从线路条件、工程难易性、投资、环境、地质、客货流等多方面综合评价和比较各方案的优劣。

8.1　重大走向方案

8.1.1　成贵铁路工程概况

1. 成贵线概况

成贵铁路定位为区际快速客运通道，兼顾沿线城际功能，是成都与贵阳两大省会城市的客运主通道；是西南乃至西北地区通达华南的客运主通道；是四川与湘闽赣浙等中东部地区客运交流主通道；是服务城际和旅游客流的快速客运通道。成贵铁路乐山至贵阳段西起四川省的乐山市，向东经四川省的犍为县、宜宾市、长宁县、兴文县，云南省的威信县、镇雄县，贵州省的毕节市、大方县、黔西县，东至贵阳市。其西端与成绵乐城际铁路的乐山站相连，中部在宜宾与规划的内宜城际和渝昆等快速铁路相接，东端在贵阳枢纽与在建的贵广快速铁路及规划的长昆客运专线相连，正线线路长519.363km。

2. 宜宾至威信段线路走向方案

宜宾至威信段线路由四川盆地上至云贵高原的过渡段，地面高程 395～2400m，其间河谷切割较深，相对高差 500～1600m。区域内的主要经济据点有宜宾市的长宁县、兴文县、珙县、高县，其中长宁县、兴文县是旅游文化资源极其丰富的旅游县，珙县和高县是低附加值的资源县。敏感点主要分布有兴文世界地质公园、长宁竹海自然保护区（国家级）、蜀南竹海风景名胜区（国家级）、石海洞乡风景名胜区（国家级）、僰王山风景名胜区（省级）、威信风景名胜区（省级）、芙蓉山风景名胜区（省级）等。结合采空区、岩溶发育、地下水文、沿线经济点、环境敏感点等，主要研究经长宁、兴文（方案Ⅰ），经蜀南竹海（方案Ⅱ），经兴文、万寿（方案Ⅲ），经高县（方案Ⅳ）和经珙县（方案Ⅴ）5 个方案。方案示意图详见图 8-1。

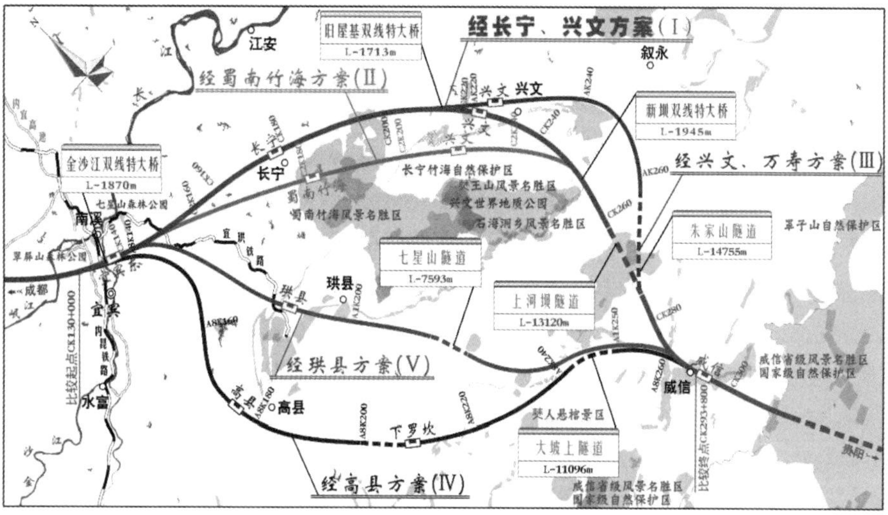

图 8-1　宜宾至威信段线路方案示意图

通过调查发现，方案Ⅱ和方案Ⅴ均通过采空区，目前的技术手段难以处理，研究后予以放弃，不再进行方案比较。

1）方案概述

（1）经长宁、兴文方案（方案Ⅰ）。线路自比较起点引出后跨金沙江，在赵场设宜宾东站，出站后，穿佛界山向东而行，跨南广河、宜珙铁路，经文昌宫，在长宁县城以北 2.1km 设长宁站，后跨长宁河，在蜀南竹海风景名胜区外侧 1.3km 处通过，经底蓬、在兴文的高屋基绕避大田湾煤矿，于兴文县城北 5.4km 的太平镇设兴文站；后沿古宋河南行、经兴文县城边，上跨古宋河，经新坝后紧坡而上，以 13.12km 上河坝隧道穿寒婆岭，再跨南广河后，线路以桥隧紧坡上至威信，在威信城南 2.1km 设威信站。线路长 154.193km。

（2）经兴文、万寿方案（方案Ⅲ）。线路自比较起点后跨金沙江，在赵场设宜宾东站，此后，同方案Ⅰ行至兴文县太平镇，于兴文县太平镇东侧 2.3km 处设兴文站，出站后，线路绕避梁坝煤矿、玉竹山煤矿，折向西南，紧坡而上，以 7.868km 黄莲坝隧道穿观斗山，在威信的张家坝接上方案Ⅰ至比较终点。线路长 157.674km。

（3）经高县方案（方案Ⅳ）。线路跨金沙江后设宜宾东站，然后折向东南而行，跨南广河至符江镇，设高县站，出站后线路折向东南，沿南广河向上游走行，经嘉乐，再跨南广河，至下罗乡设下罗坎站；此后经上罗场、洛表，绕避威信沙地头煤矿，以 11.096km（单面坡）石马坡隧道穿王棚山，紧坡上至威信。线路长 136.014km。

2）主要工程数量及投资

各方案主要工程数量及投资如表 8-1 所示。

表 8-1　方案主要工程数量及投资（成贵线）

项目			单位	经长宁、兴文方案		经兴文、万寿方案		经高县方案	
				数量	投资/万元	数量	投资/万元	数量	投资/万元
线路长度			km	154.193	—	157.674	—	136.014	—
征地	新征		亩	3164.18	11074.62	2830.06	9905.20	2725.90	9540.64
征地	临时		亩	3066.67	4396.99	2653.51	3804.60	2581.51	3712.22
拆迁建筑物			m^2	472722.5	21272.51	483452	21755.34	422538	19014.21
路基	土石方	土方	10^4m^3	362.62	5076.74	327.67	4587.39	315.06	4410.80
路基	土石方	石方	10^4m^3	1450.50	47866.40	1310.67	43251.98	1299.04	42868.36
路基	级配碎石		10^4m^3	81.87	15608.76	71.76	13681.19	71.35	13603.27
路基	圬工		10^4m^3	73.72	3611.59	63.79	3125.02	61.91	3032.92
路基	软基处理	搅拌桩	10^4m	1.09	468.7	0.94	405.49	0.95	407.21
路基	软基处理	CFG 桩	10^4m	106.13	9020.88	91.83	7805.53	92.42	7855.45
路基	岩溶整治	钻孔	10^4m	6.04	285.79	5.23	247.27	4.96	234.69
路基	岩溶整治	注浆	10^4m^3	3.75	2145.75	3.24	1856.70	3.08	1762.20
桥涵	特大桥	$H\geqslant50m$	座/m	6/7292	61391.35	3/3593	30249.47	5/3323	27976.34
桥涵	特大桥	$H<50m$	座/m	19/16632	120731.69	15/13288	96457.59	2/1043	7571.14
桥涵	大中桥	$H\geqslant50m$	座/m	1/76	535.45	3/684	4819.05	2/693	4882.46
桥涵	大中桥	$H<50m$	座/m	51/7958	54305.39	59/10251	69952.82	33/5396	36822.30
桥涵	特殊桥梁	—	—	金沙江大桥	98844.88	金沙江大桥	98844.88	金沙江大桥	102793.39
桥涵	特殊桥梁	—	—	宜宾车站 5 线大桥	2777	宜宾车站 5 线大桥	2777	宜宾车站 5 线大桥	4078.11
桥涵	特殊桥梁	—	—	南广河特大桥	8114	南广河特大桥	8114	田坝头特大桥	12103.61
桥涵	特殊桥梁	—	—	花家坝特大桥	12086	花家坝特大桥	12086	—	—
桥涵	桥梁合计		座/m	81/34926	358785.76	84/30784	323300.82	45/13456	196227.35
桥涵	涵洞		座/m（横断面）	132/3960	7855.45	116/3483	6909.23	116/3469	6881.46

注：1 亩=666.7m^2。

8.1.2　定性分析（成贵线可行性研究报告）

1）从工程地质条件和工程风险分析

影响线路方案的地质因素主要有煤矿采空区、岩溶和重力不良地质（滑坡、崩塌、岩堆、危岩落石及泥石流）。

（1）方案Ⅰ绕避了煤矿采空区，经过岩溶地区最短，线路以桥通过二叠系栖霞组和茅口组灰岩，避开了大型暗河，但经过南广气田、牟家坪气田和老翁场气田的核心区，以及贾村气田核心区的边沿。

（2）方案Ⅲ线路出兴文后绕过长宁背斜东倾伏端，其线路主要沿地层走向行进，存在压矿、小煤窑采空区、岩溶，软硬岩相间，还经过南广气田、牟家坪气田、老翁场气田核心区、贾村气田核心区边沿等地质问题。线路桥隧相连，工程风险较大。

（3）方案Ⅳ宜宾站出站后沿贾村背斜溶蚀槽谷行进约 14km，在高县西经过湾滩烟煤区，洛表一带经过第二轮规划的维新井田之兔子湾煤矿采空区、船头山景阳井田废弃的小榜子煤矿及洛表井田，在洛亥沿岩溶强烈发育的二叠系栖霞茅口组灰岩行进约 13km 后，以隧道经过关闭的丁子沟煤矿、丁木坳煤矿采空区。在高县、筠连境内白垩系（K）、侏罗系（J）、三叠系（T）泥岩、页岩、砂岩地层中南广河深切，滑坡、崩塌、岩堆及危岩落石星罗棋布，重力不良地质发育，滑坡规模较大。还经过南广气田、贾村气田核心区。

（4）不良地质条件。滑坡、崩塌、岩堆、危岩落石等不良地质在各方案中均有，但方案Ⅳ通过的南广河附近河谷深切，斜坡高陡，长大斜坡较多，滑坡、崩塌、岩堆、危岩落石等不良地质也相对较发育。

通过上述主要地质因素的比较，方案Ⅰ绕避了煤矿采空区，穿越岩溶地区最少，受岩溶影响最小。方案Ⅲ线路最长，穿越岩溶地区比方案Ⅰ多，而且线路以桥隧为主，沿地层走向行进，岩层软硬不均，工程风险较大。方案Ⅳ大量穿越可溶岩地区，且均经过较多采空区、规划煤田，受构造影响相对严重，重力不良地质发育。经综合比较，方案Ⅰ的地质条件相对较好。

2）从环境保护方面分析

各方案经过的环境敏感点如表 8-2～表 8-4 所示。从表中可以看出，线路都绕避了环境敏感点。

表 8-2　宜宾到威信段线路经过的主要自然保护区

名称	行政区划	级别	面积/hm^2	保护目标	与线路位置的关系
长江上游珍稀特有鱼类国家级自然保护区	宜宾、威信	国家级	16670	珍稀鱼类	线路穿越保护区的核心区、缓冲区及实验区
越溪河自然保护区	宜宾	县级	16000	竹类、油樟	保护区西侧边缘通过
珙县石板溪娃娃鱼生态园	珙县	县级	2476	大鲵	线路距保护区边界 34km
江安仁和百竹海自然景区	宜宾市江安县	县级	12135	竹类生态	线路穿越保护区的茶开发区、生态旅游区及竹类开发亚区
长宁竹海自然保护区	长宁县	国家级	20000	竹类生态	线路距保护区边界最近距离 3km

表 8-3　宜宾到威信段线路经过的主要风景名胜区、地质公园及水利风景区

名称	行政区划	级别	面积/hm²	主要景观	与线路位置的关系
越溪河风景名胜区	宜宾县	省级	15000	山、水、竹	线路穿越越溪河风光带及邓头溪景区二级保护区
芙蓉山风景名胜区	珙县	省级	5480	岩溶、山水、悬棺	线路距保护区边界最近距离 17km
蜀南竹海风景名胜区	长宁县	国家级	17300	竹景为主，兼有文物古迹	线路距保护区边界最近距离 1.3km
石海洞乡风景名胜区	兴文县	国家级	16100	石林、溶洞、大漏斗	线路距保护区边界最近距离 2.9km
僰王山风景名胜区	兴文县	省级	6000	多变型山岳景观	线路距保护区边界最近距离 15km
威信风景名胜区	威信县	省级	29300	红色旅游、自然景观	线路穿越观斗山景区一级、二级保护区，扎西景区二级保护区

表 8-4　宜宾到威信段线路经过的主要森林公园

名称	行政区划	级别	面积/hm²	主要景观	与线路位置的关系
七星山森林公园	宜宾市	省级	1000	森林资源	线路距公园边界最近距离 2km
石城山森林公园	宜宾县	省级	366.6	森林资源	线路距公园边界最近距离 20km
天星国家森林公园	威信县	国家级	2574.3	森林资源	线路穿越公园范围

3）从经由经济点分析

方案Ⅰ、Ⅲ均经过长宁、兴文两县，方案Ⅳ所经经济点只有高县。长宁、兴文两县人口 90 万，城镇人口 10 万，完成国民生产总值 60 亿元，而高县人口 51 万，城镇人口 6 万，完成国民生产总值 36.5 亿元。长宁县、兴文县是川南地区蜀南竹海、中国石海的所在地，年接待旅游人数近 100 万人。因此，方案Ⅰ经过的经济据点多，吸引人口多、经济相对发达，并经过重要的旅游景点，更有利于吸引客流，客流量比方案Ⅳ多 60 万～110 万人次。方案Ⅰ、方案Ⅲ站点位于两县城边缘，距离景点较近，既有利于吸引客流、促进川南旅游业的发展，又能很好地与地方规划相结合。

4）从路网上分析

从路网规划及近远期结合方面考虑，渝昆铁路由泸州进入宜宾境内后，若在成贵铁路长宁站接轨，在一定时期内利用成贵线长宁—宜宾东段线路共线运营，可以合理利用通道资源，减少近期工程投资。方案Ⅰ、方案Ⅲ能满足渝昆近期与成贵铁路共线运营，节省近期工程投资。

5）从线路顺直性、工程投资分析

方案Ⅰ新建长度分别比方案Ⅳ长 18.179km，比方案Ⅲ短 3.481km；静态工程投资比方案Ⅳ多 18.18 亿元，比方案Ⅲ省 3.48 亿元。

综上所述，方案Ⅰ虽然线路长度稍长、投资稍高，但具有地质条件相对较好、工程风险小、符合环保要求、经济据点多、有利于吸引客流、带动川南旅游业的发展等优点。

因此，宜宾至威信段推荐采用方案Ⅰ，即经长宁、兴文方案。

8.1.3　定性、定量综合评价

针对该线煤矿采空区、岩溶发育区、天然气田、矿区分布广和西南山区地质复杂的特点，并结合客流特点和站点选址，如何合理选择线路走向、如何避免或减小工程实施的风险、确保方案的可实施性成为可行性研究的重点之一。因此，宜宾至威信段线路走向方案的比选不存在偏重于某一种控制性因素的情景，需要同时考虑多方面的控制性因素，采用表 4-1 给出的线路走向方案全寿命周期综合评价指标体系和表 4-2 的固定指标进行方案综合评价。

根据工程概况和可行性研究报告中对线路方案的描述，选取桥隧比、拆迁建筑量及改善路网（枢纽）布局的作用共 3 个指标作为灵活指标，共同组成本次综合评价的指标体系。通过对表 8-1 的数据及前面定性分析对相关定性指标描述的整理，得到每个线路方案对应的指标取值，对于定性分析中未涉及的指标用“—”代替该指标的取值，如表 8-5 所示。下面采用第 7 章建立的混合多属性决策方法进行方案评价和比选。

表 8-5　各线路方案及对应指标的取值（成贵线）

类型	指标	单位	经长宁、兴文方案	经兴文、万寿方案	经高县方案	指标组合权重
固定指标	线路长度	km	154.193	157.674	136.014	0.019
	工程投资费	万元	1638519	1692875	1505319	0.014
	土石方工程量	10^4m^3	1813.12	1638.34	1614.10	0.028
	工程施工、实施难度	—	大	较大	较大	0.078
	对自然保护区、风景旅游区的影响	—	较小	较小	较小	0.127
	不良地质条件、特殊岩土的影响	—	小	较大	大	0.099
	与城市、地方规划建设的协调、符合程度	—	好	好	较差	0.117
	带动周边地区经济发展的能力	—	好	较好	差	0.150
	地方政府（相关部门）的意见	—	—	—	—	—
	吸引客、货流的能力	—	好	好	较好	0.109
灵活指标	桥隧比	%	78.66	81.94	81.21	0.038
	拆迁建筑物量	m^2	472722	483452	422538	0.046
	改善路网（枢纽）布局的作用	—	好	好	一般	0.175

（1）将定性指标的语言类模糊数取值量化为三角模糊数，如表 8-6 所示。

表 8-6　定性指标量化值（成贵线）

指标	经长宁、兴文方案		经兴文、万寿方案		经高县方案	
	语言类模糊数	三角模糊数	语言类模糊数	三角模糊数	语言类模糊数	三角模糊数
工程施工、实施难度	大	(0.8, 0.9, 1.0)	较大	(0.6, 0.7, 0.8)	较大	(0.6, 0.7, 0.8)
对自然保护区、风景旅游区的影响	较小	(0.2, 0.3,0.4)	较小	(0.2, 0.3, 0.4)	较小	(0.2, 0.3, 0.4)
不良地质条件、特殊岩土的影响	小	(0, 0.1, 0.2)	较大	(0.6, 0.7, 0.8)	大	(0.8, 0.9, 1.0)
与城市、地方规划建设的协调、符合程度	好	(0.8, 0.9, 1.0)	好	(0.8, 0.9, 1.0)	较差	(0.2, 0.3, 0.4)
带动周边地区经济发展的能力	好	(0.8, 0.9, 1.0)	较好	(0.6, 0.7, 0.8)	差	(0, 0.1, 0.2)
吸引客、货流的能力	好	(0.8, 0.9, 1.0)	好	(0.8, 0.9, 1.0)	较好	(0.6, 0.7, 0.8)
改善路网（枢纽）布局的作用	好	(0.8, 0.9, 1.0)	好	(0.8, 0.9, 1.0)	一般	(0.4, 0.5, 0.6)

（2）将定性指标取值的三角模糊数与定量指标取值的精确实数结合起来，构成线路方案评价的决策矩阵，即

$$A=(a_{ij})_{3\times 12}$$
$$=\begin{bmatrix} 154.193 & 1638519 & 1813.12 & (0.8,0.9,1.0) & (0.2,0.3,0.4) & (0,0.1,0.2) \\ 157.674 & 1692875 & 1638.34 & (0.6,0.7,0.8) & (0.2,0.3,0.4) & (0.6,0.7,0.8) \\ 136.014 & 1505319 & 1614.10 & (0.6,0.7,0.8) & (0.2,0.3,0.4) & (0.8,0.9,1.0) \end{bmatrix.$$
$$\begin{matrix} (0.8,0.9,1.0) & (0.8,0.9,1.0) & (0.8,0.9,1.0) & 78.66 & 472722 & (0.8,0.9,1.0) \\ (0.8,0.9,1.0) & (0.6,0.7,0.8) & (0.8,0.9,1.0) & 81.94 & 483452 & (0.8,0.9,1.0) \\ (0.2,0.3,0.4) & (0,0.1,0.2) & (0.6,0.7,0.8) & 81.21 & 422538 & (0.4,0.5,0.6) \end{bmatrix}$$

（3）分别利用式（7-1）、式（7-2）和式（7-5）、式（7-6）对决策矩阵进行规范化处理，得到规范化矩阵为

$$S=(s_{ij})_{3\times 12}=\begin{bmatrix} 0.88 & 0.92 & 0.89 & (0.75,0.78,0.8) & (1,1,1) & (1,1,1) \\ 0.86 & 0.89 & 0.89 & (1,1,1) & (1,1,1) & (0,0.14,0.25) \\ 1 & 1 & 1 & (1,1,1) & (1,1,1) & (0,0.11,0.2) \end{matrix.$$
$$\begin{matrix} (1,1,1) & (1,1,1) & (1,1,1) & 0.89 & 1 & (1,1,1) \\ (1,1,1) & (0.75,0.78,0.8) & (1,1,1) & 0.87 & 0.96 & (1,1,1) \\ (0.25,0.33,0.4) & (0,0.11,0.2) & (0.75,0.78,0.8) & 1 & 0.97 & (0.5,0.56,0.6) \end{bmatrix}$$

（4）确定指标组合权重。首先，利用表 6-3 中线路走向方案综合评价指标的基础权重值，计算表 8-5 中相应评价指标的相互比例关系，根据所有指标总权重之和为 1 的特征，计算得到本例中固定指标和灵活指标的基础权重为：W_G =（0.0439, 0.0292, 0.0231, 0.06, 0.127, 0.0834, 0.0877, 0.1467, 0.1016, 0.0254, 0.0369, 0.175）

然后，利用离差法的计算原理以及式（6-11）和式（7-8），确定指标的客观权重为：

$W_{离}$ =（0.0111, 0.0087, 0.0087, 0.213, 0, 0.213, 0.1599, 0.213, 0.053, 0.0032, 0.0103, 0.1061）。

最后，利用式（6-12）对主观权重 W_G 和客观权重 $W_{离}$ 进行组合，得到组合权重为：

W=（0.019, 0.014, 0.028, 0.078, 0.127, 0.099, 0.117, 0.15, 0.109, 0.038, 0.046, 0.175）。

（5）利用组合权重 W 对规范化矩阵 S 进行加权，得到加权规范化矩阵 Y，然后通过式（7-18）和式（7-19）分别计算各备选方案到正理想方案与负理想方案的距离，并得到各方案的综合相对贴近度，即经长宁、兴文方案，经兴文、万寿方案和经高县方案的综合评价值分别为：$P_1 = 0.81$，$P_2 = 0.72$，$P_3 = 0.64$。

因此，方案排序结果为方案Ⅰ≻方案Ⅲ≻方案Ⅳ，即经长宁、兴文方案更优，且方案的综合评等级为“好”。

8.1.4　评价结果分析

对表 8-5 给出的三条线路数据进行分析可知，经长宁、兴文方案（方案Ⅰ）虽然线路长度稍长、特大桥更多，使工程难度最大、土石方工程量最多、投资稍高，但具有地质条件相对较好、符合环保要求、经济据点多、效益高、有利于吸引客流、能带动周边地区经济发展等优点，并且这些优势指标的权重更大，使方案综合评价等级达到“好”，而其他两个方案在大权重指标的取值方面都不如方案Ⅰ，综合评价等级只能达到“较好”。因此，经长宁、兴文方案是综合定性、定量比较后的最优方案。上述计算得出的结果与可行性研究报告中专家通过对定量指标的计算和对定性指标的分析后所做出的方案决策结论一致。

8.2　偏重于政治经济据点的线路走向方案

8.2.1　云桂铁路工程概况

1. 云桂线概况

云桂线位于广西和云南范围内。东起作为南宁枢纽的南宁站，沿既有南昆线走廊前行引入百色既有站；之后线路向西跨右江进入云南省境内，经过文山州的富宁县、广南县和丘北县；于红河州弥勒县江边街附近跨南盘江，出弥勒县后进入昆明市的石林县、宜良县，在宜良县南侧再次跨越南盘江，经过阳宗镇，于昆明市呈贡新区东侧设昆明南站（二客站），之后线路进入昆明枢纽。线路长 714.559km。云桂铁路的建设对于加强云南与广西及珠江三角洲地区的联系、实现资源优化配置、扩大西南地区出海通道的运输能力、促进区域协调发展具有重要的意义和作用。同时，新建云桂线是我国干线铁路网的重要组成部分，它的建设对加强和完善西南与南部沿海地区交通结构，构建泛亚南部国际通道，完善区域铁路网布局，实现区域铁路网“又好又快”发展也具有重要的意义和作用。

2. 富宁县境内线路走向方案

富宁县地处云南省东南部，南与越南河江省接壤，东与百色市毗邻，是云南通往广西、广东等地区的东大门，是云南省规划建设的 30 个省际物流中心之一；富宁县人口 40 万，是全国劳务输出基地；境内生物资源丰富，是我国著名的“八角之乡”，煤、铁、锰、钛等矿产资源也十分丰富；境内有驮娘江国家 AA 级旅游区、古拉山谷、“七村九弄”红色旅游区等，发展旅游业潜力巨大。

在预可行性研究阶段，该段推荐采用以工程投资省、工程地质条件好的经坡孟取直方案，根据专家评估意见及云南省人民政府的意见，可行性研究阶段在对原推荐方案做进一步深入工作的同时，对靠近富宁县城并设站方案进行了深入的研究比较。方案示意图详见图 8-2。

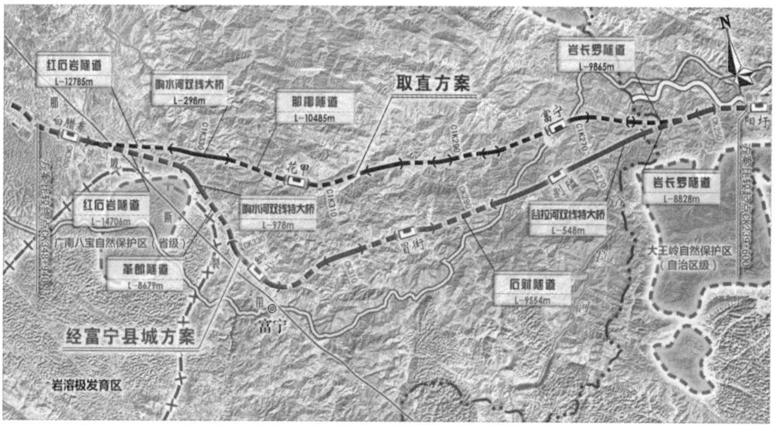

图 8-2　富宁县境内线路方案示意图

1）方案概述

（1）经富宁县城方案。线路自阳圩站引出后，经过坡录元隧道和岩长罗隧道后进入云南省，跨过谷拉河后线路西行，设剥隘站后在者桑跨过衡昆高速公路。在冒街附近设冒街站，出富宁后线路折向北，绕过八宝自然保护区后，经过革朗隧道和红石岩隧道后接入白腊寨车站。线路长 121.714km，如图 8-3 所示。

图 8-3　经富宁县城方案

（2）取直方案。线路自阳圩站引出后，经过坡录元隧道和岩长罗隧道后进入云南省，跨过谷拉河后线路西行，在剥隘镇前跨过衡昆高速公路，至剥隘镇者宁村设富宁站，沿那马河经坡孟至三岔河设花甲站，出花甲站后线路西行经过那耶隧道和红石岩隧道后接入白腊寨车站。线路长 109.413km，如图 8-4 所示。

图 8-4　取直方案

2）主要工程数量及投资

各方案主要工程数量及投资如表 8-7 所示。

表 8-7　线路方案主要工程数量及投资（云贵线）

项目		单位	经富宁县城方案	取直方案
线路长度		km	121.714	109.413
永久用地		亩	561.5	279.2
临时用地		亩	359.7	69.7
土石方		10^4m^3	124.984	35.386
加固防护工程		10^4m^3	9.792	3.3118
钢筋混凝土		10^4m^3	5.198	2.468
级配碎石		10^4m^3	17.172	11.5442
桥梁	复杂特大桥 $H>50m$	座/延米	2/1892.9	—
	一般特大桥 $H\leq 50m$	座/延米	1/959.3	1/959.2
	一般三线特大桥 $H\leq 50m$	座/延米	—	1/689.7
	复杂大桥 $H\leq 50m$	座/延米	—	1/461.9
	复杂大桥 $H>50m$	座/延米	2/841.05	3/1090.55

续表

项目		单位	经富宁县城方案	取直方案
桥梁	一般大桥 $H \leqslant 50m$	座/延米	9/1982.25	7/1704
	一般大桥 $H > 50m$	座/延米	1/468.8	—
	三线大桥 $H \leqslant 50m$	座/延米	1/183.2	—
	四线大桥 $H \leqslant 50m$	座/延米	2/642.8	1/199.1
	中桥	座/延米	8/766.1	8/638.7
	桥梁合计	座/延米	26/7736.4	22/5743.15
隧道	$L < 1000m$	座/延米	11/5805	5/2805
	$1000 \leqslant L \leqslant 4000$	座/延米	6/15580	6/13305
	$4000m < L \leqslant 6000m$	座/延米	4/19535	3/14100
	$6000m < L \leqslant 10000m$	座/延米	2/17985	4/34140
	$L > 10000m$	座/延米	4/47795	3/35320
	隧道合计	座/延米	27/106700	21/99670
桥隧合计		km	114.4364	105.413
桥隧比		%	94.02	96.34
车站		个	2	2
静态投资		万元	1353761.71	1208376.41
差额		万元	145385.3	0
投资总额		万元	1491925.14	1331711.22
差额		万元	160213.92	0

8.2.2　定性分析（云桂线可行性研究报告）

1）从吸引客货流能力分析

目前，富宁县与外界交流的主要通道有衡昆高速公路和国道 323 线，随着富宁县城、田蓬口岸、剥隘三大物流中心和富宁港的建成，公路运输能力已远远不够。经富宁县城并设站方案可很好地吸引当地的客、货流，解决了富宁县的客、货运输问题，并有利于富宁县境内自然资源的开发利用。而取直方案在富宁县境内设置的剥隘站、坡孟站均为越行站，不能有效吸收当地客、货流。

2）从工程地质条件分析

从表 8-8 分析可知，两方案不同点在于，取直方案线路大角度穿越那坡—龙州断裂带（富宁断层），无并行地段。而经富宁县城方案富宁至响水河段约 25km 线路平行于那坡—龙州断裂带（富宁断层）行进，隧道围岩及路堑边坡稳定性较差，施工、运营风险大。

表 8-8　富宁县境内线路方案地质分析表

	经富宁县城方案	取直方案
地形地貌	云桂山地地貌，地形起伏较大，沟壑发育，切割较深，斜坡陡峻	云桂山地地貌，地形起伏较大，沟壑发育，切割较深，斜坡陡峻
地层岩性	三腊电站水库前地段出露地层为上第三系膨胀岩、三叠系砂泥岩及侵入体辉绿岩，局部为灰岩，三腊电站水库之后出露寒武系、泥盆系、奥陶系、石炭系、二叠系、三叠系灰岩、白云岩夹硅质岩，局部为砂泥岩及下第三系的砾岩，以及侵入岩	洞塘之前段出露地层为三叠系砂、泥岩，之后段出露寒武系、泥盆系、奥陶系、石炭系、二叠系、三叠系灰岩、白云岩夹硅质岩，局部为砂泥岩及下第三系的砾岩，以及侵入岩
地质构造	位于滇越巨型旋扭构造带内，总的构造轴线方向呈NW 向展布，约有 25km 线路平行于那坡—龙州断裂带（富宁断层）行进，横穿褶皱 6 条，断层 20 条	位于滇越巨型旋扭构造带内，总的构造轴线方向呈NW 向展布，线路大角度穿越那坡—龙州断裂带（富宁断层），横穿褶皱 5 条，断层 13 条
主要工程地质问题	部分线路平行区域性构造线，岩体破碎，隧道围岩及路堑边坡稳定性差，地基承载力低；其余软质岩地段受构造影响较大，存在较多滑坡、崩塌等重力地质问题，易产生边坡坍滑、风化剥落、隧道坍方冒顶等工程病害，硅质岩地段隧道围岩条件较差，易坍方；可溶岩地段的溶洞、暗河、岩溶塌陷、岩溶隧道涌水突泥等岩溶工程地质问题	软质岩地段受构造影响较大，存在较多滑坡、崩塌等重力地质问题，易产生边坡坍滑、风化剥落、隧道坍方冒顶等工程病害；硅质岩地段隧道围岩条件较差，易坍方；可溶岩地段的溶洞、暗河、岩溶塌陷、岩溶隧道涌水突泥等岩溶工程地质问题
共同点	受区域断层影响，岩体破碎，不良地质发育，硅质岩地段隧道围岩条件较差，易坍方；线路以长隧穿越可溶岩地段，岩溶强烈发育，具涌水突泥危害	
优点	无	大角度穿越那坡—龙州断裂带（富宁断层），无并行地段
缺点	富宁车站发育上第三系膨胀岩，边坡较陡，稳定性差，易干扰既有高速公路；硅质岩地段隧道围岩条件较差，易坍方；富宁至响水河约长 25km 线路平行于那坡—龙州断裂带（富宁断层）行进，地质条件差	花甲站以前部分隧道穿过硅质岩地层，围岩条件较差；坡孟站位于断层河谷内，岩堆、滑坡、危岩落石发育，需工程处理
工程地质条件评价	工程地质条件差	工程地质条件一般

3）从线路长度及工程投资分析

经富宁县城方案比取直方案线路长 12.301km，投资多 160213.92 万元。

综上所述，两方案各有优劣，经富宁县城方案比取直方案线路长 12.301km、换算工程运营费多 160213.92 万元，工程地质条件相对较差，但能够很好地吸引地方客、货流，并促进地方发展，本次推荐经富宁县城方案。

8.2.3　定性、定量综合评价

富宁位于云南省东南部，地处两国三省十县接合部，国道 323 线贯穿县境，是云南通往广西和广东的重要门户。总面积 5352km^2，辖 13 个乡镇 145 个村居委会，居住着壮汉苗瑶彝仡佬六种民族，总人口 38.7 万，少数民族人口占 76.4%。这里曾是邓小平等老一辈无产阶级革命家创立右江革命根据地的重要组成部分，1997 年被确定为全国一类革命老区县。境内已探明的矿种有煤、金、铁、铜、锑、锰、钛等金属和非金属矿共 19 种，有中型矿产 3 个，小型矿产 43 个，褐煤储量 1 亿多吨，居全省前列。县境内已发现能源、贵金属、黑色金属、有色金属等矿床（点）110 余处，共五大类。因此，富宁县是云南重要的政治、经济点，对该县社会经济的带动是云桂线经过富宁地区的线路方案选择需要重点考虑的因素之一。因此，本例采用偏重于政治经济据点的线路走向方案综合评价指标体系进行富宁县境内线路方案综合评价。

首先采用表 5-1 给出的偏重于政治经济据点的铁路线路走向方案评价固定指标，然后根据工程概况和可行性研究报告中对线路方案的描述，选取拆迁征地量、桥隧比和土石方工程量共 3 个指标作为灵活指标，共同组成本次综合评价的指标体系。通过对表 8-7 的数据及前面定性分析对相关定性指标描述的整理，得到每个线路方案对应指标的取值，对于定性分析中未涉及的指标用“—”代替该指标的取值，如表 8-9 所示。下面采用第 7 章建立的混合多属性决策方法进行方案评价和比选。

表 8-9　各线路方案及对应指标的取值（云桂线）

类型	指标	单位	经富宁县城方案	取直方案	基础权重	组合权重
固定指标	线路长度	km	121.714	109.413	0.0279	0.02
	工程投资费	万元	1491925.14	1331711.22	0.0279	0.021
	工程施工、实施难度	—	大	小	0.0279	0.102
	对自然保护区、风景旅游区的影响	—	—	—	—	—
	带动周边地区经济发展的能力	—	好	差	0.1764	0.257
	与城市、地方规划建设的协调、符合程度	—	—	—	—	—
	不良地质条件、特殊岩土的影响	—	大	一般	0.0464	0.093
	吸引客、货流的能力	—	好	差	0.1021	0.195
	改善路网布局的作用	—	—	—	—	—
	地方政府（相关部门）的意见	—	小	较大	0.1207	0.209
灵活指标	桥隧比	%	94.02	96.34	0.0213	0.008
	土石方工程量	10^4m^3	124.984	35.386	0.0194	0.044
	征地量（永久及临时）	亩	921.2	348.9	0.031	0.052

（1）将定性指标的语言类模糊数取值量化为三角模糊数，如表 8-10 所示。

表 8-10　定性指标量化值（云桂线）

指标	经富宁县城方案		取直方案	
	语言类模糊数	三角模糊数	语言类模糊数	三角模糊数
工程施工、实施难度	大	（0.8, 0.9, 1.0）	小	（0, 0.1, 0.2）
带动周边地区经济发展的能力	好	（0.8, 0.9, 1.0）	差	（0, 0.1, 0.2）
不良地质条件、特殊岩土的影响	大	（0.8, 0.9, 1.0）	一般	（0.4, 0.5, 0.6）
吸引客、货流的能力	好	（0.8, 0.9, 1.0）	差	（0, 0.1, 0.2）
地方政府（相关部门）的意见	好	（0.8, 0.9, 1.0）	较差	（0.2, 0.3, 0.4）

（2）将定性指标取值的三角模糊数与定量指标取值精确实数结合起来，构成线路方案评价的决策矩阵，即

$$A=(A_{ij})_{2\times 10}=\begin{bmatrix}121.714 & 1491925.14 & (0.8,0.9,1.0) & (0.8,0.9,1.0) & (0.8,0.9,1.0) \\ 109.413 & 1331711.22 & (0,0.1,0.2) & (0,0.1,0.2) & (0.4,0.5,0.6)\end{bmatrix}$$
$$\begin{matrix}(0.8,0.9,1.0) & (0.8,0.9,1.0) & 94.02 & 124.984 & 921.2 \\ (0,0.1,0.2) & (0.2,0.3,0.4) & 96.34 & 35.386 & 348.9\end{matrix}$$

（3）分别利用式（7-1）、式（7-2）和式（7-5）、式（7-6）对决策矩阵进行规范化处理，得到规范化矩阵为

$$S=(s_{ij})_{2\times 10}=\begin{bmatrix}0.9 & 0.89 & (0,0.11,0.2) & (1,1,1) & (0.5,0.56,0.6) \\ 1 & 1 & (1,1,1) & (0,0.11,0.2) & (1,1,1)\end{bmatrix}$$
$$\begin{matrix}(1,1,1) & (1,1,1) & 1 & 0.28 & 0.38 \\ (0,0.11,0.2) & (0,0.14,0.25) & 0.98 & 1 & 1\end{matrix}$$

（4）确定指标组合权重。首先，利用表 6-4 中偏重于政治经济据点的线路走向方案综合评价固定指标的基础权重值和表 6-3 中线路走向方案综合评价指标体系中给出的灵活指标的基础权重值，计算表 8-9 中相应评价指标的相互比例关系，根据所有指标总权重之和为 1 的特征，计算得到本例中固定指标和灵活指标的基础权重为：$W_{\text{G}}=$（0.0279, 0.0279, 0.0279, 0.1764, 0.0464, 0.1021, 0.1207, 0.0213, 0.0194, 0.031）。

然后利用离差法的计算原理以及式（6-11）和式（7-8），确定指标的客观权重为：$W_{\text{离}}=$（0.0074, 0.0081, 0.1979, 0.1979, 0.0986, 0.1979, 0.1921, 0.0015, 0.053, 0.0456）。

利用式（6-12）对主观权重 W_{G} 和客观权重 $W_{\text{离}}$ 进行组合，得到组合权重为：$W=$（0.02, 0.021, 0.102, 0.257, 0.093, 0.195, 0.209, 0.008, 0.044, 0.052）。

（5）计算方案综合评价值。

①利用指标的基础权重（主观权重）W_{G} 计算方案的综合评价值。首先，对规范化矩阵 S 进行加权，得到加权规范化矩阵 Y，然后利用式（7-18）和式（7-19）计算各备选方案到正理想方案与负理想方案的距离，并得到各方案的综合相对贴近度，即经富宁县城方案和取直方案的综合评价值分别为：$P_1=0.86$，$P_2=0.14$。

因此，利用基础权重计算得到方案排序结果为 $X_1 \succ X_2$，经富宁县城方案的综合评价为“好”，取直方案的综合评价为“差”。

②利用组合权重 W 计算方案的综合评价值。首先，对规范化矩阵 S 进行加权，得到加权规范化矩阵 Y，然后利用式（7-18）和式（7-19）计算各备选方案到正理想方案与负理想方案的距离，并得到各方案的综合相对贴近度，即经富宁县城方案和取直方案的综合评价值分别为：$P_1=0.77$，$P_2=0.23$。

因此，利用组合权重计算得到方案排序结果为 $X_1 \succ X_2$，经富宁县城方案的综合评价为“较好”，取直方案的综合评价为“较差”。

8.2.4 评价结果分析

利用基础权重（主观）和利用组合权重计算的方案排序结果都为经富宁县城方案是最优方案，但前者得到的经富宁县城方案的综合评价为“好”，取直方案的综合评价为“差”；而后者得到的经富宁县城方案的综合评价为“较好”，取直方案的综合评价为“较差”。通过对表 8-9 给出的两条线路方案的指标数据进行分析可知，经富宁县城方案在带动周边地区经济发展的能力、吸引客货流的能力和地方政府（相关部门）的意见等偏重于政治经济据点方面的指标更好，但取直方案的工程地质条件相对较好、线路长度最短、工程投资费最少、征地量最少、工程实施难度和风险也较小。因此，经富宁县城方案和取直方案各有优势，相互交错，但由于经富宁县城方案占优势的指标更多，且这些指标的重要性更高，经综合评价和比选后，经富宁县城方案更优，但该方案还没有达到各方面因素都全面占优的“好”，所以利用组合权重计算得出综合评价“较好”更为合理。单独使用专家主观确定的指标基础权重进行计算，可能造成方案综合评价结果与实际情况产生偏差，需要利用离差法计算的客观权重对其进行修正以得到组合权重，这样得出的评价和比选结论才更加科学、合理，更接近实际工程情况。上述评价结论与可行性研究报告中专家通过对定量指标的计算和对定性指标的分析后所做出的方案决策结论一致。

8.3 偏重于工程地质条件的线路走向方案

8.3.1 渝利铁路工程概况

1. 渝利线概况

重庆至利川铁路是规划建设的沪-汉-蓉客运通道的重要组成部分。线路地处我国中、西部地区的接合部，西起重庆市北部新区，向东途经重庆市渝北区、江北区、长寿区、涪陵区、丰都县和石柱县，止于湖北省利川市，线路长度 262.278km，如图 8-5 所示。本线向西通过遂渝线可达成都市，东经在建的宜万线和拟建的汉宜客运专线直达武汉，进而沟通合肥、南京、上海等长江中下游城市，还可通过京广铁路通道连接华北和华南等地区，通过武九线与东南沿海的江西、福建等地区连接。该项目地理位置优越，是川渝

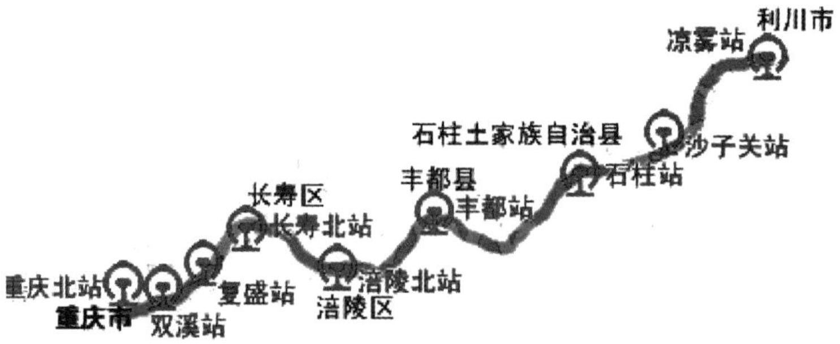

图 8-5 渝利铁路线路示意图

地区联系华东、中南、沿海地区及华北部分地区最重要的快速铁路运输主通道，与襄渝线、渝怀线、川黔线一起，共同担负川渝地区与东中部地区、华北地区及东南沿海地区的客货交流。

2. 沿线主要工程地质问题

沿线不良地质主要有危岩落石、岩堆、滑坡、岩溶、顺层、顺层偏压、煤层瓦斯、天然气、断层破碎带、水库坍岸等。

（1）危岩落石。主要分布于侏罗系“红层”厚层砂岩地段，当厚层砂岩出露地势较高时，在差异性风化作用下，下部泥岩风化凹进形成岩腔，上部砂岩在构造裂隙和卸荷裂隙切割后形成危岩。沿线危岩落石影响较大的地段分布于 CIK209+620～CIK209+690、CIK209+890～CIK210+030，由于线路绕避困难，需进行工程处理。

（2）岩堆。沿线多沟谷与山岭相间，地形切割较强烈，山高谷，深陡崖多，在陡崖下缓坡地带多分布岩堆，均为侏罗系“红层”厚层砂岩在各种结构面切割下崩塌堆积而成。规模较大，对线路影响较大的岩堆有三段，简述如下。

①CIK147+530～CIK147+900。该堆积体呈狭长形，沿陡坡脚堆积，长度超过 500m，宽 150～300m，物质组成以块石土为主，主要为崩落的砂岩块石，厚 5～15m，前缘已产生滑动，不稳定，线路以桥及小挖方通过，对工程有一定影响。

②CIK190+600～CIK190+780。形态近似呈条形，宽 100～200m，厚 5～20m。物质成分以块石土为主，充填碎石土及粉质黏土等，基岩为沙溪庙组（J2s）泥岩夹砂岩。1992 年修建公路时开挖，堆积物前缘临空，发生牵引式浅层滑移，据调访，滑坡后缘拉张裂缝 3～8cm，最大垂直位移 1.1～1.5m，公路边出现垮塌现象。据现场调查，堆积体前缘还存在裂缝，不稳定，线路以桥通过，对工程有一定影响。

③CIK209+672～CIK209+712、CIK209+820～CIK210+900。近似呈扇形，总厚度 5～20m，前缘宽度约 200m。物质成分以块石土为主，夹碎石及与粉质黏土，基岩为下砂溪庙组（J2xs）泥岩夹砂岩。岩堆沿沟槽横坡堆积，土石界面坡度较大，前缘存在河水浸泡，稳定性差。线路以桥通过，对桥墩稳定性及施工安全有影响。

（3）滑坡。沿线丘陵区与低山区过渡地带通过侏罗系中下统自流井组（J1～2z）、下统珍珠冲组（J1z）地层，软硬岩体相间，夹灰黑色页岩，易产生小型滑坡，沿线顺层地段较多，易产生顺层滑坡。堆积体失稳产生堆积体滑坡。规模较大，对线路影响较大的滑坡为 CIK147+575～CIK147+775 滑坡，呈长舌状，主轴方向 N37°W，主轴长约 350m，宽 100～200m，滑坡组成物质以块石土为主，厚度达 2～15m。丰都—涪陵省级公路以 3～10m 高的路堑通过其中下部，滑带土物质为粉质黏土，含水量较高，滑坡稳定性差，线路以桥通过，对工程有影响。

（4）岩溶。三叠系中下统、二叠系岩性为灰岩、白云质灰岩等可溶岩，主要分布剑沱湾隧道（5245）、来龙场一号隧道（3890）、胡家桥隧道（6935）、齐耀山隧道（4120）及汪营（CIK264+195）至凉雾（CIK271+000）段。背斜段地表漏斗、落水洞、溶沟、溶槽、溶蚀洼地等岩溶地貌发育，多顺构造线串珠状分布，特别是嘉陵江组地层，岩溶现象最为发育，在地貌上多为岩溶槽谷负地形，其谷地表水均通过漏斗、落水洞等转入地下，而未形成地表水系，反映出地下溶洞比较发育，地下岩溶水十分丰富，隧道施工中可能遇较大型溶洞和突水、突泥。

CIK264+195 至凉雾段为溶蚀残丘区，碳酸盐岩广泛分布，溶蚀严重，地势起伏较小，海拔 1070～1240m，相对高差 30～50m，多以溶蚀丛峰、孤峰、宽广谷地为主，属利川岩溶盆地及边缘地带，低洼处土层大部覆盖。该段主要工程地质问题为岩溶塌陷。

（5）顺层。线路走向与构造线方向夹角小于 45°、岩层倾角大于 12°的路基挖方段考虑顺层，主要分布于 CIK3+000～CIK4+415 段、CIK190+355～CIK191+520 段。

（6）顺层偏压。隧道通过顺层软质岩段：岩层倾角 25°～40°，埋深 0～50m、大于 250m 时，按顺层偏压考虑。主要分布于 CIK166+880～CIK169+050 段、CIK226+300～CIK227+373 段。

（7）煤层瓦斯。隧道通过三叠系须家河组（T3xj）、二叠系吴家坪组（P2w）、二叠系龙潭组（P2l）地层为煤系地层，根据现场调绘和区域地质资料，三叠系须家河组煤系地层为砂、泥岩夹煤线、薄煤层，瓦斯含量低，一般不具开采价值；三叠系须家河组含煤地层仅在龙家湾隧道（CIK71+950～CIK78+760）线路左 300m 之外有三个地方煤矿，隧道穿越须家河组煤线时遇到的瓦斯为低瓦斯。二叠系吴家坪组含煤地层仅在齐耀山隧道一带的 P2w 地层中隧道左侧约 1.5km 处有一乡办煤矿（马鹿池煤矿）开采此煤层，但临近地方高速公路隧道设计资料为低瓦斯，以此类推，齐耀山隧道为低瓦斯，胡家桥隧道通过二叠系龙潭组含煤地层，隧址地表附近未出露，仅在隧道轴线的南西侧龙河附近背斜轴部有少量出露（呈天窗形式）。岩性为灰岩，底部 3～5m 为灰、灰白色铝土质页岩，该层富含黄铁矿晶粒及结核，夹全区唯一可采的 K1 煤层，煤厚 0.18～0.3m，稳定性及连续性差。据处于同一地质构造单元，且开采该含煤地层下部 K1 煤层的石柱县茶园煤矿等对该煤层的煤质测试资料，K1 煤层平均厚度 0.61m（隧址区内厚度不详），K1 煤层试验指标中严重突出危险与一般突出危险各占 3 项，无突出危险占 2 项，采区煤层绝对瓦斯涌出量为 3.73m^3/min，因此胡家桥隧道为高瓦斯，隧道施工时应采取相应的防突措施。

（8）天然气。天然气一般产于三叠系（T）嘉陵江组、二叠系（P）地层，通过节理裂隙运移，规律性差，隧道工程可能揭示天然气。

小板桥隧道（CIK7+860～CIK10+480）在里程 CIK9+163 左 260m 处有一天然气井（渝线 8#），据调查，井深约 1500m，且有天然气体在附近局部岩层内传递（据当地居民了解，在打水井约 40m 深时，发现有天然气体存在）。隧道通过环山背斜，从天然气的产、运移、储等条件来看，隧道可能会揭示天然气。龙家湾隧道（CIK71+950～CIK78+760）在里程 CIK73+500 左侧 140m 处有一天然气井，据调查，井深约 1100m。

（9）断层破碎带。全线通过区域性断层有奓口石逆断层、龙包逆断层、马落池逆冲断层，另有骑虎穴隧道（CK28+039～CK32+105）通过茶叶坡逆断层，方斗山隧道（CK166+940～CK179+255）背斜轴部偏南东翼通过 F2 走向逆冲断层，断层破碎带宽 1～50m，分布于背斜轴部可溶岩地层中，线路以长隧道通过，可能揭穿溶洞及暗河，易发生突水、突泥，存在深部天然气沿断层带向浅部运移的可能。

3. 丰都至石柱段线路走向方案

丰都至石柱段线路需穿越方斗山山脉，方斗山山脉构造为背斜，两翼为泥岩夹砂岩，核部为可溶岩，垂直宽度达 4.4km。线路以隧道穿越方斗山，结合线路走向、方斗山山脉地形地质条件、工程对环境的影响及工程投资等因素，研究了三个方案：中线方案、北线方案、沿龙河（南线）方案。比较范围为 CIK147+895～CIK188+450。

1）方案概述

（1）中线方案。线路自方案比较起点跨龙河穿长五间隧道（4931m）后，穿方斗山隧道（12315m），与方斗山山脉走向线大角度相交。跨南宾河后至方案比较终点石柱进站端 CIK188+450。正线长 40.034km。

（2）北线方案。线路自方案比较起点跨龙河穿梯子岩隧道（2320m）、半坡隧道（4870m）、龙塘口隧道（6135 m），线路折向东南穿方斗山隧道（6810m），与方斗山山脉走向线基本垂直。跨南宾河后至方案比较终点石柱进站端 CIK188+450。正线长 41.34km。

（3）沿龙河（南线）方案。线路自方案比较起点跨龙河后，折向东南，以胡家桥隧道（6935m）穿方斗山山脉，与方斗山山脉走向线大角度相交。线路再跨龙河穿南北洞隧道（3700m）后，在石板水电站北侧再跨龙河，线路折向东北穿长洪岭隧道（7465m）后，经江池跨南宾河至方案比较终点石柱进站端 CIK188+450。正线长 43.236km。

2）主要工程数量及投资

各方案主要工程数量及工程投资详见表 8-11。

表 8-11　线路方案主要工程数量及投资（渝利线）

项目		单位	中线方案	北线方案	沿龙河（南线）方案
线路长度		km	40.034	41.34	43.236
路基	路基长度	km	1.419	1.58	2.886
	土石方	10^4m^3	66.4	41.08	49.1
	圬工	10^4m^3	3.9	2.4	3.2
	级配碎石	10^4m^3	4.8	2.7	3.4
桥涵	特殊桥	座/双延米	1/636.3	2/1177.4	5/2265.4
	特大桥	座/双延米	1/599.8	1/833.4	2/1150.5
	大中桥	座/双延米	13/4517.4	13/3194	8/1701.1
	合计	座/双延米	15/5753.5	16/5204.9	15/5117
隧道	L≥6000m	座/双延米	1/12315	2/12945	2/14400
	3000m≤L<6000m	座/双延米	2/8163	2/8095	2/7020
	1000m≤L<3000m	座/双延米	5/9012	6/11240	8/13025
	L<1000m	座/双延米	4/3372	3/2275	2/815
	合计	座/双延米	12/32862	13/34555	14/35260

续表

项目	单位	中线方案	北线方案	沿龙河（南线）方案
桥隧总长	km	38.615	39.76	40.377
桥隧比	%	96.46	96.18	93.33
主要工程投资	万元	350153.58	348828.35	313047.04
主要工程投资差额	万元	37106.54	35781.31	0

8.3.2　定性分析（渝利线可行性研究报告）

1. 地质条件比较

各个方案通过的地貌、地层岩性、地质构造基本相同。其主要差别为北线方案与方斗山背斜构造线垂直相交，揭示可溶岩长度相对较短；中线方案与方斗山背斜构造线大角度相交，揭示可溶岩长度相对较长；但北线、中线方案位于岩溶水深部裂隙带，地表存在岩溶大泉及三个较大型水库，其中老官坝水库总库容 52 万 m^3、冉家槽水库 15 万 m^3、江山水库 14 万 m^3，若隧道开挖任由地下水排放，影响两个镇 7 个村，约 16000 人的生产生活用水，引起较大的环保问题，北线、中线方案最大水压约 4MPa，处理岩溶及岩溶突水的施工风险相对较大。南线方案与方斗山背斜构造线大角度相交，揭示可溶岩长度相对较短；洞身无水库及大的岩溶泉点，又靠近龙河，隧道部分位于岩溶水垂直循环带，隧道开挖对环境影响小，处理岩溶及岩溶突水的风险较小。

从处理岩溶及岩溶突水的风险、环保角度考虑，沿龙河（南线）方案地质条件好。

2. 方案优缺点分析

各方案优缺点如表 8-12 所示。

表 8-12　各方案优缺点

方案	优点	缺点
中线方案	线路顺直，桥梁工程较简单	（1）线路与方斗山山脉走向线大角度相交，方斗山隧道最长，隧道施工风险较大，环境影响最大； （2）主要工程投资比沿龙河（南线）方案多 37106.54 万元
北线方案	（1）线路与方斗山山脉走向线基本垂直，穿越方斗山隧道最短； （2）桥梁工程较简单	（1）线路绕行较长，比中线方案长 1.306km，隧道施工风险较大，环境影响较大； （2）主要工程投资比沿龙河（南线）方案多 35781.31 万元
沿龙河（南线）方案	（1）穿越方斗山山脉，隧道较短； （2）有利于穿越方斗山山脉隧道施工，风险较小，环境影响最小； （3）工程投资最省	线路绕行最长，比中线方案长 3.202km

3. 方案比选意见

综上所述，中线和北线方案虽然线路较短，但施工中不确定因素较多，施工风险较大，潜在的安全风险较高，投资较大。沿龙河（南线）方案地质条件较好，工程措施明确，安全能够得到保障，投资最省。因此，从最大限度地规避施工风险、减少环境影响、确保安全、节省投资等方面考虑，推荐沿龙河（南线）方案。

8.3.3　定性、定量综合评价

丰都至石柱段线路需穿越方斗山山脉，方斗山山脉构造为背斜，两翼为泥岩夹砂岩，核部为可溶岩，垂直宽度达 4.4km，隧道岩溶及岩溶突水的水文地质条件成为影响该段线路选择的重要因素。因此，本例选择偏重于工程地质条件的线路走向方案的综合评价指标体系进行方案评价和比选。首先采用表 5-3 中给出的偏重于工程地质条件的线路走向方案综合评价的 10 个固定指标，然后根据工程概况和可行性研究报告中对线路方案的描述，选取土石方工程量和水库、大坝、湖泊等水资源与工程的相互影响（包括饮用水源）2 个指标作为灵活指标，共同组成本次综合评价的指标体系。通过对表 8-11 的数据及前面定性分析对相关定性指标描述的整理，得到每个线路方案对应的指标取值，对于定性分析中未涉及的指标用“—”代替该指标的取值，如表 8-13 所示。下面采用第 7 章建立的混合多属性决策方法进行方案评价和比选。

表 8-13　各线路方案及对应指标的取值（渝利线）

类型	指标	单位	中线方案	北线方案	南线方案	组合权重
固定指标	线路长度	km	40.034	41.34	43.236	0.021
	桥隧比	%	96.46	96.18	93.33	0.011
	工程投资费	万元	350153.58	348828.35	313047.04	0.024
	工程施工、实施难度	—	较小	较小	较大	0.141
	对自然保护区、风景旅游区的影响	—	—	—	—	—
	带动周边地区经济发展的能力	—	—	—	—	—
	不良地质条件、特殊岩土的影响	—	较大	较大	较小	0.181
	水文地质条件的影响	—	较大	较大	较小	0.176
	地形条件的影响	—	—	—	—	—
	施工和运营风险	—	较大	较大	较小	0.215
灵活指标	土石方工程量	10^4m^3	66.4	41.08	49.1	0.045
	水库、大坝、湖泊等水资源与工程的相互影响（包括饮用水源）	—	大	较大	小	0.187

（1）将定性指标的语言类模糊数取值量化为三角模糊数，如表 8-14 所示。

表 8-14 定性指标量化值（渝利线）

指标	中线方案		北线方案		沿龙河（南线）方案	
	语言类模糊数	三角模糊数	语言类模糊数	三角模糊数	语言类模糊数	三角模糊数
工程施工、实施难度	较小	（0.2, 0.3, 0.4）	较小	（0.2, 0.3, 0.4）	较大	（0.6, 0.7, 0.8）
不良地质条件、特殊岩土的影响	较大	（0.6, 0.7, 0.8）	较大	（0.6, 0.7, 0.8）	较小	（0.2, 0.3, 0.4）
水文地质条件的影响	较大	（0.6, 0.7, 0.8）	较大	（0.6, 0.7, 0.8）	较小	（0.2, 0.3, 0.4）
施工和运营风险	较大	（0.6, 0.7, 0.8）	较大	（0.6, 0.7, 0.8）	较小	（0.2, 0.3, 0.4）
对水库、大坝的影响（包括饮用水源）	大	（0.8, 0.9, 1.0）	较大	（0.6, 0.7, 0.8）	小	（0, 0.1, 0.2）

（2）将定性指标取值的三角模糊数与定量指标取值的精确实数结合起来，构成线路方案评价的决策矩阵，即

$$A=(a_{ij})_{3\times 9}=\begin{bmatrix} 40.034 & 96.46 & 350153.58 & (0.2,0.3,0.4) & (0.6,0.7,0.8) & (0.6,0.7,0.8) & (0.6,0.7,0.8) & 66.4 & (0.8,0.9,1.0) \\ 41.34 & 96.18 & 348828.35 & (0.2,0.3,0.4) & (0.6,0.7,0.8) & (0.6,0.7,0.8) & (0.6,0.7,0.8) & 41.08 & (0.6,0.7,0.8) \\ 43.236 & 93.33 & 313047.04 & (0.6,0.7,0.8) & (0.2,0.3,0.4) & (0.2,0.3,0.4) & (0.2,0.3,0.4) & 49.1 & (0,0.1,0.2) \end{bmatrix}$$

（3）分别利用式（7-1）、式（7-2）和式（7-5）、式（7-6）对决策矩阵进行规范化处理，得到规范化矩阵为

$$S=(s_{ij})_{3\times 9}=\begin{bmatrix} 1 & 0.97 & 0.89 & (1,1,1) & (0.33,0.43,0.5) & (0.33,0.43,0.5) & (0.33,0.43,0.5) & 0.62 & (0,0.11,0.2) \\ 0.97 & 0.97 & 0.90 & (1,1,1) & (0.33,0.43,0.5) & (0.33,0.43,0.5) & (0.33,0.43,0.5) & 1 & (0,0.14,0.25) \\ 0.93 & 1 & 1 & (0.33,0.43,0.5) & (1,1,1) & (1,1,1) & (1,1,1) & 0.84 & (1,1,1) \end{bmatrix}$$

（4）确定指标组合权重。首先，利用表 6-5 中偏重于工程地质条件的线路走向方案综合评价固定指标的基础权重值和表 6-3 中线路走向方案综合评价指标体系中给出的灵活指标的基础权重值，计算表 8-13 中相应评价指标的相互比例关系，根据所有指标总权重之和为 1 的特征，计算得到本例中固定指标和灵活指标的基础权重为：W_G =（0.045, 0.0262, 0.035, 0.0787, 0.1286, 0.1224, 0.1836, 0.037, 0.0901）。

然后，利用离差法的计算原理以及式（6-11）和式（7-8），确定指标的客观权重为：$W_{离}$ =（0.0082, 0.0035, 0.0129, 0.2047, 0.2047, 0.2047, 0.2047, 0.0447, 0.3165）。

最后，利用式（6-12）对主观权重 W_G 和客观权重 $W_{离}$ 进行组合，得到组合权重为：W =（0.021, 0.011, 0.024, 0.141, 0.181, 0.176, 0.215, 0.045, 0.187）。

（5）利用组合权重 W 对规范化矩阵 S 进行加权，得到加权规范化矩阵 Y，然后利用式（7-18）和式（7-19）分别计算各备选方案到正理想方案与负理想方案的距离，并得到各方案的综合相对贴近度，即中线方案、北线方案和沿龙河（南线）方案的综合评价值分别为：$P_1 = 0.21$，$P_2 = 0.30$，$P_3 = 0.82$。

因此，中线方案、北线方案和沿龙河（南线）方案的综合评价等级分别为“较差”、“较差”和“好”，沿龙河（南线）方案更优。

8.3.4 评价结果分析

对表 8-13 给出的三条线路的数据进行分析可知，沿龙河（南线）方案虽然线路长度最长，桥隧总长及特殊大桥、特大桥和长大隧道更多，导致工程施工难度更大，但该方案穿越方斗山山脉的隧道较短，水文地质条件更好，施工风险和对周围水库及镇上应用水源的影响都最小，因此该方案在工程地质条件方面全面占优，使得定性、定量比较后的方案综合评价等级达到“好”。上述计算得出的结果与可行性研究报告中专家通过对定量指标的计算和对定性指标的分析后做出的方案决策结论一致。

8.4 偏重于环境影响的线路走向方案

8.4.1 丽香铁路工程概况

1. 丽香线概况

丽江至香格里拉线位于云南省西北部，南起在建的大丽铁路丽江（新建）车站，向北跨越金沙江，经小中甸至香格里拉，全长 143.834km，建设标准为 Ⅰ 级单线铁路，设计时速 120km，建设工期 6 年，全线设丽江、拉市海、达落、新尚、虎跳峡、海巴洛、万拉木、吉沙、小中甸、鲁吉、不列过、香格里拉等十余个车站。线路连接在建的大理至丽江铁路，并通过该铁路和广大铁路与成昆铁路相连，是我国中长期铁路网规划中西部路网的重要组成部分。

丽香铁路沿线分布众多的自然保护区、风景名胜区、水源保护区、文物古迹、珍稀野生动植物，这些环境敏感点是影响线路走向的重要因素。

世界遗产及风景名胜区：沿线区域主要有丽江古城世界文化遗产、玉龙雪山国家级风景名胜区、三江并流世界自然遗产及国家级风景名胜区。

自然保护区：沿线区域有丽江拉市海高原湿地省级自然保护区、玉龙雪山省级自然保护区、哈巴雪山省级自然保护区、纳帕海省级自然保护区，从香格里拉延伸至德钦线路还将涉及白马雪山国家级自然保护区。

水源保护区：沿线区域主要有丽江的黑龙潭、清溪水库、三束水库、拉市海水源保护区，以及香格里拉的青龙潭、桑那水库水源保护区。

文物古迹：沿线区域主要有丽江古城国家历史文化名城、丽江壁画、中甸镇公堂国家级文物古迹，以及丽江忠义坊、福国寺五凤楼、石鼓、石鼓红军长征渡江纪念碑、普济寺铜瓦殿、松赞林寺等省级文物保护单位。

珍稀野生动植物：珍稀野生动植物主要分布于自然保护区内，有国家Ⅰ级保护动物野驴、云豹、豹、黑颈鹤、黑鹳、胡兀鹫、白尾海雕、四川稚鹌等，Ⅱ级保护动物金猫、小熊猫、藏马鸡、红腹角稚等；国家Ⅰ级保护植物云南红豆杉，Ⅱ级保护植物红椿、贡山三尖杉、云南榧树、云南山茶花、水青树、龙棕等。

以上这些自然保护区、风景名胜区、水源保护区、重要文物古迹均对线路方案的最终选定有影响，对于丽江古城世界文化遗产、玉龙雪山省级自然保护区、玉龙雪山国家级风景名胜区、哈巴雪山省级自然保护区、三江并流世界自然遗产、三江并流国家级风景名胜区，线路方案必须进行绕避；线路跨金沙江后至香格里拉，应走在三江并流世界自然遗产保护预留的通道中。

2. 吉沙至香格里拉段线路走向方案

吉沙至香格里拉段线路走向主要沿 214 国道，214 国道左侧为小中甸坝子和中甸坝子，风景秀丽，也是藏区牧场，村庄较多，如图 8-6 和图 8-7 所示；214 国道右侧靠山，多为旱地及荒地。为此，在该段研究了沿 214 国道左侧方案和沿 214 国道右侧方案，如图 8-8 所示，比较范围为 CK121+900～CK160+300。

1）方案概述

（1）沿 214 国道左侧方案。线路出吉沙站后，于区哇迪收费站前上跨 214 国道，并沿 214 国道左侧行进，经小中甸、碧古，穿不列脚隧道群，经居都谷、汪夺，后上跨香格里拉机场大道至方案比较终点 CK160+300。线路长 38.262km。

（2）沿 214 国道右侧方案。线路出吉沙站后，下穿老 214 国道，并沿 214 国道右侧行进，经小中甸、碧古，穿不列脚隧道，经居都谷，后于吾庄前上跨 214 国道走行于 214 国道左侧，并上跨香格里拉机场大道至方案比较终点 CK160+300。线路长 38.352km。

图 8-6　中甸花海

图 8-7　中甸藏民村庄

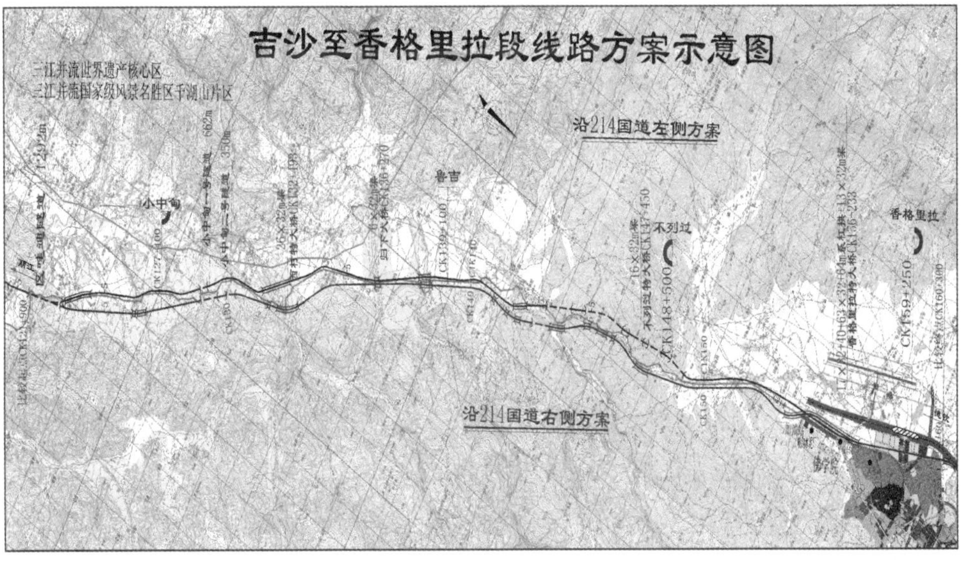

图 8-8　线路方案示意图

该方案如果在吾庄不跨 214 国道，继续沿 214 国道走行，则线路将与中航油油料库、峡沟水泥厂及被当地百姓尊为“神山”的大龟山交叉干扰，拆迁大，环境影响大，藏民难以接受。因此，沿 214 国道右侧方案必须在吾庄前跨过 214 国道，走在 214 国道左侧。

2）主要工程数量及投资

各方案主要工程数量及投资详见表 8-15。

表 8-15　线路方案主要工程数量及投资（丽香线）

项目			单位	方案名称	
				沿 214 国道左侧方案	沿 214 国道右侧方案
线路长度			km	38.262	38.352
拆迁建筑物			10^4m^2	2.3	1.2
征地			亩	1883	1949
路基	填方	土	10^4m^3	137.16	135.095
		A 组	10^4m^3	13.121	14.348
	挖方	挖土	10^4m^3	82.296	81.057
		挖石	10^4m^3	137.16	135.095
	加固防护及附属圬工		10^4m^3	10.9728	10.8076
	挡土墙		10^4m^3	8.2296	8.1057
	钢筋混凝土		10^4m^3	4.1148	4.0528
	软土路基		km	13.930	14.756
桥涵	特大桥	$H \geq 50m$	座/延米	—	—
		$H < 50m$	座/延米	4/3773.78	4/5198.45
	大中桥	$H \geq 50m$	座/延米	—	—
		$H < 50m$	座/延米	4/999.18	11/2379.08
	涵洞		座/延米（横断面）	105/2449.17	104/2412.3
隧道	$L \geq 6000m$		座/延米	—	—
	$3000m \leq L < 6000m$		座/延米	—	—
	$1000m \leq L < 3000m$		座/延米	2/2962.21	1/1292
	$L < 1000m$		座/延米	5/3097.39	5/2464
	最长隧道		km	1.360	1.292
桥隧总长			km	10.83	11.333
桥隧比			%	28.31	29.5
轨道	正线铺轨		km	38.262	38.352
	站线铺轨		km	7.8	7.8
	道岔		组	16	16
站后工程投资			万元	38731.857	38822.963
主要工程投资			万元	118437.926	118456.079
差额			万元	–18.153	0

8.4.2　定性分析（丽香线可行性研究报告）

两方案线路长度、桥隧工程相近，投资相差不大。沿 214 国道左侧方案虽然线路长度短 90m，但线路基本上穿过小中甸坝子和中甸坝子，一定程度上影响了高原草甸的风光，且拆迁较大，移民多。沿 214 国道右侧方案虽然线路稍长，但不穿小中甸坝子，只在方案终点局部进入中甸坝子，对高原草甸风光影响小，拆迁少。因此，本次研究推荐采用沿 214 国道右侧方案。

8.4.3　定性、定量综合评价

丽香线经过滇西北的丽江、迪庆地区是世界闻名的大香格里拉旅游区的核心区域之一，旅游资源得天独厚，十分丰富，且环境敏感点众多。雪山、冰川、高原草甸和高原湖泊以及大峡谷、原始森林等自然景观，浓郁的民族风情和寺庙等人文景观，构成了环境宁静、空气清新、远离嘈杂的香格里拉自然保护区和风景旅游区，是现代都市人休闲娱乐、调节生活和消除疲惫的神往之地。吉沙至香格里拉段线路经过小中甸坝子和中甸坝子，该地区风景秀丽，也是藏区牧场，村庄较多，因此对环境影响的考虑是影响该段铁路走向的重要因素。因此，本例选择偏重于环境影响的线路走向方案综合评价指标体系进行方案评价和比选。首先采用表 5-4 中给出的偏重于环境影响的线路走向方案综合评价的 10 个固定指标，然后根据工程概况和可行性研究报告中对线路方案的描述，选取拆迁建筑物量、征地量和桥隧比 3 个指标作为灵活指标，共同组成本次综合评价的指标体系。通过对表 8-15 的数据及前面定性分析对相关定性指标描述的整理，得到每个线路方案对应的指标取值，对于定性分析中未涉及的指标用“—”代替该指标的取值，如表 8-16 所示。下面采用第 7 章建立的混合多属性决策方法进行方案评价和比选。

表 8-16　各线路方案及对应指标的取值（丽香线）

类型	指标	单位	沿 214 国道左侧方案	沿 214 国道右侧方案	组合权重
固定指标	线路长度	km	38.262	38.352	0.012
	工程投资费	万元	118437.926	118456.079	0.161
	工程实施、施工难度	—	较小	较大	0.076
	对草地、树木、大气等自然生态环境的影响	—	较大	小	0.098
	对自然保护区、风景旅游区的影响		较大	小	0.156
	带动周边地区经济发展的能力	—	—	—	—
	对饮用水源的影响	—	—	—	—
	不良地质条件、特殊岩土的影响	—	—	—	—
	对历史文化遗迹的影响	—	小	较小	0.103
	噪声影响	—	较大	小	0.096
灵活指标	桥隧比	%	28.31	29.5	0.069
	征地量	亩	1883	1949	0.254
	拆迁建筑物量	10^4m^2	2.3	1.2	0.046

（1）将定性指标的语言类模糊数取值量化为三角模糊数，如表 8-17 所示。

表 8-17　定性指标量化值（丽香线）

指标	沿 214 国道左侧方案		沿 214 国道右侧方案	
	语言类模糊数	三角模糊数	语言类模糊数	三角模糊数
工程实施、施工难度	较小	（0.2, 0.3, 0.4）	较大	（0.6, 0.7, 0.8）
对草地、树木、大气等自然生态环境的影响	较大	（0.6, 0.7, 0.8）	小	（0, 0.1, 0.2）
对自然保护区、风景旅游区的影响	较大	（0.6, 0.7, 0.8）	小	（0, 0.1, 0.2）
对历史文化遗迹的影响	小	（0, 0.1, 0.2）	较小	（0.2, 0.3, 0.4）
噪声影响	较大	（0.6, 0.7, 0.8）	小	（0, 0.1, 0.2）

（2）将定性指标取值的三角模糊数与定量指标取值的精确实数结合起来，构成线路方案评价的决策矩阵，即

$$A=(a_{ij})_{2\times 10}=\begin{bmatrix} 38.262 & 118437.926 & (0.2,0.3,0.4) & (0.6,0.7,0.8) & (0.6,0.7,0.8) & (0,0.1,0.2) & (0.6,0.7,0.8) & 28.31 & 1883 & 2.3 \\ 38.352 & 118456.079 & (0.6,0.7,0.8) & (0,0.1,0.2) & (0,0.1,0.2) & (0.2,0.3,0.4) & (0,0.1,0.2) & 29.5 & 1949 & 1.2 \end{bmatrix}$$

（3）分别利用式（7-1）、式（7-2）和式（7-5）、式（7-6）对决策矩阵进行规范化处理，得到规范化矩阵为

$$S=(s_{ij})_{2\times 10}=\begin{bmatrix} 0.99 & 0.99 & (1,1,1) & (0,0.14,0.25) & (0,0.14,0.25) & (1,1,1) & (0,0.14,0.25) & 1 & 1 & 0.52 \\ 1 & 1 & (0.33,0.43,0.5) & (1,1,1) & (1,1,1) & (0,0.33,0.5) & (1,1,1) & 0.96 & 0.97 & 1 \end{bmatrix}$$

（4）确定指标组合权重。首先，利用表 6-6 中偏重于环境影响的线路走向方案综合评价固定指标的基础权重值和表 6-3 中线路走向方案综合评价指标体系中给出的灵活指标的基础权重值，计算表 8-16 中相应评价指标的相互比例关系，根据所有指标总权重之和为 1 的特征，计算得到本例中固定指标和灵活指标的基础权重为：W_G =（0.0353, 0.0353, 0.0441, 0.1323, 0.1853, 0.1147, 0.0794, 0.0324, 0.0471, 0.0471）。

然后，利用离差法的计算原理以及式（6-11）和式（7-8），确定指标的客观权重为：$W_{离}$ =（0.001, 0.1937, 0.0128, 0.0192, 0.0192, 0.0064, 0.0192, 0.0127, 0.7041, 0.0117）。

最后，利用式（6-12）对主观权重 W_G 和客观权重 $W_{离}$ 进行组合，得到组合权重为：W =（0.012, 0.161, 0.076, 0.098, 0.156, 0.103, 0.096, 0.069, 0.254, 0.046）。

（5）利用组合权重 W 对规范化矩阵 S 进行加权，得到加权规范化矩阵 Y，然后利用式（7-18）和式（7-19）分别计算各备选方案到正理想方案与负理想方案的距离，并得到各方案的综合相对贴近度，即沿 214 国道左侧方案和沿 214 国道右侧方案的综合评价值

分别为：$P_1 = 0.18$，$P_2 = 0.82$。

因此，沿 214 国道左侧方案和沿 214 国道右侧方案的综合评价等级分别为“差”和“好”，沿 214 国道右侧方案更优。

8.4.4　评价结果分析

对表 8-16 给出的两条线路方案的数据进行分析可知，沿 214 国道右侧方案虽然线路稍长、工程投资稍大、征地量较多、桥隧比较高，且由于需要避免与中航油料库、峡沟水泥厂和大龟山交叉干扰和环境影响，必须在吾庄前跨过 214 国道，走在 214 国道左侧，从而导致工程施工难度加大，但该方案避免了对小中甸坝子和中甸坝子风光和当地居民村庄的影响，基本无环境问题。因此，沿 214 国道右侧方案在环境影响方面全面占优，使得定性、定量比较后的方案综合评价等级达到“好”。上述计算得出的结果与可行性研究报告中专家通过对定量指标的计算和对定性指标的分析后所做出的方案决策结论一致。

8.5　偏重于旅游资源开发的线路走向方案

8.5.1　成兰铁路工程概况

1. 成兰线概况

成都至兰州铁路位于四川省和甘肃省境内，起于成都，经什邡、茂县、松潘至九寨沟，向北延伸连接在建兰渝铁路的哈达铺站，线路全长 462.079km，成都至兰州运营总长 730.549km。本线建成后，向北连通兰渝铁路，与既有宝成线、在建兰渝线、川藏线及规划的川青线共同构建沟通西北与西南及华南沿海的区际干线铁路通道，是承担开发川西大九寨旅游资源，推进四川省实现从旅游资源大省向旅游经济强省跨越的重要基础设施建设。

2. 川主寺至白古寺段线路走向方案

川主寺至白古寺段线路经过九寨沟地区，处于岷江和嘉陵江水系的分水岭，地形地质条件极为复杂，环境敏感区分布众多。九寨沟景区是大九寨景区的主要旅游点，也是本线客流的主要目的地，九寨沟站址选择不仅直接影响本线主要客流量，还直接影响线路在该地区的走向方案。因此，可行性研究时需综合各种控制因素对站位和线路走向进行大范围的综合比选（详见图 8-9）。

影响川主寺至白古寺段线路走向的关键是确定九寨沟站位方案及相应的线路局部走向方案。围绕九寨沟景区及游客集散点的分布，在面积 4800km^2 的范围内选择了上四寨、朗寨、甘海子、亚隆、九寨沟口、大录、东北、八郎沟、绕腊沟、九寨沟县城等多个站位，详见图 8-10。经过专家初步研究和比较，九寨沟站可能的站位为上四寨和八郎沟站位，现结合走向方案进一步比选。

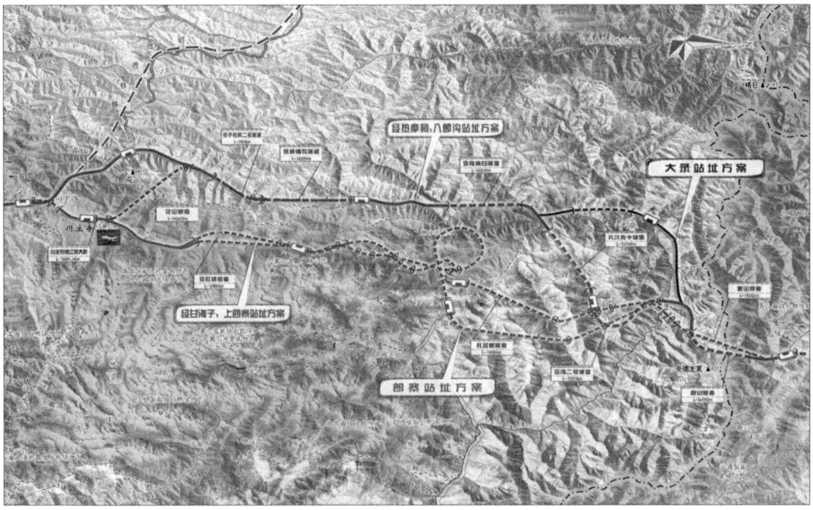

图 8-9 川主寺至白古寺段线路示意图

图 8-10 九寨沟拟选站位示意图

1）方案概述

（1）经上四寨站位方案。站址距离九寨沟口约 20km，距离县城约 67km，基本位于九寨沟片区各景区的中心（距离神仙池 35km、距离甲蕃古城和甘海子 30km、距黑河大峡谷 30km），游客到各景区都较方便。

（2）经八郎沟站位方案。站址距九寨沟口约 60km，距县城约 63km，位于神仙池、黑河峡谷、大录藏寨景区中心，方便游客旅游。

2）主要工程数量及投资

各方案的主要工程数量及投资如表 8-18 所示。

表 8-18　各方案主要工程数量及投资（成兰线）

项目			单位	经八郎沟站位方案	经上四寨站位方案
线路长度			km	148.816	138.78
房屋拆迁			m^2	6840	14145
用地	永久用地		亩	4097	3053
	临时用地		亩	3919	3608
路基	土石方		10^4m^3	1004.37	686.54
	加固防护圬工		10^4m^3	18.67	17.34
	级配碎石		10^4m^3	37.63	26.33
	水泥搅拌桩		10^4m	4.67	3.22
	CFG 桩		10^4m	2.80	1.94
	隔离栅栏		km	81.34	56.85
桥梁	特大桥		座/延米	9/7162	14/12798
	其中：特殊跨度桥梁	40m+56m+40m 连续梁	座/延米	1/136	—
		40m+64m+40m 连续梁	座/延米	—	1/144
		56m+88m+56m 连续梁	座/延米	—	1/200
		上承式钢桁拱	座/延米	1/460	1/360
	大中桥		座/延米	29/7373	15/3656
	其中：特殊跨度桥梁	32m+48m+32m 连续梁	座/延米	1/112	1/112
		56m+96m+56m 连续刚构	座/延米	1/208	—
		72m+128m+72m 连续刚构	座/延米	1/272	—
		132m+192m+132m 拱加劲连续钢桁梁	座/延米	1/456	—
		56m+2×88m+56m 连续刚构	座/延米	—	1/288
	涵洞		座/延米（横断面）	89/3787	64/2392
	桥梁总长/比重		km/%	14.535/9.8	16.454/11.8
隧道	$L\leqslant1000m$	双线	座/延米	5/2513	5/2850
	$1000m<L\leqslant4000m$	双线	座/延米	9/23113	11/22289
	$4000m<L\leqslant6000m$	双线	座/延米	—	2/9980
	$6000m<L\leqslant10000m$	双线	座/延米	2/14141	1/7081
	$10000m<L\leqslant15000m$	双线	座/延米	5/65343	3/40709
	$L>15000m$	双线	座/延米	—	1/19260
	隧道总长/比重		km/%	105.110/70.6	102.169/73.6
	最长隧道		延米	14792	19260

续表

项目		单位	经八郎沟站位方案	经上四寨站位方案
桥隧总长		km	119.645	118.623
桥隧比		%	80.4	85.4
铺轨	正线铺轨	km	297.632	277.56
	站线铺轨	km	19.4	16.5
	道岔	组	63	50
施工工期		年	6	8
站后工程投资		万元	160870	150021
主要工程投资估算		万元	1326120	1259952
差额		万元	0	–66168

8.5.2 定性分析（成兰线可行性研究报告）

1）从生态环境保护分析

经甘海子上四寨站位方案穿越了黄龙国家重点风景名胜区、九寨国家森林公园、九寨沟国家重点风景名胜区等敏感区，且在黄龙风景区的一级、二级景区内均设置有地面工程，对风景区影响较大；受站间距控制，在九寨国家森林公园内设有甘海子车站，同时线路还穿越了九寨国家森林公园的一级景区，对九寨国家森林公园影响较大；线路翻越弓杠岭，隧道穿过岷江源湿地，湿地高程比隧道高约 200m，为灰岩地层，隧道极有可能切断岷江源湿地水源，环境风险极大。经热摩柯八郎沟站址方案绕避了黄龙国家风景名胜区的一级、二级和三级景区，绕避了九寨国家森林公园和九寨沟国家重点风景名胜区的外围保护地带。因此，从环境生态保护角度，经热摩柯八郎沟站位方案明显优于经甘海子上四寨站位方案。

2）从工程地质条件分析

经热摩柯八郎沟站位方案沿东北沟段线路顺断层而行，但由于沟谷较为宽缓，且线路基本以低填低挖路基和小跨度矮桥通过，断层对工程影响较小。经甘海子上四寨站位方案，上四寨站位于厚度近百米的巨型滑坡体后缘，总体上较为不利。

3）从设站条件分析

经甘海子上四寨站位方案和经热摩柯八郎沟站位方案设站条件均较好，站址地形开阔，可满足车站场坪布置要求，相对而言，上四寨站址更为开阔。

4）从吸引客流和开发九寨沟地区旅游资源分析

两方案至各景区（县城）的距离及时间如表 8-19 所示。

表 8-19　两方案至各景区（县城）的距离及时间

至旅游景点	设站位置	
	上四寨站位	八郎沟站位
九寨沟县城	60km/1h	60km/1h
九寨沟沟口	20km/20min	66km/1h6min
甘海子景区	19km/19min	89km/1h29min
神仙池景区	49km/49min	67km/1h7min
甲蕃古城	17km/17min	87km/87min
白河川金丝猴保护区	47km/47min	47km/47min
大录黑河大峡谷景区	53km/53min	43km/43min
若尔盖景区	230km /3h50min	150km/2h30min

从表 8-19 可以看出，经甘海子上四寨站位方案距沟口较近，便于进沟游客出行；两方案距县城距离相同，但八郎沟站位可减轻县城至景区间公路通行压力，避免大量货运汽车经沟口通行于旅游公路上影响景区环境。虽然八郎沟站址距沟口相对较远，但其处于九寨沟片区各景区及九寨沟县城的中心，有利于周边景区资源的开发，同时，符合九寨沟县“沟内游、县城住”的发展思路，有效减轻了旺季九寨沟沟口住宿的压力。因此，八郎沟站位方案优于上四寨站位方案。

5）从线路长度、工程投资分析

经热摩柯八郎沟站位方案线路长度比经甘海子上四寨站位方案长 10.036km，投资多 66.168 万元。

6）从线形及行车条件分析

经甘海子上四寨站位方案，受地形条件和车站设置要求，进站端展线采用了两处小半径（半径分别为 600m 和 1200m）曲线，列车需限速运行，线形条件及运营条件比经热摩柯八郎沟站位方案差。

7）从施工期间对景区交通和环境影响分析

经上四寨站位方案线路走向基本沿九黄公路，该公路是连接九黄机场、黄龙景区和九寨沟景区的唯一交通通道，是旅游旺季的“黄金”通道，交通量接近饱和。上四寨站位方案在施工期间大量工程车占用该“黄金”通道，尤其是弓杠岭隧道弃渣达 600 万 m^3，需经该通道远运，势必对通道造成交通拥堵，不但恶化交通条件，而且严重影响景区的旅游环境。而经热摩柯八郎沟站位方案避开了景区交通要道，对景区交通和旅游环境均无影响。

综上所述，从定性角度分析得到川主寺至白古寺段线路走向方案以经热摩柯八郎沟站位方案为优。

8.5.3　定性、定量综合评价

九寨沟景区是我国重点风景名胜、世界自然遗产、国家 AAAAA 级旅游景区和国家级自然保护区等，是大九寨景区的主要旅游点，也是本线客流的主要目的地。川主寺至白古寺段线路经过九寨沟地区，对地区旅游资源的进一步开发和对旅游经济的带动是直接影响该段线路走向的重要因素，因此综合评价时采用表 5-5 中给出的偏重于旅游资源开发的线路走向方案综合评价固定指标，然后根据工程概况和可行性研究报告中对线路方案的描述，选取拆迁建筑物量、桥隧比、设站条件、土石方工程量和对既有线或其他交通的影响共 5 个指标作为灵活指标，共同组成本次综合评价的指标体系。通过对表 8-18 的数据及前面定性分析对相关定性指标描述的整理，得到每个线路方案对应指标的取值，对于定性分析中未涉及的指标用“—”代替该指标的取值，如表 8-20 所示。下面采用第 7 章建立的混合多属性决策方法进行方案评价和比选。

表 8-20　各线路方案及对应指标的取值（成兰线）

类型	指标	单位	经八郎沟站位方案	经上四寨站位方案	组合权重
固定指标	线路长度	km	148.816	138.78	0.016
	工程投资费	万元	1326120	1259952	0.014
	旅行时间	min	—	—	—
	对旅游资源开发的作用	—	好	较好	0.114
	对自然保护区、风景旅游区的影响	—	小	大	0.132
	与城市、地方规划建设的协调、符合程度	—	好	较好	0.061
	不良地质条件、特殊岩土的影响	—	较小	较大	0.11
	吸引客流的能力	—	好	较好	0.103
	旅客出行便捷性	—	一般	好	0.112
	地方政府（相关部门）的意见	—	—	—	—
灵活指标	桥隧比	%	80.4	85.4	0.015
	设站条件	—	较好	好	0.083
	土石方工程量	10^4m^3	1004.37	686.54	0.033
	拆迁建筑物量	m^2	6840	14145	0.053
	对既有线或其他交通的影响	—	小	大	0.154

（1）将定性指标的语言类模糊数取值量化为三角模糊数，如表 8-21 所示。

表 8-21　定性指标量化值（成兰线）

指标	经八郎沟方案		经上四寨方案	
	语言类模糊数	三角模糊数	语言类模糊数	三角模糊数
对旅游资源开发的作用	好	（0.8, 0.9, 1.0）	较好	（0.6, 0.7, 0.8）
对自然保护区、风景旅游区等的影响	小	（0, 0.1, 0.2）	大	（0.8, 0.9, 1.0）
与城市、地方规划建设的协调、符合程度	好	（0.8, 0.9, 1.0）	较好	（0.6, 0.7, 0.8）

续表

指标	经八郎沟方案		经上四寨方案	
	语言类模糊数	三角模糊数	语言类模糊数	三角模糊数
不良地质条件、特殊岩土的影响	较小	(0.2, 0.3, 0.4)	较大	(0.6, 0.7, 0.8)
吸引客流的能力	好	(0.8, 0.9, 1.0)	较好	(0.6, 0.7, 0.8)
旅客出行便捷性	一般	(0.4, 0.5, 0.6)	好	(0.8, 0.9, 1.0)
设站条件	较好	(0.6, 0.7, 0.8)	好	(0.8, 0.9, 1.0)
对既有线或其他交通的影响	小	(0, 0.1, 0.2)	大	(0.8, 0.9, 1.0)

(2) 将定性指标取值的三角模糊数与定量指标取值的精确实数结合起来，构成线路方案评价的决策矩阵，即

$$
\begin{aligned}
A &= (a_{ij})_{2\times 13} \\
&= \begin{bmatrix} 148.816 & 1326120 & (0.8,0.9,1.0) & (0,0.1,0.2) & (0.8,0.9,1.0) & (0.2,0.3,0.4) \\ 138.78 & 1259952 & (0.6,0.7,0.8) & (0.8,0.9,1.0) & (0.6,0.7,0.8) & (0.6,0.7,0.8) \end{bmatrix. \\
&\qquad \begin{matrix} (0.8,0.9,1.0) & (0.4,0.5,0.6) & 80.4 & (0.6,0.7,0.8) & 1004.37 & 6840 & (0,0.1,0.2) \\ (0.6,0.7,0.8) & (0.8,0.9,1.0) & 85.4 & (0.8,0.9,1.0) & 686.54 & 14145 & (0.8,0.9,1.0) \end{bmatrix}
\end{aligned}
$$

(3) 分别利用式 (7-1)、式 (7-2) 和式 (7-5)、式 (7-6) 对决策矩阵进行规范化处理，得到规范化矩阵为

$$
\begin{aligned}
S &= (s_{ij})_{2\times 13} \\
&= \begin{bmatrix} 0.93 & 0.95 & (1,1,1) & (1,1,1) & (1,1,1) & (1,1,1) \\ 1 & 1 & (0.75,0.78,0.8) & (0,0.11,0.2) & (0.75,0.78,0.8) & (0.33,0.43,0.5) \end{matrix}. \\
&\qquad \begin{matrix} (0.5,0.56,0.6) & (0.5,0.56,0.6) & 1 & (0.75,0.78,0.8) & 0.68 & 1 & (1,1,1) \\ (1,1,1) & (1,1,1) & 0.94 & (1,1,1) & 1 & 0.48 & (0,0.11,0.2) \end{bmatrix}
\end{aligned}
$$

(4) 确定指标组合权重。首先，利用表 6-7 中偏重于旅游资源开发的线路走向方案综合评价固定指标的基础权重值和表 6-3 中线路走向方案综合评价指标体系中给出的灵活指标的基础权重值，计算表 8-20 中相应评价指标的相互比例关系，根据所有指标总权重之和为 1 的特征，计算得到本例中固定指标和灵活指标的基础权重为：W_{G} =（0.0298, 0.0298, 0.1567, 0.0522, 0.0448, 0.0373, 0.1269, 0.0746, 0.03, 0.0819, 0.0273, 0.0437, 0.0709）。

然后，利用离差法的计算原理以及式 (6-11) 和式 (7-8)，确定指标的客观权重为：$W_{离}$ =（0.0054, 0.0038, 0.0514, 0.2064, 0.0514, 0.2003, 0.0514, 0.1028, 0.0046, 0.0514, 0.0246, 0.0399, 0.2064）。

最后，利用式(6-12)对主观权重 W_{G} 和客观权重 $W_{离}$ 进行组合，得到组合权重为：W =（0.016, 0.014, 0.114, 0.132, 0.061, 0.11, 0.103, 0.112, 0.015, 0.083, 0.033, 0.053, 0.154）。

(5) 利用组合权重 W 对规范化矩阵 S 进行加权，得到加权规范化矩阵 Y，然后利用式 (7-18) 和式 (7-19) 分别计算各备选方案到正理想方案与负理想方案的距离，并得到

各方案的综合相对贴近度，即经八郎沟站位方案和经上四寨站位方案的综合评价值分别为：$P_1 = 0.83$，$P_2 = 0.17$。

因此，方案排序结果为$X_1 \succ X_2$，经八郎沟站位方案比经上四寨站位方案更优，且经八郎沟站位方案的综合评价等级为“好”。

8.5.4　评价结果分析

对表 8-20 给出的两条线路方案的指标数据进行分析可知，经上四寨站位方案的线路长度最短、工程量及工程难度都较小、旅客出行更便捷、设站条件较好、桥隧比和工程投资也较少，但该方案在对旅游资源开发作用、吸引客流的能力、与地区发展规划的符合程度、环境保护要求、工程地质条件和对既有线或其他交通的影响等偏重于旅游资源开发方面的指标因素不如经八郎沟站位方案。因此，经八郎沟站位方案是综合定性、定量比较后的最优方案，且达到了“好”。上述计算得出的结果与可行性研究报告中专家通过对定量指标的计算和对定性指标的分析后所做出的方案决策结论一致。

8.6　偏重于重大桥隧工程的线路走向方案

8.6.1　大瑞铁路工程概况

1. 大瑞线概况

大理至瑞丽铁路东起广大铁路终点大理站，西至云南省西南边陲的商贸旅游城市瑞丽。线路由既有大理站西端引出，两跨楚大高速公路后沿西洱河右岸西行，经平坡后线路折向西北，沿漾濞江左岸逆流而下，跨券桥河至马厂设漾濞站；出站后，线路向西行进，于木瓜箐跨漾濞江后穿石羊山隧道、跨顺濞河、穿阿克路及大坡岭隧道、跨大保高速公路及银江河至曲硐新城设永平站；尔后，线路穿杉阳隧道紧坡下至澜沧江，于霁虹桥附近跨越澜沧江，后沿澜沧江右岸逆流而上，穿大柱山隧道进入保山坝子，跨大保高速公路后于保山市北面的易畴村设保山站；出站后，线路穿保山隧道，经蒲缥，顺怒江左岸而下，穿孔雀山，于惠通桥附近跨越怒江，过江后以 39.608km 的隧道穿高黎贡山山脉，出洞后再沿芒市河右岸西行，经橄榄坡进入潞西坝子，并于潞西市西北面的芒赛设潞西站；后线路沿 320 国道西行，经帕底、遮放、戛中，再沿龙江左岸行进，穿畹町隧道至畹町设站，出站后线路跨越瑞丽江至本线设计终点瑞丽。线路全长 338.808km。

2. 高黎贡山越岭隧道方案

高黎贡山越岭段位于印度板块与欧亚板块相碰撞的板块缝合线地带，为青、藏、滇、缅巨形“歹”字形构造西支中段弧形构造带，西南“三江”造山带“蜂腰部”南段。段内西部老变质岩地层以怒江大断裂为界向东部沉积岩地层仰冲，形成了地形上的隆起及差异。该段位于我国著名的藏滇地热异常带的南延部分。根据既有地热资料分析，高黎贡山大部分地区属地热异常区，地温梯度一般大于 4℃/100m，高于正常地温梯度（2.5℃/100m）；从其区域地表出露热泉的温度分析，存在隧道洞身穿过温度超过地表出露热泉温度位置的可能。因此，越岭隧道洞身可能会遇到热害问题，这已成为控制高黎贡山越岭方案选择的决定性因素。

1）方案概述

根据上述工程地质条件分析，高黎贡山越岭区存在线路能通过的相对低温带。可行性研究阶段结合越岭隧道两端引线条件，对高黎贡山越岭段进行了大面积选线研究，主要研究了下列 6 个方案（图 8-11）。

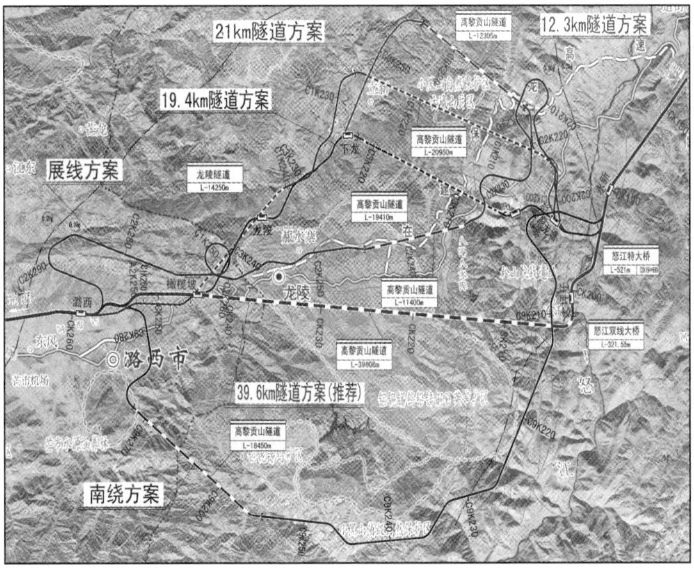

图 8-11　高黎贡山越岭隧道方案示意图

（1）12.3km 隧道方案。线路于中寨跨越怒江后，顺怒江右岸逆流展线而上，于八丘田穿高黎贡山至邦换，后沿龙江左岸行进，经龙陵县西侧抵达方案比较终点潞西。该方案线路长 81.44km。

（2）21km 隧道方案。线路于中寨跨越怒江，经龙塘，于白花穿高黎贡山隧道（L-20950m）至大寨，出洞后，线路跨龙江至右岸，后顺龙江向西南行进，于团田设腾龙站，出站后，线路再次跨龙江至左岸，穿龙陵隧道后抵达方案比较终点潞西。该方案线路长 73.726km。

（3）19.4km 隧道方案。线路于中寨跨越怒江，后沿勐梅河左岸紧坡而上，于观音山穿高黎贡山（L-19410m）至下龙，后沿龙江左岸行进，经龙陵县西侧抵达方案比较终点潞西。该方案线路长 66.431km。

（4）展线方案。为降低高黎贡山地热对深埋隧道的影响，减小隧道埋深，本次研究了线路展线、提高线路设计高程的方案。

该方案线路于中寨跨越怒江，后折向西北紧坡展线而上，经东松后线路折向正南，此后再展线紧坡上至芒高穿高黎贡山隧道（L-11400m），于大竹林出洞，再沿在建保龙高速公路紧坡展线而下，于龙县西侧设站，出站后，线路沿背阴山迂回展线，紧坡下至方案比较终点潞西。该方案线路长 107.95km。

（5）39.6km 隧道方案。线路自比较起点引出后，沿怒江左岸而下，于惠通桥附近跨越怒江，过江后，以 39.608km 的隧道穿高黎贡山至放马桥，后沿芒市河右岸下至方案比较终点潞西。该方案线路长 63.372km。

（6）南绕方案。线路自比较起点引出，于高新寨跨越怒江，过江后，沿怒江右岸紧坡而上，于沙子坡穿摆达隧道，再紧坡上至芹菜塘，后线路紧坡而下，经大场、帮工、再以 18.45km 的隧道穿高黎贡山至潞西西侧，后线路折向西北，跨 320 国道及芒市河后抵达方案比较终点。该方案线路长 96.34km。

高黎贡山越岭隧道方案的选择主要由越岭隧道是否会遇到大面积热害问题控制，因此越岭隧道的特殊工程地质条件是方案取舍的决定因素。经过研究，12.3km、19.4km 隧道方案不仅隧道施工易受高地温及高温热水危害，穿过的地热异常带长，加之地质条件极差，非工程措施可以解决，研究后予以放弃；21km、39.6km 隧道方案线路位于相对低温走廊地带；展线方案由于降低了隧道埋深，一定程度上减小了高地温危害及高地应力等问题；南绕方案大段通过侵入岩体，存在高地热，而且线路长度增加较多，地质条件极差，研究后予以放弃。本次重点分析 21km 隧道、展线及 39.6km 隧道方案。

2）主要工程数量及投资

各方案主要工程数量及工程投资详见表 8-22。

表 8-22　各方案主要工程数量及投资（大瑞线）

项目			单位	方案名称		
				21km 隧道方案（近期单线）	展线方案	39.6km 隧道方案（初期复线）
线路长度			km	73.726	107.95	63.367
征地			亩	1009	1395.7	751.1
路基	填方		10^4m^3	97.904	63.11	33.959
	挖方		10^4m^3	107.828	94.408	50.798
	加固防护及附属圬工		10^4m^3	3.432	11.8	2.491
	支挡圬工		10^4m^3	16.709	25.93	13.9523
桥涵	特大桥	H≥50m	座/延米	2/1686.4	1/520	—
		H<50m	座/延米	—	1/701.7	2/1182.6
	大中桥	H≥50m	座/延米	—	6/2017.3	—
		H<50m	座/延米	24/4884.9	41/7127.2	13/2202.1
	涵洞		座/延米（横断面）	44/1265	41/1135	22/408.5
隧道	L≥10km		座/延米	2/35200	2/23985	1/39608
	6km≤L<10km		座/延米	—	1/8240	—
	3km≤L<6km		座/延米	—	4/18305	—
	1km≤L<3km		座/延米	6/14115	14/25830	4/7361
	L<1km		座/延米	9/2985	20/6685	2/485

续表

项目		单位	方案名称		
			21km 隧道方案（近期单线）	展线方案	39.6km 隧道方案（初期复线）
最长隧道		km	20.950	12.59	39.608
桥隧总长		km	58.126	93.411	55.544
桥隧比		%	78.8	86.5	87.7
轨道	正线铺轨	km	73.120	106.889	63.026
	站线铺轨	km	6.824	11.938	3.386
	道岔	组	20	32	18
主要工程投资估算总额（静态）		万元	262164.27	345392.71	350926.77
差额		万元	−88762.5	−5534.06	0

8.6.2　定性分析（大瑞线可行性研究报告）

1）从线路长度和工程投资分析

从表 8-23 可以看出，39.6km 隧道方案的线路长度比 21km 隧道方案、展线方案分别短 10.359km、44.583km，分别占 39.6km 隧道方案线路长度的 16.3%、70.4%；投资比 21km 隧道方案多 88762.5 万元，比展线方案多 5534.06 万元。

2）从换算工程运营费分析

由于 21km 隧道方案远期需要复线，各方案长度差别较大，本次研究结合各方案远期投资及运营费进行了比较。

表 8-23　各方案换算工程运营费比较表

项目	单位	21km 隧道方案	展线方案	39.6km 隧道方案
线路长度	km	73.726	107.95	63.367
工程投资估算	万元	262164.27	345392.71	350926.77
远期工程投资估算	万元	61690.27	0	0
累计（20 年）运营费现值	万元	88830.73	130066.4	76349.41
换算工程运营费合计	万元	373286.43	465544.71	421456.77
换算工程运营费合计差额	万元	−48170.34	44087.94	0

从表 8-23 可以看出，结合远期投入来看，三个方案相差不大。而 39.6km 隧道方案线路短，运营费低。

3）从高黎贡山越岭隧道洞身的工程地质条件分析

隧道洞身的所穿断层、围岩类别及可能遇到的热害风险性对比分析如表 8-24 所示。

表 8-24 高黎贡山隧道洞身、围岩类别及特殊工程地质条件对比分析

项目		21km 隧道方案	39.6km 隧道方案
洞身穿过的断层		4 条Ⅰ级断裂，2 条Ⅱ级断裂，4 条Ⅲ级断裂，其中活动断裂 5 条	1 条Ⅰ级断裂，7 条Ⅱ级断裂，8 条Ⅲ级断裂，其中活动断裂 3 条
长隧道洞身围岩分级	Ⅴ	2900m	3118m
	Ⅳ	8050m	7365m
	Ⅲ	10000m	17325m
	Ⅱ	0m	11800m
隧道洞身可能遇到的热害风险		隧道一般埋深 600m，最大 1200m，洞身围岩主要为软弱的千枚岩、板岩、片岩及混合岩，隧道虽处于可能的地热相对低温带，但区域背景为断裂深循环型高地热异常区，周边高温热水出露点多、水量大、水温高，隧道施工一旦揭露高温高压热水活跃的断裂带，使热水与隧道连通扩散，扩大热害范围，全隧可能面临封堵高温高压热水问题，甚至软化岩层，对围岩稳定性造成危害，未知地质因素多，其遇到热害的风险性高	隧道一般埋深 700m，最大 1500m，洞身围岩主要为坚硬的花岗岩、混合花岗岩侵入体，断裂相对不发育，围岩较完整、稳定性较好。所处可能的地热相对低温带附近未见高温高压热水出露，岩浆余热型地热环境相对均匀。虽然花岗岩可能使地热背景值普遍高一些，但隧道未直接通过深大断裂带，地热循环条件相对较差，地热复杂程度可能较轻，其遇到热害的风险性相对较低

综上分析，21km 隧道方案虽然投资少，但隧道遇高地热及高温热水的可能性较大，而且隧道基本处于断裂破碎带中，局部的高温热水可能诱发大面积的热害；展线方案减小了高地热及高温热水的可能，但线路长，投资及运营费增加明显；39.6km 隧道方案投资较大，但隧道围岩较好，局部的高温热水不会诱发大面积的热害。因此，推荐工程地质条件相对较好、遇热害风险低的 39.6km 隧道方案。

8.6.3 定性、定量综合评价

由于穿越高黎贡山等横断山脉的隧道位置、长度和标高控制该段线路的走向，本例选择偏重于重大桥隧工程的线路走向方案综合评价指标体系进行方案评价和比选。首先采用表 5-7 中给出的偏重于重大桥隧工程的线路走线方案综合评价的 11 个固定指标，然后根据工程概况和可行性研究报告中对线路方案的描述，选取换算工程运营费指标作为灵活指标，共同组成本次综合评价的指标体系。通过对表 8-22 的数据及前面定性分析对相关定性指标描述的整理，得到每个线路方案对应的指标取值，对于定性分析中未涉及的指标用“—”代替该指标的取值，如表 8-25 所示。

表 8-25 各线路方案及对应指标的取值（大瑞线）

类型	指标	单位	21km 隧道方案	展线方案	39.6km 隧道方案	指标组合权重
固定指标	线路长度	km	73.726	107.95	63.367	0.055
	桥隧比	%	78.8	86.5	87.7	0.088
	工程投资费	万元	262164.27	345392.71	350926.77	0.035

续表

类型	指标	单位	21km 隧道方案	展线方案	39.6km 隧道方案	指标组合权重
固定指标	累计（20 年）运营费	万元	88830.73	130066.4	76349.41	0.045
	施工工期	天	—	—	—	—
	特长隧道总长	延米	35200	23985	39608	0.088
	工程施工、实施难度	—	一般	一般	较大	0.106
	对自然保护区、风景旅游区的影响	—	—	—	—	—
	带动周边地区经济发展的能力	—	—	—	—	—
	不良地质条件、特殊岩土的影响	—	一般	小	小	0.252
	施工和运营风险	—	较大	小	小	0.234
灵活指标	换算工程运营费	万元	373286.43	465544.71	421456.77	0.098

（1）将定性指标的语言类模糊数取值量化为三角模糊数，如表 8-26 所示。

表 8-26　定性指标量化值（大瑞线）

指标	21km 隧道方案		展线方案		39.6km 隧道方案	
	语言类模糊数	三角模糊数	语言类模糊数	三角模糊数	语言类模糊数	三角模糊数
工程施工、实施难度	一般	（0.4, 0.5, 0.6）	一般	（0.4, 0.5, 0.6）	较大	（0.6, 0.7, 0.8）
不良地质条件、特殊岩土的影响	一般	（0.4, 0.5, 0.6）	小	（0, 0.1, 0.2）	小	（0, 0.1, 0.2）
施工和运营风险	较大	（0.6, 0.7, 0.8）	小	（0, 0.1, 0.2）	小	（0, 0.1, 0.2）

（2）将定性指标取值的三角模糊数与定量指标取值的精确实数结合起来，构成线路方案评价的决策矩阵，即

$$A=(a_{ij})_{3\times 9}=\begin{bmatrix} 73.726 & 78.8 & 262164.27 & 88830.73 & 35200 & (0.4,0.5,0.6) & (0.4,0.5,0.6) & (0.6,0.7,0.8) & 373286.43 \\ 107.95 & 86.5 & 345392.71 & 130066.4 & 23985 & (0.4,0.5,0.6) & (0,0.1,0.2) & (0,0.1,0.2) & 465544.71 \\ 63.367 & 87.7 & 350926.77 & 76349.41 & 39608 & (0.6,0.7,0.8) & (0,0.1,0.2) & (0.0,0.1,0.2) & 421456.77 \end{bmatrix}$$

（3）分别利用式（7-1）、式（7-2）和式（7-5）、式（7-6）对决策矩阵进行规范化处理，得到规范化矩阵为

$$S=(s_{ij})_{3\times9}=\begin{bmatrix}0.86 & 1 & 1 & 0.86 & 0.68 & (0.5,0.6,0.7) & (0,0.2,0.33) & (0,0.14,0.25) & 1\\ 0.59 & 0.91 & 0.76 & 0.59 & 1 & (1,1,1) & (1,1,1) & (1,1,1) & 0.8\\ 1 & 0.9 & 0.75 & 1 & 0.61 & (0.33,0.43,0.5) & (1,1,1) & (1,1,1) & 0.89\end{bmatrix}$$

（4）确定指标组合权重。首先，利用表 6-8 中给出的偏重于重大桥隧工程的线路走向方案综合评价固定指标的基础权重值和表 6-3 中线路走向方案综合评价指标体系中给出的灵活指标的基础权重值，计算表 8-25 中相应评价指标的相互比例关系，根据所有指标总权重之和为 1 的特征，计算得到本例中固定指标和灵活指标的基础权重为：$W_G=$（0.0274, 0.0821, 0.0274, 0.0274, 0.2008, 0.1004, 0.146, 0.1186, 0.0966）。

然后，利用离差法的计算原理以及式（6-11）和式（7-8），确定指标的客观权重为：$W_{离}=$（0.0678, 0.0717, 0.0591, 0.0478, 0.0855, 0.1028, 0.2379, 0.2042, 0.0833）。

最后，利用式（6-12）对主观权重 W_G 和客观权重 $W_{离}$ 进行组合，得到组合权重为：$W=$（0.055, 0.088, 0.035, 0.045, 0.088, 0.106, 0.252, 0.234, 0.098）。

（5）利用组合权重 W 对规范化矩阵 S 进行加权，得到加权规范化矩阵 Y，然后利用式（7-18）和式（7-19）分别计算各备选方案到正理想方案与负理想方案的距离，并得到各方案的综合相对贴近度，即 21km 隧道方案、展线方案和 39.6km 隧道方案的综合评价值分别为：$P_1=0.27$，$P_2=0.75$，$P_3=0.78$。

因此，21km 隧道方案、展线方案和 39.6km 隧道方案的综合评价等级分别为“较差”、“较好”和“较好”，方案比选结果为 39.6km 隧道方案更优。

8.6.4　评价结果分析

对表 8-25 给出的三个越岭隧道方案的数据进行分析可知，21km 隧道方案工程投资最少、换算工程运营费最低，但由于隧道遇高地热及高温热水的可能性较大，而且隧道基本处于断裂破碎带中，局部的高温热水可能诱发大面积热害，工程地质条件最差，施工和运营风险最高，因此该方案的综合评价等级为“较差”；展线方案由于绕避了不良地质区域，工程地质条件最好、高地热及高温热水风险最低，并且由于特大工程较少，施工难度较低，所以其综合评价等级达到了“较好”，但该方案线路长度比 39.6km 隧道方案长 44.583km，累计（20 年）运营费和换算工程运营费也都是最高的；39.6km 隧道方案虽然投资较大，特大工程较多，但隧道围岩较好，局部的高温热水不会诱发大面积热害，工程地质条件也相对较好，且线路长度比展线方案短 70.4%，累计（20 年）运营费和换算工程运营费也比展线方案低很多，因此经综合比较后，39.6km 隧道方案更优。上述计算得出的结果与可行性研究报告中专家通过对定量指标的计算和对定性指标的分析后所做出的方案决策结论一致。

8.7　车站站位方案

8.7.1　云桂铁路工程概况

1. 云桂线概况

云桂线位于广西和云南范围内。东起南宁枢纽的南宁站，沿既有南昆铁路走廊前行后引入既有百色站。之后线路向西跨右江后进入云南省境内，经过文山州的富宁县、广南县和丘北县；于红河州的弥勒县江边街附近跨越南盘江，之后进入昆明的石林县，之后线路在宜良县南侧再次跨越南盘江，经过阳宗镇，于昆明市呈贡新区东侧设昆明南站（二客站），之后线路进入昆明枢纽。南宁（不含）至昆明东（不含）线路长 745.747km。

2. 广南站位方案研究

广南县位于云南省东南部，文山州东北部，滇、桂、黔三省（区）交界处。广南县人口 76 万，居云南省第六位，经济发展水平远低于全省平均水平，是国家扶贫开发工作的重点县和云南省重点扶持的人口大县。广南县境内自然资源丰富，有八宝贡米、生态油茶等生物资源，矿产、水能资源也非常丰富，有全国第二大锑矿企业木利锑业，可开发水能资源 31.9 万 kW；境内自然环境优美，历史底蕴深厚，民族文化多姿多彩，“世外桃源”坝美景区、省级风景名胜区八宝和省级历史文化名城莲城在省内外的知名度日趋提升，旅游业发展潜力巨大。

在预可行性研究阶段，本段推荐采用工程投资省、工程地质条件好的昔板站位方案，根据专家评估意见及云南省人民政府《云南省人民政府办公厅关于云桂铁路文山州境内站点设置有关事项的函》，为了靠近主要经济据点，吸引当地客、货流，可行性研究阶段对靠近广南县城的派播站位方案进行了深入研究，同时研究了介于二者之间的板构站位方案、上锅寨站位方案（图 8-12）。

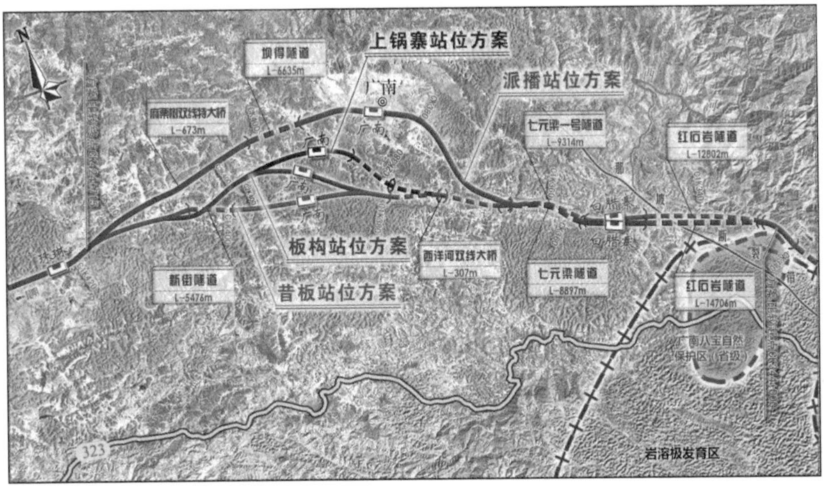

图 8-12　广南站位方案比较示意图

1）方案概述

（1）昔板站位方案。该方案与预可行性研究阶段推荐方案走向大致相同，线路从坡孟站引出，穿红石岩隧道，设白腊寨站，之后线路紧坡上行，跨西洋河，穿董堡隧道、那追隧道，在昔板附近设广南站，之后线路前行，在珠琳镇南侧设珠琳站。线路长87.072km。

（2）派播站位方案。线路从坡孟站引出，穿红石岩隧道，设白腊寨站，之后线路紧坡上行，跨西洋河，穿羊角箐二号隧道，在广南县城南侧 1.3km 的派播附近设广南站，之后线路前行，在珠琳镇附近设珠琳站。线路长 93.935km。

（3）板构站位方案。线路从坡孟站引出，穿红石岩隧道，设白腊寨站，之后线路紧坡上行，跨西洋河，穿董堡隧道、那追隧道，在板构附近设广南站，之后线路前行，在珠琳镇附近设珠琳站。线路长 88.709km。

（4）上锅寨站位方案。线路从坡孟站引出，穿红石岩隧道，设白腊寨站，之后线路紧坡上行，跨西洋河，穿董堡隧道、那追隧道，在上锅寨附近设广南站，之后线路前行，在珠琳镇附近设珠琳站。线路长 90.211km。

2）主要工程数量及投资

各方案主要工程数量及投资如表 8-27 所示。

表 8-27　各方案主要工程数量及投资

项目			单位	昔板站位方案	派播站位方案	板构站位方案	上锅寨站位方案
线路长度			km	87.072	93.935	88.709	90.211
征地拆迁	房屋拆迁		m^2	5281	19254	6528	5520
	新征用地		亩	1326.977	1231.385	1351.925	1399
	临时用地		亩	2028.778	2906.257	2066.920	2122
路基	土石方		10^4m^3	272.217	340.217	383.557	368.051
	级配碎石		10^4m^3	22.810	28.118	47.638	45.712
	加固防护工程		10^4m^3	19.515	22.215	27.497	26.385
桥涵	特大桥	$H \leq 50m$	座/延米	1/863.34	4/3056.62	3/2318.19	2/1152
		$H > 50m$	座/延米	1/565.83	3/1852.94	1/565.83	—
	大中桥	$H \leq 50m$	座/延米	28/4647.8	23/3804.5	24/6141.51	16/4979
		$H > 50m$	座/延米	3/626.56	8/3165.85	5/1327.99	2/764
	涵洞		座/延米（横断面）	62/2051	78/2563	88/2890	84/2773
	桥梁总长/比重		km/%	6.704/7.70	11.88/12.59	10.354/11.67	6.895/7.64
隧道	$L \leq 1000m$		座/延米	15/5424	15/5698	22/8562	18/8236
	$1000m < L \leq 4000m$		座/延米	11/22351	7/19099	9/19192	10/17812
	$4000m < L \leq 6000m$		座/延米	2/11452	3/14072	1/5976	1/5738
	$6000m < L \leq 10000m$		座/延米	2/15909	2/14927	2/15909	3/21922
	$10000m < L \leq 15000m$		座/延米	1/12802	1/14715	1/12802	1/12802
	隧道总长/比重		km/%	67.938/78.03	66.944/70.95	62.541/70.50	66.51/73.73

续表

项目		单位	昔板站位方案	派播站位方案	板构站位方案	上锅寨站位方案
桥隧总长		km	74.642	80.391	72.895	73.405
桥隧比		%	85.72	85.58	82.17	81.37
车站	区段站	个	—	—	—	—
	中间站	个	1	1	1	1
	越行站	个	1	1	1	1
轨道	正线铺轨	km	87.072	93.935	88.709	90.211
	站线铺轨	km	9.57	10.21	10.11	10.11
	道岔	组	38	38	38	38
区间其他工程		万元	109449.5	118609.26	111507.21	113395.23
主要工程费		万元	924080.46	993600.27	931444.5	947215.5
运营费		万元	472931.81	534203	502217	510709
换算工程运营费		万元	1397012.27	1527803.18	1433661.5	1457924.5
差额		万元	0	130790.91	36649.23	60912.23

8.7.2 定性分析（云桂线可行性研究报告）

广南站位方案对比和地质分析如表 8-28 和表 8-29 所示。

表 8-28　广南站位方案对比

项目		昔板站位方案	派播站位方案	板构站位方案	上锅寨站位方案
线路长度		87.072	93.935	88.709	90.211
地质条件	平行构造线长度	3km	13km	13km	21km
	隧道涌水风险度	较低	较高	较低	较低
	危岩落石是否发育	是	否	是	是
车站距广南县城距离		直线 13km，公路 20km	直线 1.3km，公路 2.1km	直线 11km，公路 17km	直线 8.4km，公路 13.7km
运营条件		较差	较好	较差	较差
换算工程运营费差额/万元		0	130790.91	36649.23	60912.23

表 8-29　广南站位方案地质分析表

方案	昔板站位方案	派播站位方案	板构站位方案	上锅寨站位方案
地形地貌	云南山地地貌，地形起伏较大，切割较深	云南山地地貌，地形起伏较大，切割较深	云南山地地貌，地形起伏较大，切割较深	云南山地地貌，地形起伏较大，切割较深

续表

方案	昔板站位方案	派播站位方案	板构站位方案	上锅寨站位方案
地层岩性	出露寒武系至三叠系灰岩、泥质灰岩、白云岩为主，局部为砂泥岩及下第三系的砾岩或侵入岩	车站内为上第三系膨胀（岩）土，其余地段出露寒武系至三叠系灰岩、泥质灰岩，白云岩，局部地段分布有下第三系的砾岩或侵入岩	出露寒武系至三叠系灰岩、泥质灰岩、白云岩为主，局部为砂泥岩及下第三系的砾岩或侵入岩	出露寒武系至三叠系灰岩、泥质灰岩、白云岩为主，局部为砂泥岩及下第三系的砾岩或侵入岩
地质构造	位于滇越巨型旋扭构造带内，总的构造轴线方向呈NW向展布，线路平行于构造线行进。穿褶皱8条，断层10条	位于滇越巨型旋扭构造带内，总的构造轴线方向呈NW向展布，线路平行于构造线行进。穿褶皱6条，断层20条	位于滇越巨型旋扭构造带内，总的构造轴线方向呈NW向展布，线路平行于构造线行进。穿褶皱8条，断层10条	位于滇越巨型旋扭构造带内，总的构造轴线方向呈NW向展布，线路平行于构造线行进。穿褶皱8条，断层12条
主要工程地质问题	线路平行于构造线行进约3km，隧道围岩较差；沿西洋河两岸危岩落石、岩堆等不良地质发育；可溶岩地段岩溶塌陷、隧道涌水突泥等	线路平行于构造线行进约13km，隧道围岩较差；沿西洋河两岸危岩落石、岩堆等不良地质发育；可溶岩地段岩溶塌陷、隧道涌水突泥等；车站内发育上第三系膨胀（岩）土，路堑边坡整治困难	线路平行于构造线行进约13km，隧道围岩较差；沿西洋河两岸危岩落石、岩堆等不良地质发育；可溶岩地段岩溶塌陷、隧道涌水突泥等	线路平行于构造线行进约21km，隧道围岩较差；沿西洋河两岸危岩落石、岩堆等不良地质发育；可溶岩地段岩溶塌陷、隧道涌水突泥等
共同点	受区域断层影响，岩体破碎，不良地质体发育；可溶岩地段的溶洞、暗河、岩溶塌陷、岩溶隧道涌水突泥等工程地质问题严重			
优点	线路沿西洋河与西版河上升至珠琳岩溶高原面，长大隧道多位于岩溶发育区之岩溶安全带内，有利于降低隧道涌水突泥风险	无	线路走行于西版河谷内，隧道工程较少；沿西洋河与西版河上升至珠琳岩溶高原面，长大隧道多位于岩溶发育区之岩溶安全带内，有利于降低隧道涌水突泥风险	线路沿西洋河与大河上升至珠琳岩溶高原面，长大隧道多位于岩溶发育区之岩溶安全带内，有利于降低隧道涌水突泥风险
缺点	沿西洋河两岸危岩落石、岩堆等不良地质发育	线路远离西洋河上升至广南岩溶高原面，增加了长大岩溶隧道涌水突泥的风险；线路平行构于造线行进约13km，隧道围岩较差；车站内发育上第三系膨胀（岩）土，路堑边坡整治困难	线路平行于构造线行进约13km，隧道围岩较差；沿西洋河两岸危岩落石、岩堆等不良地质发育	线路平行于构造线行进约21km，隧道围岩较差；沿西洋河两岸危岩落石、岩堆等不良地质发育
工程地质条件评价	工程地质条件一般	工程地质条件差	工程地质条件一般	工程地质条件较差

1）从工程地质条件分析

受区域断层影响，区域内岩体破碎，不良地质体发育；可溶岩地段的溶洞、暗河、岩溶塌陷、岩溶隧道涌水突泥等岩溶工程地质问题严重。从表8-29各组数据比较可知，昔板站位方案和板构站位方案工程地质条件相对较好，上锅寨站位方案和派播站位方案工程地质条件相对较差。

2）从吸引客、货流能力分析

广南县人口众多，资源丰富，由于此前广南县城在323国道和衡昆高速公路的建设上已经两次被边缘化，广南县至今仍没有一条通往外界的快捷通道。因此，广南县迫切需要一条重要交通通道来解决客、货运输问题。本次研究的四个方案中，派播站位方案距广南县城最近，最能有效吸引当地客、货流，而昔板站位方案距离广南县城最远，吸引当地客、货流的能力最差，板构站位、上锅寨站位方案距广南县城的公路距离分别为 17km 和 13.7km，吸引当地客、货流的能力均较差。

3）从运营方面分析

昔板站位方案距广南县城公路距离约 20km，交通不便。派播站位方案距广南县城公路距离仅 2.1km，通信、医疗等服务设施配套齐全，在此建设车站，职工工作、生活条件最好。

4）从线路长度及工程投资分析

派播站位方案线路长度最长，工程投资最大，然后依次是上锅寨站位方案、板构站位方案，昔板站位方案线路最短，工程投资最省。

综上所述，派播站位方案线路较长、工程投资较大、工程地质条件相对较差，但该方案能很好地吸引当地客、货流，并与地方发展相协调，可行性研究报告中推荐派播站位方案。

8.7.3　定性、定量综合评价

根据工程概况和可行性研究报告中对车站方案的描述，选取换算工程运营费、拆迁建筑物量、征地量和桥隧比共 4 个指标作为灵活指标，并与表 5-8 中的 10 个固定指标共同组成本次综合评价的指标体系。通过对表 8-27 的数据及前面定性分析对相关定性指标描述的整理，得到每个线路方案对应的指标取值，对于定性分析中未涉及的指标用“—”代替该指标的取值，如表 8-30 所示。下面采用第 7 章建立的混合多属性决策方法进行方案评价和比选。

表 8-30　各站位方案及对应指标的取值（云桂线站位）

类型	指标	单位	昔板站位方案	派播站位方案	板构站位方案	上锅寨站位方案	指标组合权重
固定指标	线路长度	km	87.072	93.935	88.709	90.211	0.0158
	工程投资费	万元	924080.46	993600.27	931444.5	947215.5	0.0158
	地方政府（相关部门）的意见	—	—	—	—	—	—
	对自然保护区、风景旅游区的影响	—	—	—	—	—	—
	带动周边地区经济发展的能力	—	差	好	较差	较差	0.258
	与城市、地方规划建设的协调、符合程度	—	—	—	—	—	—
	不良地质条件、特殊岩土的影响	—	一般	大	一般	大	0.089
固定指标	吸引客、货流的能力	—	差	好	较差	较差	0.22
	设站条件	—	较差	较好	较差	较差	0.125
	旅客出行和货物集散便捷性	—	差	好	较差	较差	0.145

续表

类型	指标	单位	昔板站位方案	派播站位方案	板构站位方案	上锅寨站位方案	指标组合权重
灵活指标	换算工程运营费	万元	1397012.27	1527803.18	1433661.5	1457924.5	0.015
	拆迁建筑物量	m^2	5281	19254	6528	5520	0.031
	征地量（临时及新征）	亩	3355.755	4137.642	3418.845	3521	0.061
	桥隧比	%	85.72	85.58	82.17	81.37	0.024

（1）将定性指标的语言类模糊数取值量化为三角模糊数，如表 8-31 所示。

表 8-31　定性指标量化值（云桂线站位）

指标	昔板站位方案		派播站位方案	
	语言类模糊数	三角模糊数	语言类模糊数	三角模糊数
带动周边地区经济发展的能力	差	（0, 0.1, 0.2）	好	（0.8, 0.9, 1.0）
不良地质条件、特殊岩土的影响	一般	（0.4, 0.5, 0.6）	大	（0.8, 0.9, 1.0）
吸引客、货流的能力	差	（0, 0.1, 0.2）	好	（0.8, 0.9, 1.0）
设站条件	较差	（0.2, 0.3, 0.4）	较好	（0.6, 0.7, 0.8）
旅客出行和货物集散便捷性	差	（0, 0.1, 0.2）	好	（0.8, 0.9, 1.0）

指标	板沟站位方案		上锅寨站位方案	
	语言类模糊数	三角模糊数	语言类模糊数	三角模糊数
带动周边地区经济发展的能力	较差	（0.2, 0.3, 0.4）	较差	（0.2, 0.3, 0.4）
不良地质条件、特殊岩土的影响	一般	（0.4, 0.5, 0.6）	大	（0.8, 0.9, 1.0）
吸引客、货流的能力	较差	（0.2, 0.3, 0.4）	较差	（0.2, 0.3, 0.4）
设站条件	较差	（0.2, 0.3, 0.4）	较差	（0.2, 0.3, 0.4）
旅客出行和货物集散便捷性	较差	（0.2, 0.3, 0.4）	较差	（0.2, 0.3, 0.4）

（2）将定性指标取值的三角模糊数与定量指标取值的精确实数结合起来，构成站位方案评价的决策矩阵，即

$$A=(a_{ij})_{4\times 11}=\left[\begin{matrix} 87.072 & 924080.46 & (0,0.1,0.2) & (0.4,0.5,0.6) & (0,0.1,0.2) \\ 93.935 & 993600.27 & (0.8,0.9,1.0) & (0.8,0.9,1.0) & (0.8,0.9,1.0) \\ 88.709 & 931444.5 & (0.2,0.3,0.4) & (0.4,0.5,0.6) & (0.2,0.3,0.4) \\ 90.211 & 947215.5 & (0.2,0.3,0.4) & (0.8,0.9,1.0) & (0.2,0.3,0.4) \end{matrix}\right.$$

$$\left.\begin{matrix} (0.2,0.3,0.4) & (0,0.1,0.2) & 1397012.27 & 5281 & 3355.755 & 85.72 \\ (0.6,0.7,0.8) & (0.8,0.9,1) & 1527803.18 & 19254 & 4137.642 & 85.58 \\ (0.2,0.3,0.4) & (0.2,0.3,0.4) & 1433661.5 & 6528 & 3418.845 & 82.17 \\ (0.2,0.3,0.4) & (0.2,0.3,0.4) & 1457924.5 & 5520 & 3521 & 81.37 \end{matrix}\right]$$

（3）分别利用式（7-1）、式（7-2）和式（7-5）、式（7-6）对决策矩阵进行规范化处理，得到规范化矩阵为

$$S=(s_{ij})_{4\times 11}=\begin{bmatrix} 1 & 1 & (0,0.11,0.2) & (1,1,1) & (0,0.11,0.2) & (0.33,0.43,0.5) & (0,0.11,0.2) & 0.95 & 1 & 1 & 1 \\ 0.93 & 0.93 & (1,1,1) & (0.5,0.56,0.6) & (1,1,1) & (1,1,1) & (1,1,1) & 0.95 & 0.81 & 0.27 & 0.91 \\ 0.98 & 0.99 & (0.25,0.33,0.4) & (1,1,1) & (0.25,0.33,0.4) & (0.33,0.43,0.5) & (0.25,0.33,0.4) & 0.99 & 0.98 & 0.81 & 0.97 \\ 0.97 & 0.98 & (0.25,0.33,0.4) & (0.5,0.56,0.6) & (0.25,0.33,0.4) & (0.33,0.43,0.5) & (0.25,0.33,0.4) & 1 & 0.95 & 0.96 & 0.96 \end{bmatrix}$$

（4）确定指标组合权重。首先，利用表 6-10 中车站站位方案综合评价固定指标的基础权重值和表 6-3 中线路走向方案综合评价指标体系中给出的灵活指标的基础权重值，计算表 8-30 中相应评价指标的相互比例关系，根据所有指标总权重之和为 1 的特性，计算得到本例中固定指标和灵活指标的基础权重为：$W_{\mathrm{G}}=$（0.0258, 0.0258, 0.1895, 0.0344, 0.1378, 0.0689, 0.0603, 0.0255, 0.037, 0.037, 0.0478）。

然后，利用离差法计算原理以及式（6-11）和式（7-8），确定指标的客观权重为：$W_{离}=$（0.0057, 0.0057, 0.2089, 0.1387, 0.2089, 0.1351, 0.2089, 0.0049, 0.0155, 0.0606, 0.0072）。

最后，利用式（6-12）对基础权重 W_{G} 和客观权重 $W_{离}$ 进行组合，得到组合权重为：$W=$（0.0158, 0.0158, 0.258, 0.089, 0.22, 0.125, 0.145, 0.015, 0.031, 0.061, 0.024）。

（5）利用组合权重 W 对规范化矩阵 S 进行加权，得到加权规范化矩阵 Y，然后利用式（7-18）和式（7-19）分别计算各备选方案到正理想方案与负理想方案的距离，并得到各方案的综合相对贴近度，即昔板站位方案、派播站位方案、板构站位方案和上锅寨站位方案的综合评价值分别为：$P_1=0.12$，$P_2=0.78$，$P_3=0.27$，$P_4=0.25$。

因此，方案排序结果为 $X_2 \succ X_3 \succ X_4 \succ X_1$，派播站位方案比其他三个站位方案更优，且派播站位方案的综合评价等级为“较好”。

8.7.4 评价结果分析

对表 8-30 给出的四个站位方案的指标数据进行分析可知，派播站位方案线路最长、征地和拆迁工程最多、桥隧比和换算工程运营费都很高，但该方案有利于吸引客货流、方便旅客出行和货物集散以及车站服务设施配套齐全，职工工作、生活条件最好，由于这三个定性指标的权重相对更大，派播站位方案的综合评价等级仍然为“较好”，也是四个站位方案中经综合定性、定量比较后的最优方案。上述计算得出的结果与可行性研究报告中专家通过对定量指标的计算和对定性指标的分析后所做出的方案决策结论一致。

8.8 接轨方案

8.8.1 沪昆客运专线工程概况

沪昆客运专线玉屏至昆明段铁路，东起贵州省铜仁地区玉屏县，向西经贵州省的凯里、贵阳、安顺市，云南省的曲靖市至昆明市，线路全长 746.530km。本段铁路东端与沪昆客运专线长沙至玉屏段相连，中部通过贵阳枢纽与贵广、渝黔、成贵等快速铁路相接，西端通过昆明枢纽与昆广、云桂、昆玉及渝昆等快速铁路相连，是沪昆客运专线的重要组成部分。

1. 枢纽现状概况

昆明枢纽现为准轨、米轨并存的枢纽，衔接贵昆、成昆及南昆三条铁路干线及昆阳支线、王家营支线。枢纽范围内，贵昆、成昆及南昆三条干线均为电气化铁路，昆阳支线及王家营支线为内燃牵引。金马村—昆明东—昆明—昆明西区段为双线，其余区间均为单线。广通至昆明完成扩能改造后，温泉至读书铺至昆明西将形成双线。枢纽范围如图 8-13 所示。

图 8-13　昆明站

枢纽现有准轨车站 20 个，即贵昆线的小哨站、金马村站、昆明东站、昆明站；南昆线的羊堡站、王家营西站（现名昆明南站）、广南卫站；成昆线的温泉站、读书铺站、长坡站、碧鸡关站、昆明西站、安宁站；昆阳支线浸长村站、白塔村站、中滩站、中谊村站、昆阳站、宝兴站、大古城及王家营支线的王家营准米轨换装站。其中昆明站为客运站，昆明东站为编组站，读书铺站为工业站。货运作业主要集中于昆明东站、金马村站、昆明西站、王家营西站、读书铺站及昆阳支线中谊村站。昆明站设有客车车辆段、客车整备所和客机整备所，昆明东站设有机务段、货车车辆段、站修所，王家营西站、昆明西站、金马村站设有牵引变电所。

米轨车站 10 个，即昆河线的昆明北站、黑土凹站、牛街庄站、小喜村站、呈贡站、王家营站，昆明北至石咀支线的麻园站、石咀站，黑土凹至小石坝米轨支线上的羊方凹站、小石坝站。昆河线起自昆明北站，经王家营换装站通往中越边境河口站。小石坝站设有米轨机车修理厂，牛街庄站设有米轨车辆段。

昆明站位于昆明市中心区，为枢纽客运站，办理各方向旅客列车的始发、终到作业。车站现有到发线 13 条（含正线 2 条，机走线 1 条）、基本站台 2 座及中间站台 4 座、无站台柱雨棚、高架候车室和旅客进出站地道各 1 座、邮政行包地道 2 座。车站贵阳端设有客车车辆段和客车整备所，成都端设有客机整备所。

2. 引入枢纽方案研究

根据枢纽总体规划及本线功能定位，沪昆客运专线应直接引入枢纽客运站，存在引入既有昆明站和引入规划昆明南站两个方案。由于昆明站近期办理部分大理方向动车，远期限于规模难以办理本线动车，沪昆客运专线直接引入昆明站意义不大，故研究后予以放弃。本次重点研究直接引入昆明南站方案。昆明南站的规模及位置在枢纽和云桂线可行性研究审查中基本确定，车站位于城市东南侧山脚，呈南北向布置，车站南北两端均具备沪昆客运专线引入条件。本次结合车站布置、运输条件和线路走向等方面，分别研究从东北方向引入枢纽、从东南方向引入枢纽两个方案。

1）方案概述

（1）从东北方向引入枢纽方案。线路自富源北站引出后，经多乐乡跨过盘西铁路和曲胜高速公路，之后沿高速公路及盘西铁路西行至白水镇，尔后，线路继续沿盘西铁路西行，从尖山村南侧穿越大石山进入曲靖盆地，经澜沧江啤酒厂北侧边缘、珠源水泥公司北侧上跨在建沾益站，行至龙泉村设曲靖北站。出站后线路从规划区北侧边缘继续向西行，经马龙县北侧拉直线路至旧县镇南侧向西进入昆明市境内，于嵩明县杨林盆地坝子西南侧设嵩明站，出站后线路从空港规划区东南侧边缘、宝象河水库西侧约 300m 以隧道工程穿越对歌山，之后沿山脚边沿继续向北，上跨既有南昆铁路后接入规划昆明南站沪昆车场。线路全长 180.759km。

（2）从东南方向引入枢纽方案。线路从富源北站引出后，从东恒经贸有限公司北侧边缘通过，经多乐乡上跨盘西铁路和曲胜高速公路，拉直线路从青龙乡北侧斜穿曹家大山进入曲靖盆地，之后沿曲靖盆地东侧边缘山脚走行，于新发村设曲靖南站。出站后线路跨过南盘江和曲陆高速公路，而后沿高速公路行径于陆良县北侧 6km 设陆良站，之后从九乡风景名胜区与石林风景名胜区之间再次跨南盘江，经宜良与云桂共通道从昆明南站南端引入沪昆车场，线路全长 192.022km。

2）主要工程数量及投资

各方案的主要工程数量及投资如表 8-32 所示。

表 8-32　各方案主要工程数量及投资（沪昆客运站线）

项目			单位	从东北方向引入枢纽方案		从东南方向引入枢纽方案	
				数量	投资/万元	数量	投资/万元
线路长度			km	180.759	—	192.022	—
征地	新征用地		亩	8115.6	26781.480	6807.2	22463.8
	回收用地		亩	—	0	—	0
	临时用地		亩	7839.2	10190.960	7722.7	10039.5
拆迁建筑物量			m^2	171331	8566.550	294388.04	14719.4
路基	土石方	土方	10^4m^3	670.628	9978.947	650.1796	9674.7
		石方	10^4m^3	1211.498	54009.303	1248.5934	55663.0
	级配碎石		10^4m^3	68.455	1043.254	89.0736	1357.5
	圬工		10^4m^3	137.179	115827.094	144.8326	122288.6
	软基处理	搅拌桩	10^4m	—	0	1.8852	82.7
		CFG 桩	10^4m	178.811	15831.943	347	30680.3
		钢筋混凝土桩网	10^4m	—	0	30	11305.8
	岩溶整治	钻孔	10^4m	48.984	3281.934	74.9013	5018.4
		注浆	10^4m^3	42.126	24812.390	59.0228	34764.5
桥涵	特大桥	$H \geqslant 50m$	座/延米	3/4108	37818.777	1/582.63	5363.140
		$H < 50m$	座/延米	38/34116	295670.492	19/32165	278754.4
	大中桥	$H \geqslant 50m$	座/延米	0/0	0	4/1194	10923.53
		$H < 50m$	座/延米	56/14189	118581.275	38/9049	75624.04
	桥梁合计		座/延米	97/52414	—	62/42990	—
	涵洞		座/延米（横断面）	101/3092	6141.8563	243/7292	14484.04
隧道	$L \leqslant 1km$		座/延米	14/8645	67179.447	13/7674	59633.90
	$1km < L \leqslant 4km$		座/延米	13/24487	186570.137	12/23215	176878.5
	$4km < L \leqslant 6km$		座/延米	1/4404	33688.4244	5/24183	184988
	$6km < L \leqslant 10km$		座/延米	4/31995	257543.944	2/14346	115478.21
	$L > 10km$		座/延米	0/0	0	1/10770	91639.50
	隧道合计		座/延米	32/69531	—	33/80188	—
桥隧总长			km	121.9455	—	123.1785	—
桥隧比			%	67.46	—	64.14	—

续表

项目		单位	从东北方向引入枢纽方案		从东南方向引入枢纽方案	
			数量	投资/万元	数量	投资/万元
轨道	正线铺轨	km	360.966	191558.9	383.492	203513.1
	站线铺轨	km	16.492	3672.2	13.096	2916.0
	道岔	组	62	19203.2	51	15796.2
站后及其他工程		万元	180.759	246558.9	192.022	261921.8
投资估算（静态）		万元	2254864.79		2360886.92	
运营费		万元	1354762		1439176	
运营时间		min	32.9		34.9	

8.8.2　定性分析（沪昆客运专线可行性研究报告）

1）线路长度及工程投资方面

从东北方向引入枢纽方案的线路长度比从东南方向引入枢纽方案短 11.263km，投资约省 10.6 亿元。

2）工程地质条件方面

从东北方向引入枢纽方案穿过 9 度地震区约 28km，工程风险大；从东南方向引入枢纽方案绕避了 9 度地震区，但无法绕避宜良坝子深厚软土（宜良坝子软土段落长约 4.5km，土层厚度大于 100m），工程代价较大。

3）工程可靠性方面

从东北方向引入枢纽方案工程简单，无高桥长隧；从东南方向引入枢纽方案有 1 座跨度达 144m 的高桥（墩高 80m，跨南盘江）和 1 座长 10.8km 的岩溶隧道，无横洞条件，工程难度及工程风险较大。同时，昆明南站南端由于多线并行，增加了膨胀土深挖方工点和膨胀土隧道的工程难度，风险较大。

4）运输组织及咽喉能力分布方面

从东北方向引入枢纽方案列车到发与出入段均在北端咽喉，作业有干扰。从东南方向引入枢纽方案列车到发经过南端咽喉，出入段经过北端咽喉，能力分布均匀，出入段与接发车互不交叉干扰。

5）本线与昆明站联络线方面

从东北方向引入枢纽方案从区间出岔修联络线与枢纽环线（客线）共线引入昆明站，运营距离短，但增加了运输管理的难度；从东南方向引入枢纽方案直接从昆明南站出联络线与枢纽环线共线引入昆明站，无区间线路，可串接两大客运站，运营组织条件较好。

综上所述，推荐线路短、投资省、实施难度小的从东北方向引入枢纽方案，即沪昆客运专线从车站北端引入昆明南站方案。

8.8.3　定性、定量综合评价

通过工程概况和定性分析，选取土石方工程量，运输管理条件，工程施工、实施难度，施工和运营风险，桥隧比共 5 个指标作为灵活指标，并与表 4-4 中的 10 个固定指标共同组成本次综合评价的指标体系。通过对表 8-32 的数据及前面定性分析对相关定性指标描述的整理，得到每个接轨方案对应的指标取值，对于定性分析中未涉及的指标用“—”代替该指标的取值，如表 8-33 所示。下面采用第 7 章建立的混合多属性决策方法进行方案评价和比选。

表 8-33　各站位方案及对应指标的取值（沪昆客运专线）

类型	指标	单位	从东北方向引入枢纽方案	从东南方向引入枢纽方案	指标组合权重
固定指标	线路长度	km	180.759	192.022	0.0085
	工程投资估算（静态）	万元	2254864.79	2360886.92	0.0021
	拆迁建筑物量	m^2	171331	294388.04	0.0444
	旅行时间（运营时间）	min	32.9	34.9	0.0067
	接轨站的接轨条件	—	较差	较好	0.1002
	运输效率	—	一般	较好	0.0328
	对自然保护区、风景旅游区的影响	—	—	—	—
	不良地质条件、特殊岩土的影响	—	大	较大	0.1213
	旅客出行和货物集散便捷性	—	—	—	—
	与城市、地方规划建设的协调、符合程度	—	—	—	—
灵活指标	土石方工程量	10^4m^3	1882.126	1898.773	0.0033
	运输管理条件	—	较差	较好	0.0013
	工程施工、实施难度	—	小	较大	0.3345
	施工和运营风险	—	大	较大	0.2666
	桥隧比	%	67.46	64.14	0.0784

（1）将定性指标的语言类模糊数取值量化为三角模糊数，如表 8-34 所示。

表 8-34　定性指标量化值（沪昆客运专线）

指标	从东北方向引入枢纽方案		从东南方向引入枢纽方案	
	语言类模糊数	三角模糊数	语言类模糊数	三角模糊数
接轨站的接轨条件	较差	(0.2, 0.3, 0.4)	较好	(0.6, 0.7, 0.8)
运输效率	一般	(0.4, 0.5, 0.6)	较好	(0.6, 0.7, 0.8)
不良地质条件、特殊岩土的影响	大	(0.8, 0.9, 1.0)	较大	(0.6, 0.7, 0.8)
运输管理条件	较差	(0.2, 0.3, 0.4)	较好	(0.6, 0.7, 0.8)
工程实施、施工难度	小	(0, 0.1, 0.2)	较大	(0.6, 0.7, 0.8)
施工和运营风险	大	(0.8, 0.9, 1.0)	较大	(0.6, 0.7, 0.8)

（2）将定性指标取值的三角模糊数与定量指标取值的精确实数结合起来，构成接轨方案评价的决策矩阵，即

$$A=(a_{ij})_{2\times 12}=\begin{bmatrix}180.759 & 2254864.79 & 171331 & 32.9 & (0.2,0.3,0.4) & (0.4,0.5,0.6) & (0.8,0.9,1.0) & 1882.126 & (0.2,0.3,0.4) & (0,0.1,0.2) & (0.8,0.9,1.0) & 67.46\\ 192.022 & 2360886.92 & 294388.04 & 34.9 & (0.6,0.7,0.8) & (0.6,0.7,0.8) & (0.6,0.7,0.8) & 1898.773 & (0.6,0.7,0.8) & (0.6,0.7,0.8) & (0.6,0.7,0.8) & 64.14\end{bmatrix}$$

（3）分别利用式（7-1）、式（7-2）和式（7-5）、式（7-6）对决策矩阵进行规范化处理，得到规范化矩阵为

$$S=(s_{ij})_{2\times 12}=\begin{bmatrix}1 & 1 & 1 & 1 & (0.33,1,1) & (1,0.71,0.75) & (0.75,0.78,1) & 0.95 & (1,1,1) & (0.33,0.43,0.5) & (0.75,0.78,0.8) & 1\\ 0.94 & 0.96 & 0.58 & 0.94 & (1,0.43,0.5) & (0.67,1,1) & (1,1,1) & 1 & (0,0.14,0.25) & (1,1,1) & (1,1,1) & 0.99\end{bmatrix}$$

（4）确定指标组合权重。首先，利用表 6-11 中接轨方案综合评价指标基础权重值，计算表 8-33 中相应评价指标的相互比例关系，根据所有指标总权重之和为 1 的特征，计算得到本例中固定指标和灵活指标的基础权重为：$W_{\mathrm{G}}=$（0.0889, 0.0331, 0.0662, 0.0697, 0.1568, 0.0976, 0.1132, 0.0418, 0.0836, 0.0801, 0.09581, 0.0732）。

然后，利用离差法的计算原理以及式（6-11）和式（7-8），确定指标的客观权重为：$W_{离}=$（0.0086, 0.0058, 0.0605, 0.0086, 0.0576, 0.0303, 0.0965, 0.0072, 0.0014, 0.3761, 0.2507, 0.0965）。

最后，利用式（6-12）对主观权重 W_{G} 和客观权重 $W_{离}$ 进行组合，得到组合权重为：$W=$（0.0085, 0.0021, 0.0444, 0.0067, 0.1002, 0.0328, 0.1213, 0.0033, 0.0013, 0.3345, 0.2666, 0.0784）。

（5）利用组合权重 W 对规范化矩阵 S 进行加权，得到加权规范化矩阵 Y，然后利用式（7-18）和式（7-19）分别计算各备选方案到正理想方案与负理想方案的距离，并得到各方案的综合相对贴近度，即从东北方向引入枢纽方案和从东南方向引入枢纽方案的综合评价值分别为：$P_1=0.71$，$P_2=0.29$。

因此，方案排序结果为 $X_1\succ X_2$，从东北方向引入枢纽方案比从东南方向引入枢纽方案更优，且从东北方向引入枢纽方案的综合评价等级为"较好"。

8.8.4　评价结果分析

对表 8-33 给出的两个接轨方案的指标数据进行分析可知，从东北方向引入枢纽方案虽然存在运输管理条件较差、咽喉区作业有干扰，使得运输效率一般、施工和运营风险大等问题，导致其评价值不高，刚好位于"较好"范围，但与从东南方向引入枢纽方案相比，该方案具有线路短、投资省、工程量少、工程实施难度小等更多的优点，因此从东北方向引入枢纽方案是综合定性、定量比较后的最优方案。上述计算得出的结果与可行性研究报告中专家通过对定量指标的计算和对定性指标的分析后所做出的方案决策结论一致。

8.9　速度目标值方案

8.9.1　成渝客运专线工程概况

新建铁路成都至重庆客运专线西起四川省成都市的成都东站，向东经龙泉、简阳、资阳、资中、内江后进入重庆市境内，尔后经荣昌、大足、永川、璧山、大学城、沙坪坝后到达本线终点重庆站，如图 8-14 所示。线路全长 306.434m（运营长度 307.105km）。

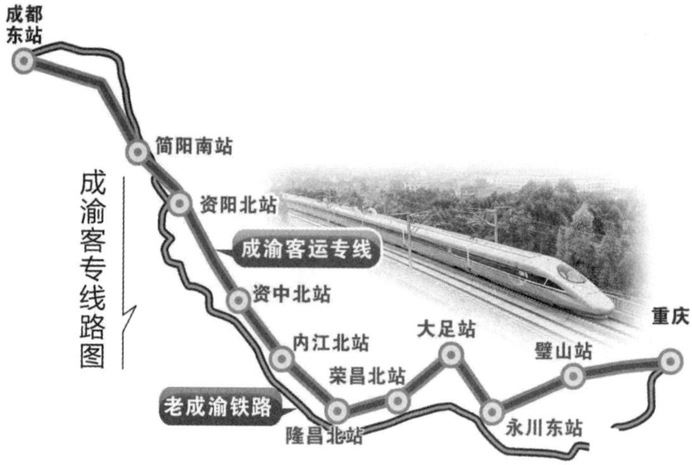

图 8-14　成渝客运专线线路示意图（图片来自百度图片）

成渝客运专线位于我国西南地区成渝经济圈，北经成都与拟建的成绵乐城际客运专线相连，南经重庆与拟建的重庆至万州客运专线连接，形成川渝地区城际客运骨干网，是成渝间继既有成渝铁路、成遂渝铁路快速通道后的第三条铁路通道，是一条连接西南地区两个特大中心城市的高速客运通道。并与既有成内渝铁路、成遂渝铁路、成渝高速公路、成遂渝高速公路共同构筑起成渝两地综合交通走廊，地理位置极其重要。

成渝客运专线作为连接成都、重庆城市群间的重要城际铁路客运通道，其速度和时间目标值应符合城市发展的需要。目前，通道内各种交通运输方式存在激烈的竞争，铁路运输要在客运市场中占据一席之地，必须提高服务水平，提高铁路旅客列车的开行频率、开行质量，缩短列车运行时间，并在价格上具有一定的优势。因此，本次可行性研究的新建成渝客运专线速度目标值方案，分别对旅客列车运行速度 200km/h（预留 250km/h）、250km/h、300km/h、350km/h 方案进行研究。由于运行速度 200km/h（预留 250km/h）方案与成都经遂宁至重庆的铁路相类似，建设的意义不大，因此予以放弃，主要对 250km/h、300km/h 和 350km/h 三个方案进行比选。各方案的主要工程数量及投资如表 8-35 所示。

表 8-35　各方案主要工程数量及投资（成渝客运专线）

项目		单位	速度目标值		
			350km/h 方案	300km/h 方案	250km/h 方案
旅行时间		min	59.75	70.25	81.85
线路长度（运营长度）		km	307.105	308.783	311.224
路基	区间路基土石方	10^4m^3	2511.4	3052.4	3725.9
	站场路基土石方	10^4m^3	1177.48	1177.48	1177.48
	加固防护	10^4m^3	168.34	197.91	243.05
	地基处理长度	km	15.4	18.11	22.23
桥涵	特大桥	座/延米	89/150005	85/145658	80/130458
	大中桥	座/延米	124/25950	126/26580	135/28489
	小计	座/延米	213/176065	211/172238	215/158947
	涵洞	座/延米（横断面）	250/5922	270/6396	289/6846
隧道	$L \geqslant 4000m$	座/延米	2/14565.5	2/14565.5	2/14565.5
	$3000 \leqslant L < 4000$	座/延米	2/9344.9	2/9344.9	2/9344.9
	$1000 \leqslant L < 3000$	座/延米	7/13773.8	4/8778	3/7123
	$L < 1000m$	座/延米	38/15277.7	31/12292.6	30/9084.6
	小计	座/延米	49/52963	39/44981	40118
桥隧合计		km	229.028	217.219	199.065
桥隧比		%	74.74	70.5	64.1
车站个数		个	13	13	13
轨道	正线铺轨	铺轨公里	651.204	651.204	651.204
	站线铺轨	铺轨公里	51.907	51.907	51.907
工程投资（静态）		亿元	402.447	395.6186	382.3478
差值		亿元	0	−68284	−200992

8.9.2　定性分析（成渝客运专线可行性研究报告）

1. 时间目标值要求的速度分析

成渝客运专线作为连接成都、重庆城市群间的重要城际铁路客运通道，其时间目标值应符合城市发展的需要。目前，区域内已形成航空、公路、铁路立体化的综合交通运输网络。目前，区域内已形成航空、公路、铁路立体化的综合交通运输网络。本线建成后将主要与航空、高速公路两种交通方式竞争，以吸引更多客流。通道内各种交通运输方式存在着激烈的竞争，铁路运输要在客运市场中占据一席之地，必须提高服务水平，提高铁路旅客列车的开行频率、开行质量，缩短列车运行时间，并在价格上具有一定的优势。

1）与其他交通方式比较的时间要求

航空：成都至重庆每日开行川航一班航班，飞行时间 0.75h，市区至机场加上办理登机手续、候机时间共需 1.5h，机场出港至市区需 1h，成都至重庆航空旅行时间总共约 3.25h。

公路：目前成都至重庆高速公路的旅行时间，经成渝高速公路约需 4h 行程，成遂渝高速公路约需 3h 行程。铁路为了形成较强竞争力，新建客运专线铁路成渝间纯旅行时间（不含从出发地到火车站的时间）最低应在 1.5h 以下，并且在 1.0h 以内为宜。

2）与既有铁路运输径路比较的时间要求

随着区域铁路网的完善，成都可经成遂渝铁路至重庆，最快旅行时间为 2.2h。本线建成后，其运行时间不宜低于经成遂渝至重庆的运行时间，成都至重庆的时间目标值宜控制在 1.5h 以内。

因此，成渝客运专线的时间目标值为 1.5h，即全段列车旅行速度应在 200km/h 左右，最高运行速度目标值应在 250km/h 及以上。

2. 速度目标值的投资分析

与最高行车速度 250km/h 方案相比，最高行车速度 300km/h 方案线路短 2.441km，运行时间短 11.6min，投资多 13.2708 亿元；最高行车速度 350km/h 方案线路短 4.119km，运行时间短 22.1min，投资多 20.0992 亿元。

成都、重庆是我国西部地区经济比较发达且发展潜力巨大的两个相距最近的特大城市，自然地理条件较好，人口众多，成遂渝高速公路已经建成开通。作为客运专线，应考虑加强两地间的联系和交流，缩短两地间的时空距离，应选择较高的速度目标才能更好地适应市场需求。结合西康、襄渝线扩能提速增建二线，达成线将配套提速改造，成都—遂宁段与遂渝线共同构成了成渝间速度目标 200km/h 的通道；而西安至成都线规划为 350km/h 的客运专线，即将与本线同步建设，形成西安、成都、重庆新的高速客运网，在此情况下，成渝之间新的客运专线应选择更高的速度目标。且行车速度 350km/h 方案比 250km/h 方案投资增加额仅 4.99%，结合成渝之间的自然地理、社会经济、发展潜力和路网情况考虑，推荐最高行车速度 350km/h 的方案。

3. 速度目标值与路网匹配分析

从与相邻路网的速度匹配和资源共享、与其路网地位适应，从整个成都至重庆通道客运专线速度目标值看，成都至西安、成都至贵阳客运专线选择 350km/h 速度，重庆至万州（郑州）、重庆至贵阳选择 250km/h 速度，本段基础设施速度采用 350km/h 是合适的。

4. 速度目标值对旅客时间价值的影响分析

本段速度目标值采用 300km/h 比 250km/h 运行时间节省 11.6min，旅客的时间价值省 13244 万元，350km/h 比 300km/h 运行时间节省 10.5min，旅客的时间价值省 11988 万元，可见，350km/h 方案时间价值节省最多。

5. 速度目标值与旅客支付能力的相关性分析

根据相关资料，2006 年我国西部居民旅行支付能力为 0.29 元/（人 · km）。由于本线连接西部两大客运中心，经统计分析，全国旅客支付能力每年保持约 5%的增长率，按照当时的可行性研究阶段的速度预测，在 2015 年可达到 0.45 元/(人 ·km)。经测算，350km/h 客运专线建成后，若采用 0.38 元/km 的票价，从支付能力角度分析是可以接受的。

6. 速度目标值与相关因素的适应性研究

1）与世界先进水平的适应性

提高速度是飞速发展的现代社会对铁路提出的一种需求。德国、法国、意大利、西班牙、日本、韩国等国家都选择了线路速度目标值 300～350km/h 的技术标准。我国通过京津城际铁路的建设运营及对京沪高速铁路的研究，对客运专线的技术已经全面掌握，且已经达到了世界先进水平，完全有能力建设速度目标值 350km/h 的客运专线。

2）与快速客运网的适应性

按照规划，成西客运专线和成贵客运专线速度目标值均为 350km/h，本线衔接的兰渝铁路广元至重庆段速度目标值为 250km/h，兰渝铁路广元至兰州、成都经九寨沟至兰州、遂渝铁路速度目标值为 200km/h。由于本线衔接西部地区两个超大城市，考虑整个通道的整体性和一致性，本线速度目标值应与通道其他路段相协调，应采用 300km/h 及以上的速度目标值。

3）与时间目标值的适应性

由于成渝客运专线时间目标值为 1.5h，旅行速度应在 250km/h 及以上，采用 350km/h 的速度目标值可以很好地适应时间目标值的要求。

4）与客运市场竞争的适应性

在目前的综合交通运输体系中，与客运专线竞争的主要交通运输方式为公路和航空。在中长途运输中，高速铁路具有高速、便捷、安全、舒适等方面的较大优势。与航空运输相比，铁路旅客列车速度达 250～300km/h 甚至更高时，在 500km 范围内旅行时间比航空运输少，客运专线具有显著优势。成渝客运专线线路长度约 300km，为了与航空运输展开竞争，速度目标值宜选择 300～350km/h。

综上所述，为满足成渝客运专线时间目标值要求，保持川渝地区客运通道的整体性和延续性，与相邻快速客运路网相协调，并考虑川渝两地间城镇密集、城际客流需求高的特点，成都至重庆基础设施速度目标值 350km/h 建设是完全必要的，也是合理的。因此，推荐本线基础设施速度目标值为 350km/h。

8.9.3　定性、定量综合评价

通过对成渝客运专线铁路可行性研究报告的整理，得出上述三个方案各指标取值的基础数据，根据工程评价的实际需要，从总指标体系中还选择了线路长度和桥隧比两个指标参与比选，对于定性分析中未涉及的指标用“—”代替该指标的取值。同时，聘请专家采用语言类模糊数对定性指标进行赋值，如表 8-36 所示。下面采用第 7 章建立的混合多属性决策方法进行方案评价和比选。

表 8-36 各速度方案及对应指标的取值（成渝客运专线）

评价指标	单位	350km/h 方案	300km/h 方案	250km/h 方案	指标组合权重
与功能定位的匹配程度	—	—	—	—	—
与时间目标值的适应性	—	好	较好	较好	0.179
与相邻路网的协调性	—	好	一般	较好	0.199
市场适应和竞争能力	—	好	好	一般	0.233
桥隧比	%	74.74	70.5	64.1	0.056
线路长度（运营长度）	km	307.105	308.783	311.224	0.014
最小曲线半径	m	7000	4500	4000	0.083
最大坡度	‰	20	20	20	0
牵引质量	t	—	—	—	0.064
旅行时间	min	59.75	70.25	81.85	—
旅行速度	km/h	308.38	263.73	228.14	0.058
投资节时比	亿元/min	6.74	5.63	4.67	0.083
客运量	万人/年	—	—	—	—
通过能力	对/d	—	—	—	—
工程投资费（静态）	亿元	402.447	395.6186	382.3478	0.031
运营费	万元	—	—	—	—
财务内部收益率	%	—	—	—	—

（1）将定性指标的语言类模糊数取值量化为三角模糊数，如表 8-37 所示。

表 8-37 定性指标量化值（成渝客运专线）

指标	350km/h 方案		300km/h 方案		250km/h 方案	
	语言类模糊数	三角模糊数	语言类模糊数	三角模糊数	语言类模糊数	三角模糊数
与时间目标值的适应性	好	（0.8, 0.9, 1.0）	较好	（0.6, 0.7, 0.8）	较好	（0.6, 0.7, 0.8）
与相邻路网的协调性	好	（0.8, 0.9, 1.0）	一般	（0.4, 0.5, 0.6）	较好	（0.6, 0.7, 0.8）
市场适应和竞争能力	好	（0.8, 0.9, 1.0）	好	（0.8, 0.9, 1.0）	一般	（0.4, 0.5, 0.6）

（2）将定性指标取值的三角模糊数与定量指标取值的精确实数结合起来，构成速度目标值方案评价的决策矩阵，即

$$A=(a_{ij})_{3\times 11}=\begin{bmatrix}(0.8,0.9,1.0) & (0.8,0.9,1.0) & (0.8,0.9,1.0) & 74.74 & 307.105 & 7000 & 20 & 59.75 & 308.38 & 6.74 & 402.447\\ (0.6,0.7,0.8) & (0.4,0.5,0.6) & (0.8,0.9,1.0) & 70.5 & 308.783 & 4500 & 20 & 70.25 & 263.73 & 5.63 & 395.6186\\ (0.6,0.7,0.8) & (0.6,0.7,0.8) & (0.4,0.5,0.6) & 64.1 & 311.224 & 4000 & 20 & 81.85 & 228.14 & 4.67 & 382.3478\end{bmatrix}$$

（3）分别利用式（7-1）、式（7-2）和式（7-5）、式（7-6）对决策矩阵进行规范化处理，得到规范化矩阵为

$$S=(s_{ij})_{3\times 11}=\begin{bmatrix}(1,1,1) & (1,1,1) & (1,1,1) & 0.86 & 1 & 1 & 1 & 1 & 0.69 & 0.95 & 0.95\\ (0.75,0.78,0.8) & (0.5,0.56,0.6) & (1,1,1) & 0.91 & 0.99 & 0.64 & 0.85 & 0.86 & 0.83 & 0.97 & 0.96\\ (0.75,0.78,0.8) & (0.75,0.78,0.8) & (0.5,0.56,0.6) & 1 & 0.99 & 0.57 & 0.73 & 0.74 & 1 & 1 & 1\end{bmatrix}$$

（4）确定指标组合权重。首先，由于在技术标准目标层中增加了线路长度和桥隧比两个指标，该目标层的基础权重需要重新排序计算。对技术标准微观层指标进行初步排序，得到：线路长度＞桥隧比＞最小曲线半径＞限制坡度＞牵引质量。利用表 6-1 中的 r_j 赋值参考表，得到相邻两个指标间的重要性程度赋值情况为：$r_2=0.12, r_3=0.12, r_4=0.12, r_5=0.14$。

利用式（6-1）和式（6-2）计算得到中观目标层对于总目标、按照上面排序的指标权重为（0.28，0.24，0.20，0.16，0.12），再乘以技术标准层的权重 0.18，得到该层的基础权重为（0.05，0.043，0.036，0.029，0.022），其他目标层的权重不变，因此利用表 6-12 得到速度目标值方案评价指标基础权重为：$W_{\text{G}}=$（0.107, 0.066, 0.09, 0.05, 0.043, 0.036, 0.029, 0.034, 0.029, 0.05, 0.044）。

然后，利用离差法的计算原理以及式（6-11）和式（7-8），确定指标的客观权重为：$W_{\text{离}}=$（0.139, 0.278, 0.278, 0.029, 0.002, 0.089, 0, 0.056, 0.054, 0.064, 0.010）。

利用式（6-12）对主观权重 W_{G} 和客观权重 $W_{\text{离}}$ 进行组合，得到组合权重为：$W=$（0.179, 0.199, 0.233, 0.056, 0.014, 0.083, 0, 0.064, 0.058, 0.083, 0.031）。

（5）利用组合权重 W 对规范化矩阵 S 进行加权，得到加权规范化矩阵 Y，然后利用式（7-18）和式（7-19）分别计算各备选方案到正理想方案与负理想方案的距离，并得到各方案的综合相对贴近度，即 350km/h 方案、300km/h 方案和 250km/h 方案的综合评价值分别为：$P_1=0.90$，$P_2=0.56$，$P_3=0.25$。

因此，方案排序结果为 $X_1 \succ X_2 \succ X_3$，350km/h 方案比其他三个速度目标值方案更优。

8.9.4　评价结果分析

对表 8-36 给出的三个速度目标值方案的指标数据进行分析可知，350km/h 方案虽然桥隧比最高、工程投资费最高、投资节时比最大，但与最低值相比，桥隧比最多增加 16.6%，工程投资费最多增加 5.3%，并且在与时间目标值的适应性、与相邻路网的协调性、市场适应和竞争能力、线路长度和旅行时间等大权重指标方面全部占优，因此 350km/h 方案的综合评价结果达到“很好”，而其他两个速度目标值方案的综合评价结果只为“一般”和“较差”。上述计算得出的结果与可行性研究报告中专家通过对定量指标的计算和对定性指标的分析后所做出的方案决策结论一致。

8.10　本 章 小 结

本章利用成渝客运专线、云桂线、成贵线、成兰线、大瑞线等多条铁路线的方案比选实例，通过与可行性研究报告中专家定性分析结果进行对比，验证了建立的速度目标值方案评价指标体系、接轨方案评价指标体系、线路走向方案评价指标体系和基于不同情景模式的线路走向方案评价指标体系组合权重计算方法及基于混合多属性决策的建设方案综合评价模型的有效性和实用性，并说明了灵活指标选取、指标权重计算和评价模型的操作程式。

第 9 章　川藏铁路公益性综合评价

2018 年 10 月 10 日，习近平总书记主持召开中央财经委员会第三次会议，全面启动川藏铁路规划建设。会议强调，“规划建设川藏铁路，是促进民族团结、维护国家统一、巩固边疆稳定的需要，是促进西藏经济社会发展的需要，是贯彻落实党中央治藏方略的重大举措。要把握好科学规划、技术支撑、保护生态、安全可靠的总体思路，加强统一领导，加强项目前期工作，加强建设运营资金保障，发扬“两路”精神和青藏铁路精神，高起点高标准高质量推进工程规划建设。”

川藏铁路位于川藏两省区境内，是上海至拉萨铁路通道的重要组成部分和西藏自治区对外运输主通道，也是我国西部地区一条东西向的重要通道。川藏铁路新建正线长约 1549km，设计时速 200km/h，采用分段建设模式，其中成都至雅安段和拉萨至林芝段都已建成通车，雅安至林芝段已于 2019 年完成了可行性研究工作并开工建设，本节主要针对雅林段开展公益性评价研究。川藏铁路线路地理位置及径路如图 9-1 所示。

图 9-1　川藏铁路线路地理位置及径路

9.1　公益性铁路

公益性铁路在国民经济发展中具有不可或缺的基础性地位与作用，是国家经济和国防战略发展的重要组成部分，是国家的重要基础设施，可以有效支撑经济增长，促进政治和社会进步。随着我国交通运输的不断发展，也无形中决定着区域政治经济发展的趋势和方向。作为人口与资源众多的经济大国，公益性铁路的发展有着巨大的空间和价值，将这些有利的条件集中起来，充分发挥其特殊功能，必将为推动我国各个地区的社会和谐进步和经济持续增长而做出巨大的贡献，从而保障整个国家的政治、经济和社会稳定、协调、健康、持续地发展。

9.1.1　公益性铁路的产生

区域循环积累理论认为，经济发达地区能够通过自身地理位置、技术、市场等有利条件和一系列的反馈机制，产生自我积累的因果循环，不断强化自己的竞争地位，并且收益差异促使各种要素由不发达地区流向发达地区，由于欠开发地区不具有进行资本累积的条件，从而造成发达地区更加发达，而不发达地区更加落后，地区间差距不断扩大。就我国而言，西部欠发达地区和贫困地区基于地理位置、自然条件、社会经济条件和历史原因等诸多限制，发展长期处于劣势，尤其改革开放以来，向东部倾斜的非均衡发展战略，使地区间的发展趋势越来越明显地呈现出“马太效应”，导致东、西部地区的差距越来越大。

铁路等交通运输基础设施的发展程度历来都是地区社会、政治、经济进步的主要反应，其建设和运营可以提高劳动力和资本的效益，从而影响区域的经济发展。第一，交通运输服务是生产过程的中间投入，当这种服务成本投入减少时，就可以提高生产的效益，然而待开发地区交通运输基础设施的落后导致这种成本的增加。第二，交通运输基础设施的改善可以提高生产要素的产出率，经济活动的基本方式是人、物、信息的流动，待开发地区一般是较为封闭的系统，所以生产要素的产出率很低，而开发型交通运输项目打破了这一封闭系统。第三，开发型交通运输项目可以引导外部资源的流入，这样就可以减少本地区生产要素的投入及交易成本，从而优化了生产环境，提高了生产效率。因此，欠发达地区和贫困地区的经济、社会发展，需要优先发展铁路等交通基础设施项目，以打破东西部地区的地理空间限制，促使资金、信息、技术和人才的流通。但是由于西部地区经济发展程度较低、人口密度小，该地区的铁路项目往往不具有盈利能力，而是属于社会公共建设项目范畴的公益性铁路。

9.1.2 公益性铁路的定义和基本特征

1. 公益性铁路的定义

公益性铁路是我国一类具有特殊意义的铁路，有盈利性和非盈利性之分，本章重点针对非盈利性公益铁路开展研究。基于公益性铁路在国家、地方战略中的重要作用及其显著的社会效益属性，明确将公益性铁路定义为：在符合国家和区域宏观战略及发展政策需求的前提下，以国防建设、社会稳定、地区扶贫、生态环保、社会经济发展等为主要目的，即使在不具备较好财务效益的条件下也投资建设的铁路项目。

公益性铁路以社会效益为主，社会意义重大，主要修建在我国贵州、青海、甘肃等贫困地区、欠发达地区，或云南、西藏、新疆等边疆地区，如川藏铁路、青藏铁路、兰青铁路、南疆铁路等，如图 9-2 所示。

2. 公益性铁路的基本特征

（1）国家战略作用显著。川藏、青藏等大型公益性铁路项目往往具有非常重要的军事、政治、经济等战略意义，能够对国家、区域和地方的发展战略起到很大程度的支撑作用。

（2）社会效益高。国家安全、社会稳定、扶贫开发、国民经济发展等方面社会效益高。

图 9-2　青藏铁路（图片来自中央政府门户网站）

（3）综合交通运输的骨干。在经济欠发达地区的交通运输网络中往往起骨干作用，是当地居民出行和货物运输的主要方式，对于改变区域运输结构有重要影响。

（4）客货运量较低，且季节性的波动较大。以地方诱发运量和公路转移而来的运量为主，随着铁路开通后经济社会的发展，客货运量会逐步增加，但由于人口密度一般不大，总运量有限，普遍较低。

（5）项目社会融资能力有限。以国家和地方政府投资为主，同时需要政府的财政补贴以维持铁路的正常运营。

（6）项目财务效益可能较差。具备较少或不具备盈利能力。

9.1.3　公益性铁路的社会效益

公益性铁路的建设和运营对于我国经济和社会发展具有重要的作用，促进区域协调发展、西部大开发、精准扶贫、全面建设小康社会等战略目标的早日实现。公益性铁路产生的社会效益可概括为社会经济、社会政治、社会文化生活、国防建设四个方面的效益。分析公益性铁路产生的各种社会效益，有助于理清影响公益性铁路建设和运营的复杂因素及其相互作用关系，充分认识该类铁路的社会贡献和建设意义，完善公益性铁路的评价指标体系[68]。

1. 社会经济方面

（1）带动贫困地区经济发展，实现共同富裕。1949 年以来，基于历史、自然条件、政策倾向、地理位置等多种原因，我国东部地区经济发达、交通网络覆盖面广，而北部地区和中西部地区经济较为落后、交通基础也很薄弱。交通基础设施建设的发达程度不一定是地区经济发展的先决条件，但却是重要的基础性保障。完善的交通运输网络可以促使贫困地区的劳动力、农产品、矿产资源等运往发达地区，而发达地区的高级人才、前沿信息、科学技术等先进生产力也可以顺利流入贫困地区，实现经济发展要素的交流互动，推动经济发展落后的北部地区和中西部地区加快发展步伐，尽快融入国家全面建设小康社会、实现共同富裕等发展战略中。

（2）提高就业率，增加居民收入。公益性铁路的建设涉及交通运输、制造、建筑、水利水电、信息产业、机械机电等多个行业，可以带动地方一大批相关企业的发展，增加企业的就业人员；铁路运营后，沿线城市的房地产、旅游业、餐饮业和商业等产业也会随着运输条件的改善逐步发展起来，这些企业的就业机会也会大幅增加；铁路施工工期长，施工过程中需要大量的普通劳动者、技术人员和管理人员，这也会直接促进当地的就业水平；铁路开通运营后，贫困地区的剩余劳动力可以非常方便地前往劳动力紧缺的经济发达地区就业，间接提高了贫困地区的就业率。铁路沿线地区就业率的提高，增加了居民的收入水平，推动了地区经济发展。

（3）旅游、矿产资源开发。我国西部地区具有非常丰富、独特的旅游和矿产资源，不仅有雪山、草原、河谷、高原原生态、沙漠与戈壁等令人心驰神往的自然风光，如著名的九寨沟景区、奶子河畔的香格里拉等；有悠久灿烂的历史文化遗产，如乐山大佛、敦煌莫高窟、布达拉宫、都江堰等；还有煤炭、石油、天然气、矿石等丰富的矿产资源，在已经探明储量的 156 种矿产中，西部地区有 138 种，特别是天然气和煤炭储量，占全国的比例分别高达 87.6%和 39.4%。但由于复杂的自然环境条件和偏远的地理位置，该地区交通基础设施比较落后、发展缓慢，严重阻碍了旅客和货物的运输，使地区旅游和矿产资源未能得到充分、有效的开发，经济难以进一步发展。便捷、快速、高效的铁路运输，能够有效提高地区矿产资源的外运能力和对旅客的吸引力，促进、旅游矿产资源的利用和可持续开发，提升地区经济发展潜力。

2. 社会政治方面

我国西部地区疆域辽阔，包括陕西省、四川省、云南省、贵州省、广西壮族自治区、甘肃省、青海省、宁夏回族自治区、西藏自治区、新疆维吾尔自治区、内蒙古自治区、重庆市十二个省区市。土地面积 681 万 km^2，占全国土地总面积的 71%，但大部分地区的经济欠发达，甚至很多地方还处于贫困线以下，使得西部地区很多地方还比较落后。同时，西部地区有 44 个少数民族，是我国少数民族分布最集中的地区，而且大多数少数民族聚集区位置较为偏远，经济发展滞后、交通运输不便，一定程度上影响了民族团结和社会稳定。公益性铁路的建设和运营，一方面使交通条件更加便利、通畅，从而促进各民族之间的交流，有利于维护民族团结；另一方面还可以增加农村贫困人口的农业收入或前往发达地区就业，从而变得富裕起来，并开始向城市居民转变，扩大已有城市的规模，或在一个新的地区也会开始形成新的城镇，聚集效应促使这些新城镇规模又不断扩大，从而加快城镇化的进程，推动社会政治发展，实现政治和谐与稳定。

3. 社会文化生活方面

科教文卫事业内容丰富，涵盖范围较广，包括教育、科技、文化、卫生、人口与计生、体育等多个方面，是关系国家发展、民族振兴、社会和谐的基础性事业。西部地区山区面积大、地形复杂，山地多、平地少，高原和盆地分布广，独特而艰险的地形条件，造成交通基础设施建设难度大，使该地区与其他经济发达地区产生了地理环境阻隔，偏远地区普遍存在居民受教育水平低、卫生医疗条件差、思想和观念落后且保守、社会文化生活单调等现象，难以跟上社会主义精神文明建设的进程。铁路的开通运营，在推动地方经济发展的同时，增加了地方政府的财政收入，政府就可以投入更多资金用于完善教育设施、增强医疗卫生水平、提高科技实力等。并且铁路可以有效打破空间位置的限制，推动不同地区间、不同阶层间、不同民族间及不同职业间人民群众的知识交流，促进电视、电影、艺术、出版等文化传播，扩大人们信息获取的范围和途径，从而不断接受新事物，解放思想，丰富居民的社会精神文化生活。

4. 国防建设方面

西部地区与蒙古、俄罗斯、塔吉克斯坦、哈萨克斯坦、吉尔吉斯斯坦、巴基斯坦、阿富汗、不丹、尼泊尔、印度、缅甸、老挝、越南等国家接壤，陆地边境线长达 1.8 万余千米，约占全国陆地边境线的 91%。目前，很多公益性铁路都修建于西藏、新疆、云南等边疆地区，以提高国家军队、军事装备和军事后勤保障物资的快速、大规模、及时有效的投送能力，以应对恐怖主义、国家分裂主义及国外极端势力的威胁，保证边防地区和整个国家的和平与稳定。

9.1.4　公益性铁路的定量识别

基于公益性铁路建设项目的社会效益属性，在目前铁路项目经济评价体系的基础上，可以将铁路的效益分为三部分：财务效益（e_1）、国民经济效益（e_2）和其他社会效益（e_3）。财务效益是铁路运输企业通过运输服务，在市场上获得的经济效益回报；国民经济效益是铁路建设和运营对社会带来的时间节省、运输成本节省、舒适度提高等效益；其他社会效益是除财务效益和国民经济效益之外的其他社会效益，包括国家安全效益、社会稳定效益、民族团结效益、扶贫开发效益等。国民经济效益和其他社会效益是铁路投资者无法通过市场获取的效益，而是由其直接消费者或间接受铁路建设和运营过程影响的大众才能享受的效益，这也是公益性的核心所在。

对公益性铁路的定量识别，可以利用财务效益和国民经济效益来完成：

当 EIRR$<i_s$时，表示项目国民经济效益差，不具有公益性；

当 FIRR$<i_c$，EIRR$\geqslant i_s$时，表示项目财务效益差，但国民经济效益好，具有公益性，是非盈利性公益铁路；

当 FIRR$\geqslant i_c$，EIRR$\geqslant i_s$时，表示项目财务效益好，而且国民经济效益也好，具有盈利性和公益性双重特性，是盈利性公益铁路。

其中，EIRR 为国民经济评价中的经济内部收益率；FIRR 为财务评价中的财务内部收益率；i_c为基准收益率，可取 i_c=3%；i_s为社会折现率，可取 i_s=8%。

通过上述三步，可以初步识别铁路项目是否具有公益性，但要进一步判断铁路公益性的程度如何，则需要进一步利用到其他社会效益进行综合分析。为此提出铁路公益性指数 GYP：

$$\text{GYP} = f(e_1, e_2, e_3) \tag{9-1}$$

式中，e_1、e_2、e_3分别为财务效益、国民经济效益和其他社会效益的具体度量，可以用多少钱来度量，也可以用收益率等其他无量纲量来度量；$f(e_1, e_2, e_3)$表示 e_1、e_2、e_3 的函数关系，将由本书 9.2 节的综合评价方法求得。

9.2　公益性铁路综合评价方法

公益性铁路是我国欠发达地区和贫困地区的重要基础设施，公益性铁路工程本身就是综合科技与生产的统一体，它涉及交通、工业、农业、生态环境、经济政策、社会群体、习俗和法规，以及人们的意愿等众多方面，其建设与运营为地区社会经济各行业的运行与发展提供了前提条件，公益性铁路的运输功能广泛地为社会经济服务。公益性铁路工程的可行性研究工作，此前多是按照其他铁路项目一样，论证其技术可行性、经济可行性及环境可行性，而对工程的公益性，即工程项目在社会经济、技术、自然、人文等整体环境中的地位、作用、影响和被接受程度的全面分析则做得较少。有的公益性铁路工程项目虽经多年的研究，却始终论证不休，影响工程决策，甚至影响工程的建设时机，其原因之一是项目在区域乃至社会大环境中的作用与影响研究不足。也就是说，在科学技术、经济社会不断向前发展的过程中，决策对公益性铁路工程的可行性研究提出了更深入、更全面的要求，继而对项目的公益性研究和社会效益评价就显得越来越需要，越来越重要。

9.2.1　公益性铁路综合评价的必要性和意义

公益性铁路项目是社会经济环境中的组成部分，与社会经济生产与生活的各个领域有着千丝万缕的联系。项目的建设和运营与社会环境之间有着诸多直接和间接的相互影响，社会经济的不断发展需要铁路交通基础设施的运输服务，公益性铁路的建设与运营又反过来促进社会经济的发展。公益性铁路项目是地区国民经济的基础产业，它虽然具有产业的特性，但更多的是具有对社会经济环境的保障性和服务性，公益性铁路运输功能的直接经济产值较少，而对沿线区域社会经济环境的带动作用和服务范围却相当大，为社会经济环境提供了基础性的保障，为农业和工业、城镇发展创造了基础条件，也就是公益性铁路的社会效益十分巨大。

经济与财务评价虽可表述几个与项目相关的经济领域的关系，但尚不能全面地反映项目与社会环境之间的协调关系，以及项目对全社会的利益贡献。综合评价将经济环境、自然环境、生态环境和社会环境等众多方面综合在一起进行整体分析研究，从而可以使人力、物力、财力等资源得到最优配置，使投入得到最大的综合效益，使项目建设与社会环境有机、协调地发展。因此，进行公益性综合评价是提高公益性铁路项目合理论证与科学决策水平的需要，是科学论证项目合理性的重要手段。进行公益性铁路的综合评价具有以下重要意义。

（1）有助于贯彻和落实好国家、区域及地方的各种发展战略及社会经济政策，建设和运营好公益性铁路，为区域社会经济发展服务。

（2）有助于提高公益性铁路建设的前期决策水平和运营管理水平，实现公益性铁路科学、合理、高效、可持续发展。

（3）有助于全社会正确认识公益性铁路的投资建设和运营。

公益性铁路的综合评价是社会发展的需要，是经济发展的需要，是技术论证的需要，也是决策管理的需要，还是深化我国经济体制改革的需要。因此，加强公益性铁路项目的综合评价工作是十分必要的，也是今后项目经济论证工作中的重要内容。

9.2.2 公益性铁路综合评价的特点及原则

公益性铁路项目的地理跨越范围广，对其他产业与部门的影响大，因此公益性铁路的建设和运营远远超出了一般意义上简单作为一种交通运输方式的内涵，而是具有更加广泛深远的社会意义和经济影响，其综合评价也具有鲜明特点。

1）宏观性

公益性铁路社会效益的受益主体多位于沿线区域的产业部门，综合评价重在分析公益性铁路为国家和地方各项社会发展目标所做出的贡献，而各项社会发展目标涉及社会生活的方方面面。因此，对公益性铁路的综合评价应是全面的、广泛的和宏观的。

2）间接性

公益性铁路对社会系统的发展所产生的影响是通过它与各产业部门、各生产环节之间的技术经济联系和相互作用实现的。虽然其中有不少效益是直接产生的，但更多的是间接效益。因此，公益性铁路综合评价应注重间接效益的分析。

3）长远性

铁路项目投资大、建设期长、有效使用期限长，其产生的社会效益可能在相当长时间后才能充分显现。因此，对公益性铁路的综合评价，不应局限于短期内，还要着眼于长远。

4）定量难

公益性铁路的社会效益多种多样，其中大多数效益难以通过定量的形式进行描述，只能以定性描述为主。因此，公益性铁路综合评价多采用定性与定量相结合的方法。

基于公益性铁路综合评价的特点，在评价分析过程中应遵循以下原则。

（1）全面性原则。依据国家、地方制定的社会、经济、环境等发展目标，从公益性铁路时间、空间对目标所产生的影响出发，全面地对项目进行考察，力求客观反映项目产生的各项社会效益。

（2）实用性原则。公益性铁路社会效益的评价应实现反馈效果，将评价结果反馈至有关决策部门，以作为其他新建项目的评估依据，做出资金、资源的合理规划。

（3）可操作性原则。对于公益性铁路社会效益评价的指标，应该具有明确的含义，是外在的、能够进行计算或定性描述的，不能模棱两可、含糊其义。对于评价方法的选取，也应简单、适用。

（4）定性、定量相结合的原则。公益性铁路社会效益的评价指标必然是广泛且复杂的，应尽量采用量化的形式予以说明，但不可避免地也会有一些指标难以进行量化，这时就应进行充分的定性描述，力求将问题说明白、讲清楚。

9.2.3　公益性铁路综合评价指标体系

公益性铁路综合评价是一个复杂的系统工程，首先需要解决的技术关键是提出评价指标，以构建评价指标体系，由于该方面理论仍处于探索阶段，相关文献提出的指标虽然较多，但是考虑的侧重点有所不同，相应评价指标的选取方法也各有差异，目前还没有统一的构建标准。本书利用层次分析法的建模思路，从铁路与战略意义、社会、自然等大系统的协调发展出发，将公益性铁路综合评价系统的指标体系分为宏观目标层、中观目标层和微观目标层。宏观目标层由战略意义、社会政治、社会经济、社会环境、自然环境和其他因素 6 个指标组成，中观目标层由国家战略、国防建设、国民经济效益、促进区域旅游的发展、能源消耗、改善综合交通运输体系等 35 个指标组成，微观层指标是对中观层指标的具体量化指标，由 44 个指标组成，如表 9-1 所示，以求尽可能全面地反映出影响评价问题的各种因素。

表 9-1　公益性铁路综合评价指标体系

<table>
<tr><th>序号</th><th>宏观目标层</th><th>中观目标层</th><th colspan="2">微观目标层（量化指标）</th><th>获取方式</th></tr>
<tr><td>1</td><td rowspan="3">战略意义</td><td>国家战略</td><td colspan="2">国家战略吻合度</td><td>社会调查、专家分析</td></tr>
<tr><td>2</td><td>区域战略</td><td colspan="2">区域战略吻合度</td><td>社会调查、专家分析</td></tr>
<tr><td>3</td><td>地方战略</td><td colspan="2">地方战略吻合度</td><td>社会调查、专家分析</td></tr>
<tr><td>4</td><td rowspan="3">社会政治</td><td>国防建设</td><td colspan="2">国家安全改善程度</td><td>社会调查、专家分析</td></tr>
<tr><td>5</td><td>社会稳定</td><td colspan="2">社会稳定提高程度</td><td>社会调查、专家分析</td></tr>
<tr><td>6</td><td>民族团结</td><td colspan="2">民族交流、融合增强程度</td><td>社会调查、专家分析</td></tr>
<tr><td>7</td><td rowspan="17">社会经济</td><td rowspan="10">国民经济效益</td><td>旅客时间节省效益</td><td rowspan="10">经济内部收益率</td><td>预测、估算</td></tr>
<tr><td>8</td><td>货物运送时间节省效益</td><td>预测、估算</td></tr>
<tr><td>9</td><td>运营成本节省效益</td><td>预测、估算</td></tr>
<tr><td>10</td><td>旅客舒适度提高效益</td><td>预测、估算</td></tr>
<tr><td>11</td><td>货物运输破损度降低效益</td><td>预测、估算</td></tr>
<tr><td>12</td><td>其他运输费用节省效益</td><td>预测、估算</td></tr>
<tr><td>13</td><td>避免投资效益</td><td>预测、估算</td></tr>
<tr><td>14</td><td>缓解交通拥挤效益</td><td>预测、估算</td></tr>
<tr><td>15</td><td>交通安全事故减少效益</td><td>预测、估算</td></tr>
<tr><td>16</td><td>诱发运量交通事故影响效益</td><td>预测、估算</td></tr>
<tr><td>17</td><td>财务效益</td><td colspan="2">财务内部收益率</td><td>预测、估算</td></tr>
<tr><td>18</td><td>带动区域经济发展</td><td colspan="2">国内生产总值增长系数</td><td>预测、估算</td></tr>
<tr><td>19</td><td>就业效果</td><td colspan="2">就业人数增加系数</td><td>预测、估算</td></tr>
<tr><td>20</td><td>精准扶贫</td><td colspan="2">贫困人口减少系数</td><td>预测、估算</td></tr>
<tr><td>21</td><td>提高居民收入</td><td colspan="2">居民人均可支配收入增长系数</td><td>预测、估算</td></tr>
<tr><td>22</td><td>对相关产业的带动作用</td><td colspan="2">影响力系数</td><td>预测、估算</td></tr>
<tr><td>23</td><td>促进矿产等资源开发</td><td colspan="2">资源开发系数</td><td>预测、估算</td></tr>
</table>

续表

序号	宏观目标层	中观目标层	微观目标层（量化指标）	获取方式
24	社会环境	促进区域旅游的发展	旅游人数增长系数	预测、估算
25		加快城镇化进程	城镇人口增长系数	预测、估算
26		促进科学教育的发展	科学教育发展提高程度	社会调查、专家分析
27		促进思想文化的发展	先进思想文化传播提高程度	社会调查、专家分析
28		促进医疗卫生的发展	医疗卫生事业改善程度	社会调查、专家分析
29		提高居民生活质量	恩格尔系数	预测、估算
30		提升地区综合竞争力	综合竞争力提高程度	社会调查、专家分析
31	自然环境	大气污染	二氧化碳等气体排放量	预测、估算
32		能源消耗	电力、煤炭、石油等消耗量	预测、估算
33		耕、牧、林等土地占用	耕地、牧地、林地等占用面积	预测、估算
34		水土保持	水土流失面积	预测、估算
35		噪声影响	噪声值	预测、估算
36		对饮用水源的影响	废水排放量	预测、估算
37		对野生动物的影响	野生动植物影响系数	预测、估算
38		对自然风景区的影响	自然景区影响系数	预测、估算
39		对人文古迹的影响	人文景观影响系数	预测、估算
40	其他因素	提高灾害救援能力	救援人员、物资运送时间、规模	预测、估算
41		改善铁路路网布局	铁路路网布局改善程度	社会调查、专家分析
42		改善综合交通运输体系	综合交通运输体系改善程度	社会调查、专家分析
43		地方政府的意见	政府支持度	社会调查、预测、估算
44		沿线居民的意见	居民支持度	社会调查、预测、估算

9.2.4 公益性铁路综合评价模型

公益性铁路的综合评价涉及国防建设、社会政治、扶贫开发、社会发展、国民经济效益等多个目标，是一个复杂的多目标评价决策问题。针对国内外关于公益性铁路综合评价方面研究的不足，本节利用逼近于理想解的原理，构建出一个最理想的评价对象，通过计算铁路的公益性评价指标与理想评价对象各指标的欧式距离，构建综合评价模型。此过程同样主要由定性指标量化、指标取值标准化、确定指标权重和评价模型建立四部分内容构成。

本节建立的公益性铁路综合评价指标体系中，既包含定量指标取值的精确数，也有由定性指标量化后的三角模糊数，即构成了一种模糊性混合决策问题，通过计算公益性铁路的评价指标与理想评价对象各指标的欧式距离，构建综合评价模型：

$$
\begin{aligned}
\mathrm{GYP} &= \sqrt{\sum_{j=1}^{k}(d_j)^2 + \sum_{j=k+1}^{n}(D_j)^2} \\
&= \sqrt{\sum_{j=1}^{k}(y_j - y_j^+)^2 + \sum_{j=k+1}^{n}\left\{\sqrt{\frac{1}{3}[(y_j^L - y_j^{+L})^2 + (y_j^M - y_j^{+M})^2 + (y_j^U - y_j^{+U})^2]}\right\}^2}
\end{aligned} \tag{9-2}
$$

式中，y_j 为第 j 个定量指标经过标准化和加权后的值；$y_j^+=(y_j^{+L},y_j^{+M},y_j^{+U})$ 为第 j 个定性指标经过标准化和加权后的值；$d_j=|y_j-y_j^+|$ 为评价对象第 j 个定量指标取值 y_j 与理想解中对应的第 j 个定量指标取值 y_j^+ 的距离；$D_j=\sqrt{\frac{1}{3}[(y_j^L-y_j^{+L})^2+(y_j^M-y_j^{+M})^2+(y_j^U-y_j^{+U})^2]}$ 为评价对象第 j 个定性指标取值 $y_j=(y_j^L,y_j^M,y_j^U)$ 与理想解中对应的第 j 个定性指标取值 $y_j^+=(y_j^{+L},y_j^{+M},y_j^{+U})$ 的距离，为两个三角模糊数之间的距离；k 为定量指标个数；n 为总指标个数。

构建的 GYP 为公益性铁路综合评价值，GYP 的值介于 0～1。将公益性铁路综合评价值 GYP 划分 5 个等级标准，用以表达公益性铁路综合评价的程度，评价等级也可用目前通常采用的百分制来表示，如表 9-2 所示。铁路公益性得分可按照以下公式计算：

$$
\begin{aligned}
\mathrm{GDF} &= \sum_{j=1}^{k}(w_j d_i) + \sum_{j=k+1}^{n}(w_j D_j) \\
&= \sum_{j=1}^{k}(w_j\,|\,y_j - y_j^+\,|) + \sum_{j=k+1}^{n} w_j \times \frac{1}{3}[|\,y_j^L - y_j^{+L}\,| + |\,y_j^M - y_j^{+M}\,| + |\,y_j^U - y_j^{+U}\,|]
\end{aligned} \tag{9-3}
$$

表 9-2　公益性铁路综合评价标准

公益性铁路综合评价值	0～0.1	0.1～0.2	0.2～0.4	0.4～0.6	0.6～0.8	0.8～0.9	0.9～1
得分	90～100 分	80～90 分	60～80 分	40～60 分	20～40 分	10～20 分	0～10 分
评价等级	很好	好	较好	一般	较差	差	很差

9.3　川藏铁路公益性综合评价

9.3.1　公益性分析

1. 国家战略方面

习近平总书记在阐述西藏的战略地位时，曾用“六个重要”进行科学概括：“西藏是重要的国家安全屏障，也是重要的生态安全屏障、重要的战略资源储备基地、重要的高原特色农产品基地、重要的中华民族特色文化保护地、重要的世界旅游目的地。”川藏线的建设是贯彻中国共产党第十九次全国代表大会、十九届三中全会、中央财经委员会第三次会议、中央第六次西藏工作会议和西部大开发工作会议，落实新时代中国特色社会主义思想和“一带一路”的需要，是西部大开发和精准扶贫战略成功实施的重要保证。

2. 社会政治方面

西藏毗邻印度、尼泊尔等南亚国家，边境线长达 4000 多千米，是维护我国领土完整、打击恐怖主义和分裂主义、维护政治稳定的最前沿。同时，川藏线大部分位于康巴地区，地处川、滇、藏、青四省（区）交界处。本线建成后将大大缩短人员和物资进出藏的时间，有力保证西藏边疆地区的和平与稳定，对于国家安全具有重要意义。

习近平总书记曾经提出：“治国必治边、治边先稳藏”，李克强总理在 2019 年政府工作报告中提出：“要坚持和完善民族区域自治制度，全面贯彻党的民族政策，深化民族团结进步教育，铸牢中华民族共同体意识，促进各民族和睦相处、和衷共济、和谐发展。”川藏线经过的甘孜、昌都地区历来都是藏区传统的政治、经济、文化的核心地区，是民族交融的走廊。本线建成后将成为民族交融的重要纽带，有力促进藏族同胞与汉族及其他各少数民族之间的社会、经济、文化生活等交流，对促进民族和谐交融，维护民族安定团结，确保藏区长治久安具有重要作用。

3. 生态环境方面

川藏线地处长江上游，位于国家“两屏三带”生态安全战略格局中“青藏高原生态屏障”和“黄土高原-川滇生态屏障”的范围内，是世界珍稀野生动物、植物生存繁衍栖息地和生物物种多样的重要起源地及分化中心。但是，由于自然环境复杂脆弱，区域产业结构不尽合理，青藏高原生态安全面临严峻挑战，生态建设和环境保护任务依然艰巨繁重。本线的建设能够促进沿线区域内产业结构的调整，经济增长方式从依靠“农、林、牧、养”等原始方式转变为依靠旅游、清洁能源等朝阳产业，改善沿线水土流失和草原沙化等状况，促进国家“退耕还林”、“退牧还草”等政策的实施，不但改善高原生态环境，而且从源头上为整个长江流域的自然环境保护和可持续发展构建生态安全屏障。

4. 社会经济方面

川藏铁路沿线经过的川西、藏东南地区都是以藏族为主的少数民族聚集地，经济发展滞后，以农牧业为主，除拉萨、成都外，人均 GDP 约 21358 元，低于区域平均水平。沿线旅游资源独具特色，矿产资源品类繁多且储量丰富，但由于交通条件较差，目前与本线平行的公路坡陡弯急，通行条件差，且受气候影响大，极不适应区域间客货运输，使区域旅游和矿产资源均未得到较好的开发，严重制约了区域经济社会的发展。川藏线建成后将极大地强化沿线地区交通基础设施能力，有利于区域产业布局调整，旅游、矿产及能源资源开发，改善投资环境，加快沿线老少边穷地区人民脱贫致富进程。经测算，川藏铁路雅林段每公里直接带动就业人口 25 人，间接带动就业人口 80 人；在西藏目前近 5 年 GDP 平均增长率（11.14%）的基础上，大约能促使 GDP 再提高 2.36%；将西藏地区贫困人口减少率提速 70%，四川地区贫困人口减少率提速 25%；平均每千米带动企业数量增加 4 家，西藏平均工业总产值在目前水平的基础上再增加 3.4%；近期平均每年每千米新增旅游人数 2882.4 人；每公里年均新增城镇人口 46.7 人。

5. 综合交通运输体系方面

川藏线是藏区综合交通运输体系的主要组成部分，铁路建成后将与国道 G317、G318 和航空一起构成更为快速、便捷的大能力综合运输通道，形成铁路、航空和公路相互衔接、合理分工的综合交通运输格局。我国中长期路网规划了五条进藏铁路通道，分别为青藏、川藏、滇藏、新藏和西宁至昌都铁路。其中，川藏铁路线位居中，交通区位优势明显，四川是西藏真正的大后方，经济联系和人员往来密切，是西藏对外铁路通道中的主要通道。并且，川藏铁路是五条进藏铁路通道中唯一的双线大能力快速铁路，具备开行动车组的条件，建成后将结束广大川西高原和西藏东南地区没有铁路的历史，使藏区人民也享受到改革开放以来铁路快速发展带来的社会经济福利，建设意义和作用较好。

6. 经济评价方面

本项目的全投资财务内部收益率为–4.12%，小于铁路行业基准收益率，财务净现值为–23788486 万元，项目盈利能力差，需要国家给予补贴以实现项目公司可持续经营。

川藏铁路的建设将大量节省旅客出行时间和货物运送时间，具有显著的国民经济效益。经测算，川藏铁路开通后的货物运送时间节省效益为 28.9h，旅客旅行时间节省效益达到 31.1h，经济内部收益率预计将达到 10%（取社会折现率为 8%）。

9.3.2 公益性初步识别

通过预可行性研究阶段的测算，川藏线雅林段财务评价中的全投资财务内部收益率为–4.12%，小于铁路行业基准收益率，财务净现值为–23788486 万元；国民经济评价中的经济内部收益率预计将达到 10%，大于 8%的社会折现率。即 $e_1 = -4.12\% < 0$，$e_2 = 10\% > 0$，利用 9.2 节的公益性初步识别方法，可知川藏线雅林段财务效益差，但国民经济效益好，具有公益性，是非盈利性公益铁路。

因此，通过定性分析和定量识别，川藏铁路沿线地区经济基础薄弱，运量总量偏小，建设周期长，投资大，财务性差，但在国家战略、国防建设、藏区稳定、精准扶贫、生态安全保障及带动地区经济发展等社会效益方面的作用显著，是一条典型的公益性铁路。

9.3.3 公益性综合评价

1. 指标体系

基于川藏铁路满足国家战略、改善国防建设、促进藏区稳定、精准扶贫、保障区域生态安全等方面的重要作用，本节利用层次分析法的建模思路，从宏观、中观和微观三个目标层出发，建立了表 9-3 所示的评价指标体系，以求尽可能全面地反映出影响公益性评价问题的各种因素。

表 9-3　川藏铁路公益性评价指标体系

宏观目标层	中观目标层	微观目标层（指标量化）	指标类型
战略意义	国家战略	国家战略符合度	定性
社会政治	国防建设	国家安全改善程度	定性
	社会稳定	社会稳定提高程度	定性
	民族团结	民族交流、融合增强程度	定性
生态环境	生态安全保障	生态安全保障程度	定性
社会经济	精准扶贫	贫困人口减少率提速量	定量
	带动区域经济发展	国内生产总值增加量	定量
	带动相关产业发展	每公里相关企业增加数量	定量
	旅游发展	每公里每年旅游人数增长量	定量
	就业效果	每公里带动就业人数	定量
	城镇化进程	每公里每年城镇人口增长量	定量
其他效益	综合交通运输体系	综合交通运输体系改善程度	定性
	国民经济效益	经济内部收益率	定量
	财务效益	财务内部收益率	定量

2. 指标取值

通过上述对川藏铁路公益性的分析和相关数据的测算，得到川藏铁路（雅安至林芝段）公益性评价各指标的取值，如表 9-4 所示。其中，最好取值是根据我国已经运营的其他公益性铁路的相关指标统计数据和青藏线开通前后的对比数据分析得到。

表 9-4　川藏铁路公益性综合评价指标取值及权重

评价指标	指标量化	指标取值	最好取值	指标权重
国家战略	国家战略符合度	很好	很好	0.211
国防建设	国家安全改善程度	好	很好	0.150
社会稳定	社会稳定提高程度	很好	很好	0.125
民族团结	民族交流、融合增强程度	很好	很好	0.104
精准扶贫	贫困人口减少率提速量	47.5%	100%	0.087
生态安全保障	生态安全保障程度	很好	很好	0.073
带动区域经济发展	国内生产总值增加量	2.36%	4%	0.061
综合交通运输体系	综合交通运输体系改善程度	好	很好	0.051
带动相关产业发展	每公里相关企业增加数量	4 个	10 个	0.036

续表

评价指标	指标量化	指标取值	最好取值	指标权重
旅游发展	每公里每年旅游人数增长量	2882.4 人	5000 人	0.030
就业效果	每公里带动就业人数	105 人	300 人	0.025
城镇化进程	每公里每年城镇人口增长量	46.73 人	100 人	0.021
国民经济效益	经济内部收益率	9.42%	15%	0.015
财务效益	财务内部收益率	–4.12%	3%	0.012

3. 定性指标量化

利用三角模糊数，对定性指标的语言类评价值进行量化，如表 9-5 所示。

表 9-5　定性指标量化值

评价指标	指标量化	指标取值	三角模糊数	最好取值
国家战略	国家战略符合度	很好	（0.8, 0.9, 1.0）	（0.8, 0.9, 1.0）
国防建设	国家安全改善程度	好	（0.6, 0.7, 0.8）	（0.8, 0.9, 1.0）
社会稳定	社会稳定提高程度	很好	（0.8, 0.9, 1.0）	（0.8, 0.9, 1.0）
民族团结	民族交流、融合增强程度	很好	（0.8, 0.9, 1.0）	（0.8, 0.9, 1.0）
综合交通运输体系	综合交通运输体系改善程度	好	（0.6, 0.7, 0.8）	（0.8, 0.9, 1.0）

4. 指标权重

1）指标重要性排序

聘请相关领域专家根据工程实际经验和知识，并根据川藏铁路的具体情况，对表 9-4 指标进行初步排序，得到：国家战略＞国防建设＞社会稳定＞民族团结＞精准扶贫＞生态安全保障＞带动区域经济发展＞综合交通运输体系＞带动相关产业发展＞旅游发展＞就业效果＞城镇化进程＞国民经济效益＞财务效益。

2）指标重要性赋值

利用表 6-1，对相邻指标的重要程度之比进行赋值：r_2=1.4，r_3=1.2，r_4=1.2，r_5=1.2，r_6=1.2，r_7=1.2，r_8=1.2，r_9=1.4，r_{10}=1.2，r_{11}=1.2，r_{12}=1.2，r_{13}=1.4，r_{14}=1.2。

3）计算权重

利用式（6-1）和式（6-2），计算指标的权重，如表 9-4 所示。

4）综合评价

利用式（9-2）、式（9-3）和表 9-2 进行川藏铁路公益性评价，得到： GYP =0.071，即得分为 92.9 分，评价等级为“很好”。

5）综合评价结果分析

通过对川藏铁路公益性评价相关指标的分析和综合评价模型的计算，川藏铁路在国家战略、社会稳定、民族团结和生态安全保障等方面达到了“很好”的程度；在国防建设、带动区域经济发展、综合交通运输体系和国民经济效益等方面为“好”；在精准扶贫、带动相关产业发展、旅游发展、就业效果等方面评价为“一般”。由于国家战略、社会稳定、民族团结和生态安全保障等定性指标的权重比其他指标更高，经过定性和定量综合评价后，川藏铁路公益性得分达到 92.9 分，评价等级为“很好”。

9.4 本章小结

川藏铁路虽然线路长，投资巨大，运量总量偏小，导致铁路盈利能力较差，但铁路建成后，将极大地促进地区经济发展、促使民族团结和民族间思想文化的交流、维护国家统一、巩固边疆稳定，具有显著的社会效益属性。本章根据公益性铁路的含义和基本特征，针对川藏铁路在满足国家区域发展总体战略、扶贫开发、带动地区经济发展、促进民族团结、维护国家统一及巩固边疆稳定等方面的重要作用，建立了川藏铁路公益性评价指标体系，并利用模糊混合决策理论，建立了综合评价模型。模型是基于对目前经济评价方法的扩展，将国民经济评价中难以包含的定性指标因素也纳入评价体系中，进行定量化的综合评价。最后利用公益性综合评价值和得分，可以直观考察铁路公益性的好坏程度，为公益性铁路的投资决策和运营管理提供参考。

第 10 章　铁路建设方案综合评价软件

铁路选线是铁路建设项目勘察设计的关键环节，为了提高选线工作的质量和效率，减轻决策专家和设计人员的劳动强度，原中国国家铁路集团有限公司从铁路的勘测设计智能化、一体化等方向立题，在铁路选线设计的计算机应用上获得了很多实际研究和应用成果。目前，线路设计研究人员相继把数值分析、最优化方法、交互式图形、数据库、遥感及地理信息系统、虚拟现实等技术引入铁路选线领域，使选线设计 CAD 技术取得了非常显著的成绩，实现了勘察设计一体化的目标，但是这些 CAD 系统的功能主要用于提高人工拟定路线平、纵方案后的计算、绘图、制表等确定性过程的作业效率和成果质量，而关于原始设计参数获取、路线方案选择、设计成果评价与优化等方面，缺乏对设计者人机交互式的适时决策支持。关于铁路勘测设计前期的规划、可行性研究、路线方案的决策等，现行系统则显得力不从心。目前铁路建设方案的综合评价和比选过程还主要依赖于决策专家的个人经验与知识，方案比选工作劳动强度大、决策周期长、研究方案有限、评价指标单一、推荐方案缺乏科学论证等问题还没有得到彻底有效的解决。其根本原因是目前的方案综合评价和比选理论与定量化方法还没有取得很好的进步，从而造成该方面软件的研发缺少核心算法的支持。因此，本书利用前面章节建立的基于全寿命周期的铁路建设方案综合评价指标体系和基于混合多属性决策的铁路建设方案综合评价模型，研发了人机交互式的铁路建设方案综合评价和比选软件，本章主要介绍该软件的基本功能和框架结构。

10.1　软件开发环境

目前操作环境下的软件开发以各种面向对象的可视化高级编程语言为主，如微软公司的 Visual Basic、Visual C++、Visual C#、Java 等。本系统的开发语言采用 Visual C#，开发平台为 Microsoft Visual Studio 2008。

Microsoft Visual Studio 是微软公司推出的开发环境，是目前最流行的 Windows 平台应用程序开发环境。它可以用来创建 Windows 平台下的 Windows 应用程序和网络应用程序，也可以用来创建网络服务、智能设备应用程序和 Office 插件。C#语言主要是从 C 语言和 C++语言继承而来的，语言中的许多元素也反映了这一点。C#语言在保持 C/C++灵活性的基础上，为程序员带来了更高效的 RAD 开发方式。它不仅能用于 Web 服务程序的开发，还能开发强大的系统级程序。同时还具备有下面一些突出的优点：语法简洁、精心地面向对象设计、完整的安全性与错误处理能力、优越的灵活性和兼容性等。例如，与 C/C++相比，C#是一种简单的语言，因为在 C#语言中没有指针，所有与记忆体相关的控制行为，C#都会自动帮程序员处理。

C#语言既具有很高的运行效率，又具有简单的可视化操作性和很好的安全性、稳定性，因此国外开发者使用 C#语言开发基于 Web 应用程序 B/S 的网站和各种基于浏览器的管理系统、基于 Web 应用程序的无线网络程序和无线网站、基于客户端程 C/S 的图书馆系统、超市售货系统、各种游戏以及游戏客户端等大量的应用程序，展现了其强大的功能。截至目前，全球有超过 400 多万的开发者在使用。国内的语言应用领域也相当广泛，许多系统都纷纷用 C#语言来开发，如原中国网通的互联星空收费平台、中国联通的手机短信平台、中国小灵通短信平台、中石化、鞍钢、用友的财务软件、联想的防火墙管理系统等。全世界的软件开发公司都在积极使用 Microsoft Visual Studio 平台和 C#语言。

10.2 软件总体结构

铁路建设方案综合评价和比选软件是一种计算机决策支持系统（decision support system，DSS），主要用于建设方案的智能辅助决策支持。计算机决策支持系统是计算机应用的重要领域之一，它涉及计算机科学与技术的许多最新发展及管理决策理论与方法，可以把人的判断力和计算机的信息处理能力结合在一起，提高决策者的效能而又不妨碍他们的主观能动性，及时有效地解决复杂的决策问题，促进决策的科学化。它利用计算机运算速度快、存储容量大的特点，应用决策理论、人工智能、数据库等技术，根据决策者决策思维方式，从系统分析角度为决策者或决策分析人员创建一种决策分析环境，以支持决策者解决半结构和非结构化决策问题。

新建铁路建设方案综合评价和比选软件基于方案全寿命周期综合评价指标体系，以技术、经济、环境和社会效益为目标，建立多目标函数决策模型，应用混合多属性决策、G1 法、离差法、组合权重等方法，并建立以实际铁路建设方案比选的工程案例为基础的自学习资料库，通过获取相关专家知识和经验，可以实现问题自动求解，从而建立一种人机交互式的智能辅助决策支持系统，以给决策者提供更为丰富全面的决策信息。系统总体框架结构如图 10-1 所示。

10.3 软件主要模块

软件主要用于铁路建设方案的综合评价和比选，以辅助专家进行科学、合理的方案决策，减少方案比选的时间，实现铁路建设方案智能化决策。因此，软件应做到界面简洁，操作方便，同时做到结构清晰，便于日后维护及系统升级。软件将程序分为几大功能块，根据实现功能的不同，分别进行开发编译。系统由智能人机接口模块、建设方案类型选择模块、建设方案信息输入模块、评价指标体系库模块、评价指标选择和信息输入模块、方案及指标信息整合和结果计算模块、评价结果输出及打印模块等组成。

1）智能人机接口

在用户进入系统之前，会对用户名及密码进行验证，当验证通过时，才能进入系统。设计窗口如图 10-2 和图 10-3 所示。

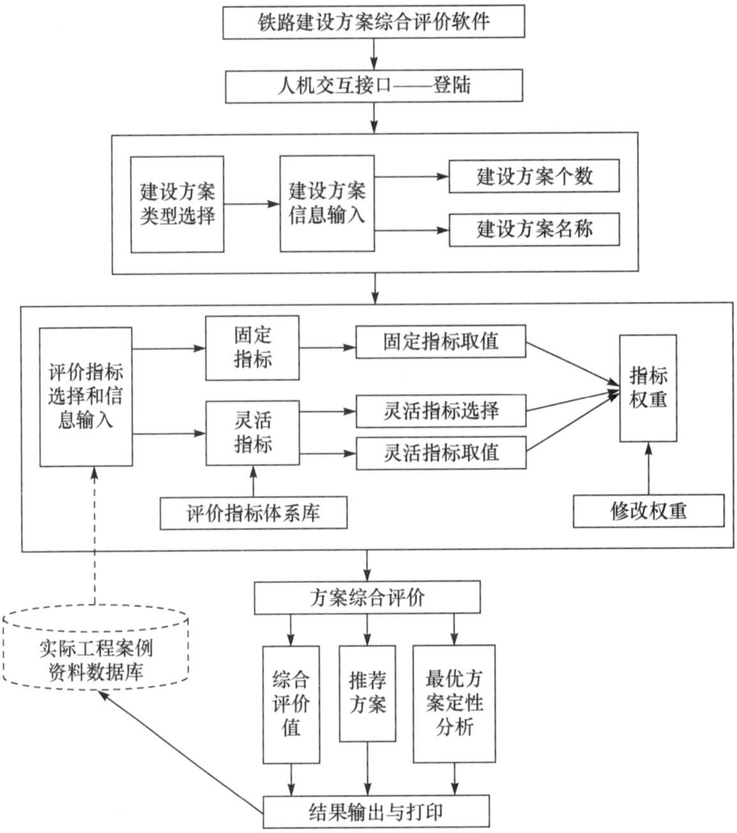

图 10-1　系统总体框架结构

图 10-2　欢迎界面

图 10-3　登陆界面

2）建设方案类型选择模块

用户进入系统后，就进入建设方案类型选择界面，方案类型包括速度目标值方案、接轨方案和线路走向方案。针对线路走向方案，还涉及工程地质条件、政治经济据点、环境敏感点、重大桥隧工程、旅游资源开发、矿产资源开发、车站站位、存在多种控制性因素的情况 8 类不同情景的选择，如图 10-4 所示。

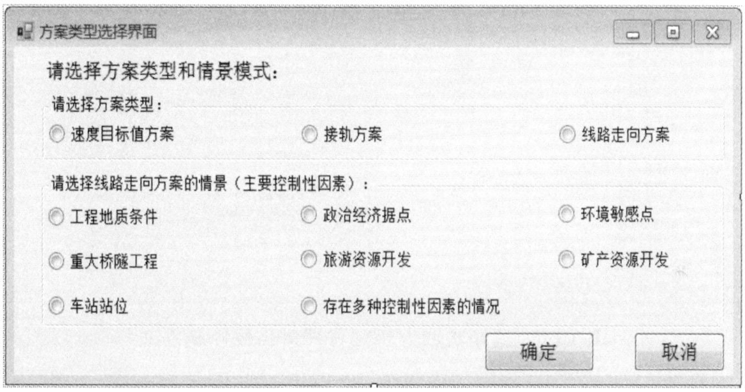

图 10-4　建设方案类型选择界面

3）建设方案信息输入模块

建设方案选择确定后，需要输入待评价和比选的方案个数和每个方案的名称，以便最后结果输出时可以针对性地对每个方案进行定性分析，如图 10-5 所示。

4）评价指标体系库模块

根据方案评价的需要，软件分别设计了方案综合评价总指标体系库界面、接轨方案综合评价指标体系库界面和线路走向方案综合评价指标体系界面。根据不同建设方案的类型，可分别调用相应的指标体系库界面，从中选择相应的指标参与比选。图 10-6 为线路走向方案综合评价指标体系界面，图 10-7 为接轨方案综合评价指标体系界面。

图 10-5 建设方案信息输入界面

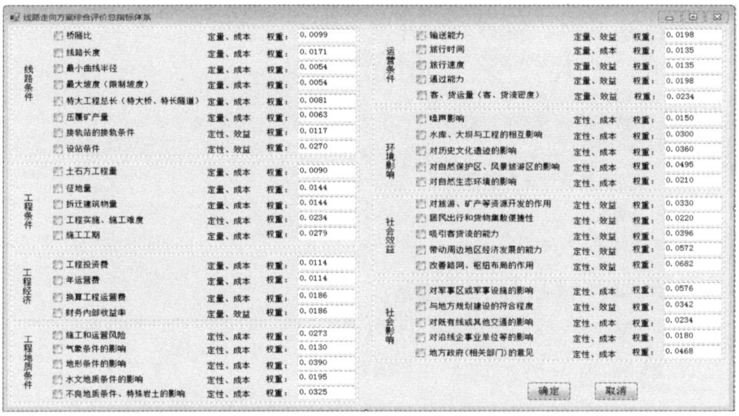

图 10-6 线路走向方案综合评价指标体系界面

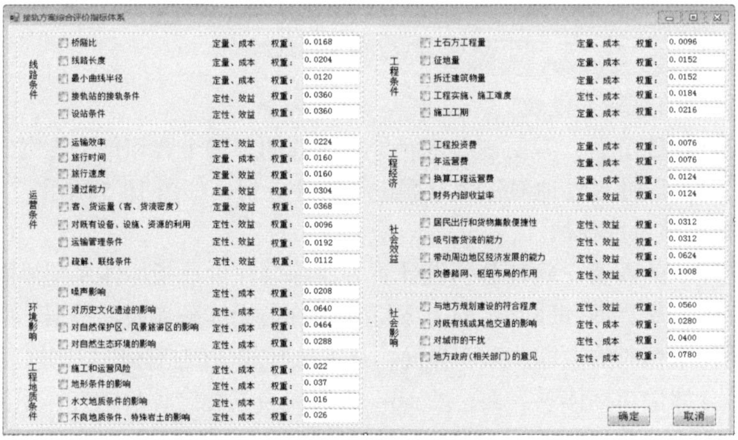

图 10-7 接轨方案综合评价指标体系界面

5）评价指标选择和信息输入模块

接轨方案和线路走向方案都涉及固定指标取值的输入和灵活指标的选择及其取值的输入。固定指标有 10 个左右，对于定量指标，需要输入 double 型数据；对于定性指标，需要根据其是效益型指标还是成本型指标，分别输入{很好、好、较好、一般、较差、差、很差}或{很大、大、较大、一般、较小、小、很小}这样的语言类模糊数，如果固定指标中有不需要参与比选的指标，可以在其取值中输入 0。灵活指标可以从对应的指标体系库中选择 5 个指标，但不能选择与固定指标相同的指标。同样，在灵活指标中，对于定量指标，需要输入 double 型数据；对于定性指标，需要根据其是效益型指标还是成本型指标，分别输入{很好、好、较好、一般、较差、差、很差}或{很大、大、较大、一般、较小、小、很小}这样的语言类模糊数，但灵活指标中的取值不能输入 0。指标的权重不需要专家输入，直接由后台程序计算得出，如果需要修改权重，可点击“修改指标权重值”按钮，重新输入权重值，但要保证所有指标权重之和为 1。

方案评价指标选择和信息输入界面，需要各方案依次输入，一个方案信息输入完成后，点击“继续下一个方案”按钮，进入下一个方案信息的输入，并由相关的矩阵数组记录该方案的数据信息，当最后一个方案的信息输入完成后，点击“输入完成”按钮，完成输入工作。图 10-8～图 10-10 分别为速度目标值方案、接轨方案和偏重于工程地质条件的线路走向方案的评价指标选择和信息输入界面。

图 10-8　速度目标值方案评价指标选择和信息输入界面

图 10-9　接轨方案评价指标选择和信息输入界面

图 10-10　偏重于工程地质条件的线路走向方案评价指标选择和信息输入界面

6）方案及指标信息整合和结果计算模块

在该模块中，首先对上一模块（评价指标选择和信息输入模块）中输入的所有方案和指标信息进行整合显示出来，以方便决策者对信息进行最后的确认。信息确认无误后，可点击“计算指标权重”按钮，分别计算各指标的基础权重、可变权重和组合权重；指标权重确定后，点击“方案综合评价”按钮进行方案的综合评价，后面的文本框分别显示各方案的综合评价值和五级定性评语“好、较好、一般、较差、差”；如果需要更加完整的方案综合评价结果，可以点击“结果输出”按钮进入评价结果输出及打印模块，得出方案决策矩阵、标准化矩阵、指标权重、综合评价值、方案比选结果等详细的方案综合评价和比选信息。方案及指标信息整合和结果计算界面如图 10-11 所示。

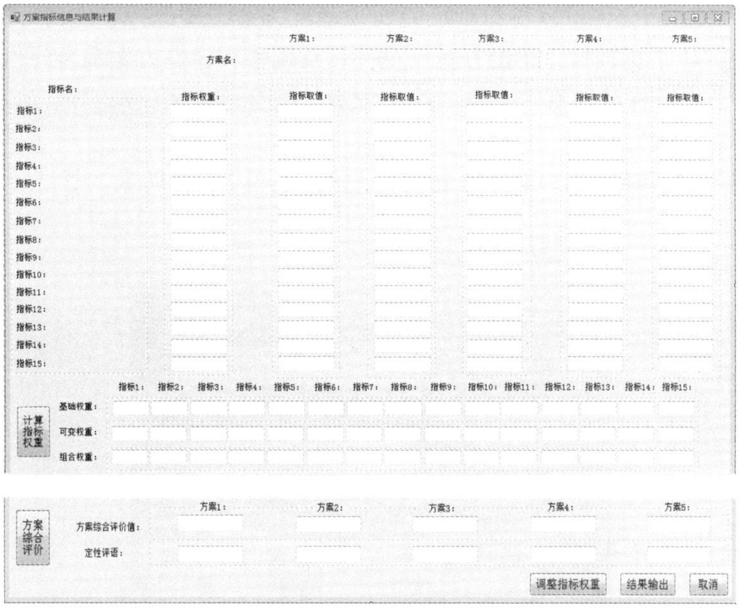

图 10-11　方案及指标信息整合和结果计算界面

7）评价结果输出及打印模块

最后在文本框中输出各方案综合评价值、比选的最优方案和结果的定性分析。窗口中还可以对输出内容进行编辑处理，包括新建、打开、保存、撤销、剪切、复制、粘贴、查找、删除等，以及对结果进行打印，如图 10-12 所示。

图 10-12　评价和比选结果输出界面

10.4　案 例 演 示

铁路建设方案综合评价软件目前已能实现建设方案类型选择、建设方案取值信息输入、建设方案评价指标选择、建设方案权重计算及调整和建设方案综合评价等基本功能。本节利用 8.2 节中云桂线经富宁县境内线路方案的综合评价和比选实例，演示软件的操作流程。

（1）软件登陆，输入用户名 123 和密码 123，如图 10-13 所示。

图 10-13　用户登陆

（2）选择建设方案类型：线路走向方案，情景：政治经济据点，如图 10-14 所示。

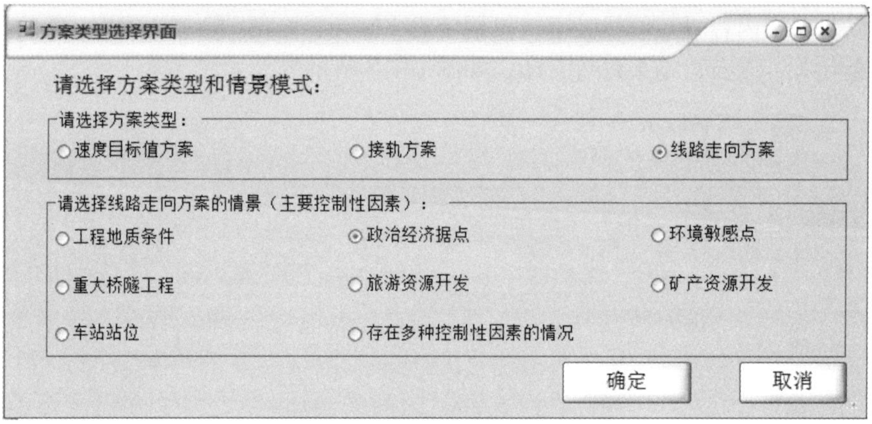

图 10-14　建设方案类型和情景选择

（3）输入方案个数：2，方案名：经富宁县城方案和取直方案，如图 10-15 所示。

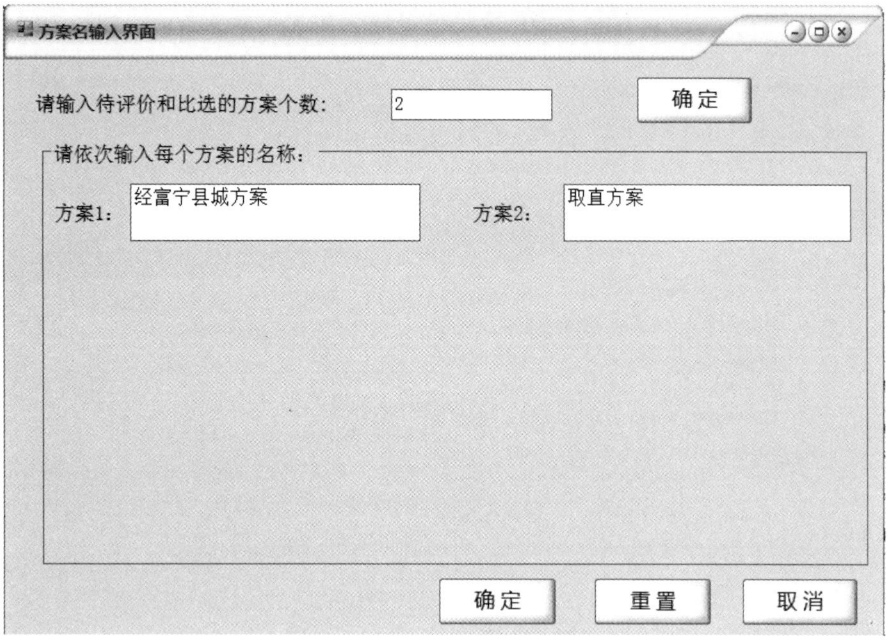

图 10-15　方案信息输入

（4）第一个方案（经富宁县城方案）指标取值信息输入和选择灵活指标，如图 10-16 所示。

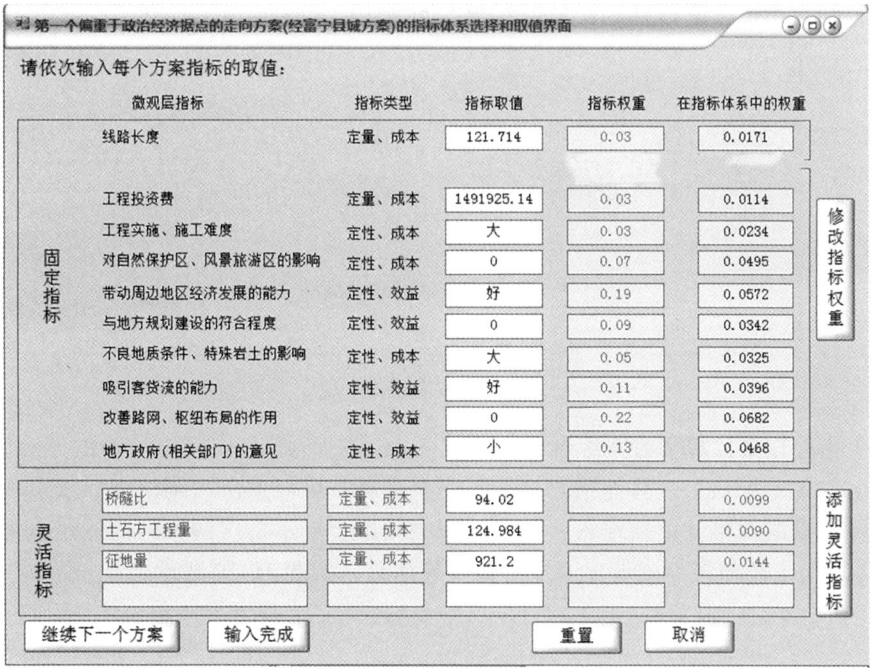

图 10-16　经富宁县城方案指标取值信息输入和选择灵活指标

（5）第二个方案（取直方案）指标取值信息输入和选择灵活指标，如图 10-17 所示。

图 10-17　取直方案指标取值信息输入和选择灵活指标

（6）确认指标取值信息输入是否有误，如图 10-18 所示。

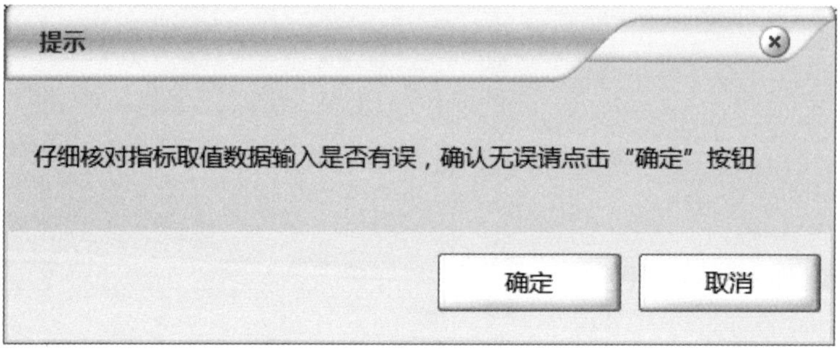

图 10-18　信息确认

（7）指标权重计算和方案综合评价，如图 10-19 所示。

（8）如果专家认为计算的指标权重不完全合理，可以点击“调整指标权重”按钮，进行指标权重的调整和重新输入，输入过程中软件会提示每次调整后指标权重之和是否为 1，以及与 1 还差多少或者比 1 多了多少等信息，如图 10-20 所示。

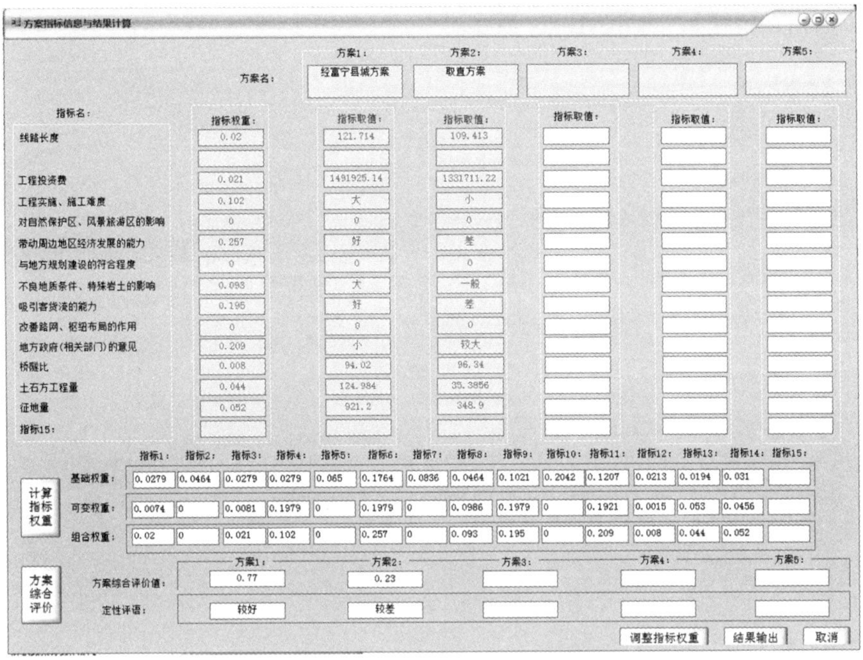

图 10-19 指标权重计算和方案综合评价

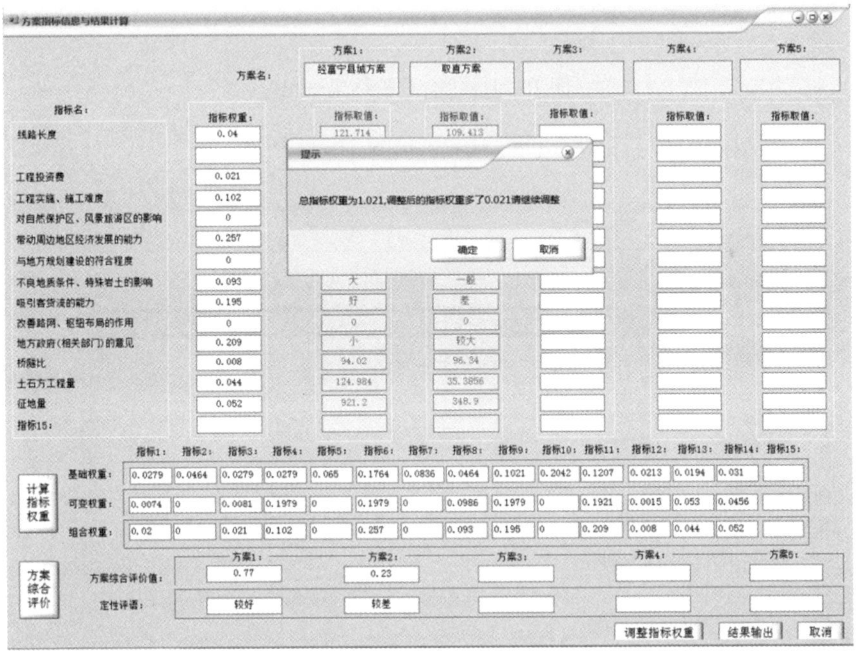

图 10-20 调整指标权重

（9）输出评价结果，如图 10-21 所示。

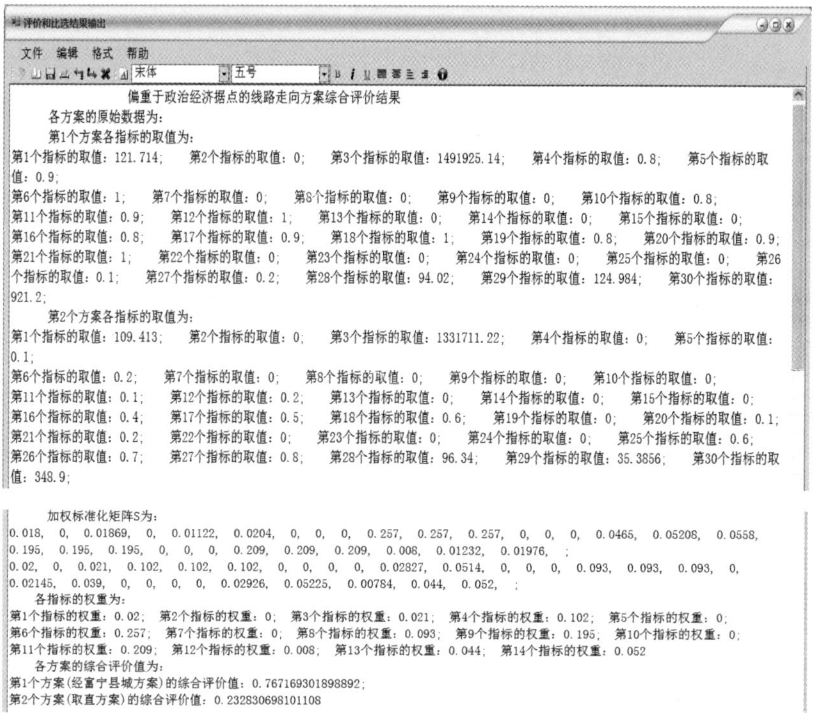

图 10-21　综合评价结果输出

（10）评价结果保存与打印，如图 10-22 和图 10-23 所示。

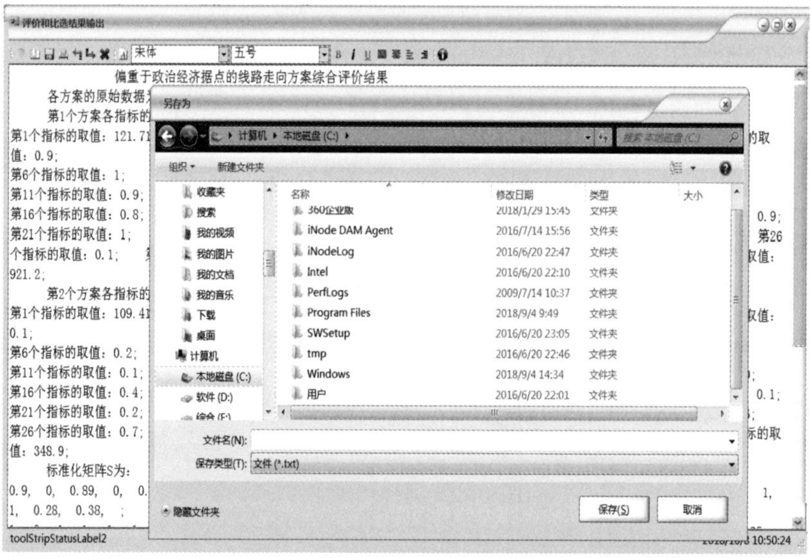

图 10-22　综合评价结果保存

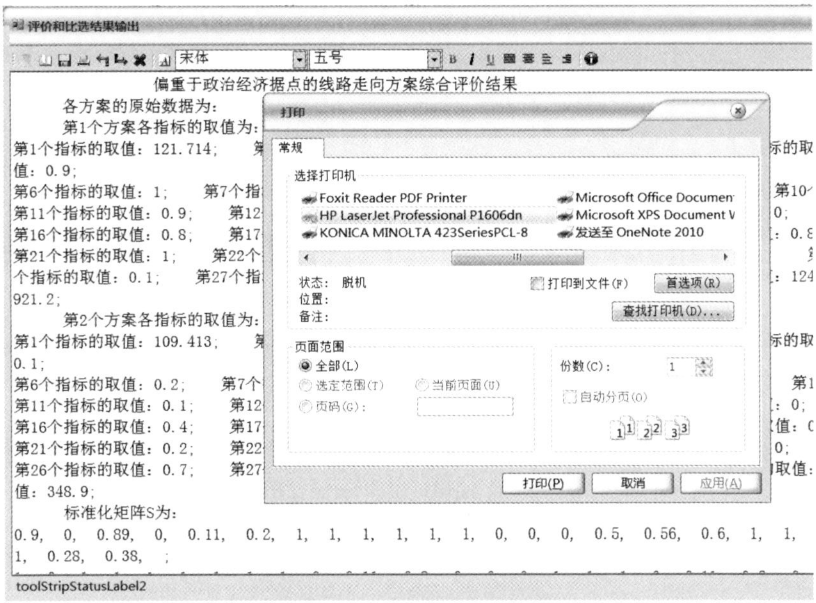

图 10-23　综合评价结果打印

10.5 本 章 小 结

本章利用基于全寿命周期的铁路建设方案综合评价指标体系和基于混合多属性决策的铁路建设方案综合评价模型，研发了人机交互式的铁路建设方案综合评价和比选软件。软件目前已能实现建设方案类型选择、取值信息输入、评价指标选择、权重计算及调整和综合评价等主要功能，可进一步减轻专家在建设方案决策方面的工作量，提高方案决策的效率，有助于更快实现铁路选线的全面智能化。

参 考 文 献

[1] 《投资项目可行性研究指南》编写组. 投资项目可行性研究指南[M]. 北京: 中国电力出版社, 2002.
[2] 国家发展改革委, 建设部. 建设项目经济评价方法与参数[M]. 3 版. 北京: 中国计划出版社, 2006.
[3] 薛丽娜. 铁路客运专线建设项目经济评价方法研究[D]. 成都: 西南交通大学, 2006.
[4] Orshan O. Life cycle cost: A tool for comparing building alternative[J]. Proceeding Symposium on Quality and Cost in Building, 1980, 1(3): 63-65.
[5] Zoeteman A, Esveld C. Evaluating track structures: Life cycle cost analysis as a structured approach[C]//The 4th World Congress on Railway Research,Tokyo,1999: 1-9.
[6] 孙帮成. 轨道交通 RAMS 工程基础[M]. 北京: 机械工业出版社, 2014.
[7] 姚祖康. 路面管理系统[M]. 北京: 人民交通出版社, 1993.
[8] 沈达峰. 桥梁寿命周期成本分析初探[J]. 苏州城建环保学院学报, 1997, (4): 18-25.
[9] 郭忠印, 李立寒. 沥青路面施工与养护技术[M]. 北京: 人民交通出版社, 2003.
[10] 陈超俊, 王艳艳. 工程项目全寿命周期造价管理的探讨[J]. 工程设计与建设, 2004, (6): 4-6.
[11] 石振武, 李兆林, 华树新. 基于全寿命周期的绿色公路评价体系研究[J]. 山西建筑, 2019, 45(8): 109-111.
[12] Beahan W. The Field Practice of Railway Location[M]. New York: The Engineering News Publishing Company, 1904.
[13] McHenry E H. Rules for Railway Location and Construction[M]. New York: The Engineering News Publishing Company, 1903.
[14] Williams C C. The Design of Railway Location[M]. New York : John Wiley & Sons, Inc., 1924.
[15] Crosby W W, Goodwin G E. Highway Location and Surveying[M]. Chicago: Gillette Publication, 1928.
[16] 朱颖. 复杂艰险山区铁路减灾选线技术框架[C]//朱颖. 川藏铁路建设的挑战与对策: 2016 学术交流会论文集. 北京: 人民交通出版社, 2017: 272-276.
[17] 张靓, 黄炜. 铁路工程生态环境评价发展现状浅析[J]. 河南科技, 2013, (3): 187.
[18] 吴小萍, 杨晓宇, 冉茂平. 基于图形叠置法的铁路选线环境影响综合评价研究[J]. 中国铁道科学, 2004, 25(4): 125-128.
[19] 杨晓宇, 吴小萍, 冉茂平. 铁路噪声环境影响综合评价研究[J]. 中国铁道科学, 2005, 26(1): 63-66.
[20] 方祁, 阚叔愚. 铁路建设方案的模糊优选[J]. 铁道工程学报, 1990, (3): 7-41.
[21] 李远富, 薛波, 邓域才. 铁路选线设计方案多目标决策模糊优选模型及其应用研究[J]. 西南交通大学学报, 2000, 35(5): 465-470.
[22] 吴小萍, 詹振炎. 消去与选择转换法优选线路方案[J]. 铁道学报, 2000,22(4): 68-72.
[23] 吴小萍, 詹振炎. 基于灰色和模糊集理论的铁路方案多目标综合评价方法及模型研究[J]. 铁道学报, 2001, 23(5): 107-113.
[24] 铁道部第一勘测设计院. 铁路工程设计技术手册·线路[M]. 北京: 中国铁道出版社, 1994.
[25] 吴小萍. 可持续发展战略指导下的轨道交通规划与评价方法研究[D]. 长沙: 中南大学, 2003.
[26] 易思蓉, 张家玲. 基于智能 CAD 系统的铁路选线方案多目标综合评价方法[J]. 铁道学报, 2000, 22(s1): 95-101.
[27] 李远富, 薛波, 易思蓉. 铁路线路设计方案综合优选决策系统的研究[J]. 系统工程学报, 2001, 16(2): 151-155.
[28] 易思蓉. 铁路选线设计[M]. 3 版. 成都: 西南交通大学出版社, 2009.
[29] 李海涛, 高娟. 提高铁路运输效率的措施研究[J]. 商品与质量·建筑与发展, 2014, (8): 166.
[30] 胡天军, 藏学运, 申金升, 等. 京沪高速铁路旅行时间节约的价值分析[J]. 中国铁路, 1999, (5):

19-22.
[31] 肖强. 浅谈铁路建设中的道路改移[J]. 建筑工程技术与设计, 2016, (9): 889.
[32] 徐平, 王小明, 宋战旺. 压覆矿产资源储量的计算要点与程序设计[J]. 矿业研究与开发, 2013, 33(1): 106-109.
[33] 岳雪波, 帅志鹏, 王吉祥. 建设项目压覆矿产资源评估方法探讨[J]. 人民长江, 2013, 44(6): 44-46.
[34] 王恩茂. 新建铁路征地拆迁社会问题及对策研究[D]. 兰州: 兰州交通大学, 2012.
[35] 蒋武新. 山区高速铁路车站分布及选址方法研究[D]. 成都: 西南交通大学, 2010.
[36] 张冬. 高速铁路项目"合理工期"分析研究[D]. 西安: 西安建筑科技大学, 2010.
[37] 朱颖. 铁路选线理念的创新与实践[J]. 铁道工程学报, 2009, 26(6): 1-5.
[38] 刘立斌. 自然保护区铁路选线[J]. 铁道工程学报, 2007, 24(12): 11-13, 18.
[39] 魏明惠. 浅析铁路建设对风景名胜区景观敏感性影响——以新建和顺至邢台铁路为例[J]. 铁路节能环保与安全卫生, 2014, 4(2): 56-59.
[40] 李英. 新建铁路工程对风景名胜区的景观影响研究——以五大连池国家级风景名胜区为例[J]. 安徽农业科学, 2013, 41(8): 3507-3509.
[41] 吴杨. 道路工程对野生动物影响及保护措施研究进展[J]. 铁路节能环保与安全卫生, 2016, 6(5): 227-229.
[42] 魏建方. 铁路建设中野生动物通道设置的研究[J]. 铁路劳动安全卫生与环保, 2010, 37(1): 5-7.
[43] 孙成龙. 铁路环境影响评价预测系统的研究[D]. 北京: 北京交通大学, 2004.
[44] 卢夜霞. 铁路环境噪声预测与影响评价初步研究[D]. 成都: 西南交通大学, 2011.
[45] 史平. 浅论历史文化资源对旅游业的影响[J]. 丝绸之路, 2010, (16): 50-51.
[46] 雷蕾. 浅谈铁路建设与文物保护[J]. 铁路节能环保与安全卫生, 2015, 5(6): 268-270.
[47] 张煜. 水库地区铁路选线设计[J]. 铁路工程造价管理, 2009, 24(2): 32-34.
[48] 李锐, 孙庆珍. 水库对蓄水范围内既有铁路的影响[J]. 管理工程师, 2011, (5): 46-48.
[49] 赵建昌, 刘世忠, 吉随旺. 铁路选线中的工程地质问题[J]. 中国地质灾害与防治学报, 2001, 12(1): 7-9.
[50] 蒋爵光. 铁路工程地质学[M]. 北京: 中国铁道出版社, 1991.
[51] 杜雄进. 浅谈工程地质勘察中水文地质问题[J]. 大众科技, 2009, 11(12): 78-79.
[52] 汪文溶. 水文地质问题对工程建设的影响分析[J]. 城市建筑, 2015, (20): 271.
[53] 崔新强, 周小兰, 付佳, 等. 高速铁路安全运行高影响天气条件等级标准研究[J]. 灾害学, 2016, 31(3): 26-30.
[54] 韩鹏. 浅谈铁路施工项目的风险控制[J].铁道勘察, 2016, 42(3): 94-96.
[55] 程学庆, 李月, 舒继承, 等. 高速铁路运营安全风险管理研究[J]. 交通运输工程与信息学报, 2015, 13(4): 23-28.
[56] 张书明, 王晓文, 王树恩. 高速铁路对区域旅游业的影响分析[J]. 工会论坛(山东管理学院学报), 2013, (3): 95-98.
[57] 熊清华, 曹祖华, 杜爱民, 等. 京九铁路沿线(江西段)矿产资源、地质环境与可持续发展[J]. 江西地质, 1999, 13(1): 38-42.
[58] 孙青梅. 铁路旅客换乘相关问题研究[D]. 成都: 西南交通大学, 2006.
[59] 余巧凤, 赵宇刚. 铁路快捷货运网络布局研究[J]. 铁道经济研究, 2013, (2): 6-8, 14.
[60] 李朝阳. 铁路建设与城市规划相协调的探讨[J]. 铁道运输与经济, 2005, 27(5): 81-83.
[61] 范利强. 道路施工对通行能力的影响分析[J]. 廊坊师范学院学报(自然科学版), 2013, 13(6): 8-11, 17.
[62] 段建宇, 胡顺香, 卜伟. 广西高速铁路对其交通运输业的影响研究[J]. 中国商论, 2013, (7): 158-160.
[63] 王慧娟, 施国庆. 企业拆迁的风险评估与补偿[J]. 城市问题, 2009, (5): 64-67.
[64] 乐重. 铁路综合选线原则思考[J]. 高速铁路技术, 2015, 6(3): 54-58.

[65] 余浩伟. 铁路选线中与地方关系的处理[J]. 铁道工程学报, 2012, 29 (6): 6-9.
[66] 孟祥春. 关于地方政府铁路投资的若干思考[J]. 铁道运输与经济, 2012, 34(6): 13-16, 20.
[67] 刘超. 新建铁路接轨方案选择研究[D]. 成都: 西南交通大学, 2009.
[68] 彭宇拓. 高速铁路速度目标值的综合评判[J]. 铁道运输与经济, 2012, 34(2): 46-50.
[69] 杨长帅. 我国客运专线速度目标值模糊综合决策方法的研究[D]. 成都: 西南交通大学, 2009.
[70] 武伟, 宋迎昌. 论铁路干线对沿线地区经济开发的影响[J]. 经济地理, 1997, 17(1): 92-96.
[71] 程奋元. 国土开发型铁路的社会效益评价研究[D]. 成都: 西南交通大学, 2016.
[72] 朱颖, 魏永幸. 复杂艰险山区铁路减灾选线[J]. 高速铁路技术, 2018, 9(6): 1-4.
[73] 何振宁. 中国铁路地质工作的作用与特色[J]. 铁道工程学报, 1996, (2): 1-8.
[74] 邓汉轩. 基于环境选线的西部山区铁路线路方案优选研究[D]. 成都: 西南交通大学, 2013.
[75] 禹怀亮. 铁路建设项目环境影响综合评价研究[D]. 兰州: 兰州大学, 2015.
[76] 王佳琦. 铁路绿色选线环境影响的评价研究[D]. 北京: 北京建筑大学, 2016.
[77] 杨桂凤, 王晖军, 罗阳, 等. 我国铁路旅游运输的发展与对策[J].中国铁路, 2003, (3): 43-48.
[78] 金慧, 刘洪利. 高速铁路对区域旅游新格局的影响研究[J]. 特区经济, 2016, (9): 110-112.
[79] 杨正泽. 高速铁路的国民经济属性及投资效益研究[D]. 北京: 北京交通大学, 2015.
[80] 胡莉. 攀西矿产物流通道建设对策及方案优选研究[J]. 成都: 西南交通大学, 2008.
[81] 王梦恕, 张梅. 铁路隧道建设理念和设计原则[J]. 中国工程科学, 2009, 11(12): 4-8.
[82] 唐经勇. 高速铁路客运站选址方法研究[D]. 成都: 西南交通大学, 2011.
[83] 郑健. 绿色铁路客站评价标准研究[J]. 中国工程科学, 2012, 14(12): 41-47.
[84] 刘俊杰, 高扬, 靳珊珊. 基于 G1 法的飞行疲劳综合评价指标体系研究[J]. 中国安全科学学报, 2010, 20(9): 21-26.
[85] 罗圆, 姚令侃, 朱颖. 基于离差投影的山区铁路选线方案比选模型[J]. 铁道标准设计, 2013, (10): 1-6.
[86] 罗圆. 基于不确定性分析的山区铁路选线方案评价方法研究[D]. 成都: 西南交通大学, 2016.
[87] 刘晓峰. 基于多属性决策的投资项目经济评价研究[D]. 天津: 天津大学, 2007.
[88] 刘培德. 基于模糊多属性决策的企业信息化水平评价方法与应用研究[D]. 北京: 北京交通大学, 2009.
[89] 钟连平. 基于具有优先权混合多属性决策的供应链合作伙伴选择[D]. 福州: 福建农林大学, 2015.
[90] 杨晓莉. 混合多属性决策理论方法与应用研究[D]. 武汉: 华中师范大学, 2007.
[91] 夏勇其, 吴祈宗. 一种混合型多属性决策问题的 TOPSIS 方法[J]. 系统工程学报, 2004, 19(6): 630-634.